OGER & MARGA & ANNEMARIE & LAWRENCE
& EDITH & BERTHA & BART & ARNOLD & WIL
N & SUSAN & GERDJE & RUDOLF WALTER &
WOLTER & DONALD & GEERT & MARIJN & AU
BENEDICT & FREDERIK & RITA & MIA & NICCI
LEY & ERENDIRA & THILDE & JAMES & HER
DIER & TONNY & BEATRIX & HANNELORE &
ONA & NICKY & DENNIS & FRANZ & ANGELA
ARK ERNST & SALLY-ANN & HADWIG & COR
ANNES & KATRIN & HEIN & LORRAINE & AN
NADETTE & RIEK & ROBERT & HEINZ & HUGO
NNA & CHARLOTTE & LEO FELIX & MIRJÂM
& ADRIANA & GRETHA & DORA & WALTER &
ANDREW & MARLY & DIANE & MARISA & LAI
N & WILLY & CERO & NINA & ALEXANDRA &
HIA & ILSE & HUBERT & LEONARD & ANJA &
E & VINCENT & JOHN & E GIDIUS &
THEO & DERICK & AMALI ODETTE & COR
ERNST & MARC-PHILIP & BRIDGET & PETER
THEKLA & CHRISTA & IRMGARD & EVELINE
O & OLIVER & STAN & FLORA & BRETT & AL
JENS & HELENE & CECILE & CHRISTIAN & EL
NICA & PATRICIA & CARL & RALPH & GERARD
S & STEPHEN & NAN & GHISLAINE & INEKE &
CAROLA & ANNIE & KERSTIN & JEANETTE &
ESCA & MAURICE & VINCENZ & FERDINAND

C&A ZIEHT AN!

IMPRESSIONEN EINER 100-JÄHRIGEN
UNTERNEHMENSGESCHICHTE

Herausgeber: DRAIFLESSEN Collection
14. Mai 2011 – 8. Januar 2012

DRAIFLESSEN COLLECTION

VORWORT

Wenn ich an C&A denke, kommt mir als erstes die kaum zu fassende Anzahl von Menschen in den Sinn, die seit 100 Jahren zum Erfolg des Unternehmens beigetragen haben. Vor meinem inneren Auge entsteht eine unglaublich lange Reihe von Familienmitgliedern und Mitarbeitern. Von ihnen hat jeder Einzelne, jeweils in seiner Zeit und seiner Rolle, das heutige Unternehmen ein Stück weit mitgeprägt. 100 Jahre C&A-Geschichte in Deutschland beinhaltet im Rückblick das natürliche Wechselspiel von Höhepunkten und Tiefpunkten, die es in der Chronologie der Ereignisse gemeinsam zu erleben und vereint zu bewältigen galt.

Den selbstverständlichen Anlass für die erstmalige umfassende Recherche zur Historie von C&A Deutschland stellte das nunmehr gegenwärtige Jubiläum dar. Dabei war uns allen bewusst, dass mit den in der Ausstellung und im vorliegenden Katalog aufbereiteten Ergebnissen lediglich die erste Stufe der komplexen Aufarbeitung erklommen werden konnte. Die Präsentation im DRAIFLESSEN Forum konzentriert sich deshalb bewusst auf die Wiedergabe von 100 Jahren C&A-Geschichte im Überblick, architektonisch inszeniert als Herzstück der Konzeption. Dieses inhaltliche Zentrum befindet sich von sieben Sektionen umgeben, die jeweils einen Schwerpunkt aus dem Gesamtspektrum herausgreifen.

Der 100. Geburtstag ist für uns ein Grund, dankbar und stolz zu sein. Wir freuen uns daran, dass die Entwicklung des Textilhandels in Deutschland von C&A als einem der führenden Unternehmen aktiv mitgestaltet werden konnte. Für mich als Familienmitglied und Unternehmer verbinden sich mit dem Phänomen C&A einerseits die Unternehmensentwicklung, andererseits aber vor allem Begrifflichkeiten wie Ehrlichkeit, Faszination, Verantwortung, Fürsorge, Mut sowie das Bemühen um Nachhaltigkeit.

Im Rahmen unserer ersten Annäherung an 100 Jahre C&A in Deutschland war die Frage nach der Rolle unseres Familienunternehmens in der Zeit des Nationalsozialismus ein selbstverständlicher Teil der wissenschaftlichen Recherche. Die ersten Zwischenergebnisse unserer Untersuchung, die in vorliegender Publikation veröffentlicht sind, haben mich als Familienmitglied sehr betroffen gemacht. Darüber hinaus ziehe ich aus ihnen aber vor allem die Bestätigung, die Bearbeitung dieses so wichtigen Themas – aus Respekt vor der Vergangenheit und in Verantwortung für die Zukunft – systematisch weiter voranzutreiben.

Viele Menschen haben ganz maßgeblich zum Gelingen der Ausstellung und zur Entstehung des Kataloges beigetragen. Herzlich danken möchte ich den Ausstellungsmachern aus dem DRAIFLESSEN-Team, die mit ihrer innovativen und gewissenhaften Erschließung der bis dahin gänzlich unbearbeiteten C&A-Geschichte neue Perspektiven aufzeigen. Astrid Michaelis gilt mein besonderer Dank für ihre in Vision und Umsetzung nun schon gewohnt exzellente Ausstellungsarchitektur; Uwe Melichar und seinem Team für die inspirative und qualitätvolle grafische Gestaltung der Ausstellung und des Kataloges.

Joseph Brenninkmeyer

ZUR AUSSTELLUNG

Vor einhundert Jahren eröffnet in Deutschland das erste Damenkonfektionshaus unter dem Namen C&A Brenninkmeyer. Als die Geschichte unweit des Berliner Alexanderplatzes im März 1911 ihren Anfang nimmt, ist der Textilhändler in den Niederlanden schon mit sechs Filialen vertreten. Die bewährten Geschäftsprinzipien, ein breitgefächertes Sortiment von guter Qualität zu günstigen Preisen anzubieten, überzeugen schnell auch die deutschen Kunden. Dafür verbürgt sich das Unternehmen bis heute mit seinem Markenzeichen „C&A" – und erinnert mit den Initialen zugleich an die Gründerväter Clemens und August Brenninkmeijer. Im Jahre 1841 hatten sich die Brüder als Textilhändler im niederländischen Sneek selbständig gemacht und damit den Grundstein für das Traditionsunternehmen gelegt, das sich noch immer im Familienbesitz befindet. Einst ein mittelständischer Betrieb, zählt C&A aktuell allein in Deutschland 482 Filialen und kann seit seinen Anfängen in Berlin auf eine erfolgreiche Expansion in 17 weitere europäische Länder zurückblicken. Dabei offeriert C&A schon lange nicht mehr nur Mode für die Dame, sondern stattet längst die ganze Familie aus.

Mit der Sonderausstellung „C&A zieht an! Impressionen einer 100-jährigen Unternehmensgeschichte" sowie dem begleitenden Katalog und App präsentiert die erst 2009 begründete DRAIFLESSEN Collection erste Ergebnisse ihrer wissenschaftlichen Erforschung der C&A-Geschichte im 20. und frühen 21. Jahrhundert. Diese Forschungsergebnisse bilden die Basis für die weitere systematische Aufarbeitung der Unternehmensgeschichte.

Anlass für unsere Sonderausstellung ist der 100. Geburtstag des Familienunternehmens in Deutschland. Das Konzept der Präsentation folgt dem Anspruch, durch die Auswahl einzelner Themen aus den Bereichen Architektur, Marken, Mitarbeiter, Mode, Warenwirtschaft und Werbung die Vielfalt dieses Filialunternehmens vorzustellen. Architektonisch sind die genannten Bereiche um das Herzstück der Ausstellung – ein begehbares C&A-Logo – gruppiert. Auf diesem haben die Besucher zudem die Möglichkeit, über die App „100 Spotlights" aus der Unternehmensgeschichte zu entdecken.

Der ausstellungsbegleitende Katalog soll zum Blättern durch die 100-jährige Firmengeschichte einladen: Gegliedert ist das Werk in zehn Dekadenabschnitte, in denen für jedes Jahr exemplarisch Themen aus der C&A-Historie in Kurztexten beleuchtet werden. Am Beginn eines jeden Jahrzehnts steht eine Doppelseite mit Begriffen, die den Zeitgeist widerspiegeln, vor dessen Hintergrund sich das Geschäftsleben entwickelt hat. Den Abschluss einer Dekade bildet jeweils ein Essay, der einen bestimmten Aspekt der Zeit ausführlicher behandelt.

Ein solches Projekt hätte nicht ohne die intensive und kooperative Zusammenarbeit vieler realisiert werden können. Unser erster Dank gebührt Joseph Brenninkmeyer für das Vertrauen, das er stets in unsere Arbeit gesetzt hat sowie Alexandra Dern, die uns während der gesamten Vorbereitungen mit ihrer Erfahrung und ihrem untrüglichen Gespür für Angemessenheit bestärkte und unterstützte. Dem Ausstellungsteam, das sich mit unermüdlichem Engagement dem Werden widmete, sei an dieser Stelle besonders gedankt: Annegret Buller, die sich in Ausstellung und Katalog des Themas „Mitarbeiter" angenommen hat, Meta Friese, die sich im Laufe der Vorbereitungen zur Markenexpertin entwickelte, Kai Bosecker, der sich intensiv den Wechselwirkungen zwischen Politik und Unternehmen gestellt hat und dem wir aufgrund seines kritischen Blicks auf die Historie und wegen seines guten Textgefühls manche Klärung verdanken, sowie Iris Mentrup, die nicht nur zahlreiche Beiträge verfasste, sondern darüber hinaus die Koordination des Kataloges und der Apps meisterte. Herzlich danken wir auch den Kolleginnen, die erst später zum Team hinzustießen: Monika Kordhanke, die die Texte in gewohnt professioneller Weise lektorierte, Sarah Zabel, die sich neben dem Schreiben von Katalogbeiträgen dem englischen Lektorat widmete und Ruth Rasche, die als Registrar in bewährter Manier das Einbringen der Objekte in die Ausstellung managte. Unser herzlicher Dank gilt darüber hinaus den Kollegen der Museumstechnik, die mit großer Sachkenntnis an der Ausstellungsvorbereitung mitgewirkt haben, insbesondere Johannes Büscher, Michael Große Sundrup und Günter Otte.

Einmal mehr ist es Astrid Michaelis von Michaelis Szenografie gelungen, den Visionen des Ausstellungsteams sensibel und zugleich mit größter Fachkompetenz Gestalt zu verleihen – dafür unseren herzlichen Dank! Dank auch an Uwe Melichar von Factor Design, der zusammen mit seinen Mitarbeitern die Grafik von Ausstellung, Katalog und App kreativ entwickelt und professionell umgesetzt hat, sowie Edwin Bartnik von zone4, der mit seinem Team und seinen Ideen für einen angemessenen Einsatz von Medien und deren Präsentation das Projekt bereichert hat. Außerdem danken wir dem Fotografen Henning Rogge für sein Engagement und die qualitätvolle Arbeit, mit der er einen wesentlichen Beitrag zum Gelingen des reich bebilderten Ausstellungskatalogs geleistet hat. Weiterhin gilt unser Dank den Restauratorinnen Ulrike Reichert und Sif Dagmar Dornheim, die sich der konservatorischen Betreuung der ausgestellten Textil- und Papierobjekte gewidmet haben – es hat wieder Freude gemacht, gemeinsam Lösungen zu entwickeln.

Ein großes Dankeschön gilt allen aktuellen und ehemaligen Mitarbeiterinnen und Mitarbeitern von C&A, die uns im Vorfeld der Ausstellung auf so vielfache Weise unterstützt haben. Und nicht zuletzt danken wir all jenen, die den Aufbau der Sammlung von Anfang an begleitet und uns nicht nur historische Objekte, sondern auch Informationen aus ihrem reichen Erinnerungsschatz geschenkt haben – vieles davon ist Teil der Ausstellung.

Wir wünschen Ihnen allen viel Spaß beim Erleben der Ausstellung und intensive Momente der Erinnerung an Ihre ganz persönliche C&A-Geschichte! Dabei freuen wir uns auf anregende Gespräche und weitere spannende Geschichten, die eine wertvolle Bereicherung für die Sammlung der DRAIFLESSEN Collection darstellen und Objekte und Archivalien zum Sprechen bringen.

Maria Spitz & Andrea Kambartel

UNSER DANK FÜR KOLLEGIALE UND
PERSÖNLICHE UNTERSTÜTZUNG GEHT AN:

Rolf Antrecht
Wilfried Arns
Christina Beckmann
Inge Brakensiek
Hans Bramkamp
Maria Broodbakker
Klaus Brügge
Enno Bruß
Aloys Buch
Klaus Eisenreich
Hans-Peter Ennemoser
Matthias Ennemoser
Herbert Flacke
Stephan Goldberg
Heinz Georg Guth
Birgit Haase
Norbert Heukamp
Bernd Hillekamps
Hermann Jörg
Andreas Kellersmann
Ton Kuerten

Harald Laufhütte
Julia Ley
Sabine Mahlberg
Erik Meijer
Michael Mikolajczak
Jimmy T. Murakami
Stefan Rasche
Nadine Rentmeister
Adalbert Pohlkamp
Peter Pohlschneider
Ralf R. Richters
Norbert Röhrenbeck
Thorsten Rolfes
Carsten Schemberg
Rosemarie Schemberg
Martina Schenk
Werner Schmitt
Klaus Schmutte
Ric Stiens
Ortwin Wagner
Michael de Witt

EIN HERZLICHES DANKESCHÖN
GILT UNSEREN LEIHGEBERN:

Architekturmuseum der Technischen Universität Berlin
in der Universitätsbibliothek

Haus der Essener Geschichte/Stadtarchiv

KUG Odemann AG

Sammlung Architekt Sepp Kaiser, Reto Brunner,
Luzern (Schweiz)

Universitäts- und Landesbibliothek Bonn

Zentral- und Landesbibliothek Berlin – Zentrum für
Berlin-Studien

ANMERKUNG DER AUTOREN

Die Aufarbeitung und Dokumentation der Geschichte des Unternehmens C&A befindet sich in einem fortlaufenden Prozess. Nationale und internationale Archive werden systematisch auf Hinweise zur Firmenhistorie gesichtet, wertvolle Materialien und Informationen gehen uns dankenswerter Weise auch immer wieder aus privatem Besitz zu. Der vorliegende Katalog bildet die Forschungsergebnisse aus dem bisher vorliegenden Quellenmaterial ab. Die Recherchen und Auswertungen wurden nach wissenschaftlichen Kriterien mit größter Sorgfalt durchgeführt. Dennoch können inhaltliche Fehler nicht gänzlich ausgeschlossen werden. Für sachdienliche Hinweise, Kritik und Ergänzungen sind wir Ihnen sehr dankbar!

INHALTSVERZEICHNIS

Iris Mentrup
C&A – Traditionsreiches Familienunternehmen
und erfolgreicher Weltkonzern — 10

1911–1919 — 16

Andrea Kambartel
„Dies interessiert Sie!" – Der erste Werbeauftritt
von C&A auf dem deutschen Markt — 36

1920–1929 — 42

Andrea Kambartel
Zwischen Funktionalität und Ästhetik –
Das moderne Textilkaufhaus C&A — 64

1930–1939 — 72

Kai Bosecker
Vom „unerwünschten Betrieb" zum Nutznießer
des NS-Regimes – Eine Annäherung an die
Geschichte von C&A in Deutschland 1933–1945 — 94

1940–1949 — 106

Annegret Buller
„Vom Umgang mit Majestäten" –
Personalausbildung und Kundenpflege
in den 1950er Jahren — 128

1950–1959 — 136

Maria Spitz
„‚formtreu' – Der Name sagt alles" — 158

1960–1969 — 164

Maria Spitz
Hinter den Kulissen –
Wie aus Warenbeschaffung und Verkauf
Einkauf und Absatz werden — 186

1970–1979 — 192

Andrea Kambartel
Die Kasse klingelt nicht mehr …
Die Anfänge des computergesteuerten
Warenwirtschaftssystems bei C&A — 214

1980–1989 — 220

Annegret Buller & Alexandra Dern
Dem Schnupperhund auf der Spur –
Eine Erfolgsstory von 1975 bis 1997 — 242

1990–1999 — 248

Kai Bosecker & Maria Spitz
Back to the Roots – Der Weg aus der Krise
der 1990er Jahre — 270

2000–2009 — 276

Meta Friese
Für jeden etwas Passendes –
Die Eigenmarken von C&A — 298

2010–2011 — 306

Meta Friese
Markenzeichen C&A – Vom Firmennamen
zur Corporate Identity — 316

Anhang — 324

C&A – TRADITIONSREICHES FAMILIENUNTERNEHMEN UND ERFOLGREICHER WELTKONZERN

Spätestens seit der Song „We Are Family" zur Werbehymne von C&A avanciert ist, ahnt man, dass die Institution Familie für die Inhaber von C&A mehr bedeutet, als Menschen aller Altersgruppen mit ihrer Mode anzuziehen. Kein Wunder, schließlich feiert der traditionsreiche Textilkonzern 2011 nicht nur seinen 100. Geburtstag in Deutschland, sondern darüber hinaus auch das 170-jährige Bestehen des von Clemens und August Brenninkmeijer in den Niederlanden begründeten Familienunternehmens. Das sind gleich zwei gute Gründe, um einen Blick in die Historie zu werfen …

1 | Der Brenninckhof in Mettingen, erster nachweislicher Stammsitz der Familie Brenninkmeijer, um 1973

2 | Atelier M. Büttinghausen, Carte de Visite von Clemens Brenninkmeijer, um 1890

3 | Atelier F. Heiler, Carte de Visite von August Brenninkmeijer, um 1875

4 | Das Haus Kattermuth in Mettingen, Geburtshaus der Gründerväter von C&A, um 1973

5 | Der von Johann Gerhard Brenninkmeijer an C&A Brenninkmeijer erteilte Gründungskredit, 1. Januar 1841

Ihren Anfang hat die Unternehmensgeschichte der Brenninkmeijers bereits vor 340 Jahren genommen.

Im Jahr 1671 zieht es einen der Vorfahren von Clemens und August Brenninkmeijer, Johann Brenninkmeijer, aus dem ländlichen, im westfälischen Münsterland gelegenen Mettingen in die niederländische Region Friesland, um dort Leinenstoffe an die reiche friesische Bauernbevölkerung zu verkaufen. Noch im selben Jahr übergeben Johann und seine Frau Trine (Catharina tor Wische) ihren landwirtschaftlichen Heuerlingsbetrieb – den Mettinger Brenninckhof – an Johanns Brüder, um sich vollständig auf den friesischen Textilhandel zu konzentrieren ABB|1. Drei weitere Generationen folgen diesem Vorbild.

In vierter Generation wird der vom traditionellen Wanderhandel geprägte Geschäftsbetrieb durch Clemens' und Augusts Vater Johann Gerhard sowie dessen Brüder Johann Hermann und Johann Bernhard neu geordnet. Aus den saisonalen Wanderhändlern, die anfangs vornehmlich mit westfälischem Leinen handeln und ihre Ware überwiegend aus Manufakturen beziehen, wird um 1790 die Handelsfirma „H. Brenninkmeijer & Co.", die im November 1796 ein Geschäftshaus im friesischen Sneek sowie bestehendes Ladeninventar erwirbt. Bis 1822 arbeiten die drei Brüder weiterhin – ausgehend von ihrem Magazin in Sneek – als Handelsreisende in Friesland. Als sie sich zur Ruhe setzen, führen die Söhne das Familienunternehmen weiter, bis es schließlich zu einer einvernehmlichen Teilung des Unternehmens „H. Brenninkmeijer & Co." kommt, aus der 1828 zwei Firmen hervorgehen: Johann Hermanns Söhne gründen „H. Brenninkmeijer & zonen", Johann Gerhards Söhne „G. Brenninkmeijer & Co.".

In den Dreißigerjahren des 19. Jahrhunderts treten Clemens ABB|2 und August ABB|3 ihre durch Handelsreisen geprägte Lehrlingszeit an: Clemens geht 1832 als Vierzehnjähriger von Mettingen nach Sneek, August folgt 1835 sechzehnjährig ABB|4. Beide absolvieren ihre Ausbildung im brüderlichen Unternehmen „G. Brenninkmeijer & Co.". Nach ihrer Lehrzeit verlassen sie im Dezember 1840 die Firma, um sich selbstständig zu machen. Mit einem über 10.000 holländische Gulden ausgestellten Kredit des Vaters gründen Clemens und August am 1. Januar 1841 den Manufakturwarenladen „C&A Brenninkmeijer" am Oosterdijk in Sneek, der zunächst lediglich aus einem angemieteten Obergeschoss besteht ABB|5. Dieses als Warenlager und zugleich als Büro eingerichtete Magazin dient den Brüdern nur an Markt- und Sonntagen als Verkaufsraum und ist ansonsten Ausgangspunkt ihrer Reisen, auf denen sie ihre Ware an die umliegende Bauernbevölkerung verkaufen.

Das neu gegründete Unternehmen C&A Brenninkmeijer startet gewinnbringend. Der Erfolg basiert vermutlich auch auf der harmonischen Zusammenarbeit der Gründer, die sich die Arbeit sinn-

6 | Visitenkarte, herausgegeben zur Eröffnung des Ladens in Dedemsvaart, 23. Mai 1844

7 | Jakob de Vries, Carte de Visite des C&A-Geschäfts am Oosterdijk in Sneek, nach 1860

8 | Eröffnungsanzeige im *Leeuwarder Courant*, 26. September 1881

voll aufteilen. Während sich August auf die Akquisition der Privatkundschaft spezialisiert, kümmert sich Clemens um die auswärtige Kundschaft und um Verwaltungsaufgaben. So ist es nicht verwunderlich, dass C&A bereits drei Jahre später erstmals expandiert: Im etwa neunzig Kilometer von Sneek entfernten Dedemsvaart eröffnen Clemens und August im Mai 1844 zusammen mit ihren Brüdern Leo und Egidius einen Lebensmittel-, Manufaktur- und Kolonialwarenladen, den sie wenig später der alleinigen Verantwortung ihrer Geschwister überlassen ABB | 6. 15 Jahre später, 1859, wird diese „erste Filiale" aus persönlichen Gründen aufgegeben.

Nachdem die Firma ihr Sneeker Magazin bereits 1855 durch einen Umzug in ein angemietetes Gebäude an der Nordseite des Oosterdijk vergrößert hat, erwerben Clemens und August 1860 endlich eine eigene Immobilie vor Ort. Dieses zum Laden umgebaute Wohnhaus wird am 14. August 1860 eröffnet und ist das erste C&A-Geschäft mit täglichen Öffnungszeiten. Neben Stoffen werden dort erstmals auch vorkonfektionierte Kleinstartikel verkauft – die erste „Kleidung von der Stange". Der Laden erfreut sich so großen Zulaufs, dass er 1866 weiter ausgebaut werden kann ABB | 7.

Nach achtunddreißigjähriger Unternehmertätigkeit ziehen sich Clemens und August 1878 aus dem Geschäft zurück. Sie übergeben ihr Unternehmen an die nächste Generation. Von ihren acht Söhnen sind zu diesem Zeitpunkt drei bereits Teilhaber (Hermann Gerhard, Joseph Gerhard und Hermann August), vier noch in der Ausbildung (Heinrich Aegidius, Eduard Clemens, Georg und Clemens), und einer ist noch zu jung, um die Ausbildung zu beginnen (Bernhard Joseph). Schnell zeichnet sich ab, dass das noch auf Sneek begrenzte Familienunternehmen nicht genug Ertrag abwirft, um die Existenz aller acht Söhne und deren Familien zu sichern. Daher beschließen die neuen Unternehmer zu expandieren.

Standort des neuen Geschäfts soll Leeuwarden werden – das wirtschaftliche und kulturelle Zentrum der Region Friesland. Während Hermann August mit seinen Lehrlingen Heinrich Aegidius und Eduard Clemens in Sneek bleibt, kaufen Hermann Gerhard und Joseph Gerhard sowie ihre beiden Lehrlinge Georg und Clemens ein Geschäftshaus am Waagsplein in Leeuwarden und richten dort einen Laden ein. Eröffnet wird das neue Geschäft am 30. September 1881 ABB | 8/9. Der Jüngste der zweiten Generation – Bernhard Joseph – wird dort 1887 Lehrling.

Gut zwölf Jahre später geht die Expansion weiter: Hermann Gerhard und Clemens wagen den Schritt in die Großstadt Amsterdam, während Joseph Gerhard und Georg in Leeuwarden bleiben. Am zentralen Standort Nieuwendijk 193 verkaufen sie ab 1893 neben Stoffen und Manufakturwaren erstmals auch Großkonfektion: Der Damenmantel wird Bestandteil des Sortiments ABB | 10. Und noch etwas ändert sich grundlegend: Mit der Eröffnung wird beschlossen, nur noch gegen Bargeld zu verkaufen, da „in der großen Stadt Amsterdam viele Betrüger sind".

Bernhard Joseph, mittlerweile ebenfalls Teilhaber, erwirbt ein Geschäftshaus an der exklusiven Leidsestraat 39 und baut so

9 | Erste Filiale in Leeuwarden, Eröffnung 1881, undatiert

10 | Der erste Standort in Amsterdam, Eröffnung 1893, undatiert

11 | Der Exklusivstandort in Amsterdam, Eröffnung 1896, undatiert

12 | Das fünfte C&A-Geschäft in Groningen, Eröffnung 1902, undatiert

1896 die zweite Niederlassung in Amsterdam auf ABB | 11. Dort werden neben Stoffen und Konfektionswaren auch maßgeschneiderte Damenkostüme und -mäntel von hoher Qualität angeboten, für deren Herstellung eigens eine Schneidermeisterin aus Wien angestellt wird. Die in dieser Filiale offerierte Kleidung ist daher auch nur für eine kleine Kundschaft bezahlbar – allein vier Prozent der Bevölkerung können sich einen C&A-Mantel leisten. Bernhard Joseph erkennt das Potenzial, das sich eröffnet, wenn man das Sortiment auf die übrigen 96 Prozent ausrichtet. Er beschließt, fortan Damenmäntel zu verkaufen, deren Preise an den mittleren Wochenlohn eines Arbeiters – sechs Gulden – angepasst sind.

Die Preisspanne für konfektionierte Mäntel und Kostüme liegt zu dieser Zeit bei 15 bis 75 Gulden. Für die niederländischen Fabrikanten ist es undenkbar, Kleidung herzustellen, die – wie von C&A gefordert – zu einem Preis von 5 bis 17,50 Gulden verkauft werden kann, denn bisher beliefern sie ausschließlich Konfektionsgeschäfte, die die besser betuchte Klientel bedienen. Um das neue System aber schon einzuführen, verkauft C&A die teuren Waren zu extrem günstigen Preisen – natürlich mit Verlust.

Bernhard Joseph und Clemens machen sich weiter auf die Suche nach Fabrikanten. Sie finden schließlich Hersteller in Berlin, die bereit sind, mit preiswerten Stoffen Mäntel einfachster Machart zu fertigen, indem sie beispielsweise das Innenfutter im Mantelärmel weglassen, um auf diese Weise die Kosten zu senken; so jedenfalls geht es aus den niedergeschriebenen Erinnerungen von Hermann Gerhard und Bernhard Joseph hervor. Die so produzierten Mäntel kalkuliert C&A mit einer extrem geringen Gewinnspanne, was jedoch durch die Masse an verkaufter Ware ausgeglichen werden soll.

Das neue, bisher in den Niederlanden unbekannte Geschäftsprinzip wird aufsehenerregend beworben. Die Waren werden so auffallend wie möglich im Schaufenster angepriesen und in Werbeanzeigen regelrecht inszeniert.

Der unglaubliche Erfolg dieser Maßnahme ist bereits zu diesem Zeitpunkt ein Indiz für die zukünftige Ausrichtung des gesamten Unternehmens.

Mit der Umstellung des Sortiments geht noch eine andere Wandlung vonstatten: Eduard Clemens hört 1897 als Letzter seiner Generation auf, Ware an die umliegenden Bauern zu verkaufen, und wird ebenfalls „sesshaft".

Nachdem sich C&A sowohl im regionalen Zentrum der Provinz Friesland (Leeuwarden) als auch in der Hauptstadt Amsterdam positioniert hat, ist die Einrichtung einer Niederlassung in Groningen nur ein logischer Schluss. Durch ihre frühere Zugehörigkeit zur Hanse ist die „Stadt an den Kanälen" sowohl Handelszentrum als auch politisches Zentrum der Provinz Groningen. Zudem verfügt sie als Universitätsstadt über ausreichend Kaufpotenzial. Also gründet Eduard Clemens, zuvor im Stammhaus in Sneek beschäftigt, im Herbst 1902 hier eine fünfte Niederlassung ABB | 12.

War das Hauptgeschäft aller C&A-Häuser bisher auf konfektionierte Damenkleidung spezialisiert, so ändert sich das Ende des

13 | Das erste Herrengeschäft in Amsterdam, Eröffnung 1906, undatiert

14 | Der Umbau des Leeuwarder Ladens mit Herrenabteilung, nach 1906

15 | Eröffnungsanzeige im *Rotterdamsche Nieuwsblad*, 14. März 1909

16 | Der sechste C&A-Standort in Rotterdam, Eröffnung 1909, undatiert

19. Jahrhunderts. Zunächst wird in den Häusern in Sneek und Leeuwarden neben Damenkleidung auch Herrenkleidung angeboten. Nachdem Vincenz Clemens und Alphons aus der dritten Generation bei der Firma *Kreijmborg* eine klassische Verkaufsausbildung im Bereich Herrenkleidung durchlaufen haben, wird 1906 mit dem „Magazijn de Zon" am Nieuwendijk in Amsterdam erstmals ein eigenes Herrengeschäft eröffnet; Leeuwarden folgt wenig später nach ABB|13/14.

Nachdem C&A wenige Jahre zuvor begonnen hat, Damenmäntel für weniger als sechs Gulden zu verkaufen, tritt die Maxime der Geschäftsführung im ersten Jahrzehnt des 20. Jahrhunderts immer deutlicher hervor: „Sollen die anderen ruhig die Kunden bedienen, die mit dem Wagen vorfahren. Wir werden die große Masse einkleiden, die zu Fuß oder mit der Straßenbahn kommt." Der Leitgedanke, den nur über ein geringes Einkommen verfügenden Bevölkerungskreisen die Möglichkeit zu bieten, sich qualitativ hochwertig, aber preiswert zu kleiden, verankert sich immer stärker.

Mit dieser Grundsatzentscheidung lockt Rotterdam aufgrund seines großen Anteils an Arbeiterbevölkerung. Man hofft, durch die in Rotterdam vorhandene Kaufkraft eine Einkaufsmacht zu entwickeln, mit der man bei den Fabrikanten bessere Preise aushandeln kann. 1909 eröffnet Clemens zusammen mit Otto und Franz aus der dritten Generation den sechsten C&A-Standort in der Hoogstraat in Rotterdam, der sofort ein Erfolg wird ABB|15/16.

Mit sechs niederländischen Filialen im Rücken zieht es das Familienunternehmen zurück nach Deutschland. Berlin ist vor dem Ersten Weltkrieg die bedeutendste Produktionsstätte von Konfektionskleidung und im Falle des Unternehmens C&A die einzige, die dessen Kriterien erfüllt; der Einkauf erfolgt seit der Umstellung der Geschäftsprinzipien ausschließlich in Berlin.

Aufgrund der bereits bestehenden Geschäftskontakte zu Berliner Fabrikanten sieht C&A hier eine reelle Chance der Übertragung des niederländischen Erfolgskonzepts auf den deutschen Markt. Um einerseits also nah an der „Quelle" der Konfektionsproduktion zu sein, andererseits das Filialnetz weiter ausbauen und dadurch noch größere Mengen einkaufen zu können, wählt C&A als nächsten Standort Berlin. Außerdem gibt es dort ein an Mode interessiertes Publikum.

Bereits Ende 1910 kündigt das niederländische Unternehmen unter anderem in der deutschen Fachzeitschrift *Der Konfektionär* an, nach Deutschland expandieren zu wollen ABB|17. Es ist Clemens, der die Zügel in die Hand nimmt. Zusammen mit Richard, Otto, Franz und Willi aus der dritten Generation wagt er den Schritt in die Metropole. Standort der am 18. März 1911 eröffneten ersten deutschen Filiale wird die Königstraße nahe dem zentral gelegenen Alexanderplatz, der nicht nur ein Verkehrsknotenpunkt der Metropole ist, sondern sich auch in unmittelbarer Nähe zum Hausvogteiplatz und zum Spittelmarkt befindet, wo alle „Konfektionsfäden" zusammenlaufen. In derart prominenter Lage ist die Konkurrenz nicht weit entfernt: Das neue Haus liegt in Sichtweite zu den bekannten Großwarenhäusern *Tietz* und *Wertheim* ABB|18/19.

18 | Waldemar Titzenthaler, Die Königskolonnaden in Berlin-Mitte, 1909/10

19 | Postkarte vom Berliner Alexanderplatz, 1930

Der Konfektionär 25, 52 (29.12.1910), S. 1/V:

„Das neue Konfektionshaus, welches die Firma C&A Brenninkmeyer, Amsterdam, hier in Berlin, in den Räumen des früheren Pfingstschen Warenhauses in der Königstraße, errichtet, wird im Frühjahr eröffnet, und es wird dort hauptsächlich kurantes Mittelgenre zum Verkauf gelangen. Die Firma, welche in Holland zehn eigene Geschäfte unterhält und den größten Konsum in dem obengenannten Genre Konfektion hat, gehört seit langen Jahren zu den bedeutendsten Kunden des Berliner Platzes. Zweifellos wird sich ihr Konsum noch durch das neue Unternehmen steigern, von dem man voraussetzen kann, dass es in zeitgemäßer Weise geführt werden wird."

17 | Ankündigung in der deutschen Fachzeitschrift *Der Konfektionär*, 25, 52, S. 1/V, 29. Dezember 1910

Wenige Jahre nach der Niederlassung in Berlin – noch vor Ausbruch des Ersten Weltkrieges – ist C&A bereits in vier großen deutschen Städten mit fünf Filialen in bester Lage anzutreffen. Die Söhne und Enkel der Gründerväter haben es geschafft, das anfängliche Manufakturwarengeschäft zu einer erfolgreichen Einzelhandelskette für Fertigkleidung auszubauen.

Anfang 2011 ist C&A auf drei Kontinenten vertreten. Mit Geschäften in 19 europäischen Ländern und europaweit über 1.400 Filialen liegt das Kerngeschäft von C&A auf dem europäischen Kontinent; alleine in Deutschland sind es 482 Betriebsstellen.

Iris Mentrup

JUGENDSTIL TITANIC MARIE
L DER BLAUE REITER SPANISC
SCHIFFFAHRT FRAUENWAHL
KISTEN GEORGE V. PHILIPP SC
YE MONTE CARLO MATA HA
KUSBUND NIKOLAUS II ABST
RELATIVITÄTSTHEORIE ROA
DIG OKTOBERREVOLUTION W
S KOHLRÜBENWINTER KARL
GENDE BAU 15 MAX PLANCK
RMINAL FRANZ FERDINAND
A LUXEMBURG RÄTEREPUBLI
EICH DIKTATUR DES PROLETA
FFNUNG KLEINE MEERJUNG
ORD TIN LIZZY WOODROW W
VERSICHERUNGSORDNUNG E
ALLEN GERHARD HAUPTMAN
IELE OSTERAUFSTAND ATTEN

19

19

CURIE HOHENZOLLERNKANA
IE GRIPPE PAUL POIRET LUFT
ECHT FRANZ KAFKA TROTZ
EIDEMANN KUBISMUS RALL
ACHTSTUNDENTAG SPARTA
AKTE MALEREI WILHELM II
D AMUNDSON TOD IN VENE
ELTKRIEG I EXPRESSIONISMU
LIEBKNECHT DOLCHSTOSSLE
IFTGAS GRAND CENTRAL TE
OTE GARDE DADAISMUS ROS
RICHARD STRAUSS KAISERR
RIATS LENIN ELBTUNNELERÖ
RAU VERSAILLER VERTRAG F
LSON BALKANKRIEG REICHS
OR STRAWINSKI DEICHTORH
I SPARTAKUSBUND EGON SCH
AT VON SARAJEWO BOLSCHE

19

DIE METROPOLE
WARTET

Bereits Ende 1910 hatte C&A die Räumlichkeiten des ehemaligen *Pfingst'schen* Kaufhauses in der Berliner Königstraße 33 angemietet. In fußläufiger Entfernung liegt der Alexanderplatz, damals wie heute ein wichtiger Verkehrsknotenpunkt in der pulsierenden Metropole. Schon seit 1907 hat hier das große Kaufhaus der Gebrüder *Tietz* mit seinem verlockenden Gemischtwarenangebot seinen Sitz.

Am 18. März 1911 ist es endlich soweit: Begleitet von einer auffälligen Werbekampagne, eröffnet C&A sein erstes Spezialkaufhaus für Damenkonfektion in Deutschland. Auf der gegenüberliegenden Straßenseite befindet sich zu diesem Zeitpunkt eine Großbaustelle: Hier errichtet *Wertheim* eine neue Filiale. Zwei Tage nach der Eröffnung erscheint in der Fachzeitschrift *Der Konfektionär* ein Bericht über das C&A-Haus. Darin werden die Helligkeit und Freundlichkeit von Schaufenstern und Verkaufsräumen ebenso gelobt wie die stilvolle Dekoration und die gelungene Inszenierung der Waren durch moderne Technik.

Eröffnung der Berliner Filiale der Firma C. & A. Brenninkmeyer-Amsterdam.

re. Heute, Sonnabend nachmittag, findet die Eröffnung des Berliner Hauses der Firma C. & A. Brenninkmeyer-Amsterdam in den Räumen des ehemaligen Pfingst'schen Warenhauses, Königstraße 33, statt.

Der Stammsitz der Firma befindet sich in Amsterdam, woselbst zwei Damen- und ein Herrenkonfektionsgeschäft sich befinden, weitere Niederlassungen sind in Leeuwarden (2 Geschäfte), Sneek (2 Geschäfte), Groningen (1 Geschäft), Rotterdam (1 Geschäft), so daß also das hier eröffnete Damenkonfektionshaus das 10. Geschäft ist.

Im Parterre befinden sich die Abteilungen für Blusen, Jupons und Röcke sowie interimistisch die Kinderkonfektion, welche zum 1. April cr. in die zweite Etage verlegt werden soll, woselbst auch die gesamten Kontore, Einkaufsbureaus sowie Aenderungsateliers untergebracht werden. Die erste Etage enthält die Abteilungen für Mäntel, Kostüme, Kleider, englische und schwarze Paletots. Die im Jahre 1841 begründete Firma will lediglich ein kurantes Mittelgenre führen, worin sie in Holland ihr Renommee begründet hat. Die Leitung des Berliner Hauses liegt in den Händen der Herren Clemens Brenninkmeyer, eines Sohnes des Begründers der Firma, sowie seines Neffen, Richard Brenninkmeyer.

Die Räume sind durchweg in Weiß gehalten und machen einen hellen, freundlichen Eindruck. Die mit grünen Lorbeerbäumen und duftigen Blumen dekorierten Schaufenster bilden einen stilvollen Rahmen für die ausgestellten Modelle, deren Wirkung durch eine geschickte Pendelbeleuchtung wesentlich gehoben wird. Die effektvollen Beleuchtungsanlagen stammen von der Installationsfirma Martin Cronheim, während alle Rollständer, Bürsten usw. in den Ateliers Hermann Heinemann angefertigt wurden.

C&A BERLIN, KÖNIGSTRASSE 33
18.03.1911

1911

MODE FÜR DIE DAME, EGAL WELCHER STATUR

Das C&A-Kaufhaus, zunächst ausschließlich auf Damenkonfektion spezialisiert, wirbt in einer seiner ersten Anzeigen damit, dass alle „etwas Passendes zu billigen Preisen" finden. Diesem Anspruch – bald um Kinder- und Herrenmode erweitert – folgt das Unternehmen später unter anderem mit Kleidergrößen namens „Käthe" und „Renate" oder Inseraten mit Slogans wie „Mode für Bauchbewußte" durch das gesamte Jahrhundert. Heute umfasst das Sortiment für die ganze Familie sowohl die schmalen Slim-Schnitte als auch große Größen, die bei Herren bis zu XXXXXXXL reichen.

GLÜCKSZAHL 13

Am 13. September 1911 schaltet C&A eine auf den ersten Blick ungewöhnliche Anzeige. Gegenstand ist die Zahl 13, die die Anzahl der Buchstaben im Nachnamen der Eigentümerfamilie Brenninkmeyer widerspiegeln soll. In Abkehr von der niederländischen Schreibweise von „Brennikmeijer" mit „ij" hat die Familie ihren Nachnamen zuvor eingedeutscht. Um erhöhte Aufmerksamkeit für das ironische Spiel mit der vermeintlichen „Unglückszahl" zu erregen, wird diese Anzeige am 13. des Monats abgedruckt. Bedauerlich ist allerdings: Es ist kein Freitag.

FESTPREISE BEI C&A

Eine kurze Notiz, erschienen am 23. Juli 1911 in der Fachzeitschrift *Deutsche Konfektion*, verrät, welches Bild sich den Passanten bietet, die im Sommer dieses Jahres an den Schaufenstern der ersten C&A-Filiale entlangschlendern: ein großes Angebot an Waren und viele Preisschilder. Der Verkauf der Waren zu genau kalkulierten Fixpreisen ist zu diesem Zeitpunkt bereits fester Bestandteil des niederländischen Erfolgskonzepts von C&A. Bei den Berliner Kunden scheint die konsequente Umsetzung des modernen Festpreissystems jedoch wiederholt auf Unverständnis zu stoßen. In einer Werbeanzeige wendet sich das Unternehmen Anfang Oktober daher vertrauensvoll mit der Bitte an die Kundschaft, sich von dem in der damaligen Geschäftswelt noch weitverbreiteten Handeln um Rabatte zu lösen und sich von den fortschrittlichen Geschäftsprinzipien im Berliner C&A-Haus überzeugen zu lassen. Auf eine anschauliche Erklärung der Vorzüge, die das ungewohnt transparente Preissystem doch vor allem für den Kunden biete, folgt die zentrale Werbebotschaft: „Sie können in ganz Berlin nicht so gute Ware zu so billigen Preisen bekommen, wie bei uns […]".

1 | EIN FIRMENZEICHEN FINDET SICH

Der Firmenname „C. & A. Brenninkmeyer" erscheint in den Anzeigen zusammen mit den Adressangaben der ersten beiden Filialen meist innerhalb schmückender Textrahmen, die auch die Werbebotschaft enthalten. Nach und nach löst er sich von der übrigen Gestaltung; es wird ein eigenes Firmensignet gefunden. Die Initialen der beiden Gründerväter Clemens und August verlieren ihre Punkte, der Familienname rückt in die zweite Zeile. Als Vorstufe der C&A-Vignette ist beispielsweise eine runde Variante des Logos aufzufassen, wie sie in der Werbeanzeige vom 25. August 1912 zu sehen ist. In dieser Gestalt kann man sich das Signet ebenso gut als Firmenschild in Emaille oder Blech an einem Geschäftshaus und als Firmenstempel für Briefe vorstellen.

C&A BERLIN,
CHAUSSEE-
STRASSE 113
16.03.1912

2 | DIE ZWEITE FILIALE IN BERLIN

Der Startschuss für die zweite Berliner C&A-Filiale in der Chausseestraße 113 / Ecke Invalidenstraße fällt fast auf den Tag genau ein Jahr nach der Deutschlandpremiere in der Königstraße. Wie bereits im Vorjahr erscheint auch diesmal eine ganze Reihe von Anzeigen. Einen Tag vor Öffnung der Pforten in der Chausseestraße wird beispielsweise eine Annonce geschaltet, in der das Spezialgeschäft für Damen-, Backfisch- und Kinderkonfektion gleichsam aus einem Koffer gezaubert wird. Am Eröffnungstag selbst – dem 16. März 1912 – findet der Leser erneut eine Anzeige, in der die „tragenden Säulen" des Textilunternehmens herausgestellt werden: „Solide Ware", „Kulante Bedienung" und „Billige Preise". In einer weiteren Anzeige, inseriert am darauf folgenden Tag, bedankt sich C&A bei seinen Kunden, nicht ohne noch einmal auf diese fortschrittlichen Geschäftsprinzipien des Familienunternehmens zu verweisen.

3 | „GROSSE EREIGNISSE WERFEN IHRE SCHATTEN VORAUS!"

Mit diesem Slogan wirbt C&A in einem Inserat vom 28. März 1912 – zehn Tage vor Ostern – für seine Berliner Filialen. Ins Bildzentrum gerückt ist ein Plakat, das die Aufmerksamkeit von Damen, „Backfischen" und Kindern auf sich ziehen soll. Zu den Adressaten des C&A-Warensortiments dieser Jahre gesellt sich aber noch jemand, wie ein großer, dunkler Schatten am rechten Bildrand verrät: der Osterhase. Hier zeigt sich bereits die innovative Kraft, die eine kreative unternehmenseigene Werbestrategie zu entfalten vermag. Die Botschaft erschöpft sich nicht im Hinweis auf die Vielfalt und den günstigen Preis der Waren. Vielmehr erhalten die C&A-Inserate durch die liebevolle Gestaltung und die Anbindung an jahreszeitliche Ereignisse wie Ostern, Pfingsten oder Weihnachten eine individuelle, unverwechselbare Note – ein großer Fortschritt in der Anzeigenlandschaft der damaligen Zeit.

BREITES ANGEBOT BEI C&A

Am 16. November 1913 inseriert C&A Damenoberbekleidung in einer Preisspanne von 7,75 Mark bis 39,75 Mark. Zu den acht illustrierten Mänteln hat sich auch ein hochmodernes Tunika-Kleid zum Preis von 30 Mark gesellt. Dieses verhältnismäßig teure Kleid – vermutlich ein Abendkleid – lässt den Einfluss von Paul Poiret erkennen. Der Pariser Modeschöpfer gehört zu den Revolutionären der Mode des frühen 20. Jahrhunderts. Er kreiert Kleider, die ohne Korsett zu tragen sind, und entwirft Mode, die unter anderem von der Strömung des Orientalismus und östlicher Folklore inspiriert ist. Zudem ist er der erste Couturier, der seine Mode nicht ausschließlich in Paris zeigt, sondern mit seinen Modellen auf Tour geht. 1911 ist er unter anderem auch in Berlin. Mit seiner Anzeige verfolgt C&A ein doppeltes Ansinnen: Man will nicht nur eine große Bandbreite aktueller Mode offerieren, sondern dies auch noch zu erschwinglichen Preisen. So zielt der Hinweis auf „Moderne einfarbige Ulster von 3,75 an" als günstigstes Angebot auf die Klientel mit geringerer Kaufkraft, auf jene Leute also, die – wie C&A nicht müde wird zu betonen – „mit der Straßenbahn fahren".

C&A HAMBURG, MÖNCKEBERG-STRASSE 9
08.03.1913

C&A KÖLN, BREITE STRASSE
13.09.1913

1913

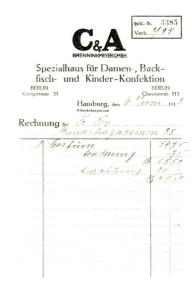

2 | DIE C&A-VIGNETTE TRITT IN ERSCHEINUNG

Im Juni 1913 ähnelt das Firmenzeichen in einer Annonce zum „Saison-Ausverkauf" in seiner ovalen Gestalt schon deutlich der bekannten C&A-Vignette, die schließlich im November desselben Jahres in der Werbung erscheint. Mitverantwortlich bei der Findung einer geeigneten Formensprache für das C&A-Logo ist mit an Sicherheit grenzender Wahrscheinlichkeit der seit 1911 zuständige Reklamegestalter Kurt Lisser. Auch sein Künstlermonogramm, wie es in einer Anzeige für sein Reklamebüro im Berliner Adressbuch auftritt, ziert eine Vignette, die an ein rundes Wachssiegel erinnert.

3 | EIN RECHNUNGSBELEG

Die kundenorientierte Unternehmensführung zeigt sich in einem Rechnungsbeleg, der am 6. Juni 1913 in der knapp zwei Monate zuvor eröffneten Hamburger C&A-Filiale ausgestellt wird: Eine Kundin erwirbt ein Kostüm zu einem Preis von 54,75 Mark, das für weitere 75 Pfennige im hauseigenen Atelier geändert wird.

1 | INNOVATIVE WERBUNG IN ERNSTER ZEIT

Kurz nach Beginn des Ersten Weltkrieges wird am 10. Oktober 1914 an der Limbecker Straße in Essen das fünfte deutsche C&A-Geschäftshaus eröffnet, ein Haus, das unter aussichtsreicheren Vorzeichen, noch vor Ausbruch des Krieges, angemietet worden ist. In Deutschland – wie in allen anderen europäischen Ländern – ist man nach wie vor optimistisch. Noch wird erwartet, dass der Krieg innerhalb eines halben Jahres vorbei sein wird. Zu Beginn laufen die Geschäfte daher noch sehr gut, was sich auch an der Werbung erkennen lässt: Stets auf Gegenwart und nahe Zukunft ausgerichtet, spiegelt sie die politischen Ereignisse der Zeit wider. Sowohl in der grafischen Gestaltung als auch in den Werbebotschaften stellt sich die Reklame zunehmend auf den Krieg ein und nimmt immer mehr Bezug auf die Soldaten, die an den Fronten kämpfen. Die Kundschaft soll sich dadurch angezogen fühlen, denn die Aktualität der Ereignisse ermöglicht nicht nur eine unmittelbare Emotionalisierung, sondern – und das ist viel wichtiger – ein hohes Maß an Identifikation. Neben der Zeitungswerbung reagiert C&A in dieser ernsten Zeit aber noch mit einer anderen innovativen Werbeidee: Die Feldpostkarte wird herausgegeben. Als 1914 die ersten Feldpostbriefe in den Zeitungen erscheinen, gibt es erstmals eine Vermittlung zwischen dem heimatlichen Leser und den fernen Ereignissen an der Kriegsfront. Die Briefe werden schnell zu einem wesentlichen Bestandteil der öffentlichen Darstellung des Krieges. Um im Gegenzug den Daheimgebliebenen eine Kommunikationsmöglichkeit mit den Soldaten an der Front zu bieten, lässt C&A eine Feldpostkarte drucken, die den Eröffnungstag der Essener Filiale dokumentiert. So können die Soldaten an den Geschehnissen in der Heimat Anteil nehmen.

C&A ESSEN, LIMBECKERSTRASSE 75–77
10.10.1914

DER REKLAMEFACHMANN KURT LISSER

Kurt Lisser tritt in den Jahresbilanzen des Unternehmens erstmals 1914 in Erscheinung, ist aber schon seit 1911 verantwortlich für Entwurf und Ausführung der Reklame, wie die wiederkehrende Signatur unter den Anzeigen belegt. Das C&A-Logo ist inzwischen fester Bestandteil der Werbeinserate. Bisweilen noch als schlichtes Oval ausgebildet oder auch in schwarzer Schrift auf hellem Grund, zeigt sich immer häufiger die ovale Vignette mit weißer Schrift auf schwarzem Grund. Die Anzahl der Außenbögen des geschwungenen Randes ist aber noch unregelmäßig und variiert zwischen zehn und dreizehn. Der Grafiker „spielt" dabei regelrecht mit der Gestaltung: In einer Annonce vom 1. November setzt er sowohl die beiden Berliner Filialadressen als auch die wichtigen Werbebotschaften zu aktuellen „Spezial-Preisen" in – dem C&A-Logo ähnelnde – Vignetten. Diese sind allerdings rund, wie auch sein kleines eigenes Markenzeichen und Künstlermonogramm, das rechts oben im Bild sichtbar ist.

EIN UNKONVENTIONELLES
PREISAUSSCHREIBEN

Im Zuge der Kriegsereignisse kristallisiert sich in Deutschland immer stärker das Bedürfnis heraus, auch sprachlich Stellung zu beziehen – dies nicht zuletzt durch die Verbannung von Begriffen, die dem Französischen oder Englischen entlehnt sind. C&A reagiert darauf und veranstaltet ein großes Preisausschreiben: Gesucht werden alternative deutsche Ausdrücke für die in der Textilbranche gebräuchlichen Fremdwörter „Cover-Coat", „Saison", „Frotté", „Cheviot" und „Konfektion". Es locken Preise in einem beachtlichen Gesamtwert von 1.000 Mark. Über die Gewinner befindet eine namhafte Jury, die sich aus Vertretern der Industrie, den Chefredakteuren des *Berliner Lokal-Anzeigers* und der *Berliner Morgenpost* sowie dem damaligen C&A-Seniorchef und Kurt Lisser als Werbefachmann zusammensetzt. Von einer groß angelegten Werbekampagne begleitet, ist das Preisausschreiben ab dem 15. April nicht nur in den Berliner Zeitungen präsent, sondern auch in der Tagespresse aller bis dato eröffneten Filialstandorte. Knapp zwei Monate lang werden die Leser über den aktuellen Stand des Gewinnspiels informiert – und natürlich auch über das Warenangebot des Unternehmens. Mit dieser einfallsreichen Verknüpfung von Preisausschreiben und Reklame erlangt C&A eine Popularität, die weit über die Zielgruppe seines Sortiments hinausreicht. Unmengen von Zuschriften gehen bei C&A ein: Am 25. April sind es bereits 24.637, am 20. Mai wird die Summe aller Einsendungen mit 55.419 beziffert. Kein Wunder, dass gut drei weitere Wochen bis zur Bekanntgabe der Ergebnisse „Lederköper", „Gezeit", „Rauhköper", „Friesel-(Stoff)" und „Kleiderei" vergehen.

55 419 Lösungen

1000 Mark für „Gezeit" und „Kleiderei".

„Es kreisen die Berge, und eine lächerliche Maus wird geboren." Nichts paßt besser als dieses Motto für das „Ergebnis", des mit einem so ungeheuren Aufwand von Reklame ins Werk gesetzten **Preisausschreibens der Firma C. & A. Brenninkmeyer** für Verdeutschung von 5 Fachausdrücken.

Die angestrengte Tätigkeit von **55 419** deutschen Gehirnen und die Mitwirkung eines auserwählten Stabes von Preisrichtern war erforderlich, um für „Saison" als beste Verdeutschung — „**Gezeit**" — und für „Konfektion" — „**Kleiderei**" — ans Licht der Welt zu bringen!

Das Wort „Gezeit", das in der Einzahl von den Sprachforschern als eine unbestreitbare Bereicherung unseres Sprachschatzes begrüßt werden dürfte, hatte in seiner Mehrzahl „Die Gezeiten" bisher nur die Bedeutung von Ebbe und Flut. Aber 89 Preisempfänger haben diesem Wort einen neuen Begriff untergelegt, der auf eine Ebbe in der Kenntnis ihrer Muttersprache und auf eine Flut von sprachreinigendem Draufgängertum hindeutet, die beim Großreinemachen alles hinwegspült, was sich ihr in den Weg stellt. Wir stehen also bald „**Gezeitausverkäufen**" gegenüber und sprechen von „Neuheiten der Gezeit" mit derselben Unbefangenheit wie von einer „Ball-, Pelz- und Waschgezeit".

Die 548 Preisbewerber aber, die das „**Kleider-Ei**" ausgebrütet haben, schufen damit die nicht hoch genug einzuschätzende Möglichkeit, einen Eierkuchen daraus zu backen, dem man je nach den entsprechenden Beigaben von „Rockkleiderei", „Mäntelkleiderei", „Wäschekleiderei" und „Gürtelkleiderei" den verschiedenartigsten Geschmack verleihen kann. Die Herren „Konfektionäre" aber beglückwünschen wir zu ihrem neuen Titel „**Kleidereier**".

Besonders erheiternd ist es auch, daß in der großen Anzeige, die das „Ergebnis" dieses bedeutsamen Versuches einer Sprachreinigung verkündet, nicht weniger als **drei sehr gut ersetzbare Fremdwörter**: „Material", „Prämiierung" und „Intelligenz" zur Anwendung kommen.

Zuguterletzt sind wir selbst in die glückliche Lage einer unerhofften **Nottaufe** gekommen, und die „**Deutsche Kleiderei**" stattet ihren 548 Paten dafür ihren verbindlichsten Dank ab.

Bereits am 18. April berichtet die Fachzeitschrift *Der Konfektionär* über das unkonventionelle C&A-Preisausschreiben. Der Autor des Artikels, der der kostspieligen Werbeaktion kritisch gegenübersteht, schließt mit der Zuversicht, dass mit einem baldigen Ende des Krieges hoffentlich auch der Wunsch nach der Vermeidung fremdländischer Begriffe wieder in Vergessenheit geraten werde. Zwei Monate später, am 20. Juni 1915, erscheint auch in der Zeitschrift *Deutsche Konfektion* – die sich bis 1916 übrigens noch *Deutsche Confection* schreibt – ein Bericht über die Ergebnisse genau jenes Preisausschreibens, der über Sinn und Unsinn der ausgezeichneten Begriffe urteilt. So amüsiert sich der Verfasser zum Beispiel über den Begriff der „Kleiderei" als Pendant zum Wort „Konfektion", der aus Konfektionären „Kleidereier" werden ließe.

Nicht zuletzt zeigt sich der Verfasser aber auch über die Anzeige belustigt, in der C&A die zur Vermeidung von Fremdwörtern ausgewählten Worterfindungen präsentiert und zugleich die aus anderen Sprachen entlehnten Begriffe „Material", „Prämiierung" und „Intelligenz" verwendet. Der kritische Zeitzeuge beleuchtet so treffend die wahnwitzige Idee, die Sprache in dieser Weise reformieren zu wollen. Er beschließt den Artikel im Namen der Fachzeitschrift *Deutsche Konfektion* mit dem verbindlichsten Dank für ihren neuen Namen „Deutsche Kleiderei".

1 | DAS STAMMHAUS WIRD ERWORBEN

Anfang April 1916 berichten die Branchenblätter *Deutsche Konfektion* und *Der Konfektionär*, dass C&A für zwei Millionen Mark das Grundstück in der Königstraße 33 erwerben wird, wo es seit 1911 sein erstes Geschäft in Deutschland betreibt. Bislang hat sich C&A das Gebäude mit dem Hoffotografen *Valg*, dem Mützenfabrikanten *H. Tuchler & Co.*, dem Herrenkonfektionsgeschäft *Davidsohn & Co.* und einer Filiale der *Dresdner Bank* geteilt. Nachdem diesen Mietern zum 1. Oktober 1916 gekündigt worden ist, wird umgehend mit dem Umbau des Hauses begonnen. Die Umbauarbeiten leitet der Schweizer Architekt Sepp Kaiser, der bis in die 1930er Jahre für C&A als Hausarchitekt arbeitet. Mit dem Kauf des bis dahin nur angemieteten deutschen Stammhauses etabliert sich das Unternehmen endgültig in der alten Mitte Berlins. In den kommenden Jahren wird C&A auch die vorspringenden Steinornamente in Form des C&A-Logos an der Fassade des Stammhauses anbringen und in den 1920er und 1930er Jahren seinen Grundbesitz rund um die Königstraße, die Neue Friedrichstraße und die Gontardstraße stetig ausweiten.

2 | VERKAUFSMETHODEN IN DER KRITIK

C&A hat nur wenige Jahre zuvor sein erstes Geschäft in Deutschland eröffnet, sieht sich aber bereits zum wiederholten Male dem Vorwurf des unlauteren Wettbewerbs ausgesetzt. Als besonders umtriebig erweist sich der *Schutzverband der Detaillisten und Gewerbetreibenden von Groß-Berlin*, der allein im Monat Mai drei Verstöße von C&A ausgemacht haben will und rechtliche Schritte einleitet. Besonderes Aufsehen in der Fachwelt erregt die Verurteilung von C&A zu einer Geldstrafe in Höhe von 500 Mark, weil ein sehr preiswerter, als „Seiden-Moireemantel" angepriesener Überzieher nur zu 17 Prozent aus Seide besteht. In einem Gutachterstreit vor dem Berliner Schöffengericht unterliegt C&A mit seiner Auffassung, dass ein Mantel auch dann als Seidenmantel bezeichnet werden könne, wenn lediglich das sichtbare äußere Material aus Seide besteht. Bis zum Beginn der 1930er Jahre wird C&A immer wieder wegen seiner Verkaufsmethoden von Interessenverbänden des Einzelhandels und konkurrierenden Unternehmen zum Teil harsch kritisiert werden.

3 | GARDEROBE AUF BEZUGSSCHEIN

Der zu Beginn des Krieges vorherrschende Optimismus eines baldigen Siegfriedens ist vorbei. Liefen die Geschäfte im ersten Kriegsjahr aufgrund der tragenden Stimmung noch recht gut, sind die Umsätze nun angesichts fehlender Waren und verschiedener gesetzlicher Verfügungen rückläufig. Bezugsscheine sollen fortan das knappe Warenangebot lenken. Nachdem sie zunächst nur für Lebensmittel erforderlich waren, werden sie wenig später auch für den Kauf von Herren- und Damenoberbekleidung ausgegeben. Im März 1916 wird in Berlin sogar eine Reichsbekleidungsstelle geschaffen, die den Kleidungsbedarf der Bevölkerung überwacht. Die Regulierung geht schließlich so weit, dass sich das preußische Kultusministerium im Juli 1916 in einem Erlass gegen die „Auswüchse in der Damenmode" wendet. Künftig soll bereits in der Schule für eine Rohstoff sparende Damenoberbekleidung geworben werden. So werden in jener Zeit beispielsweise auch Ersatzstoffe aus Papier angeboten.

Kleidung aus alten Stoffen? Nicht bei C&A! Hier findet sich weiterhin modische und neue Kleidung. Das Damenkonfektionshaus bittet seine Kunden zwar bereits im April, nur noch notwendige Garderobe zu kaufen, wirbt aber bis August noch für bezugsscheinfreie Kleidung. Ab September geht C&A dazu über, Reklame für Kleidung „mit Bezugsschein" zu machen. So wird der einfache Weg von der Kleiderauswahl über den Bezugsschein bis zur Auslieferung propagiert. C&A bietet seinen Kunden trotz dieser Maßnahmen große Vorteile: Zum einen steht der Kundschaft die gesamte im Lager befindliche Vielfalt zur Verfügung, zum anderen kann man in jedem C&A-Haus die gleiche Warenauswahl finden und kaufen.

1| „WOZU DER LANGE NAME?"

Für die Kunden, die gerne bei „Brenninkmeyer" kaufen, gibt es am 4. Oktober 1917 eine wichtige Neuigkeit: Ab sofort nennt sich das Unternehmen nicht mehr „C&A Brenninkmeyer GmbH", sondern „einfach: C&A – das genügt!". In der Abbildung des Inserates werden die Initialen der beiden Gründerväter auf einem Banner symbolisch mit einer großen Schere abgeschnitten. Das neue Logo zeigt bereits die geänderte Schreibweise des Firmennamens: „C&A", hier vorläufig noch unterstrichen. Bis 1925 wird zunächst auch auf die Nennung des Familiennamens im Firmenzeichen der Werbeinserate verzichtet.

2| FREIES FRAUEN-(KLEIDER-)WAHLRECHT

In einer Werbeanzeige greift C&A die wieder aufgeflammte Debatte um das Frauenwahlrecht in Deutschland auf. Klar: Welches Thema bietet sich besser für ein auf Damenkleidung spezialisiertes Kaufhaus an? Immerhin verbürgt sich C&A für eine freie Kleiderwahl der Frauen, denn obwohl sich das Frauenwahlrecht in einigen europäischen Staaten schon vor 1917 durchgesetzt hat, scheitern alle deutschen Bestrebungen im Laufe des Jahres an den konservativen Kräften im Reichstag. Immer vehementer fordert die deutsche Frauenbewegung das aktive und passive Wahlrecht. Obschon die Initiativen zunächst erfolglos bleiben, stehen sie doch für das

1917

Wiedererwachen der nach dem Ausbruch des Ersten Weltkrieges stiller gewordenen Frauenbewegung. Im November 1918 wird das Frauenwahlrecht schließlich eingeführt. Am 19. Januar 1919 werden Frauen zum ersten Mal an der Wahl zur verfassungsgebenden Nationalversammlung in Berlin teilnehmen können.

3 | DIE GUTE ALTE ZEIT

In einer Annonce vom 25. Februar 1917 setzt C&A die aktuellen Jackenkleider in Beziehung zur Mode der Biedermeierzeit. So wie man damals versucht habe, mit „einfachen Mitteln Schönes und Geschmackvolles zu schaffen", so tue dies auch das „heutige, auf seine eigene Kraft gestellte deutsche Kleidergewerbe". Ein Vergleich der Mode beider Epochen, der Biedermeierkrinoline und der Kriegskrinoline, zeigt jedoch, dass die Kleidung der Kriegsjahre schlichter und funktionaler und so den wachsenden Anforderungen an die Bewältigung des schwierigen Alltags angepasst ist.

4 | „MIT C&A FÄHRT MAN GUT!"

Dieses im Oktober 1917 geschaltete Inserat vermittelt geschickt drei Grundsätze des Textilunternehmens. Vordergründig wird der Kunde über die bei C&A bekannte „kulante Bedienung" informiert. Etwas unauffälliger verbirgt sich dort die „solide Ware", denn mit Qualität „fährt" man schließlich gut. Nicht zuletzt steht dahinter aber noch eine Botschaft, denn man fühlt sich sofort an den Grundsatz erinnert, den C&A um die Jahrhundertwende aufgestellt hat: „Sollen die anderen ruhig die Kunden bedienen, die mit dem Wagen vorfahren. Wir werden die große Masse einkleiden, die zu Fuß oder mit der Straßenbahn kommt." Diese Unternehmensphilosophie hat sich mittlerweile fest etabliert, und es gilt: Bei C&A kann sich jeder qualitativ hochwertig und modisch aktuell einkleiden, auch wenn er sich nur die Fahrt mit der Straßenbahn leisten kann.

Riesen-Erfolge

1 | „ANZIEHENDE" WERBUNG

Im Februar und März des Jahres wirbt C&A in einer abwechslungsreichen Anzeigenserie für sein Kernsortiment, die Damenbekleidung. Jedes einzelne der Inserate überzeugt durch seine einzigartige Bildsprache, die die wechselnden Slogans eindringlich illustriert. So titelt die erste der Anzeigen „Die ‚Anziehungs'kraft" und zeigt einen großen, mit einem C&A-Logo geschmückten Magneten, auf dessen Pole Menschenmengen zuströmen. Die Überschrift einer anderen Anzeige lautet „Der Zug der Zeit". Dargestellt ist ein Zug, der durch eine Landschaft fährt und dessen Waggons das C&A-Logo ziert. Im begleitenden Text ist zu lesen: „Der Zug der Zeit ist auf Sparen ausgerichtet. Nicht zum wenigsten auch, wenn es sich um Damenkleidung handelt. Deshalb heißts doppelt wählerisch sein beim Einkauf, sowohl mit Bezug auf ‚was' Sie kaufen, als auch ‚wo' Sie kaufen."

1918

> **Die Reklamen der Firma C. & A. Brenninkmeyer.**
>
> Auf Antrag des Schutzverbandes der Detaillisten und Gewerbetreibenden Groß-Berlins E. V. hat das Landgericht I Berlin, 10. Kammer für Handelssachen, gegen die Konfektionsfirma C. & A. Brenninkmeyer eine einstweilige Verfügung erlassen dahingehend, daß der Firma Brenninkmeyer bei Vermeidung einer fiskalischen Strafe bis zu 1000 für jeden Fall der Zuwiderhandlung untersagt wird, in öffentlichen Bekanntmachungen oder in Mitteilungen, die für einen großen Kreis von Personen bestimmt sind, folgende Notiz zu veröffentlichen:
>
> Kein Irrtum, sondern die Folge unserer Ansicht, daß dem Publikum ein Anrecht auf billige Kleidung zusteht. In diesem Sinne haben wir neue Preise festgesetzt, ohne Rücksicht darauf, was die Sachen uns selbst gekostet haben.

WERBEANZEIGEN
MIT FOLGEN

Mit Ende des Ersten Weltkrieges erwartet der Einzelhandel ein Wiedererwachen der Kauflust. Um das Publikum zur Weihnachtszeit in die eigenen Verkaufsräume zu locken, preisen die Berliner Geschäfte ihre Waren als besonders günstig an. C&A geht noch einen Schritt weiter: Ohne Rücksicht darauf, was die Kleidung im Einkauf gekostet hat, habe man die Preise neu festgesetzt. Wieder einmal erwirkt der *Schutzverband der Detaillisten und Gewerbetreibenden von Groß-Berlin* eine einstweilige Verfügung. C&A kontert, dass seine Mitbewerber die während des Krieges stetig gestiegenen Preise künstlich hoch gehalten hätten, das Publikum aber ein Recht auf niedrige Preise habe. Die dem Schutzverband gewogene Presse wirft C&A daraufhin vor, sich ein „soziales Mäntelchen" umzulegen und sich als „Volksbeglückerin" aufzuspielen. Die Kritik an den Werbemethoden von C&A seitens der kleinen und mittelgroßen Geschäftsinhaber, die in der *Deutschen Konfektion* ihr Sprachrohr haben, führt zum Austritt des C&A-Seniorchefs aus dem Vorstand des von ihm Anfang des Jahres mitbegründeten *Reichsverbandes für Damen- und Mädchenkleidung e. V.* Für die gesamte Dauer der Weimarer Republik wird es C&A ablehnen, einem Einzelhandelsverband beizutreten.

1 | MODE FÜR DIE NACHKRIEGSFRAU

Bereits zu Kriegsende bersten die Zeitungen geradezu vor Stellenanzeigen. Dringend werden Arbeiter und Angestellte gesucht. Der Mangel an männlichen Arbeitskräften führt unweigerlich dazu, dass sich die Angebote auch an Frauen richten: In vielen Fällen handelt es sich um Berufe, die für das weibliche Geschlecht vor Kriegsausbruch undenkbar waren. Erstmals arbeiten auch Frauen in großer Zahl in der industriellen Produktion, im Dienstleistungsgewerbe und in der Verwaltung. Um 1919 hat sich die Lage etwas entspannt. Vielfach übernehmen die heimgekehrten Männer wieder ihre Arbeiten. Doch der gesellschaftliche Status der Frau hat sich während des Krieges stark verändert: Die Frauen sind selbstbewusster geworden, wollen vielfach nicht mehr in die alten Rollenmuster zurückfallen – die bis heute „typischen" Frauenberufe bilden sich heraus. C&A greift dieses neue Selbstverständnis auf und bietet Kleidung für die berufstätige Frau an. Als besonders vorteilhaft und unentbehrlich empfiehlt das Spezialhaus für Damenkonfektion eine Kombination aus Rock und Bluse. Ob als Büglerin, Sekretärin, Schneiderin oder Näherin, Verkäuferin oder auch Telefonistin: Bei C&A kann jede Frau etwas finden, und zwar für Haus und Beruf.

2 | „WIR SIND WIEDER DA!"

Nach der entbehrungsreichen Zeit des Ersten Weltkrieges proklamiert C&A in einem Inserat vom 7. September 1919 den Neuanfang: „Wir sind wieder da!", lautet die doppeldeutige Überschrift. Der Anzeigentext gibt zu verstehen, dass damit die Rückkehr zu den gewohnt exzellenten Qualitätsstandards des Unternehmens gemeint ist. Eine zweite Sinnebene des Titels eröffnet sich in Verbindung mit der Illustration. Zu sehen sind zwei Damen in eleganter Reisekleidung und ein Schaffner, der einen Koffer trägt. Endlich, so die Botschaft, stehen die einst feindlichen Länder deutschen Reisewilligen wieder offen.

Welch hohen Stellenwert die Mode im Leben der Deutschen zu diesem Zeitpunkt bereits wieder einnimmt, wird auch anhand zweier im Oktober und November geschalteter Anzeigen deutlich: En vogue sind aufwendige Tressen, die die äußeren Konturen der gezeigten Kleidungsstücke schmückend einfassen. Dekorativ platzierte Knöpfe sorgen für besonderen Pfiff.

Für Haus und Beruf sind Rock und Bluse unentbehrlich. Für jeden Zweck finden Sie bei uns geeignete große Auswahl in allen Größen, Macharten und Farben. Und durchweg außerordentlich preiswert!

„DIES INTERESSIERT SIE!" – DER ERSTE WERBEAUFTRITT VON C&A AUF DEM DEUTSCHEN MARKT

Als C&A im März 1911 an der Berliner Königstraße sein erstes Konfektionsgeschäft in Deutschland eröffnet, kann das 1841 im niederländischen Friesland gegründete Unternehmen bereits auf einen 70-jährigen Erfahrungsschatz zurückgreifen.

1 | Werbeanzeige, 5. März 1911

2 | Werbeanzeige, 12. März 1911

Mit seinen Filialen in Sneek, Leeuwarden, Amsterdam, Groningen und Rotterdam ist der nach den zwei deutschstämmigen Brüdern Clemens und August Brenninkmeijer benannte Textilhandel in den Niederlanden längst fest etabliert.

Zum Zeitpunkt seiner Expansion nach Deutschland verfügt das inzwischen in zweiter Generation geführte Familienunternehmen über wertvolle Referenzen in einer Geschäftswelt, in der die Wettbewerbsfähigkeit nicht mehr allein durch eine gute Qualität und günstige Preise bestimmt wird. Vielmehr wissen die Nachfolger der Gründerväter sehr genau um die Notwendigkeit, einen hohen überregionalen Wiedererkennungswert zu erschaffen und das Unternehmen unverwechselbar am Markt zu platzieren. Von dieser Zielsetzung zeugen die zahlreichen in der niederländischen Tagespresse erschienenen Werbeanzeigen, in denen C&A mit Ideenreichtum, Humor und Glaubwürdigkeit für seine Produkte und um neue Kunden wirbt. Eine vergleichbare Strategie dürfte der Lancierung der im Folgenden vorgestellten beeindruckenden Werbekampagne zur Eröffnung der ersten deutschen C&A-Filiale zugrunde gelegen haben.

Schon knapp zwei Wochen bevor die Berliner Bevölkerung zum ersten Mal das neue C&A-Geschäft betreten darf, erscheint am 5. März 1911 im *Berliner Lokal-Anzeiger* die erste Werbebotschaft ABB | 1: „Wenn unsere Annonce, die am nächsten Sonntag an dieser Stelle erscheint, auf einen Hundertmarkschein gedruckt würde, dann wäre sie nicht wertvoller als die Mitteilung, die sie enthalten wird!" In ihrer grafischen Gestaltung erinnert die Anzeige, die ungefähr ein Drittel der Zeitungsseite einnimmt, an eine Visitenkarte. Ein einfacher schwarzer Rahmen umfasst die wichtigen Fakten: Neben dem Firmennamen und der Anschrift wird die Spezialisierung auf Damenkonfektion für den aufmerksamen Leser ersichtlich. Einzig der geheimnisvolle Werbetext durchbricht das rahmende Element und zieht so das Augenmerk des Betrachters auf sich. Einem Rätsel gleich, erweckt die Werbebotschaft unweigerlich die Neugierde des Lesers und erscheint darin auch vor dem Hintergrund der heutigen Werbewelt noch erstaunlich modern.

Eine Woche nach der ersten Anzeige, am Sonntag, dem 12. März, erfährt der Zeitungsleser wie versprochen, was sich hinter der rätselhaften Ankündigung des in Deutschland noch unbekannten Damenkonfektionsgeschäftes verbirgt ABB | 2. Geradezu frech titelt die halbseitige Anzeige: „Dies interessiert Sie!" Flankiert von zwei modisch gekleideten Damen, werden selbstbewusst die Vorzüge des Unternehmens erläutert. Um die Werbewirkung zu erhöhen, werden die zentralen Botschaften durch Fettdruck hervorgeho-

4 | Werbeanzeige, 18. März 1911

ben: „zufriedengestellte Kunden", „Billige Preise" sowie „ein Jahr Garantie". Die Reklame informiert den Adressaten aber nicht nur über das preisleistungsorientierte und vielfältige Angebot bei C&A, sondern auch über die 70-jährige Erfahrung, die das Unternehmen seit seiner Gründung durch die Brüder Clemens und August im Jahr 1841 bereits sammeln konnte. Werbetaktisch geschickt wird der Traditionsgedanke hier als Argument für die Zufriedenheit des Kunden eingesetzt. Schließlich habe man sich durch das fortwährende Bestreben, den anspruchsvollen Kundinnen gerecht zu werden, „das unbegrenzte Vertrauen der Frauenwelt in den Großstädten des Auslandes erworben". Das Datum der bevorstehenden Eröffnung wird in dieser Anzeige nur kurz genannt, sodass die Information nahezu im Textfluss verschwindet. Hier wird die systematische Werbestrategie des Unternehmens erstmals deutlich sichtbar: Die Gewichtung zeigt, dass das vorrangige Ziel des zweiten Werbekontakts von C&A darin besteht, als neuer Marktteilnehmer seine unternehmerischen Qualitäten überzeugend zu präsentieren, sich vorzustellen und auf diese Weise Vertrauen zu schaffen. Wie in der ersten Werbeanzeige wird auch hier die zentrale Werbefläche durch einen schwarzen Rahmen akzentuiert, der das Inserat auf der Zeitungsseite hervorstechen lässt.

Am Freitag, dem 17. März – einen Tag vor der Eröffnung des Stammhauses – erscheint die erste große Eröffnungsanzeige ABB | 3. Groß im wahrsten Sinne des Wortes, denn diese dritte Annonce füllt die gesamte Zeitungsseite. Stand in den ersten Anzeigen der Werbetext im Vordergrund, werden jetzt Textinhalt und Illustration gekonnt in Einklang gebracht: Zur Eröffnung, so informiert das Unternehmen, „werden unsere Banner von den Vertretern unserer auswärtigen Verbindungen in unser neues Berliner Heim eingebracht". Das Bildmotiv zeigt vier Damen – eine von ihnen ist an ihrer landestypischen Kleidung und den Holzpantinen eindeutig als Niederländerin zu identifizieren –, die Fahnen mit den Aufschriften „Billige Preise", „Gute Bedienung", „Solide Ware" und „Ein Jahr Garantie" tragen. Detailliert gezeichnet, ist in der oberen rechten Bildecke das Ziel des feierlichen Einzugs dargestellt – das C&A-Haus in der Königstraße 33. Breite Firmenschilder ziert der Name „C.&A. Brenninkmeyer". In dieser Anzeige werden die Vorzüge des Unternehmens – langjährige Erfahrung, ein preisleistungsstarkes Angebot sowie kundenorientierte Geschäftsprinzipien – nicht nur mit Worten umschrieben, sondern in einer lebendigen Darstellung anschaulich visualisiert. Auch der Rahmen als wiederkehrendes Bildelement wird hier spielerisch eingesetzt. Bereits in den ersten beiden Anzeigen wird der Rahmen vom Text durchbrochen oder von den Werbefiguren angeschnitten. Nun tritt er in der rechten unteren Bildecke ganz deutlich aus seiner untergeordneten Rolle als dekoratives Element heraus, indem eine elegant gekleidete Dame mit großem Hut und mit grazil überschlagenen Beinen auf dem Bildrand sitzend dargestellt ist.

Werbewirksam schaltet C&A am Tag der Eröffnung ein weiteres ganzseitiges Inserat ABB | 4. Forsch heißt es in der Einladung: „Fünf

5 | Werbeanzeige, 19. März 1911

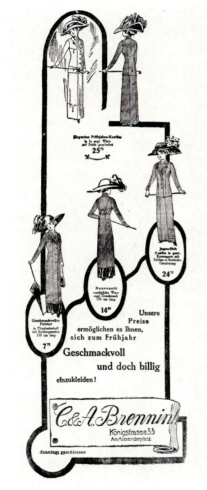

6 | Werbeanzeige, 24. März 1911

Gute Gründe sollten Sie veranlassen, bei der heute stattfindenden Eröffnung unseres neuen Berliner Geschäftes zugegen zu sein!" Die „guten Gründe" sind die fünf Eröffnungsangebote, die in der oberen Bildhälfte von fünf Damen vorgeführt werden: zwei Kostüme und drei Paletots. Kurz beschrieben und mit Preisen ausgezeichnet, wird damit erstmals das preisleistungsorientierte Sortiment visualisiert. Parallelen sowohl in der Gestalt des Rahmens als auch in der Wiederholung der eleganten Dame in der rechten unteren Bildecke gewähren einen Einblick in die Praxis der frühen Werbung. Durch die Wiederholung einzelner Versatzstücke aus den Werbemotiven kann der Kostenaufwand für Entwurf und Druck erheblich gesenkt werden.

Auch am Tag nach der Eröffnung richtet sich C&A vertrauensvoll an seine Kunden ABB | 5: „Wir danken Ihnen für das große Interesse, das sie an der Eröffnung unseres neuen Damen-Konfektions-Hauses durch einen so regen Besuch gezeigt haben. Wir hoffen, dass es Ihnen bei uns gefallen hat!" Auffällig ist hier, dass die Anzeige in ihrer Komposition dem Inserat vom 12. März – sogar die Figuren sind identisch – vollständig gleicht. Wie in der zweiten Anzeige trägt auch hier der Text die zentralen Inhalte der Werbebotschaft, während das Motiv der zwei chic gekleideten Damen lediglich als schmückender Rahmen fungiert. Noch einmal verweist das Unternehmen auf seine langjährige Erfahrung, die doch immer wieder gezeigt habe, „dass zufriedengestellte Kunden stets unsere beste Reklame gewesen sind".

„Geschmackvoll und doch billig", lautet die primäre Werbeaussage in dem Inserat, das am 24. März halbseitig, jetzt aber im Hochformat, in einer Berliner Tageszeitung erscheint ABB | 6. In vier zeichnerisch dargestellten preisgünstigen Angeboten wird der Grundsatz des unternehmerischen Konzepts, das sich in den niederländischen C&A-Filialen bereits erfolgreich bewährt hat, veranschaulicht. Wenn die grafische Gestaltung auch auf den ersten Blick verhältnismäßig schlicht wirkt, offenbart das Werbemotiv bei genauerer Betrachtung doch einen einzigartig spielerischen Umgang mit dem Dekorelement des Rahmens, wie er sich bereits in der am 17. März erschienenen Anzeige angekündigt hat: In der Zeichnung einer elegant gekleideten Dame, die sich im Spiegel betrachtet, verschmilzt die Einfassung des Spiegels mit dem Rahmen der Anzeige. Ein weiterer Vorteil der raffinierten Darstellung: Das Gewand kann sowohl von vorne als auch von hinten betrachtet werden. Interessant ist hier aber auch das Spiel mit dem Firmennamen, der jetzt einem nur teilweise ausgerollten Schriftband einbeschrieben ist, sodass nur „C.&A. Brennink" zu lesen ist. Der Wiedererkennungswert wird damit bereits zu diesem frühen Zeitpunkt auch auf dem deutschen Markt deutlich auf die Initialen der Gründerväter konzentriert und weniger auf den Nachnamen der Unternehmerfamilie.

Sieben Tage nach der Eröffnung verkündet C&A in einer weiteren Reklameanzeige die Botschaft ABB | 7: „3600 Mark Einnahme in

7 | Werbeanzeige, 26. März 1911

den ersten drei Stunden nach Eröffnung unseres Berliner Geschäftes ist ein untrüglicher Beweis dafür, wie rasch die bei der Eröffnung anwesenden Damen die Ueberzeugung gewannen, dass unsere Ware hält, was unsere Annonce verspricht." Was einem Fazit zum erfolgreichen Markteintritt in Deutschland gleicht, endet mit der nahezu provokanten Frage: „Warum nicht gleich? C.&A. Brenninkmeyer."

Werbestrategisch interessant werden hier Umsatzzahlen vom Eröffnungstag als Beleg für eine gelungene, kundenorientierte Sortimentsauswahl herangezogen. Aus den niedergeschriebenen Erinnerungen eines Zeitzeugen – vermutlich Bernhard Joseph Brenninkmeijers, des jüngsten Sohns des Gründervaters Clemens – geht hervor, dass sich bereits kurz nach der Veröffentlichung der einfallsreichen Reklame herausstellte, dass dieser Umsatz im Einzelhandel der damaligen Zeit eher als bescheiden galt. Rechnet man die Angaben um, so entsprechen die erzielten Einnahmen in Höhe von 3.600 Mark etwa dem 120-fachen Wochenlohn eines damaligen Facharbeiters. Festzuhalten ist, dass C&A auch in dieser Anzeige auf starke wie kreative Ausdrucksmittel zur Erhöhung der Werbewirksamkeit setzt.

Mit der fortschrittlichen Vermarktung seines preisleistungsorientierten Sortiments in dieser nicht nur abwechslungsreich gestalteten, sondern auch dramaturgisch aufgebauten Anzeigenserie, die anlässlich der Eröffnung des Berliner Stammhauses erscheint, hebt sich der Textilfilialist damals deutlich von der Konkurrenz ab. Unternehmen des produzierenden Gewerbes setzen bereits seit dem späten 19. Jahrhundert verstärkt auf die Erhöhung ihres Wiedererkennungswertes durch kreative Werbestrategien, um so die Etablierung ihres Unternehmens als Marke zu forcieren – in jener Zeit etwa *Maggi* oder *Dr. Oetker*. Dagegen werden die Zeitungsinserate deutscher Einzelhändler noch bis weit in das 20. Jahrhundert vorwiegend durch spannungslose Kompositionen, tabellenartig gelistete Angebotspreise und einfache Bildmotive bestimmt. Hier gehört C&A zu den ersten Unternehmen, die die zukunftsweisende Bedeutung der Werbekampagne erkennen, die damals noch mit dem treffenden Begriff „Werbefeldzug" bezeichnet wird und die Bindung der Kunden an das Unternehmen zum Ziel hat. Auch wenn das Monogramm des Reklamefachmanns Kurt Lisser, der bis zur Gründung einer unternehmenseigenen Werbeabteilung im Jahr 1934 für C&A tätig ist, erst in einer Anzeige vom 3. September 1911 nachgewiesen werden kann, sprechen die Qualität der Werbeidee der Anzeigenserie und ihre gelungene zeichnerische Umsetzung für seine Autorschaft. Mit dieser ersten Werbekampagne, die bereits knapp zwei Wochen vor der Eröffnung der ersten Filiale in Deutschland startet, legt das Unternehmen den Grundstein für die erfolgreiche Einführung der späteren Dachmarke C&A.

Andrea Kambartel

LICHTSPIELHAUS CHARLES L
AN HARMONISTS FASCHISM
ATION BAUHAUS COCO CHA
KEY MAUS KUGELSCHREIBER
NTO MARLENE DIETRICH ZW
KEMAL ATATÜRK PENICILLI
HOLSKY SURREALISMUS WA
AURICE RAVEL STUMMFILM
RNER BROTHERS WEIMARER
ES VAN DER ROHE RUHRBES
ULYSSES WASSILY KANDINSK
HART KOMMUNISMUS LOCA
NN LUFTHANSA HOWARD C.
ADELEINE VIONNET RUNDFU
BIKOPF RAPALLO-VERTRAG
G-PLAN ALEXANDER FLEMIN
BERQUERUNG METROPOLIS
SCHAFTSKRISE RHAPSODY I

NDBERGH ART DECO COMEDI
S BANANENRÖCKCHEN INFL
EL SCHWARZER FREITAG MIC
RICH KÄSTNER JAZZ ESPERA
ÖLFTONMUSIK KAPP-PUTSCH
KNICKERBOCKER KURT TUC
ER GROPIUS VÖLKERBUND M
AWES-PLAN PROHIBITION WA
EPUBLIK SCHIEBERMÜTZE MI
TZUNG NEUE SACHLICHKEIT
PERLENKETTE AMELIA EAR
NO-PAKT GUSTAV STRESEMA
RTER MONTESSORISCHULE M
K GOLDENE ZWANZIGER BU
JL KLEE CHARLESTON YOUN
RENTENMARK ATLANTIKÜ
OSEPHINE BAKER WELTWIRT
BLUE JOACHIM RINGELNATZ

STOPPT
DIE PREISE!

Die seit Ende des Weltkrieges spürbar gewordene Geldentwertung wird von C&A 1920 in der Zeitungswerbung aufgegriffen. In den Annoncen versucht ein personifiziertes C&A-Logo – vergeblich –, die stetig steigenden Preise aufzuhalten und versinnbildlicht so das Dilemma, vor dem der deutsche Handel zu jener Zeit steht. Denn will man seine Kunden weiterhin bedienen, kann man die Warenpreise der Geldentwertung nicht unmittelbar angleichen, da Löhne und Gehälter der Entwicklung der Inflation verzögert angepasst werden. Andererseits verlangen die Lieferanten, der Geldentwertung entsprechend, Aufschläge auf ihre Produkte, sodass eine solide Kalkulation unmöglich wird.

Preiserhöhungen sind unumgänglich, sodass auch das C&A-Logo die hohen Preise nicht mehr von den Kunden fernhalten kann. Für die späte Phase der Inflation gilt der Ausspruch des Geschäftsmannes und Mitbegründers des *Schocken*-Konzerns Salman Schocken – und zwar nicht nur für C&A, sondern auch für den übrigen deutschen Einzelhandel: „Jeder Verkauf ist […] ein Verlust."

Kleider, die man bei C&A im Mai 1920 noch für 75 bis 95 Mark erwerben kann, kosten im September 1921 bereits 375 Mark und ein gutes Jahr später 4.900 Mark. Im März 1923 wird ein solches Stoffkleid – man beachte! – im „Zeichen des Preisabbaus" kurz vor Ostern für 98.000 Mark offeriert. Erst mit Einführung der Rentenmark Ende 1923 stabilisiert sich das Preisniveau in Deutschland, und C&A kann wieder Kleider für 7,50 Reichsmark anbieten.

1920

1 | INVENTUR-AUSVERKAUF

Zu Beginn des Jahres 1921 veranstalten die Berliner Einzelhändler nach einer siebenjährigen Pause erstmals wieder Inventur-Ausverkäufe. Die *Deutsche Konfektion* vergleicht in der Ausgabe vom 5. Januar die Angebote der Textilhändler, darunter auch die Preise, die C&A in einem schlicht gestalteten Inserat am 1. Januar veröffentlicht hat. Aus der Gesamtschau der Anbieter, unter denen sich beispielsweise auch das Warenhaus *Hermann Tietz* befindet, welches in unmittelbarer Nähe des ersten Berliner Filialgeschäfts am Alexanderplatz liegt, sticht C&A durch schlichte Preisangaben heraus: Auf eine Beschreibung des einzelnen Artikels wird verzichtet. Stattdessen werden die Angebote einprägsam zu Warengruppen unter Angabe des Mindestpreises zusammengefasst. Während der Konkurrent *Hermann Tietz* Wintermäntel in den Preisstufen 68,– Mark, 98,– Mark und 195,– Mark im Ausverkauf anbietet, heißt es in der Anzeige von C&A kurz: „Wintermäntel von 40,– M. an".

2 | „NICHT DRÄNGELN!"

Unter dieser Schlagzeile schaltet das Unternehmen im Oktober des Jahres eine ungewöhnliche Anzeige, die in der linken Bildhälfte eine Menschenmenge abbildet, welche zielstrebig auf die geöffneten Türen eines C&A-Hauses zueilt. Wie zum Schutz des Einzelnen greift von links eine überdimensioniert dargestellte Hand in das Geschehen ein. Glaubt der Betrachter zunächst, dass hier für einen unmittelbar bevorstehenden Ausverkauf geworben wird, erfährt er im Text, dass es sich um die Ankündigung der neuen Herbst- und Winterware handelt. Selbstbewusst verkündet das Unternehmen: „Aber säumen Sie nicht allzulange mit ihren Einkäufen für Herbst und Winter; denn selbst die gewaltigen Vorräte, die wir zu Ihrer Verfügung halten, müssen schließlich versiegen, wenn derartige Käuferstürme, wie wir sie jetzt täglich erleben, auf uns eindringen." Einfallsreich verbildlicht C&A in dieser Anzeige, dass der Kunde nicht auf die Preissenkungen der Schlussverkäufe angewiesen ist, sondern das ganze Jahr preiswerte Ware bei C&A erwerben kann. Ähnliches offerierte bereits sieben Jahre zuvor eine Anzeige anlässlich des Sommerschlussverkaufs im Oktober 1914: „Es ist keine Kunst vorjährige, unmoderne Ware jetzt zu niedrigen Preisen zu verkaufen. Aber die jetzt modernen Karos gleich in der überwältigenden Reichhaltigkeit und zu richtigen, jeder Dame zugänglichen Preisen zu bringen, wie wir es tun, ist ein Beweis höchster Leistungsfähigkeit."

3 | DIE ERSTE EIGENFABRIKATIONS-ABTEILUNG VON C&A

Am 1. Februar 1921 wird in Berlin die erste Eigenfabrikationsabteilung von C&A gegründet. Unter dem Namen „Damenmäntelfabrikation Cunda GmbH", abgeleitet und zusammengesetzt aus den Initialen der Gründerväter „C"lemens „und" „A"ugust, werden Damenmäntel angefertigt. Die Produktionsstätte ist zunächst im Dachgeschoss des C&A-Hauses in der Berliner Königstraße untergebracht. Dort werden, wie in der Berliner Konfektion üblich, nicht alle Mäntel selbst hergestellt. Mit der Fertigung beauftragt werden sogenannte Zwischenmeister, das heißt Schneidermeister,

die Aufträge, Stoffe und Zutaten von Konfektionsbetrieben erhalten. Ihre Aufgabe liegt in der Regel in der Verteilung der zugeschnittenen Stoffe und aller anderen Zutaten wie beispielsweise Knöpfen und Garn an Heimarbeiterinnen sowie in der anschließenden Qualitätskontrolle. Oftmals schneiden die Zwischenmeister auch selbst zu und bügeln die fertigen Kleidungsstücke. Diese liefern sie dann bei dem jeweiligen Konfektionshaus ab – man spricht auch vom Verlagssystem. Die C&A-Eigenproduktion von Mänteln wird 1925 um die Fertigung von Damenkleidern, -kostümen, -röcken sowie von Kindermänteln erweitert. 1928 erfolgt ein erster Umzug in andere Räumlichkeiten. Neuer Standort wird das Dierig-Haus in der Berliner Kaiser-Wilhelm-Straße. Später wird die Cunda unter anderem in der Spandauer Straße 21 und in der Klosterstraße 80–85 Quartier beziehen.

EXPANSION NACH ENGLAND

Nach Standortgründungen in den Niederlanden und in Deutschland expandiert C&A 1922 nach Großbritannien. Das erste C&A-Geschäft auf englischem Boden wird am 25. September 1922 in der Londoner Bird Street eröffnet. Vierzig Jahre später, 1962, hat es der Textilkonzern auf einhundert Stores gebracht und weitet das englische Filialnetz in den 1990er Jahren – trotz vereinzelter Schließungen – sogar noch auf rund 135 Standorte aus. Starke Konkurrenz und eine unbefriedigende Umsatzentwicklung führen ab Januar 2000 zur sukzessiven Schließung aller Häuser in England, sodass sich C&A am Ende des Jahres mit den Worten „Good bye, good buy!" komplett aus dem Markt zurückzieht.

EIN WOCHENLOHN GENÜGT!

„1 Wochenlohn! – selbst der kleinste – genügt, um eines der hier abgebildeten, ganz entzückenden modernen Kleidungsstücke zu erwerben." Diese Werbebotschaft, mit der C&A im Mai 1922 die Aufmerksamkeit seiner Kunden erregen will, unterstreicht noch einmal deutlich den Grundsatz des Traditionsunternehmens, wie er bereits vor der Expansion auf den deutschen Markt formuliert wurde: Ziel des Filialunternehmens ist es nicht, einem exklusiven Kundenkreis Konfektionsware zu verkaufen, sondern über das Angebot preiswerter Kleidung einer breiten Käuferschicht ihre modischen Wünsche zu erfüllen.

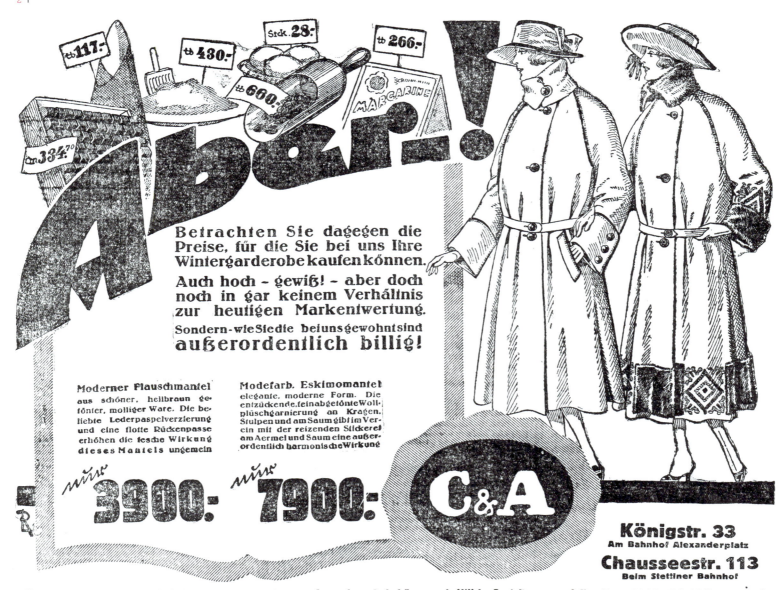

INFLATIONÄRE PREISE
IN DER WERBUNG VON C&A

Leitmotiv der Anzeigen, die C&A im letzten Quartal des Jahres schaltet, ist die Beobachtung der inflationären Entwicklung, die ein Jahr später ihren Höhepunkt erreicht. Im Zuge der sich immer weiter zuspitzenden Geldentwertung sucht das Unternehmen wiederholt den Vergleich zwischen den eigenen preiswerten Angeboten und der allgemeinen Preissteigerung. Am eindringlichsten wird diese Werbestrategie durch eine Anzeige belegt, die am 15. Oktober in den Berliner Zeitungen erscheint: Darin werden Lebensmittel, mit ihren marktüblichen Preisen deutlich gekennzeichnet, illustrativ den aktuellen Angeboten von Wintergarderobe bei C&A gegenübergestellt. So entsprechen sechs Esslöffel Kaffee zu einem Einzelpreis von 660 Mark einem der preisgünstigen Winterartikel bei C&A. Durch diese geschickte Visualisierung von Preisverhältnissen beweist C&A einmal mehr sein Gespür für auffällige, aktuelle und den Kunden unmittelbar ansprechende Werbung.

DIE TRÜMPFE
DES WEIHNACHTSMANNES

1923 ist das Jahr, in dem die Große Inflation in Deutschland das Geld komplett entwertet. Im November steigen die Preise fast stündlich. Briefmarken werden ohne Aufdruck hergestellt, denn die Beamten müssen den jeweils aktuell gültigen Kurs handschriftlich auf der Marke eintragen. Am 15. November – 1 Dollar kostet inzwischen 4.200.000.000.000 Mark – tritt die Währungsreform in Kraft. Mit Einführung der Rentenmark, die im August 1924 durch das Bankengesetz endgültig als Reichsmark festgeschrieben wird, wird die Grundlage für eine stabile Währung geschaffen. Endlich gelten wieder überschaubare Preise.

Fast auf den Tag genau einen Monat später verrät der C&A-Weihnachtsmann seine vier „Trümpfe": einen Wintermantel für 49,50 Mark, eine Sportjacke für 35,50 Mark, ein Twill-Kleid für 18,50 Mark sowie einen Kindermantel für 5,50 Mark. Auf einen guten Umsatz hoffend, sind die Berliner Filialen an den beiden vorweihnachtlichen Sonntagen nachmittags jeweils von 13 bis 17 Uhr geöffnet.

Bei den beworbenen Modellen handelt es sich um hochmodische Kleidungsstücke des Jahres 1923. Sie zeigen fast knöchellange Röcke, die Taille ist nach unten auf die Hüfte verschoben, und die Brust ist flach. Der Rocksaum ist in diesem Jahr zwar wieder nach unten gewandert – eine modische Laune, die auf den ersten Blick gegenüber den Bein zeigenden frühen 1920er Jahren fast wie ein Rückschritt erscheint –, doch werden die Röcke nun allmählich gerade und verlieren ihren glockigen Fall.

Die Kreuz-Dame trägt einen prächtigen Mantel, der auf der linken Hüfte mit einer Schleife geschlossen wird. Vorne ist

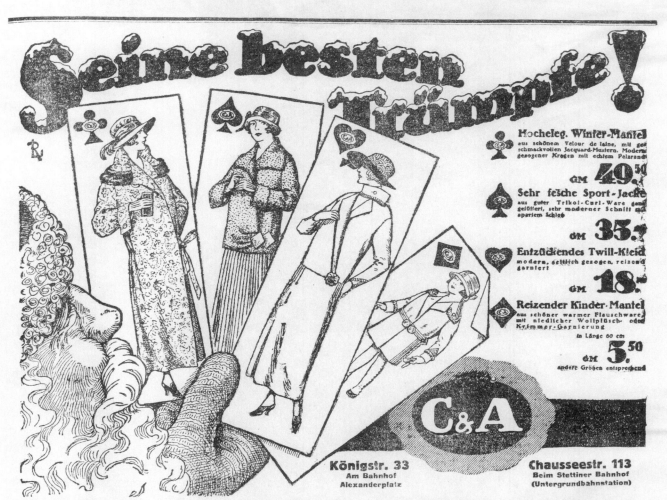

er gerade geschnitten, seitlich sind noch einige Falten eingearbeitet, die ihm – neben dem vielleicht floral gemusterten Stoff – jegliche Strenge nehmen. Aufwendig gestaltet sind die Ärmelmanschetten und die Pelzverbrämung des großen Kragens. Der Hut mit breiter Krempe ist – wie es die Mode diktiert – so aufgesetzt, dass die ins Gesicht gezogene Locke zu sehen ist.

Die Pik-Dame ziert ein Faltenrock und darüber eine „sehr fesche Sport-Jacke", die in dieser Annonce beworben wird. Die Jacke ist hüftlang und nur seitlich auf der linken Hüfte durch eine Doppelraute zu schließen. Der breite Kragen und die Ärmel sind umgeschlagen. Auf dem Kopf trägt die Dame einen tief in die Stirn gezogenen Hut mit aufgeschlagener Krempe.

Ein „entzückendes Twill-Kleid" kleidet die Herz-Dame. Wie die beiden zuvor genannten Kleidungsstücke ist auch dieses auf der linken Taille zu schließen. Ob es sich um ein zweiteiliges Kleid oder um ein einteiliges mit einer betonten Naht zwischen Rock- und Oberteil handelt, lässt sich anhand der Illustration nicht bestimmen. Interessant ist die Kragenlösung: Das Revers ist umgeklappt, während der Kragen wie eine Manschette gestaltet ist. Die Ärmel sind am Handgelenk – im Unterschied zum Mantel und der Jacke – eng anliegend, was nicht zuletzt das Überziehen erleichtert. Das Haupt der Herz-Dame schmückt ein großer Hut mit breiter, gebogener Krempe.

Der Karo-Trumpf des Weihnachtsmannes zeigt ein Mädchen, das einen – dem der Pik-Dame vergleichbaren – Hut trägt. Bekleidet ist es mit einem kniekurzen Mantel mit Reverskragen und einem Gürtel, der leicht unterhalb der Taille sitzt. Verzierungen besitzt der Mantel am großen Kragen und an den Unterärmeln.

1 | C&A ALS WAHLLOKAL

Wieder einmal zeigt sich, wie innovativ, kreativ, eingängig, aber vor allem zeitbezogen C&A-Werbung ist: Das Jahr 1924 ist in Deutschland in erster Linie durch einen wirtschaftlichen Aufschwung geprägt. Die durch das Inkrafttreten des Dawes-Plans geförderten und verstärkten Bemühungen um eine Lösung der Reparationsfrage sollen gewissermaßen als „Starthilfe" für Deutschland dienen. Der Dawes-Plan erkennt die Notwendigkeit einer Erholungspause für Deutschland an und soll einen nachkrieglichen Wirtschaftsfrieden in Europa herbeiführen. Doch obwohl in Deutschland nach dem Krisenjahr 1923 mit der Hyperinflation und der Ruhrbesetzung, um nur zwei Probleme zu nennen, nun ein Prozess der inneren Konsolidierung in Gang kommt, bleibt die innenpolitische Lage instabil. Keine Partei ist imstande, klare Mehrheitsverhältnisse herzustellen. Zweimal muss die deutsche Bevölkerung daher an die Wahlurnen gerufen werden; ein Novum, das nur 1932 so noch einmal auftreten wird.

Am 4. Mai 1924 findet die Wahl zum zweiten deutschen Reichstag statt. Am Wahltag schaltet C&A eine Anzeige, die auf die verschiedenartigen Schnitte bei Mänteln, Kostümen und Kleidern aufmerksam macht. „Sie können wählen", heißt es dort. Zwei Tage später sieht man eine lange Reihe glücklicher Damen, die ihren Wahlzettel abgegeben haben. Und die Wahl ist eindeutig: Das C&A-Schild thront auf der Spitze eines Berges aus C&A-Stimmzetteln.

Am 7. Dezember 1924 folgt dann schon die Wahl zum dritten Reichstag. C&A macht auch diesmal „Wahlwerbung": Bereits Anfang November wirbt „der Kandidat C&A" für die „Partei der Zufriedenen", die sich zusammensetzt „aus allen Teilen und Klassen der Bevölkerung". Unterstützt von der „lachenden Wählerschar", steht die Wahlparole fest: „gute Ware", „niedrigste Preise", „größte Auswahl", „sachkundige Bedienung" und „moderne Formen". Drei Tage vor der „richtigen" politischen Wahl erscheint erneut eine Anzeige: „Jetzt gilt's! Frauen wählt bei C&A Euren Wintermantel".

1924

2 | „SEHEN HEISST KAUFEN!"

Mit der ersten C&A-Werbeanzeige des Jahres 1924, die am 2. März erscheint, eröffnet das Unternehmen unter dem Slogan „Sehen heißt kaufen!" die Frühjahrssaison. Zwei Damen im Vordergrund schreiten untergehakt und ins Gespräch vertieft in Richtung Bildmitte. Die eine kleidet ein „Moderner Gabardine-Mantel", die andere ein „Elegantes Gabardine-Kostüm" von C&A. Ob die Damen auf dem Weg in die nächste Filiale sind, um sich von den „billigsten" Preisen an Ort und Stelle zu überzeugen? Denn im Unterschied zu manch anderem Anbieter von Konfektion heißt es hier: „Schriftliche Bestellungen können nicht berücksichtigt werden!"

BEGINN DER
ZWEITEN EXPANSIONSPHASE

Nachdem C&A in Deutschland zwischen 1911 und 1914 fünf Geschäfte an vier Standorten eröffnet hatte, war die Expansionsphase durch den Ausbruch des Ersten Weltkrieges und die Inflation vorübergehend gestoppt worden. Erst im März 1925 kommt in Altona bei Hamburg die sechste C&A-Filiale hinzu. Am 29. Mai berichtet die *Deutsche Konfektion* über den Erwerb eines Grundstücks in der Düsseldorfer Innenstadt. Am 19. September eröffnet C&A eine Filiale in Hannover in den ehemaligen Geschäftsräumen des großen Herrenkonfektionsgeschäfts der Firma *Ernst Zehn*. Die Hannoveraner Eröffnung ist ein voller Erfolg. Ein originales Filmdokument zeigt eine große Anzahl neugieriger Menschen, die sich vor dem Eingang des neuen Spezialkaufhauses für Damenkonfektion drängen. Einen Tag später, am 20. September, informiert C&A in einer Werbeanzeige seine Berliner Kunden über die gelungene Neueröffnung des Geschäfts in Hannover. Gleichzeitig werden die Vorteile betont, die eine weitere Filiale für die Kunden bedeutet: „Wird doch mit jedem neuen Geschäft unsere an und für sich schon enorme Einkaufskraft wesentlich erhöht – wir kommen in die Lage, noch billiger einzukaufen – noch billiger zu verkaufen – der Vorteil ist Ihrer!" Die Werbebotschaft schließt mit den Worten: „Daran denken Sie, wenn unsere billigen Preise Ihnen Erstaunen abringen und Sie keine Erklärung dafür finden, wie man so billig verkaufen

C&A ALTONA, GROSSE BERGSTRASSE 1–5
12.03.1925

C&A HANNOVER, GEORGSTRASSE 45
19.09.1925

C&A BERLIN, ORANIENSTRASSE 40
26.09.1925

kann." Genau eine Woche später, am Samstag, dem 26. September, nachmittags um vier Uhr, wird in Berlin das dritte Geschäft eröffnet. „Aller guten Dinge sind ..." titelt die Anzeige am Tag vor der Eröffnung des neuen C&A-Hauses in der Oranienstraße.

Am 4. Oktober erscheint in Berlin ein besonders kreatives Inserat. „8 blühende Geschäfte!" lautet die Überschrift. Im Vordergrund der Illustration stehen acht kleine Blumentöpfe, auf die die Standorte der Filialgeschäfte geschrieben sind. Die Pflänzchen, die darin gedeihen, weisen in Entsprechung zur Dauer des Bestehens des jeweiligen Filialgeschäfts unterschiedliche Größen auf. Der Topf des kleinsten Pflänzchens, Stellvertreter der jüngst eröffneten Berliner Filiale in der Oranienstraße, wird von einem Band umfangen, an dem ein kleines Schild mit der Inschrift „Unser Baby" befestigt ist. Aus einer großen Gießkanne, die von rechts in das Bild hineinragt, werden alle Pflanzen gleichmäßig gegossen. Dabei sind den feinen Wasserstrahlen die unternehmensspezifischen Geschäftsgrundsätze eingeschrieben: „Gute Ware", „Billige Preise" und „Riesenauswahl". So beginnt mit dem Ausbau der florierenden Standorte Berlin und Altona bei Hamburg sowie der Neugründung einer Filiale in der Innenstadt Hannovers die zweite Expansionsphase, in der C&A die Eroberung des deutschen Marktes erfolgreich fortsetzt.

Der Geschäftshausneubau „C. & A." in Düsseldorf.

C&A BAUT IN DÜSSELDORF

Am 25. September eröffnet C&A in der Schadowstraße inmitten der Düsseldorfer Altstadt, unweit der berühmten Königsallee gelegen, seine neunte Filiale. Bereits knapp einen Monat zuvor, am 28. August, berichtet die Fachzeitschrift *Deutsche Konfektion* über das Bauprojekt: „Der Bauzaun verkündet in Riesenlettern: Hier bauen C. & A. Brenninkmeyer. Es ist die neueste Sensation Düsseldorfs: ein Zeichen dafür, daß vielleicht doch noch Raum ist für Expansion, und daß die Zukunft des deutschen Westens für überaus aussichtsreich gehalten wird. Hoffen wir, daß es auch wirklich so kommt." Beeindruckt ist der Autor nicht zuletzt von der Schnelligkeit, mit der der moderne, sechsstöckige Kaufhausbau errichtet wird.

Nutzte das Unternehmen zuvor ausschließlich bestehende Geschäftsimmobilien, investiert C&A jetzt erstmals in einen Neubau. Architekt des imposanten Bauwerks ist Sepp Kaiser, mit dem C&A bereits während der Umbauphase des Berliner Stammhauses im Jahre 1916 zusammengearbeitet hat.

Die fortschrittliche Architektur des Kaufhausbaus erregt großes Aufsehen. Die *Deutsche Konfektion* veröffentlicht am 4. Dezember auf der Sonderseite „Architektur und Schaufenster" einen umfangreichen Bericht über das moderne Gebäude. Lobend wird darin die horizontale Linienführung der Fassade hervorgehoben, die der Wirkung des Baukörpers doch so gelungen einen ruhenden Charakter verleihe. Tatsächlich setzt sich die moderne Architektur der Düsseldorfer Filiale deutlich von der Mehrzahl der zeitgenössischen Kaufhausneubauten ab, in denen die prächtige Wirkung vor allem durch eine starke Betonung der Senkrechten erzielt wird.

Besondere Beachtung in der Presse erfährt die auffällige Schaufensteranlage. In Anlehnung an die Gestalt einer Passage wird die Schaufensterzone zu einem begehbaren Raum, der einen fließenden Übergang zwischen der Warenpräsentation im Außenbereich und der Verkaufsfläche im Inneren schafft. Bis in die 1950er Jahre bleibt diese eindrucksvolle Neuinterpretation des Schaufensters wegweisender Bestandteil der Kaufhausarchitektur von C&A.

Nicht minder modern sind die aufgesetzten Neonröhren, die den in großen Lettern über der Schaufensterzone angebrachten und von zwei C&A-Vignetten eingefassten Schriftzug „Brenninkmeyer" illuminieren. Zusätzlich bestimmt wird das Erscheinungsbild nach Einbruch der Dunkelheit durch eine zweite, noch größere Lichtreklame in Gestalt des C&A-Logos, die, auch aus der Ferne deutlich sichtbar, an der Schmalseite des Gebäudes angebracht ist.

Mit dieser auffälligen Gestaltung der Architektur – bei Tag und bei Nacht – verändert sich der unternehmerische Öffentlichkeitsauftritt von C&A. Der fortschrittliche Neubau wird zu einem Träger der modernen Geschäftsprinzipien, für die das Unternehmen seit seiner Gründung in innovativen Zeitungsinseraten wirbt.

C&A DÜSSELDORF, SCHADOWSTRASSE 79/85
25.09.1926

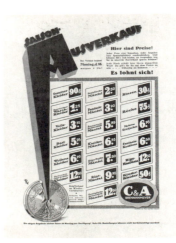

1 | KONFEKTION JENSEITS DER KONVENTION – DAS VORBILD COCO CHANEL

Die Frauen „aus dem Korsett zu befreien", hat sich Coco Chanel auf die Fahnen geschrieben. Im Ringen um die Durchsetzung funktionaler Damenmode hat sie bereits 1917 die Röcke gekürzt und den praktischen Kurzhaarschnitt populär gemacht. Spätestens Mitte der 1920er Jahre hat die französische Designerin ihre Mission erfüllt – mit einfachen und sportlichen Silhouetten, mit Materialien, die oftmals der Herrenmode entlehnt sind, sowie mit Modeschmuck und dem Duft „Chanel N° 5". 1926 sorgt insbesondere Chanels „kleines Schwarzes" für Aufsehen, dessen schlichte Eleganz die Ausgeh- und Abendmode bis heute prägt.

Das sich nach dem Ersten Weltkrieg allmählich entwickelnde Schönheitsideal eines schlanken Körpers wird in zwei neuen Frauentypen greifbar. Da ist zum einen das „Girl", das den amerikanischen Vorstellungen entspricht und den sportlichen, emanzipierten, jedoch noch mädchenhaft-weiblichen Typ verkörpert. Hingegen repräsentiert die „Garçonne" jene selbstständigen und selbstbewusst emanzipierten Frauen, zu denen Chanel selbst zu zählen ist. Auch die Mode von C&A bleibt von dieser Entwicklung nicht unberührt. Am deutlichsten zeigt sich Chanels Einfluss in sportlichen Kleidern und Kostümen mit Faltenrock, bevorzugt in den Trendfarben Schwarz oder Marine. Fast drei Jahrzehnte später, nach Chanels Comeback 1954, lassen sich die Einkäufer von C&A beim Besuch ihrer Modeschauen direkt inspirieren.

2 | AUSVERKAUF BEI C&A

Am Sonntag, dem 2. Juni 1927, kündigt C&A eine Sonderaktion für den darauffolgenden Tag an. Es ist die Zeit der Inventur-Ausverkäufe in Berlin. Bemerkenswert ist, dass sich in dieser modern wirkenden Anzeige ein personifizierter, überdimensionaler Großbuchstabe „I" des Wortes „Inventur" angesichts der „lächerlichen Preise" für Kleider, Mäntel, Pullover und Röcke vor Lachen den Bauch hält. Auf Plakaten im Schaufenster ist diese „lachende Gnomengestalt" auch zu sehen, als sich bei C&A in den ersten Stunden des Inventur-Ausverkaufs das „bekannte Gedränge" abspielt, wie in der *Deutschen Konfektion* zu lesen ist. Vergleichbar schlagkräftig in seiner Wirkung erscheint ebenso das große „A" zum Saisonausverkauf am 18. Juli. In dieser Anzeige spaltet der überlängte Buchstabe zur Verdeutlichung der hiermit bekannt gegebenen „sensationellen Preise" wie ein Blitz eine Reichsmarkmünze. Für eine enorm publikumswirksame Attraktion sorgt C&A schließlich zur Herbst-Winter-Saison in den Schaufenstern mit Kindermode: Ein Käfig mit zwei lebendigen Äffchen zieht alle Blicke auf sich.

3d 365196 A 20432

3 | EIN WARENZEICHEN MIT BRIEF UND SIEGEL – DIE EINTRAGUNG DER DACHMARKE

Am 9. März 1927 wird der Schriftzug „C&A BRENNINKMEYER" beim deutschen Reichspatentamt als geschütztes Warenzeichen eingetragen. Die ovale, jetzt stets von zwölf Bögen eingefasste Vignette verleiht den Produkten von C&A ab diesem Zeitpunkt offiziell ein Gesicht. Gegen eine Gebühr sichert sich das Unternehmen für eine beliebig erneuerbare Frist von zehn Jahren die Herstellung von Bekleidungsstücken und verwandten Artikeln sowie den Handel mit entsprechenden Waren unter dieser Dachmarke. Die Bedeutung solcher Warenzeichen wird immer wichtiger. Dies belegen auch Untersuchungen, wie beispielsweise einem 1926 in der *Deutschen Konfektion* erschienenen Artikel zu entnehmen ist: „Das gewichtigste, was eine Firma zur intensiven Beeinflussung des kaufenden Publikums nach außen hin einzusetzen hat, ist – der Name." Es gehe darum, dem Firmennamen eine auffällige, originelle Physiognomie zu verleihen, die besonders einprägsam und unverwechselbar ist. Bei einigen Firmenzeichen – darunter auch dasjenige von C&A – habe man mit figürlichen Motiven erreicht, dass sie wie eine Schutzmarke aussähen, wodurch die Firmen es vergleichsweise leichter hätten, sich eine dauerhaft werbende Wirkung ihrer Marke zu sichern.

4 | GRÜNDUNG DER ERSTEN HERRENABTEILUNG IN DÜSSELDORF

In dem jüngst errichteten Düsseldorfer C&A-Geschäft eröffnet das Unternehmen im März 1927 seine erste Herrenabteilung in Deutschland. Noch im selben Jahr wird auch dem Haus in Hannover ein Verkaufsbereich für Herrenmode angegliedert. Damit beginnt C&A rund dreißig Jahre nach den ersten Verkäufen von Herrenbekleidung in den niederländischen Filialen auch in Deutschland mit der Ausweitung des auf Damenbekleidung spezialisierten und bis dato wohl ausschließlich um Kinderkleidung für Mädchen ergänzten Kernsortiments. Mit der Eröffnung des Neubaus in Essen 1935 bieten schließlich alle deutschen Filialen Herren-, Damen- und Kinderbekleidung an. Die Grundlage für das moderne Geschäftskonzept des Textilkaufhauses, das eine breit gefächerte Auswahl preiswerter Waren für die ganze Familie im Angebot hat, ist damit geschaffen.

HERRENKONFEKTION
JETZT AUCH IN BERLIN

Mit einer spektakulären Werbeaktion wird am 20. September auch in den Berliner Häusern an der Königstraße und der Chausseestraße der Verkauf von Herrenkonfektion aufgenommen. *Der Konfektionär* und die *Deutsche Konfektion* berichten über 15 Meter große, über drei Stockwerke reichende Herrenfiguren an den Fassaden. Die jüngste Filiale an der Oranienstraße wird erst ab 1931 Kleidung für die ganze Familie einführen.

Aufgrund der Erweiterung des Sortiments im Berliner Stammhaus zieht die Abteilung für Eigenfabrikation aus dem Dachgeschoss des Geschäftsgebäudes in neue Räumlichkeiten in der parallel zur Königstraße verlaufenden Kaiser-Wilhelm-Straße/Ecke Neuer Markt. „Inzwischen war die Anfertigung auf alle Artikel der Damen- und Mädchen-Oberbekleidung ausgedehnt worden, und es wurden auch beachtliche Erfolge im Export nach unseren eigenen Geschäften in Holland und England erzielt", heißt es 1952 rückblickend dazu.

C&A KÖLN, SCHILDERGASSE 60/68
24.03.1928

2 | VON DER KRIEGSKRINOLINE ZUR CHARLESTON-MODE

Die Gegenüberstellung der Damenmode von 1918 und 1928 im Inserat zeigt, wie stark sich die Lebensverhältnisse in dieser Dekade verändert haben, insbesondere das Frauenbild, die Kleidung und nicht zuletzt die Fortbewegungsmittel: Die Kutsche ist dem Auto gewichen, Wolkenkratzer werden dort gebaut, wo vorher noch nicht einmal ein Haus stand. Eine Kopfbedeckung zu tragen, ist weiter en vogue – doch bitte eine Kappe ohne Krempe. Trug die Dame im Jahr des Kriegsendes einen glockig weit geschnittenen Mantel mit großem Umschlagkragen und Gürtel, kleidet die moderne Frau 1928 ein kniekurzer, gerade fallender Mantel, der an Ärmeln und Kragen mit Pelz verbrämt ist.

3 | „NACHDRUCK VON WORT UND BILD VERBOTEN!"

Nach der Eintragung der C&A-Marke im Jahr zuvor erwirkt das Unternehmen nun offenbar auch für seine Werbegrafik einen nachhaltigen Schutz. „Nachdruck von Wort und Bild verboten!", liest man inzwischen unter den Inseraten von C&A, immer noch verbunden mit dem Künstlermonogramm von Kurt Lisser, dessen Vertrag in diesem Jahr verlängert wird. Bis 1933 ist er weiterhin für die Beratung der Reklameabteilung, die an das Hauptbüro angegliedert ist, zuständig. Ab 1934 wird es eine betriebsinterne Werbeabteilung geben. Wie heute noch allgemein üblich, enthält auch Kurt Lissers Beratervertrag einen Wettbewerbsausschluss, der es ihm untersagt, an den C&A-Standorten mit anderen Einzelhandelskunden zusammenzuarbeiten.

1 | DIE PRODUKTION VON HERRENKONFEKTION LÄUFT AN

Zwei Jahre nachdem C&A Herrenkonfektion in das Verkaufsprogramm aufgenommen hat, steigt das Unternehmen Ende 1929 und damit zu Beginn der Weltwirtschaftskrise in die Produktion von Herrenbekleidung ein. Im dritten bis fünften Stockwerk der Gubener Straße 47 in Berlin wird eine Fabrik für die Herstellung von Herren- und Knabenoberbekleidung gegründet. Der Name lässt sich leicht ableiten: „Herfa" steht als Abkürzung für „Herrenkleiderfabrik".

Trotz der ungünstigen wirtschaftlichen Rahmenbedingungen erzielt die Herfa bereits 1931 einen kleinen Gewinn von knapp 32.000 Reichsmark, der bis 1936 mit über 128.000 Reichsmark vervierfacht werden kann. Dieser Entwicklung Rechnung tragend, werden seit 1931 immer wieder neue Räumlichkeiten in der Gubener Straße hinzugemietet und das Gebäude schließlich 1941 erworben.

Aufgrund der neuen Entwicklung des Produktionsprogramms wird die Damenmäntelfabrikation Cunda GmbH am 21. Dezember 1929 in „Allgemeine Textil-Fabrikations- und Handelsgesellschaft mbH C&A Brenninkmeyer" umbenannt und übernimmt zudem unverändert das bisher von der Aktiengesellschaft betriebene Verkaufsgeschäft mit den Zweigniederlassungen. Die Herfa ist zunächst Teil dieser GmbH und wird erst 1932 als eigenständige „Herfa Herrenkleiderfabrikationsgesellschaft mbH" aus dieser herausgelöst.

C&A DORTMUND, OSTENHELLWEG 34
16.03.1929

C&A MAGDEBURG, BREITER WEG 104
21.09.1929

2 | „… JETZT AUCH DAMENHÜTE …"

Der Hut ist das Tüpfelchen auf dem i. Er wehrt – wie auch Mütze, Haube oder Kappe – Wind und Wetter ab oder schützt vor zu viel Sonne. Erst die Kopfbedeckung vervollständigt die eine oder andere Berufskleidung oder ordnet den Träger einer bestimmten ethnischen oder gesellschaftlichen Gruppe zu. Darüber hinaus ist ein Hut bis in die 1960er Jahre hinein ein unentbehrliches modisches Accessoire, das die Garderobe ähnlich wie Handschuh und Schal komplettiert. In der Annonce vom 8. September 1929 verkündet C&A, dass „jetzt auch Damenhüte genau so vorteilhaft" in „imposanter Auswahl" angeboten werden. So wird das Sortiment der C&A-Häuser um die Damenputzabteilung erweitert.

ZWISCHEN FUNKTIONALITÄT UND ÄSTHETIK – DAS MODERNE TEXTILKAUFHAUS C&A

In der Kulturgeschichte spricht man von den berühmten „Goldenen Zwanzigern" und meint die Jahre zwischen 1924 und 1929 – jene Phase des wirtschaftlichen Aufschwungs nach dem Ersten Weltkrieg, welche nicht nur die Kauflust weckt, sondern außergewöhnlich schöpferische Kräfte in Architektur, bildender Kunst, Literatur, Tanz, Theater, Musik und Film freisetzt. Schon 1925 reagiert die Unternehmensführung von C&A auf die wiedererwachte Freude am Konsum und eröffnet drei neue Geschäftshäuser in Altona und Hannover sowie an der Berliner Oranienstraße. Bis Ende 1930 sind es deutschlandweit 15 Filialen.

1 | C&A Düsseldorf, 1926

2 | C&A Köln, nach 1928

Aber nicht nur im Hinblick auf seine Expansionsstärke schlägt C&A in den 1920er Jahren ein neues Kapitel in seiner deutschen Unternehmensgeschichte auf:

Mit den ersten Neubauten, die der Konzern in Düsseldorf, Dortmund, Magdeburg, Frankfurt am Main sowie in Köln errichtet, wird erstmals eine charakteristische C&A-Architektur geschaffen. Sowohl in ästhetischer als auch in ökonomischer Hinsicht leistet sie einen wesentlichen Beitrag zur Konsolidierung des Unternehmens am deutschen Markt.

Als C&A im Herbst des Jahres 1926 am Standort Düsseldorf in der Schadowstraße der Öffentlichkeit seine Vorstellung von einem idealen Kaufhausbau präsentiert, löst diese große Begeisterung aus. Erstmals wird nicht nur das preisgünstige, breit gefächerte Angebot des Textilhändlers als eine Bereicherung für die Innenstadt verstanden, sondern explizit die ansprechende Architektur seines Neubaus in der Presse gelobt. Neben der eindrucksvollen Schaufensteranlage im Erdgeschoss ist es vor allem die Fassadengestaltung, die überzeugt ABB|1. In Zusammenarbeit mit dem Schweizer Architekten Sepp Kaiser, der spätestens seit 1916 im Auftrag des Unternehmens die Filialen umbaut und modernisiert, entscheidet sich C&A für eine moderne, funktionale Gestalt des Baukörpers, in der die Fassade die zweckdienliche Raumstruktur im Inneren unmittelbar widerspiegelt. So entspricht die rhythmische Abfolge von geschlossenem Mauerband und Fensterflächen im Außenbau der Raumstruktur im Inneren. Das Gebäude hat vier Hauptgeschosse: das Erdgeschoss hinter der Schaufensterzone, zwei Stockwerke für die Unterbringung der Verkaufs- und Verwaltungsräume sowie ein Dachgeschoss, das durch eine geringere Höhe und kleinere Fensterflächen in der Fassadengestalt deutlich zurückgenommen ist. Der Gesamteindruck der Außenansicht ist durch die starke Betonung der Horizontalen bestimmt. Damit hebt sich das Unternehmen deutlich von der Masse der zeitgenössischen, großen Kaufhausbauten ab, die durch eine signifikant vertikale Linienführung im Fassadenschema und dekorativen Bauschmuck auf eine feudal anmutende Außenwirkung setzen.

Der nächste Bauauftrag folgt bald darauf: ein großer Neubau an der Kölner Schildergasse. Das alte Geschäftshaus Breite Straße/Ecke Berlich ist zu klein geworden. 1928 fertiggestellt, zeigt sich in der nahezu schmucklosen Fassadengestalt des neuen Kaufhauses die innovative, sachliche Formensprache, die bereits den ersten Neubau kennzeichnete, in all ihrer Deutlichkeit ABB|2: Während der Düsseldorfer Bau noch Schmuckelemente aufweist, die der klaren Gliederung der Fassade zwar eindeutig untergeordnet sind, lenkt jetzt nichts mehr vom horizontalen Fassadenschema ab – die Blicke des Betrachters werden so unweigerlich auf die großen

3 | C&A Dortmund, 1929

4 | C&A Magdeburg, 1929

5 | C&A Frankfurt am Main, 1930

Schaufensterauslagen gelenkt. Die Fensterreihen in den oberen Geschossen dienen in ihrer puristischen Formgebung vorrangig funktionalen Zwecken: der natürlichen Beleuchtung der Innenräume, die erhebliche Kosteneinsparungen bedeutet, sowie auch einer ausreichenden Belüftung der Verkaufsflächen. Auf die Bedürfnisse des Kaufhauses abgestimmte Be- und Entlüftungssysteme sind zu diesem Zeitpunkt noch Zukunftsmusik. In seiner geradezu provokanten Einfachheit veranschaulicht das Kölner C&A-Haus die Überzeugung des Unternehmens, dass dem Bautypus seines Textilkaufhauses keine aufdringliche, rein dekorative Formensprache entspricht. Vielmehr soll die Gestalt vor allem durch den Nutzen der Architektur für den Warenverkauf und die Präsentation des Angebots bestimmt werden.

Während die konsequente Durchgestaltung des Kaufhauses in Köln funktionsbedingt zu einer starren Wirkung des Außenbaus führt, werden Ästhetik und Nutzen in den Neubauten, die 1929 und 1930 in Dortmund, Magdeburg und Frankfurt am Main eröffnet werden, in überzeugender Weise vereint ABB |3-5. Durchlaufende Fensterbänder betonen jetzt noch stärker das streng horizontale Fassadenschema – und sind zugleich Ausdruck der fortschrittlichen Skelettbauweise der Architektur, die die Fassade in ihrer Stützfunktion entlastet. Eine faszinierende dynamische Wirkung wird im Außenbau der Filialen in Frankfurt und Dortmund erzielt, die – wie später die 1935 und 1938 in Essen und Leipzig errichteten Bauten – geschwungene Eckfassaden nach dem Vorbild der *Schocken*-Kaufhäuser von Erich Mendelsohn aufweisen. Die Einheit zwischen Außenbau und Innenraum wird hier durch vertikal verlaufende Fensterbänder zur Betonung der Treppenhäuser, die als geschossübergreifende Verbindungstrakte angelegt sind, noch gesteigert. Wie stadtbildprägend C&As moderne Architekturauffassung zu dieser Zeit ist, veranschaulicht beispielhaft die historische Aufnahme des Magdeburger Hauses ABB |4: Das C&A-Haus erhebt sich über einer Baugrundfläche, die mehreren Wohnhauseinheiten entspricht, und weist fünf Etagen zur Unterbringung der notwendigen Verkaufs- und Verwaltungsräume auf. Darin spiegelt sich nicht zuletzt auch die starke Marktposition wider, mit der der Textilhändler in unmittelbare Konkurrenz zu den großen Gemischtwarenhäusern tritt.

Ein wichtiger Bestandteil der modernen Architekturauffassung von C&A ist die wegweisende Verknüpfung von Leuchtreklame und Architektur. Sowohl in Magdeburg als auch – noch deutlicher – in Dortmund und Frankfurt bezieht C&A die allgemein in jener Zeit immer beliebter werdende Leuchtreklame, die das nächtliche Straßenbild in den Großstädten der späten 1920er Jahren immer heller und bunter erscheinen lässt, unmittelbar in die Bauplanung ein und erhebt sie zu einem festen Bestandteil der Fassade. Über die gesamte Fassadenhöhe der oberen Geschosse geführt und von einer C&A-Vignette bekrönt, wird sie zu einem markanten Erkennungszeichen des Textilkaufhauses. Schon am Beispiel der Dortmunder und Magdeburger Filialen zeigt sich dabei die ästhetisch

6 | C&A Frankfurt am Main, nach 1930   7 | C&A Hannover, nach 1925   8 | C&A Berlin, Oranienstraße, nach 1925

9 | Schaufensterbereich C&A Berlin, Oranienstraße, nach 1925

gelungene Einbindung der Leuchtreklame in die Fassadengestalt, die dann in Frankfurt sogar vollständig mit der Architektur verschmilzt. Dadurch wird noch einmal ganz deutlich, dass das wachsende Unternehmen in der architektonischen Gestaltung seiner Kaufhäuser vorrangig ein Mittel zum Zweck der Verkaufsförderung sieht. Wirkungsvoll zu jeder Tag- und Nachtzeit wird das wiederkehrende, moderne Erscheinungsbild zu einem wesentlichen Bestandteil der öffentlichen Unternehmensdarstellung ABB | 6.

Eine ganz besondere Anziehungskraft geht von den großen Schaufenstern des Unternehmens im Erdgeschoss aus, deren Entwicklung spätestens seit dem ausgehenden 19. Jahrhundert durch eine zunehmende Vergrößerung der Präsentationsflächen geprägt ist. Mit einer Neuerung wartet Sepp Kaiser 1926 im Düsseldorfer Haus auf, indem er den Schaufensterbereich in eine begehbare Passage verwandelt. Schnell wird diese Besonderheit nicht nur bei den Neubauten, sondern in den späten 1920er und 1930er Jahren filialübergreifend zu einem charakteristischen Merkmal nahezu aller C&A-Häuser ABB | 7-9. Inmitten der gläsernen Schauvitrinen von beeindruckenden Ausmaßen kann der Passant – nicht nur vor

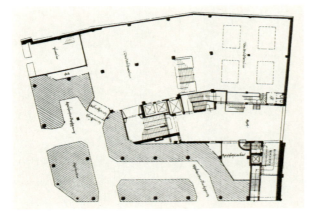

10 | Grundriss des Erdgeschosses, C&A Köln, 1928

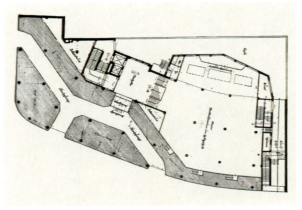

11 | Grundriss des Erdgeschosses, C&A Dortmund, 1929

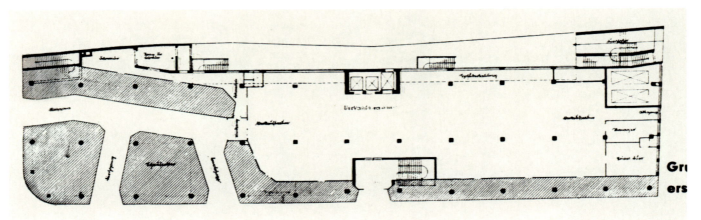

12 | Grundriss, C&A Frankfurt am Main, 1930

Wettereinflüssen, sondern auch vor dem Straßenverkehr geschützt – die ausgestellte Ware in aller Ruhe begutachten. Aus heutiger Sicht betrachtet, bedeutet das den schmerzlichen Verlust wertvoller Verkaufsflächen; schließlich nimmt die beachtliche Grundfläche der Schaufensterpassage einen großen Teil des Erdgeschosses ein ABB|10-12. Dieses Problem stellt sich in den 1920er Jahren angesichts des wesentlich kleineren Warensortiments jedoch noch nicht. Deshalb setzt C&A auf die Attraktivität des modernen Schaufensters, das allein aufgrund seiner sehenswerten architektonischen Gestalt den Passanten unweigerlich in den Bann zieht – am Tage genauso wie nach Einbruch der Dämmerung, wo die Wirkung durch Aberdutzende kleine Lämpchen in den Schauvitrinen noch eine Steigerung erfährt.

Was aber erwartete den damaligen C&A-Kunden, wenn er den Innenraum durch den Haupteingang, der in der Schaufensterpassage liegt, betrat? Während der Außenbau der von 1925 bis zum Ausbruch des Zweiten Weltkrieges in Deutschland eröffneten Filialen in historischen Fotografien nahezu lückenlos dokumentiert ist, vermitteln nur wenige Aufnahmen eine Vorstellung von den Innenräumen der Geschäftshäuser in jener Zeit. Ein besonders kostbares Zeitzeugnis stellt das überlieferte Fotomaterial dar, in der das geschäftige Treiben im Innenraum des Berliner Stammhauses an der Königstraße in einzigartig lebendiger Weise eingefangen ist ABB|13: Hier berät ein Verkäufer einen jungen Mann bei der

13 | C&A Berlin, Königstraße, 1928

14 | C&A Berlin, Königstraße, 1928, Detail

15 | Blick vom Erdgeschoss in die obere Verkaufsetage, C&A Köln, vor 1932

16 | Blick auf die Verkaufsfläche, C&A Düsseldorf, vor 1932

17 | Blick vom Erdgeschoss in den oberen Verkaufsraum, C&A Dortmund, vor 1932

Auswahl des gewünschten neuen Anzugs, während sich in unmittelbarer Nähe eine Dame, vielleicht die Mutter jenes Kunden, angeregt mit einer anderen Bedienung unterhält. Gleichzeitig begutachtet eine Kundin an einem anderen Verkaufstresen kritisch eine Stoffprobe, die vor ihr auf der Ladentheke liegt. Dabei verrät die große C&A-Tragetasche in ihrer linken Hand die bereits getätigten Einkäufe. Nicht weit von ihr entfernt hat sich eine Familie um einen kleinen Tisch versammelt. Gönnen sich Mann und Frau angesichts der Anstrengungen des Einkaufsbummels eine Pause, während ihr Sohn aus dem breit gefächerten Angebot des Textilkaufhauses auswählt? An einer anderen Sitzgruppe steht ein Mann, der – den Mantel schon angezogen, den Hut jedoch noch in der Hand haltend – erwartungsvoll dreinblickt. Vielleicht wartet er auf die Ausstellung einer Quittung, eines Änderungsbelegs oder auch einfach auf den Kunden, der eine modisch geschnittene Jacke mit Fellkragen anprobiert und dabei die Aufmerksamkeit von gleich zwei Verkäufern auf sich zieht.

Auf den ersten Blick suggeriert die braun eingefärbte Schwarz-Weiß-Aufnahme den Eindruck einer perspektivischen Innenraumansicht. Schnittstellen innerhalb des vermeintlich zusammenhängenden Bildmotivs geben aber zu erkennen, dass hier drei Einzelaufnahmen in einer historischen Fotomontage panoramaartig nebeneinandergesetzt sind, um einen Eindruck von der Weite des offenen Verkaufsraums wiederzugeben. Ein Plakat über dem Kassenbereich im linken Bildsegment mit der deutlich lesbaren Botschaft „Jetzt auch Herrenkleidung genauso vorteilhaft!" wirbt für die neuen Abteilungen in den Berliner Häusern Königstraße 33 und Chausseestraße 113. Uns liefert es einen wertvollen Hinweis zur Datierung der originalen Fotografien, die folglich kurz nach der Erweiterung des ursprünglich auf Damenkonfektion spezialisierten Sortiments im September des Jahres 1928 – noch im Herbst oder im Winter – aufgenommen worden sind ABB | 14.

Weitere spannende Einblicke „hinter die Fassaden" der modernen C&A-Neubauten in Düsseldorf, Köln und Dortmund gewähren Bilder aus einer Werbeschrift über den Architekten Sepp Kaiser aus dem Jahr 1932 ABB | 15-17. Im Unterschied zu dem lebendigen Bild, das die Berliner Innenansicht vermittelt, steht hier die Innenarchitektur des funktionalen Kaufhausbaus im Fokus. So zeigt sich die Weite der Verkaufsräume ganz deutlich, die durch die fortschrittliche Skelettbauweise ermöglicht wird. Die gleichmäßige Rasterung des Grundrisses, die sich aus der Anordnung der Stützen ergibt, wird in den Balken, die unter der Decke der Verkaufsräume verlaufen, aufgegriffen. Die vermeintlichen Unterzüge wirken dabei aber wohl nur dem Anschein nach den Zug- und Druckkräften der auflagernden Geschossdecken entgegen. Spannweiten, wie sie hier vorgegeben werden, sind vor dem Hintergrund der damaligen Bautechnik aus konstruktionstechnischer Sicht nahezu unmöglich. Zudem erweisen sie sich als unwirtschaftlich, da sie sich vor allem im Hinblick auf den Materialverbrauch massiv in den Baukosten niederschlagen. Wie heute üblich, verbirgt sich somit sicherlich auch

18 | Personenfahrstühle und Lastenaufzug sowie der Zugang zum Haupttreppenhaus, C&A Köln, vor 1932

19 | Personenfahrstuhl und Lastenaufzug sowie der Zugang zum Haupttreppenhaus, C&A Dortmund, vor 1932

20 | Blick in das Haupttreppenhaus, C&A Dortmund, vor 1932

damals schon das statische Gerüst des Baukörpers hinter der Deckenverkleidung und umfasst eine erheblich größere Anzahl von Unterzügen, um einen kostenoptimalen Einsatz der Baumaterialien zu erzielen.

Die wesentlichen Bestandteile der Ladeneinrichtung sind bereits anhand der Innenraumaufnahmen des Berliner Hauses aus dem Jahr 1928 deutlich zu bestimmen: Zweckmäßige Regale sowie große Verkaufstresen für die Begutachtung der Ware werden hier durch Sitzgruppen ergänzt, die den Kunden zum Verweilen einladen. Großformatige Teppiche über dem hölzernen Parkett leisten einen wesentlichen Beitrag zur Auflockerung des vorrangig funktional ausgerichteten Einrichtungskonzepts und verleihen der Verkaufsfläche ihre schlichte Eleganz sowie einen Hauch von Gemütlichkeit. Eine einfache wie originelle Form der Wareninszenierung dokumentieren die Innenansichten der C&A-Häuser in Köln und Dortmund: Zwischen den Aufgängen, die vom Erdgeschoss in das Hochparterre führen, ist ein Podest zur werbewirksamen Präsentation ausgewählter Verkaufsartikel platziert. Zugleich verstellt dieses den Blick auf den breiten Treppenabgang, der – wie deutlich an den seitlichen Handläufen zu erkennen – in ein darunterliegendes, noch nicht für den Verkauf genutztes Halbgeschoss führt. Der Zugang zu den Verkaufs- und Verwaltungsräumen in den Obergeschossen erfolgt über die Treppenhäuser, die in der Fassadengestaltung der Filialen in Dortmund, Magdeburg und Frankfurt zu einem bestimmenden Gestaltungsmerkmal erhoben werden, sowie über moderne Fahrstuhlanlagen ABB | 18-20. Dem Anspruch einer zweckmäßigen Architektur entsprechend, befinden sich diese stets in unmittelbarer Nähe zum Eingangsbereich und der Warenannahme, die bevorzugt an der Gebäuderückseite liegt. Der Einsatz separater Lasten- und Personenaufzüge macht deutlich, welch großen Wert C&A bereits damals darauf legt, dass der Publikumsverkehr durch den Warentransport nicht beeinträchtigt wird.

Wichtiger Bestandteil der Verkaufsfläche ist einst wie heute der Kassenbereich. In der Innenansicht des Kölner Hauses ist dieser in der linken Bildhälfte deutlich auszumachen, wie er sich auch in ähnlicher Gestalt in der Abbildung der Düsseldorfer Filiale

21 | Kassenmöbel, vor 1932

22 | Konfektionsständer, vor 1932

23 | Umkleidekabine, vor 1932

erahnen lässt. Ein vergleichbares, wenn auch kleineres Kassenmöbel ist im Anhang der Publikation über Sepp Kaiser abgebildet ABB| 21. Hier findet sich der Verweis auf den Hersteller, die im westfälischen Mettingen ansässige Möbelfabrik *Heinrich Bedenbecker*, deren Betrieb später in den Besitz der noch heute für C&A tätigen, auf Ladenbau spezialisierten Firma *Schemberg* übergeht. Das hier dargestellte Kassenmöbel – laut Bildunterschrift aus gebeiztem und mattiertem Mahagoniholz gefertigt – ist leicht verschwommen auch im linken Bildsegment der Berliner Innenansicht nachweisbar. Wie aus dem Werbeheft hervorgeht, produziert *Bedenbecker* damals auch Kleiderständer und Umkleidekabinen für C&A ABB| 22/23. Sie prägen ebenso wie das Kassenmobiliar als bewegliche und damit flexibel einsetzbare Einrichtungsgegenstände das bereits in jener Zeit wiederkehrende Erscheinungsbild der Kaufhausinnenräume.

Am Ende des historischen Ausflugs in das moderne C&A-Kaufhaus der späten 1920er und frühen 1930er Jahre steht fest: Das Unternehmen, das zu Beginn seiner deutschen Geschichte vor allem auf die Stärke seiner innovativen Anzeigenwerbung gesetzt hat, um sich auf dem neuen Markt zu etablieren, erhöht dann seinen Wiedererkennungswert erstmals durch eine filialübergreifende Kaufhausarchitektur. Gemeinsam mit dem Architekten Sepp Kaiser gelingt es der Geschäftsführung, eine einprägsame, fortschrittliche Formensprache im Außenbau mit einer überzeugend zweckmäßigen Gliederung im Innenraum zu verbinden. Was in der Kulturgeschichte unweigerlich mit großen Begriffen wie „Neue Sachlichkeit" und „Bauhaus" verknüpft ist, ist für C&A vor allem eins: ein Ausdrucksmittel für seine Glaubwürdigkeit als Textilanbieter, der mit qualitätvoller Ware zu günstigen Preisen wirbt.

Andrea Kambartel

EMPIRE STATE BUILDING LEN
CAPONE BÜCHERVERBRENN
GREIFUNG MONUMENTALISM
ISMUS ALBERT SPEER NÜRN
VERWEHT MAX SCHMELING
N KERNSPALTUNG TECHNIC
UTOBAHN BONNIE & CLYDE
EY NYLON NATIONALSOZIA
STALIN CHRYSLER BUILDING
BERTOLT BRECHT BUND DEU
LTUNG WELTKRIEG II DICK &
JEAN PAUL SARTRE JOSEPH
CHSKRISTALLNACHT SALZM
SDAP ERMÄCHTIGUNGSGES
UTSCH REICHSTAGSBRAND J
ROZESSE ELSA SCHIAPARELL
BÜRGERKRIEG SWING HERM
ERK ADOLF EICHMANN HIN

RIEFENSTAHL GUERNICA AL
NG MISS MARPLE MACHTER
US GRETA GARBO ANTISEMIT
ERGER GESETZE VOM WINDE
UTHANASIE HANS SCHAROU
LOR ADOLF HITLER REICHSA
OLKSEMPFÄNGER WALT DISN
MUS SHIRLEY TEMPLE JOSEF
NTARTETE KUNST GESTAPO
SCHER MÄDEL GLEICHSCHA
OOF TRIUMPH DES WILLENS
OEBBELS EXILLITERATUR REI
RSCH ALFRED HITCHCOCK N
Z HEINZ RÜHMANN RÖHM-P
HN DILLINGER MOSKAUER P
HITLERJUGEND SPANISCHER
NN GÖRING WINTERHILFSW
NBURG LINDBERGH-ENTFÜH

1 | KLEIDERBÜGEL ALS WERBETRÄGER

1930 ist das erste Jahr in der Geschichte von C&A Deutschland, in dem das Unternehmen vier Filialen eröffnet: im Frühjahr die Häuser in Duisburg und Frankfurt am Main, im Herbst die Geschäfte in Barmen und Bremen. Solch eine starke Expansionstätigkeit unternimmt C&A aufgrund der einschneidenden historischen Ereignisse der darauffolgenden zwei Jahrzehnte erst wieder in den 1950er Jahren. Aus der Zeit um 1930 datieren mehrere hölzerne Kleiderbügel, die auf der Rückseite eine Auflistung der Filialstandorte aufweisen. Auf der Vorderseite stehen neben dem Firmennamen und dem C&A-Logo die Geschäftsadressen einzelner C&A-Häuser. Kostenlos mit der Ware abgegeben, gelangen die in großer Zahl produzierten Bügel in die Kleiderschränke Deutschlands. Sie sind die stillen Zeugen einer Zeit, in der das Unternehmen zu einem der führenden Bekleidungsfilialisten heranwächst. Der Bügel als Werbeträger wird in den 1950er Jahren wieder aufgegriffen. Im Zentrum der Werbebotschaft stehen dann jedoch nicht mehr die Filialstandorte, sondern auf den zunehmend einheitlich gestalteten Werbeflächen der Bügel erscheinen zum Beispiel die C&A-Slogans „Barkauf ist Sparkauf" und „Formtreu-Kleidung ist veredelte Kleidung".

2 | WERBUNG INFORMATIV VERPACKT

Am 1. März 1930 startet C&A ein neues Werbekonzept: die *C&A Seite*. Die von Kurt Lisser als Zeitungsseite gestaltete Werbung mit Informationscharakter wird bis zum 17. Mai 1931, dem Erscheinungsdatum der 70. Ausgabe, eingesetzt. Inhaltlich werden Reklamen für die eigene Ware zumeist mit aufschlussreichen Berichten – überwiegend aus dem Bereich der Mode – kombiniert. Auch Unterhaltsames wie etwa Witze oder Neuigkeiten aus Sport und Gesellschaft fehlen nicht. Darüber hinaus werden Briefe und Kommentare von Kunden abgedruckt, und fast immer widmet sich eine Rubrik der Kinderkleidung. Weshalb C&A die Bekleidung für den Nachwuchs so am Herzen liegt, wird auf der *C&A Seite* Nummer 42 vom 15. Oktober 1930 erläutert: „Schon in einer unserer früheren C&A-Seiten hatten wir einmal erzählt, dass die Inhaber unserer Geschäfte selbst 56 Kinder haben, und daraus erklärt sich ja wirklich leicht die Tatsache, dass wir mit besonderer Liebe und wohl auch mit besonderem Verständnis uns der Sorge für unsere Kinderkleidung hingeben."

C&A DUISBURG, MÜNZSTRASSE 48/52
22.03.1930

C&A FRANKFURT AM MAIN, ZEIL 48,
29.03.1930

C&A BARMEN, WERTH 76
18.09.1930

C&A BREMEN, AM BRILL 8–12
20.09.1930

1930

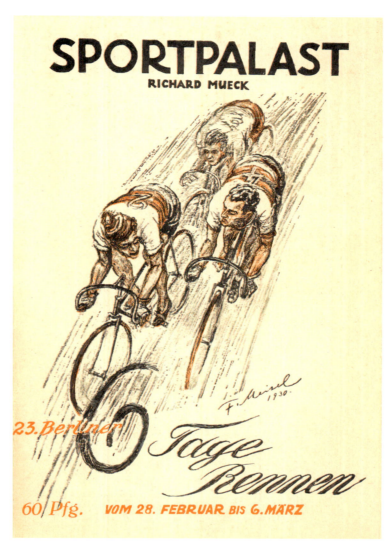

C&A UND DAS BERLINER SECHSTAGERENNEN

Das gesellschaftliche Großereignis des Sechstagerennens, das zum Selbstverständnis der sportbegeisterten Stadt Berlin gehört, ist ein seit 1909 ausgetragenes Bahnradrennen. In den Goldenen Zwanzigern ist es derart beliebt, dass es mehrmals pro Jahr stattfindet. Da bis 1934 Zweierteams an sechs Tagen 24 Stunden ohne Unterbrechung fahren, wird der Rekord von 4544,2 zurückgelegten Kilometern aus dem Jahre 1924 wohl auf ewig Bestand haben. Auch 1930 wird das Rennen zweimal im Berliner Sportpalast abgehalten, der seit seiner Erbauung 1910 Austragungsort ist. Das 23. Rennen findet von Ende Februar bis Anfang März 1930 statt. Die Firma C&A „widmet in ihrer Sportfreudigkeit den Fahrern des Sechstagerennens, wie früher, so auch dies Mal eine Bar-Prämie in Höhe von 1600.– RM". Es gewinnen der „fliegende Holländer" Piet van Kempen und Paul Buscherhagen.

Der an der Potsdamer Straße in Schöneberg gelegene Berliner Sportpalast gelangt im Übrigen in mehrfacher Weise zu Berühmtheit: In erster Linie als Austragungsort verschiedener Sportveranstaltungen – wie dem Sechstagerennen und Hallenreitturnieren – genutzt oder auch zur Boxkampfarena oder Kunsteisbahn umgebaut, wird er 1919 zudem als größtes Lichtspielhaus der Welt angepriesen. Besondere Bekanntheit erlangt die Halle durch die so genannte „Sportpalastrede", in der Joseph Goebbels 1943 zum „totalen Krieg" aufruft. Im November 1973 wird die Halle abgerissen.

1 | DIENSTAGS-ANGEBOTE UND KINDERTAG AM MITTWOCH

„Halt!" Nur am Dienstag, dem 28. April, gibt es ein „echtes C&A-Angebot". In diesem Inserat präsentiert eine Dame ihr elegantes „Sommer-Complet" samt Hut und Accessoires. Sie wirbt für den Kauf von Kleidern und Jäckchen, deren Materialien, Größen und Preise im Inserat detailliert beschrieben sind. Von diesem Tag an folgen wöchentlich die C&A-Dienstags-Angebote. Und noch ein weiterer Wochentag wird in diesem Jahr für Sonderaktionen fest eingeplant: Ab dem 14. Oktober ist der Mittwoch „Kindertag". Da protestieren die Schulkinder in der Werbeanzeige lauthals, wenn die Lehrerin am selben Tag einen Klassenausflug plant, und in der Reklame zum Kindertag am 28. Oktober haben sich zwei spielende Kinder sogar für einen Ausflug zu C&A verkleidet: der Junge als Chauffeur, das Mädchen – offenbar im Mantel seiner Mutter, mit Hut und Handtasche – als Dame, die mitfahren will.

2 | C&A WÄHREND DER WELTWIRTSCHAFTSKRISE

Verursacht durch die Weltwirtschaftskrise und die Massenarbeitslosigkeit, verspürt der Handel in Deutschland zunehmend wirtschaftlichen Druck. Die Preise verfallen, viele Einzelhändler geraten in Existenznöte und müssen ihre Geschäfte schließen, da sie dem Preiskampf nicht mehr standhalten können. C&A profitiert zunächst von dieser Entwicklung, da das Unternehmen bekanntlich Kleidung im niedrigen Preissegment anbietet und nun Käufer hinzugewinnt, die bei guter Wirtschaftslage woanders kaufen würden. Doch auch C&A muss seine Verkaufspreise anpassen und sich dem Konkurrenzkampf, der inzwischen einer „Selbstzerfleischung" gleichkommt, stellen. Die Mitbewerber werden genau beobachtet, die eigenen Preise nötigenfalls ohne Rücksicht auf die Einkaufspreise gesenkt und von entsprechenden Werbebotschaften flankiert. Die Berichterstattung in der Fachpresse erreicht in diesem

C&A BRESLAU, OHLAUER STRASSE 10–11
17.09.1931

1931

Kampf den C.&A.-Methoden
BRENNINKMEYER – der Unruhefaktor der Konfektion.

sb. Die Düsseldorfer Tagung des Reichsverbandes für Herren- und Knabenkleidung stand im Zeichen des Kampfes gegen die Schleuderer in der Herrenbekleidungsbranche. Wie wir bereits berichtet haben, wurde wiederholt sowohl in der Sitzung des Großen Ausschusses als auch in der Mitgliederversammlung der Bezirksverbände Rheinland und Westfalen des Reichsverbandes von den Teilnehmern betont, daß der Krebsschaden in der gegenwärtigen Situation das Schleudern von Bekleidungsstücken sei. Ebenfalls wurde zum Ausdruck gebracht, daß

der Träger des Schleudergedankens

die Firma C. & A. Brenninkmeyer ist. Die Methoden der Firma C. & A. führen zu einer Erschütterung der Preisbasis in Herren- und Knabenbekleidung, und das Geschäft wird dadurch ausgehöhlt. Die Firma C. & A. Brenninkmeyer hat sich in den letzten Jahren stark ausgebreitet, und sie hat in einer Reihe von Städten neue Geschäfte eröffnet. Um so fühlbarer machen sich für den übrigen deutschen Bekleidungshandel die eigenartigen Verkaufsmethoden dieser Firma bemerkbar. Wie allgemein diese Methoden von der deutschen Kaufmannschaft verurteilt werden, geht aus der Tatsache hervor, daß beispielsweise Herr Salman Schocken, der durch seine hervorragenden Eigenschaften des höchsten Vertrauens der Mitglieder des Verbandes deutscher Waren- und Kaufhäuser gewürdigt und in das Präsidium des Verbandes gewählt wurde. In seiner Rede in der öffentlichen Generalversammlung seines Verbandes

vor aller Welt auf die Auswirkungen „gewisser Methoden" hingewiesen hat,

wobei die anwesenden Mitglieder des Verbandes und die Vertreter der zahlreichen Verbände ohne weiteres verstanden haben, wen Herr Schocken hierbei gemeint hat. Wir wollen uns im nachfolgenden an Hand der vorliegenden Materials mit den Methoden der Firma C. & A. Brenninkmeyer etwas eingehender beschäftigen, da das Problem C. & A. angesichts der jüngsten Beschlüsse der Düsseldorfer Tagung des Huk-Verbandes mehr denn je aktuell ist.

Die Lockvögel Brenninkmeyers

Die Methoden dieser Firma wirken sich vor allem in einer geradezu hemmungslosen Inseraten-Propaganda aus, die schon wiederholt verschiedene Verbände veranlaßt hat, gegen die Firma C. & A. vorzugehen. Mit ihrer Ankündigung von Lockvögeln hat die Firma C. & A. manchmal wirklich

den Vogel abgeschossen.

Wir erinnern beispielsweise an den bekannten Verkauf von Hosen durch die Firma C. & A. zu einem Preise von nur 50 Pfennig. Weite Kreise des kaufenden Publikums sind sich darüber nicht im klaren, daß es sich hier offensichtlich ur Lockvögel handelt und daß auf diese Weise das Publikum in die Geschäftsräume hineingelockt wird, wo es die Bekleidungsstücke in den meisten Fällen zu Preisen kauft, die **keineswegs billiger als bei den anderen Geschäften sind.**

Die Firma C. & A. macht ihre Inseraten-Propaganda so auf, daß der Eindruck erweckt wird, als ob tatsächlich bei Brenninkmeyer alle Bekleidungsstücke zu geradezu lächerlich niedrigen Preisen zu kaufen sind. So hat es die Firma beispielsweise in dem in weiten Kreisen der Bekleidungsbranche bekannten Fall der 50-Pfennig-Hose getan. In einem Inserat, das in einer der größten Tageszeitungen erschienen ist, erzählte die Firma C. & A., daß ein besonders gewitzigter Kunde die Hose, die er für 50 Pfennig gekauft hat, beim Pfandleiham sofort versetzt hat, und siehe da, er hat für die Hose beim Pfandleiham 1,20 RM. erhalten. Und an diese Erzählung knüpft die Firma C. & A. die Bemerkung: „Gibt es überhaupt ein besseres Zeugnis für die Güte unserer Waren und für ihre Preiswürdigkeit?"

Die 50-Pf.-Hose ist im Einkauf teurer

In einem Prozeß, den eine bekannte Firma gegen C. & A. anstrengte, wurde seitens des Gegners die Behauptung aufgestellt, daß diese Hosen zu 50 Pfennige von einer M.-Gladbacher Firma gekauft wurden. Diese Firma verkauft die Hose für 2,90 RM.

Hier liegt ein eklatanter Fall für die Lockvögelmethode der Firma C. & A. vor.

Man bedenke nur, der Fabrikant verkauft die Ware zu 2,90 RM. Brenninkmeyer verkauft sie zu 50 Pfennig. Es ist doch ganz klar, daß, wenn seine übrigen Waren ebenfalls so „kalkuliert" würden, so würde die Firma nicht mehr existieren. Indessen will sie aber durch ihre Inseratenpropaganda dem kaufenden Publikum weißmachen, als ob wirklich alle anderen von der Firma C. & A. feilgehaltenen Waren ebenso niedrig kalkuliert seien.

Diese Methoden verstoßen im übrigen unserer Ansicht nach gegen die Bestimmungen des Gesetzes zur Bekämpfung des unlauteren Wettbewerbs. Denn die Anlockung durch Unterpreisangebote darf nicht in einer Form geschehen, die auf ein lesendes Publikum insofern irreführend zu wirken geeignet ist, als

der Anschein eines besonders günstigen Angebotes

auch die Waren ausgedehnt wird, die zu höheren als die Unterpreisangebote feilgehalten werden.

Nur 60 bis 70 RM

Bekannt ist auch das Inserat der Firma Brenninkmeyer, in welchem angekündigt wurde, daß „Ein Mantel oder ein Anzug, der Ihren Ansprüchen genügt, bei uns nicht 100 sondern nur 60 bis 70 RM. kostet." (Wir werden uns übrigens noch gelegentlich mit einem Urteil des Reichsgerichts beschäftigen, das sich mit diesem Thema befaßt und in welchem diese Behauptung als eine scherzhafte Uebertreibung dargestellt wird. Für die vielen Bekleidungshändler, die durch derartige Inserate in ihrem Geschäft geschädigt werden, sind das keine Scherze, sondern bitterer Ernst.) Durch diese Ankündigung wird ebenfalls der Eindruck erweckt, als ob Firmen, die auf Abzahlung verkaufen – und das tun heute zahlreiche Firmen, die früher nur gegen Kassa verkauft haben –, Preise stellen,

die um fast 40 Prozent höher sind als die Preise von C. & A.

Devise: Unterbieten

Bekannt ist auch, daß die Firma C. & A. stets versucht, die Preise in ihren Fenstern herabzudrücken, sobald sie sieht, daß die Kokurrenz ein billigeres Bekleidungsstück bringt. So erfahren wir von einem Fall, der sich vor einiger Zeit in Berlin abgespielt haben soll. Da hat eine sehr bedeutende Firma in ihrem Schaufenster einen Damenmantel zum Preise von 36 RM. ausgezeichnet. Unmittelbar darauf

hat die Firma C. & A. bei sich den gleichen Mantel auf 30 RM. herabgesetzt.

Daraufhin hat die erste Firma ihrerseits den Damenmantel auf 27 RM. herabgesetzt, prompt wird er bei Brenninkmeyer mit 24 RM. verkauft. Man sieht aus diesem Beispiel, wie im Grunde genommen durch die Methoden der C. & A. auch andere Firmen gezwungen sind, um der Konkurrenz standzuhalten, die Waren unter Preis abzugeben.

Für Abwehr

Wir haben nur einen Teil der Tatsachen, die wir von verschiedenen Seiten erhalten haben, wiedergegeben. Aber auch diese Tatsachen genügen, um zu zeigen, daß der Schleuderei erst dann wirksam entgegengetreten werden kann,

wenn die Methoden von C. & A. aus der Bekleidungsbranche ausgemerzt werden.

Wenn demnächst jenes Gremium zusammentritt, das sich auf Vorschlag von Dr. Koppel aus den Vertretern der Tuchkonvention, der Herrenkleiderindustrie und des Herrenkleiderhandels konstituieren soll, dann wird es wohl seine vornehmste Aufgabe sein, sich in erster Linie mit der Firma C. & A. Brenninkmeyer zu beschäftigen.

Diese Kalkulation gestattet deshalb die im Rahmen von Sonderveranstaltungen erforderlichen Preisherabsetzungen nur in sehr beschränktem Umfange.

Eine gehäufte Abhaltung von Sonderveranstaltungen muß deshalb für den einzelnen Betrieb als unwirtschaftlich gelten

und schädigt das Ansehen des gesamten Einzelhandels. Aus all diesen Gründen hat der Sonderausschuß zur Regelung des Wettbewerbsfragen folgende Richtlinien für Sonderveranstaltungen beschlossen.

Höchstens 6 Sonderveranstaltungen

„Die Veranstaltung von den im Gesetz vorgesehenen Saison- und Inventurausverkäufen und vier weiteren Sonderveranstaltungen mäßiger Dauer (also im ganzen sechs Sonderveranstaltungen im Jahr) ist in der Regel das Höchstmaß dessen, was mit den Grundsätzen einer kaufmännisch gesunden Geschäftsführung vereinbar ist. Jubiläumsverkäufe, die sich im Rahmen des Gutachtens Nr. 22, 1930, des Sonderausschusses halten, sind hierbei nicht einzurechnen. Alle Ankündigungen, insbesondere von Oster-, Pfingst- oder Weihnachtsverkäufen, die zu regelmäßigen Preisen geschehen, gelten nicht als Sonderveranstaltungen. Sonderangebote sind im Gegensatz zu Sonderveranstaltungen begrenzt auf einzelne Artikel oder einzelne Warengruppen möglich."

Die Beschlüsse sind einzuhalten!

Jetzt stehen die einzelnen Fachverbände vor der außerordentlich wichtigen Frage, wie diese Richtlinien praktisch durchgeführt werden sollen. Von der Aktivität der Fachverbände, von ihrer Stärke und ihrem geschlossenen Willen hängt es ab, daß diese Richtlinien des Sonderausschusses, die die Schaffung neuer Verhältnisse im Einzelhandel einleiten könnten,

von der Gesamtheit des Einzelhandels anerkannt werden.

Es muß mit Entschiedenheit für die Durchsetzung dieser Richtlinien gekämpft werden, denn wir als Fachblatt werden das unsere tun.

Jahr ihren Höhepunkt mit Schlagzeilen wie „Kampf den C.&A.-Methoden. Brenninkmeyer – der Unruhefaktor der Konfektion" (*Der Konfektionär* 1946/1931) und „Die Geschäftstaktik von C&A und wie ihr begegnet werden kann". Dabei mischen sich stets Ärger und Bewunderung. Schließlich muss auch die Fachpresse anerkennen, „wie glänzend C&A selbst in diesem allerkritischsten Jahr, wo fast alle anderen Unternehmungen mit Verlust abgeschnitten haben, gearbeitet hat".

Aufgrund der Neueröffnungen von sechs Häusern in den Jahren 1929 und 1930 und dem Einstieg in die Produktion von Herrenkonfektion kann der Umsatz von 58,8 auf 72,4 Millionen Reichsmark gesteigert und 1931 auf diesem Niveau gehalten werden. Erst 1932 bricht der Umsatz wieder auf 58,7 Millionen Reichsmark ein.

DER EINZUG DER FOTOGRAFIE IN DIE C&A-WERBUNG

Schon zu Beginn des 20. Jahrhunderts sind die Reproduktionstechniken für Fotografien so weit gediehen, dass sie in die illustrierte Presse Einzug halten. Als sich C&A 1932 dieses Mediums erstmals für Zeitungsannoncen bedient, hat sich die kommerzielle Modefotografie in Deutschland zu einer der wichtigsten Sparten der Gebrauchsfotografie entwickelt. Der Schwerpunkt in der Werbung des Filialunternehmens C&A wird jedoch auch in den folgenden Jahren bei gezeichneter Werbung liegen, und selbst dort, wo Fotografie eingesetzt wird, wird sie gerne mit Illustrationen kombiniert.

C&A BERLIN, WILMERSDORFER STRASSE 108
17.09.1932

1932

DIE ERSTE FORMTREU-ANZEIGE

In der ersten von C&A geschalteten *formtreu*-Anzeige präsentiert ein junger Mann im Strahlenkranz das *formtreu*-Etikett, das jedem Kleidungsstück dieser ersten Eigenmarke von C&A angeheftet ist. Der begleitende Text erläutert die Vorzüge der „knitterfreien Wollwattierung", die das Gerüst eines *formtreu*-Sakkos oder -Mantels ausmacht, und spricht gar davon, dass diese besondere Wattierung „mehr als eine Idee [ist]… ein Versprechen – eine Versicherung – eine Garantie".

1 | LANGJÄHRIGE ERFAHRUNG MIT KONFEKTIONIERTEN MÄNTELN

In einer Anzeige vom 7. Oktober 1933 bezieht sich C&A auf die ungefähr einhundertjährige Erfahrung, auf die die Konfektionsbranche in Herstellung und Verkauf von Mänteln zurückblicken kann. Im Berliner *Branchenadreß* des Jahres 1836 sind bereits ein Dutzend Damenmäntel-Handlungen genannt, die fast alle von jüdischen Kaufleuten geführt werden. In den folgenden Dekaden entwickelt sich die Konfektion zu einem der bedeutendsten Wirtschaftszweige in Berlin, dies nicht zuletzt aufgrund blühender Exportgeschäfte, unter anderem nach Russland, England und in die Niederlande. C&A selbst bietet spätestens ab der Jahrhundertwende Mäntel aus Berlin in seinen niederländischen Filialen an. Und so gilt 1933 für C&A, das sein Geschäft einst als Manufakturwarenladen begründet und sein Sortiment als Erstes um konfektionierte Mäntel erweitert hat: „Die längste Erfahrung steckt im Mantel!"

2 | TÖNENDE WERBUNG AUS DEM RADIO

Im Dezember 1933 setzt C&A den Entschluss um, seine Werbebotschaften nicht nur in Zeitungsanzeigen, sondern auch mittels Hörfunk zu verbreiten. Die Ausweitung des Werbekonzepts auf ein paralleles Medium wird in einer Zeitungsannonce angedeutet: Das Radio posaunt „Mittwoch ist Kindertag!" und nimmt damit Bezug auf die seit 1931 allwöchentlich wiederkehrende Werbeaktion für Kinderkleidung. Der erklärende Text darunter beginnt mit den Worten „Welch' überflüssige Mahnung!". Doch im Anschluss an die Erklärung, was es am Kindertag immer Besonderes gibt, wird der Leser gefragt: „Wußten Sie das noch nicht?"

3 | C&A WIRD GEBÄNDIGT

Nachdem sich Clemens Brenninkmeyer (1862–1938) Anfang 1919 aus dem Vorstand des von ihm mitbegründeten *Reichsverbandes für Damen- und Mädchenkleidung* wegen einer gegen C&A anhängigen Wettbewerbsklage zurückgezogen hatte, gehört C&A in der Weimarer Republik keinem Einzelhandelsverband mehr an. Das Unternehmen verzichtet offenbar bewusst auf eine institutionelle Vernetzung innerhalb der Branche. Dafür hat es nun die Freiheit, ohne Rücksicht auf die jeweilige Interessenpolitik von Verbänden und den Egoismus der Wettbewerber einer autarken und nur dem Wohl der Firma verpflichteten Geschäftspolitik nachzugehen – eine Freiheit, die das Unternehmen in zahlreichen Prozessen vor allem gegen vermeintliches Preisdumping verteidigen muss. 1933 ist es auch damit vorbei. Kaum an der Macht, richten die Nationalsozialisten Verbände und Unternehmen auf die Volksgemeinschaft aus. Sie schaffen von Staat und Partei kontrollierte Reichs-, Wirtschafts- und Fachgruppen und verordnen allen deutschen Unternehmen entsprechend ihrer Branche Zwangsmitgliedschaft. C&A wird Mitglied der Fachgruppe Bekleidung, Textil und Leder, die wiederum als Teil der Wirtschaftsgruppe Einzelhandel der übergeordneten Reichsgruppe Handel angehört. Abgeschafft ist damit das alte System der Interessenverbände noch nicht. Gleichgeschaltet und personell oftmals eng mit den neugeschaffenen Organen der nationalsozialistischen Wirtschaftslenkung verwoben, arbeiten faktisch entmachtete Organisationen häufig zunächst noch in veränderter Form weiter. C&A beugt sich der Entwicklung und tritt 1934 dem *Reichsbund des Textileinzelhandels* bei – ausgerechnet einer Institution, deren Vorgängerin zum Teil heftige juristische Auseinandersetzungen mit C&A führte. Jetzt schwenkt C&A auf die neue Zeit ein. Mehr noch: Mit dem Beitritt erklärt sich das Unternehmen einverstanden, fortan seine „Geschäftsführung stets in Übereinstimmung zu halten mit der Wettbewerbssitte des deutschen Textileinzelhandels und sich bei etwaigen Beschwerden über ihr Geschäftsvorgehen, insbesondere über ihre Preisgestaltung zu Aussprachen und Verhandlungen zur Verfügung zu stellen." Zwar wirbt C&A auch weiterhin mit niedrigen Preisen. Doch die selbstbewussten Kampagnen aus den Jahren vor der nationalsozialistischen Machtergreifung verlieren nicht zuletzt auch in Folge des Gesetzes über die Wirtschaftswerbung vom 12. September 1933 deutlich an Aggressivität und Schärfe. Die Branche hat nun doch noch erreicht, was sie sich schon 1918 mit der Gründung des *Reichsverbandes für Damen- und Mädchenkleidung* so sehr erhofft hatte: dass die korporative Einbindung von C&A „nicht ohne erziehliche Wirkung auf das künftige Geschäftsgebaren der Firma sein" würde.

1 | FAHRT INS BLAUE

In den Jahren 1933 bis 1939 unternehmen die Belegschaften der Eigenfabrikationen Cunda und Herfa alljährlich einen Ausflug in die nähere und weitere Umgebung Berlins. Diese Betriebsausflüge sind allgemein sehr beliebt und stärken das Zusammengehörigkeitsgefühl. Die Gesichter auf den Fotografien lassen erkennen, dass der Spaß am Ausflugstag sicherlich nicht zu kurz gekommen ist. Im Jahr 1934 ist das Ausflugsziel der Cunda das einzigartige Naturparadies des Spreewaldes, während die Herfa einen erholsamen Tag im Brandenburger Land verlebt.

2 | LIZENZEN DER REICHSZEUGMEISTEREI: HERSTELLUNG VON PARTEIUNIFORMEN

Voraussetzung für Herstellung und Verkauf von Bekleidungs- und Ausrüstungsgegenständen für NSDAP-Parteiorganisationen ist eine Genehmigung der Reichszeugmeisterei in München. Durch den enormen Mitgliederzuwachs der Partei nach der Machtübernahme schnellt der Bedarf an Parteiuniformen nach oben. Textilunternehmen hoffen auf das große Geschäft. Bereits im Juli 1933 liegen der Reichszeugmeisterei 15.000 Anträge vor. Auch C&A ist bereit. Das Unternehmen erwirbt eine Lizenz für die Maßanfertigung von Uniformen für Mitglieder der SA, SS, Hitlerjugend (HJ) und deren weiblichen Zweig Bund Deutscher Mädel (BDM). Doch bereits zum 1. September 1934 gibt C&A die Berechtigung überraschend zurück. Grund: Probleme mit der Maßarbeit. Trotzdem bleibt C&A präsent – als Lieferant des Festanzugs für die Deutsche Arbeitsfront (DAF).

Der DAF-Festanzug, ein blauer Zweireiher mit Schirmmütze, soll die sozialen Unterschiede zwischen Arbeitern und Angestellten in einem Betrieb verwischen – auch wenn es ihn in verschiedenen Qualitäten zu kaufen gibt – und zu feierlichen Anlässen getragen werden, etwa anlässlich der Maikundgebungen. Der Einzelhandel rechnet im Frühjahr 1934 mit einem regelrechten Ansturm. C&A sichert sich für alle Häuser Verkaufslizenzen – und wird ein weiteres Mal enttäuscht. Die Bestellungen bleiben weit hinter den Erwartungen zurück. Den eigenen Angestellten legt C&A einen Beitritt zur DAF nahe. Für Betriebsleiter und Einkäufer ist dies sogar Pflicht. Dafür bekommen sie den Festanzug zu günstigen Konditionen. Doch der Absatz verläuft schleppend. Entmutigt lässt C&A die Lizenz im Herbst 1935 auslaufen. Damit entledigt sich das Unternehmen auch zahlreicher Auflagen, darunter der Verpflichtung, Betriebsprüfern der Reichszeugmeisterei jeder Zeit und unangemeldet Einsicht in die Bücher und Geschäftspapiere zu gewähren.

1 | **DER NEUBAU
DES ESSENER TRADITIONSHAUSES**

Einen Tag nach der Eröffnung am 25. Mai spricht ganz Essen über den modernen Neubau der C&A-Filiale im Herzen der Stadt. Die Gestalt des Außenbaus wird vor allem durch die geschwungene Eckfassade und die horizontal verlaufenden, ungebrochenen Fensterbänder bestimmt. Die große Schaufensterpassage im Erdgeschoss lädt den Kunden zur Begutachtung der Ware ein, bevor er sich im Inneren von der Funktionalität der Verkaufsräume überzeugen kann. Besonders fortschrittlich und in der Presse gelobt: die so genannte Warenwendelrutsche, über die die Ware aus den oberen Geschossen direkt zu den Packtischen im Erdgeschoss gelangt. In der Entwurfsserie begegnen sich die Unterschriften der Architekten Sepp Kaiser und Ernst August Gärtner: Sepp Kaiser begleitet spätestens seit 1916 alle Bauprojekte von C&A. Ernst August Gärtner übernimmt die Bauleitung des Essener Projekts. Er ist es auch, der 1947 mit der Gründung seines Büros in Essen – heute Nattler Architekten – den Grundstein für die langjährige vertrauensvolle Zusammenarbeit legt, die auch heute noch Bestand hat. Verantwortlich für die Bauausführung des Essener Neubaus zeichnet der Architekt Karl Fezer, der Schwiegersohn Sepp Kaisers.

2 | **ALLWETTERKLEIDUNG BEI C&A**

In diesem Jahr wird das Sortiment der Marke *formtreu* um „Wetterkleidung, nämlich Damen-, Herren- und Kinderregenmäntel aus imprägniertem Gabardine, gummierten Stoffen und Lodenstoffen" erweitert. Das Label zu dieser Marke, betitelt mit *formtreu imprägniert*, zeigt passend zum Thema im Hintergrund der Doppelvignette ein dreimastiges Segelschiff und ein Flugzeug – vielleicht die Gorch Fock und die Junkers Ju 52 – bei stürmischer See. In der 1936 erschienenen Werbebroschüre *Illustrierte C&A Brenninkmeyer Modenschau* werden neben einem Anzug und einem Gabardine-Herrenmantel von *formtreu* weitere „moderne, elegante, praktische und fesche" Regenmäntel für Damen präsentiert.

C&A ESSEN,
KETTWIGER
STRASSE 39
25.05.1935

„HEUTE GROSSE DAMPFERFAHRT"

Ein Jahr nach der Gründung der internen C&A-Werbeabteilung erwachen in einem bunten Zeichentrickfilm von 1935 nicht nur Kleider und Anzüge zum Leben: „Heute große Dampferfahrt", lädt ein kleines Schiff fröhlich ein. Und während aus allen anderen Häusern die Kleider herbeieilen, machen zwei Fassaden ein ganz unglückliches Gesicht: „Mit *der* Hose?", fragt die eine mit großen traurigen Augen. Ein Blick in das Innere des kläglich weinenden Nachbarhauses offenbart aber einen noch viel betrüblicheren Anblick: Der Kleiderschrank ist leer ... Und das nur, weil das kleine Haus noch nichts von den günstigen Preisen bei C&A weiß! Schnell, auf zu C&A! So können die beiden Häuser schließlich doch noch voller Stolz aus der Ferne ihre neuen Kleider auf der lustigen Dampferfahrt betrachten – bis ein Unwetter aufzieht! Aber zum Glück, das wissen sie jetzt: Dank der modernen Tierhaareinlage macht das doch einem originalen *formtreu*-Anzug nichts aus!

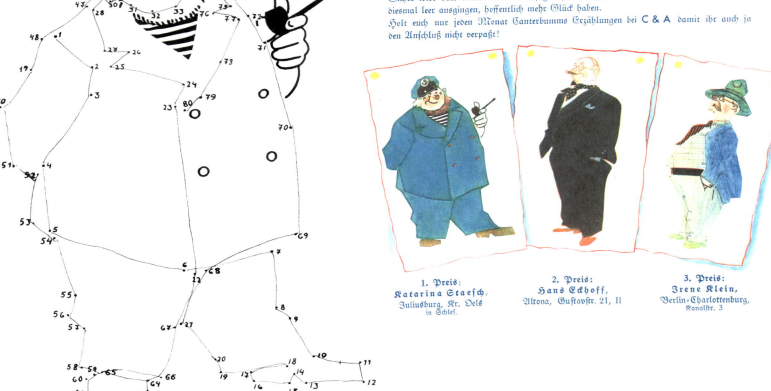

„CANTERBUMM ERZÄHLT EUCH WAS"

„Aber wer ist denn überhaupt Canterbumm?" So beginnt die erste Folge der „C&A Hausmitteilungen für seine kleinen Freunde und Kunden", die im September 1936 erscheint. Schon auf dem Titelblatt erfahren die Kinder, dass Canterbumm „ein höchst ehrenwertes Mitglied der höchst ehrenwerten Familie C&A die ja jedes Kind kennt" ist. Die bunte Kinderzeitschrift liegt jeden Monat kostenfrei in den C&A-Häusern zur Abholung bereit. Die jeweils ungefähr acht Seiten umfassende Ausgabe enthält interessante Geschichten, Berichte sowie Bastelanleitungen und Rätsel. Höhepunkt einer jeden Ausgabe sind die haarsträubenden Abenteuer, die Canterbumm auf seinen gefährlichen Reisen erlebt.

C&A ELBERFELD, HERZOGSTRASSE 9
25.05.1936

1936

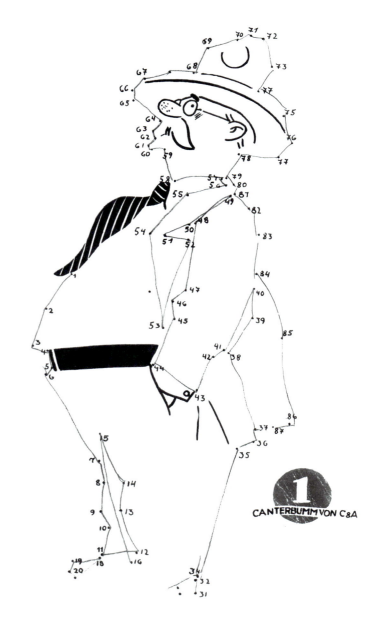
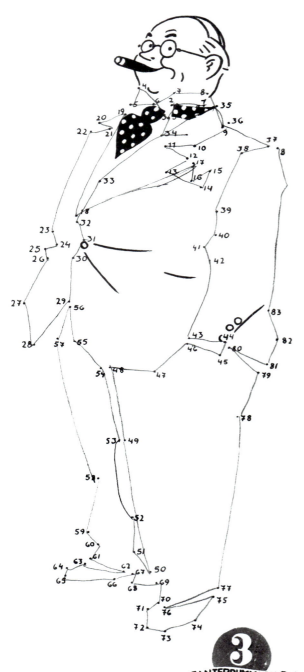

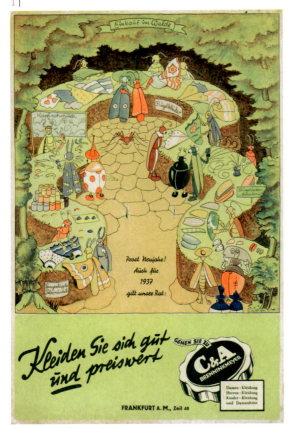

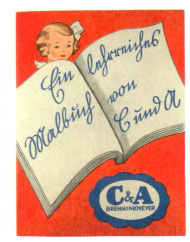

1 | „EINKAUF IM WALDE"

Dies ist die Überschrift eines zauberhaften Werbemotivs, das anlässlich des Jahreswechsels 1936/37 entworfen wird. Von seiner Funktion als Hintergrund eines Kalenders für das neue Jahr, der leider selbst nicht erhalten geblieben ist, zeugen zwei Einschnitte in der Mitte des auf fester Pappe gedruckten Werbeblattes. Die liebevoll gestaltete Illustration zeigt verschiedene Insekten beim Kauf ihrer Kleidung: Ein Marienkäfer mit einem Regenschirm in der Hand berät einen Falter bei der Auswahl eines Kopfschmucks. Ein miteinander vertraut wirkendes Insektenpaar wählt aus dem großen Angebot verschieden gemusterter „Flügelkleider" aus. Im Vordergrund lässt sich eine elegant gekleidete Insektendame eine „*formtreu*-Flügeldecke", die mit einem Ziegen- oder Steinbock dekoriert ist, zeigen. Neben ihr steht ein dicker Käfer, der eine einfach gefertigte „Flügeldecke" auf ihre Qualität prüft. Gegenüber werden „feingeschuppte Pelzmäntel" angeboten. Der Werbetext lautet: „Prost Neujahr! Auch für 1937 gilt unser Rat: Kleiden Sie sich gut und preiswert."

2 | „LBERDINGKA"

„Streng vertraulich!", heißt es in einer wichtigen Mitteilung an die Geschäftsleitung, verfasst am 2. Juni 1937 in Berlin. Die Nachricht enthält eine Variante des im Unternehmen auch noch lange Zeit danach für die Verschlüsselung von Geschäftszahlen gültigen Codeworts „Alberdingk". Diesem Schreiben zufolge gilt die Verschlüsselung der Zahlen von null bis neun über eine Buchstabenfolge zunächst ausschließlich für die Codierung von Kalkulationspreisen auf Etiketten. Um interne Informationen vor der Konkurrenz zu schützen, hatten sich die westfälischen Wanderhändler, die Tüötten, bereits vor der Einführung des stationären Handels untereinander in einer eigenen Händlersprache – Bargunsch oder Humpisch genannt – verständigt.

3 | „EIN LEHRREICHES MALBUCH VON C UND A"

„Zieht ihnen so schöne bunte Kleider an, wie diese hier sind!", lautet die zentrale Botschaft an die Kinder, die das Malbuch von C&A in den Händen halten. Auf jeder Doppelseite des Büchleins findet man rechts und links jeweils die gleiche Abbildung mit Kindern, deren Freizeit-, Ausgeh- und Schulkleidung auf der linken Seite noch bunt ausgemalt werden muss. Dazu befindet sich im Rückendeckel des Buches ein Etui mit Buntstiften. An die kleinen „Modedesigner" gerichtet, heißt es dort: „Diese Kinder sind gar nicht hübsch und machen ihrer Muti sicher keine Freude, weil sie gar keine schönen Kleider anhaben. DAS MÜSST IHR MAL ÄNDERN!"

4 | KLEIDERPRODUKTION VOM BAND

Nachdem Henry Ford das Fließband für die Automobilherstellung bis 1913 perfektioniert hat und damit seitdem das Modell T – die „Tin Lizzy" – gefertigt wird, kommt eine Entwicklung in Gang, die die Produktion bis heute in großen Teilen bestimmt. Am 1. April 1937 übernimmt C&A das Fließband für seine Eigenfabrikation in

1937

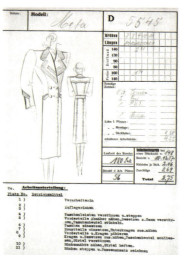

der mechanischen Kleiderfabrik für Damen- und Mädchenkleidung in der Großen Frankfurter Straße 137 in Berlin mit ungefähr 7.000 Quadratmetern Nutzfläche. An acht Bändern sollen nun 475 Mitarbeiter Damenmäntel und -kleider produzieren. Für jedes Modell wird ein Blatt erstellt, das alle Informationen vereint: Für den Mantel mit dem Modellnamen „Meta" werden für die Größe 9 – mit einer Länge von 1,22 Meter – 2,25 Meter Stoff sowie 1,70 Meter Futter benötigt. Auch die sonstigen Zutaten sind aufgeführt, darunter ebenfalls der durchschnittliche Arbeitslohn. Bei einer Herstellung von 148 Mänteln ergibt die Kalkulation einschließlich Nählohn und Zuschlägen Produktionskosten je Stück in Höhe von 2,75 Reichsmark. Für die Fertigung des Mantelmodells „Meta" sind 56 Arbeitsplätze erforderlich. In der auf der Rückseite weitergeführten Arbeitsunterteilung wird jeder der Plätze mit den zugehörigen Schritten der Fertigung beschrieben. Des Weiteren veranschaulicht eine Zeichnung die Charakteristika des Modells: Es handelt sich um einen modernen Mantel mit breiter Schulterpartie, breitem Reverskragen und schmaler Taille, die rückwärtig durch einen Gurt betont wird. Kanten und Nähte werden durch Zierstiche ebenso akzentuiert wie die Unterärmelpartie.

1 | BARKAUF – „DAS SPAREN, DAS SOLL FREUDE MACHEN"

„Was ist das? …", wird auf einer Anzeigenseite vom 5. Oktober zu einem in Puzzlestücke zerlegten Foto gefragt. Die richtige Antwort ist immerhin 10 Reichsmark wert. Diesen Betrag – bei C&A ließe sich dafür etwa ein Damenkleid erwerben – verlost das Unternehmen seit September 1938 und bis ins Frühjahr 1939 hinein wöchentlich als Preis für die richtige Beantwortung kleiner Rätselaufgaben. Die Lösung für den 5. Oktober ist direkt auf derselben Seite der Printwerbung abgebildet: „Das ist sie! Nämlich eine Sparbüchse für den Haushalt." Als Werbegeschenk ist sie in den C&A-Häusern zu haben und offenkundig beliebt; so muss C&A bereits wenige Tage später „alle Sparfreudigen" informieren: „Tausende kamen, um sich eine Sparbüchse zu holen. Im Nu war sie vergriffen." – Die baldige Ankunft der Nachlieferung wird aber versprochen.

Die Spardose ist nicht zufällig als Werbegeschenk gewählt, denn mit ihr verbindet sich, sowohl symbolisch im Gegenstand als auch konkret im aufgedruckten Text, ein wichtiger Handelsgrundsatz von C&A: der Barkauf. Die Vorzüge dieses Systems – die höhere Kaufkraft des Geldes, da keine Zinsverluste anfallen, und niedrigere Preise aufgrund schnelleren Umsatzes – erläutert C&A seinen Kunden seit den frühen 1930er Jahren in der Werbung. Beginnend 1937 und besonders seit 1938 etabliert sich breit eingesetzt der werbewirksame Slogan „Barkauf ist doch vorteilhafter!", der auch in der Barkauf-Kampagne der 1950er Jahre wieder Verwendung finden wird. Neben dem C&A-Logo ist er auch der Spardose aufgedruckt, die so daran gemahnt, erst zu sparen, um dann bar zu kaufen. Unter dem Motto „jung gewöhnt ist alt getan" vermittelt Onkel Canterbumm diesen Grundsatz auch schon den jungen Kunden zielgruppengerecht mit einem lustigen Gedicht, das für die blecherne Sparbüchse wirbt, denn: „Das Sparen, das soll Freude machen / Für jung und alt, für klein und groß!"

2 | SCHULUNG DER HERRENVERKÄUFER

Rechts und links des längs gestellten Tisches lauschen acht Herren gebannt den Schilderungen des Mannes, der am Kopfende Platz genommen hat. Eine aufgeschlagene Broschüre sowie Stoffproben dienen als Anschauungsmaterial für die Schulung der Herrenverkäufer ebenso wie die an der Wand im Hintergrund hängenden Schaukästen, von denen der erste mit *formtreu* überschrieben ist. Da Selbstbedienung in jenen Jahren noch nicht üblich ist, ist eine gute Beratung für den Verkauf eines Kleidungsstückes enorm wichtig. Das hatte C&A früh erkannt, denn bereits in Annoncen des Jahres 1911 warb das Unternehmen mit „kulanter Bedienung".

3 | „… DASS GROSS DIE AUSWAHL IST, WISSEN ALLE FRAUEN"

Kundinnen mit Sondergrößen sind bei C&A keineswegs benachteiligt: „Renate"-Schnitte gibt es in allen Preislagen, Farben und Größen für modebewusste, „vollschlanke" Damen. Da freut sich „Frau Renate", als ihr Gatte ihr einen C&A-Mantel zum Geburtstag schenkt, hat sie doch schon über den Zettel in seiner Manteltasche mit der Aufschrift „Renate 24" gerätselt, wo sie doch bereits am 14. Geburtstag hat! Aber die Zahl steht für die große Weite des Sonderschnitts, eine „Spezialleistung von C&A". Und auch musikalisch verspricht C&A seinen Kunden einen vergnüglichen Kleidereinkauf, bei dem die Wünsche eines jeden erfüllt werden. Eine Schallplatte aus dieser Zeit gibt davon Zeugnis: „Ein Kleiderkauf führt immer zum Vergnügen, doch wissen muss man, wo man es verkauft, man braucht mit Wünschen sich nicht zu begnügen, man geht zu C&A sieht, prüft und kauft; dass groß die Auswahl ist, wissen alle Frauen, ob einfach schlicht, ob elegant und fein, das sag' ich Ihnen, ja, ganz im Vertrauen, Sie werden staunen und zufrieden sein …", beschwingt der C&A-Marsch die Kunden.

C&A BARMBEK, HAMBURGER STRASSE 70–72
18.03.1938

C&A LEIPZIG, MARKGRAFENSTRASSE 2
20.05.1938

1938

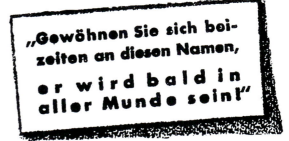

4 | DIE ERÖFFNUNG VON C&A LEIPZIG

Es beginnt mit einem Rätsel: Ein elegant gekleideter Herr posiert in einer Zeitungsanzeige vor einem geschlossenen Theatervorhang. Sonst passiert nichts. Erst in den Tagen darauf soll sich für Leser der *Schlesischen Volkszeitung* der Vorhang lüften. Auf öffentlicher Bühne steht das Unternehmen C&A. Der Textilfilialist feiert im September 1931 mit der Neueröffnung einer Filiale Premiere in der Oder-Stadt Breslau, heute die viertgrößte Stadt Polens. Neugierde wecken, Spannung aufbauen, Kundenwünsche schnell befriedigen – das ist das Muster von C&A bei der Eröffnung neuer Standorte.

In Leipzig wartet die Bevölkerung vier Jahre. Bereits 1934 bittet C&A um die erforderliche Genehmigung, in der Messestadt ein Geschäftshaus eröffnen zu dürfen – und trifft auf den erbitterten Widerstand lokaler NSDAP-Parteigrößen und Genehmigungsbehörden. In festem Glauben, den angestammten Einzelhandel Leipzigs vor dem vermeintlichen Überfall des Großfilialbetriebs schützen zu müssen, torpedieren sie alle Anträge der ungeliebten Konkurrenz. 1937 bittet C&A Hermann Göring persönlich um Beistand. Der mächtige Beauftragte für den Vierjahresplan und zweite Mann in Hitlers Unterdrückungsapparat sichert Unterstützung zu. Im Februar 1938 drückt Göring die Eröffnung des Hauses bei der zuständigen Kreishauptmannschaft durch. Das Personal ist eingestellt, die Schaufenster sind fertig dekoriert, doch noch immer legen sich die lokalen Amtsträger quer. Sie verzögern den Start mit fadenscheinigen Gründen um weitere Wochen. Erst ein geharnischter Brief Görings an den Reichsstatthalter von Sachsen macht den Weg frei. Endlich, am 20. Mai 1938, öffnen die Türen des neuen C&A-Hauses für das Publikum. „An den riesigen Schaufenstern vorbei" strömen die Kunden „in die geschmackvollen Innenräume", wie die *Neue Leipziger Zeitung* berichtet.

1| EIN GRAUGRÜNER FREIZEITANZUG

Mit dem deutschen Überfall auf Polen am 1. September 1939 beginnt der Zweite Weltkrieg, der bis Kriegsende 1945 die Textilbranche zu überwiegenden Teilen bestimmen wird. 1939 löst die Uniform bei vielen Männern die Alltagskleidung ab. Trotzdem existiert weiterhin ein Bedarf an Geschäftsanzügen und Freizeitkleidung: So ist der 1939 im Berliner Haus am Alexanderplatz verkaufte zweiteilige graugrüne Anzug mit Fischgratmuster ein repräsentatives Beispiel für die sportliche Herrenkleidung der Zeit. Der Anzug besteht aus einem Drei-Knopf-Jackett mit kurzem, breitem Revers, eingelegten Falten in der Brust- und der Rückenpartie, einem Dreiviertelgurt sowie aufgesetzten Taschen. Die Hose mit Umschlag verfügt über Knöpfe für die Anbringung von Hosenträgern und ist am Bund zudem durch eine Lasche in ihrer Weite zu verstellen – ähnlich der später so genannten Autofahrerhose von *Westbury*.

2| EIN FORMTREU-ANZUG FÜR MAX

Eine am 29. März geschaltete Werbeanzeige „*formtreu* für Knaben besonders wichtig" zeigt zwei Jungen, die Anzüge mit kurzen Hosen tragen – eine kindgerechte Variante des klassischen Herrenanzugs, die für Knaben in jenen Jahren nicht nur im Sommer üblich ist. In einer auf der Werbeseite in anschaulichen Worten wiedergegebenen Kurzgeschichte wird der Leser über die Weiterentwicklung der Marke *formtreu* unterrichtet: Hier wünscht sich der Protagonist Max, dessen Geburtstag bevorsteht, einen *formtreu*-Anzug, von dem die Eltern immer noch glauben, dass er alleine für Herren gefertigt wird. Ob die Mutter denn weiß, dass es *formtreu* mittlerweile auch für Damen gibt?

1939

„DIE ABENTEUER DES HUNDES STRICK"

Anfang der 1930er Jahre erscheint in der Anzeigenwerbung zum ersten Mal eine Comic-Geschichte für Kinder aus der Reihe „Die Abenteuer des Hundes Strick". Der Kampf gegen Krokodil und Schlange geht, unterstützt durch Hündchen Strick, am Ende gut für die beiden Kinder aus; das Mädchen und der Junge tragen dabei nämlich strapazierfähige Stickkleidung von C&A! Bereits im Juni 1938 angemeldet, wird das Warenzeichen *C&A Strick* am 2. März 1939 im Reichspatentamt eingetragen und geschützt. Die C&A-Vignette, an der der verspielte Hund Strick zerrt, dient als Bildzeichen dieser Marke, die direkt für die Herstellung und den Handel mit Strickkleidung für Damen, Herren und Kinder gesichert wird.

VOM „UNERWÜNSCHTEN BETRIEB" ZUM NUTZNIESSER DES NS-REGIMES – EINE ANNÄHERUNG AN DIE GESCHICHTE VON C&A IN DEUTSCHLAND 1933–1945

Angefeindet, behindert, von den braunen Machthabern mehr verachtet als verwöhnt – es ist dieses scheinbar festgefügte Bild vom unerwünschten, aber gegen alle Widerstände aufstrebenden, erfolgreichen Unternehmen, das Jahrzehnte die Wahrnehmung der C&A-Historie in der Nazi-Diktatur bestimmte.
Tatsächlich widersprach der von katholischen Niederländern geführte Großfilialbetrieb C&A der NS-Ideologie, die sich den Schutz des deutschen Kleingewerbes auf die Fahnen geschrieben hatte.

Stets legte Hitlers Nationalsozialistische Deutsche Arbeiterpartei (NSDAP) dem Unternehmen Steine in den Weg, so erinnert sich Dr. Rudolf Brenninkmeyer (1892–1955), der mit seinen Cousins Eugen (1898–1964), Felix Eduard (1894–1974), Franz (1890–1972), Georg August (1889–1953), Johannes (1892–1940), Joseph Carl Clemens (1890–1937), Ludwig Hugo (1897–1977) und seinem Bruder Arnold (1900–1976) die Geschicke von C&A während des Nationalsozialismus in Deutschland lenkt. Doch spätestens seit den siebziger Jahren des vergangenen Jahrhunderts erscheinen manche Aussagen in dieser Richtung in einem anderen, neuen Licht. Wissenschaftlich fundierte Arbeiten und ernstzunehmende Nachforschungen wecken berechtigte Zweifel an dem tradierten C&A-Geschichtsbild. Kaum zu leugnende „Arisierungen" jüdischen Grundbesitzes, hinreichend belegbare Beschäftigung von Zwangsarbeitern, dazu dokumentierte Schmiergeldzahlungen und Geschenke an führende Figuren des Nazi-Regimes verändern das historische Bewusstsein der nach dem Krieg geborenen, heute aktiven Unternehmergeneration beträchtlich. Sie bekräftigt den Willen zu einer kritischen, objektiven, möglichst vollständigen Aufarbeitung der 100-jährigen Geschichte des Unternehmens C&A in Deutschland – und zu einer möglichen Neubewertung der Rolle leitender Repräsentanten des Unternehmens und einzelner Mitglieder der Familie Brenninkmeyer in der Zeit des Nationalsozialismus. Dabei geht es vor allem darum, vereinzelten, in der Literatur bisweilen nicht hinreichend belegten Hinweisen nachzugehen. Noch sind nicht alle relevanten Archive gesichtet und verfügbaren Dokumente ausgewertet. Vieles bleibt vorläufig im Ungewissen oder entzieht sich einer kritischen Aufbereitung ganz. Doch schon heute stößt die Spurensuche in den wenigen überlieferten firmeneigenen Sammlungen und öffentlichen Archiven auf neue Aspekte. Sie stützen das Bild einer bislang eher verklärten Wahrnehmung der Entwicklung von C&A im NS-Staat. So wenig das Geschäftsmodell C&A, die Herkunft und die Prinzipien der handelnden Personen den grundlegenden Zielen und der Denkweise der Nationalsozialisten entsprachen und so wenig sich das Unternehmen nach gängiger Meinung vor dem Hintergrund der damaligen Zeit dem politischen System des „Dritten Reiches", den Machtstrukturen der Partei und dem Einfluss des Nazi-Terrors entziehen konnte, so sehr sticht nun auch die Rolle des Nutznießers ins Auge. Es zeichnet sich ein Unternehmen ab, das als „unerwünschte Betriebsform" die Gunst der Machthaber sucht und sich dabei über das Maß bloßer Anpassung und Anbiederung hinaus in nationalsozialistisches Unrecht verstrickt und davon profitiert.

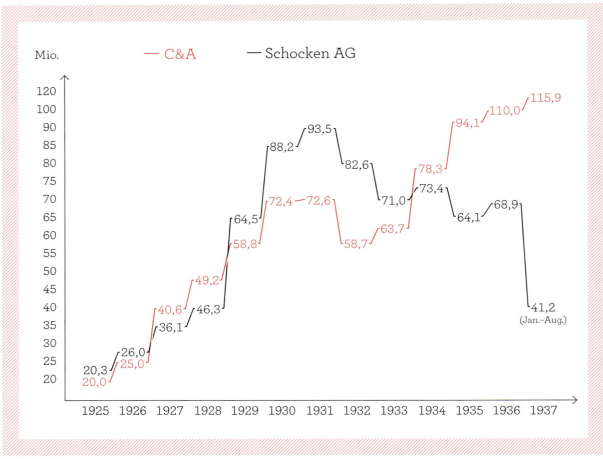

1 | Umsatzentwicklung von C&A Brenninkmeyer und dem Warenhausunternehmen *Schocken AG* 1925–1937 in Mio. Reichsmark

„EIN SCHULBEISPIEL EINES UNERWÜNSCHTEN BETRIEBS"

Als die NSDAP 1933 mit Hitlers Ernennung zum Reichskanzler die Macht in Deutschland an sich reißt, ist C&A mit 17 Niederlassungen in 14 deutschen Städten eine Adresse unter den deutschen Kauf- und Warenhäusern. Mit einem Umsatz von 63,7 Millionen Reichsmark rangieren die C&A-Geschäftshäuser und -Produktionsbetriebe nicht weit hinter der *Schocken AG*, dem Warenhauskonzern der jüdischen Gebrüder Schocken aus dem sächsischen Zwickau. Dessen 18 Filialen bringen es auf 71 Millionen Reichsmark Umsatz – genug, um hinter Rudolf Karstadt, den beiden Unternehmen Hermann und Leonhard Tietz sowie A. Wertheim in der Liga der „Big Five" der deutschen Warenhausunternehmen zu spielen. Doch schon ein Jahr später ist C&A an *Schocken* vorbei. Der Umsatz klettert auf 78,3 Millionen Reichsmark. *Schocken*, mehr und mehr den Bedrohungen und den antisemitischen Übergriffen der Nationalsozialisten ausgesetzt, steht bei 73,4 Millionen Reichsmark. Die Spitze der Handelsunternehmen in Deutschland formiert sich neu. Und C&A ist dabei ABB | 1.

Die Weltwirtschaftskrise Ende 1929, die Deutschland besonders hart trifft, hat C&A vergleichsweise gut überstanden. Schon seit Herbst 1932 ist das Management wieder von einer bevorstehenden wirtschaftlichen Erholung überzeugt. „Der Optimismus marschiert", jubelt die C&A-Reklameabteilung in den Annoncen Berliner Tageszeitungen ABB | 2. Seit 1930 wirbt C&A in nationalsozialistischen Blättern, deren Auflagen mit den Wahlerfolgen der NSDAP steigen – ebenso wie in den Zeitungen der Kommunisten. Dahinter steht rein geschäftliches Kalkül: Beide Parteien umwerben Menschen mit kleinem Geldbeutel, weshalb ihre Propagandaorgane die besten Werbeplattformen für Unternehmen wie C&A mit einem erschwinglichen Warenangebot für den Mann auf der Straße sind. In Erwartung besserer

2 | Werbeanzeige, 9. Oktober 1932

Zeiten ist die Haltung der C&A-Unternehmensleitung gegenüber dem Aufstieg der Nationalsozialisten unklar. Der bürgerliche Hintergrund der Familie, ihre Nähe zum katholischen Klerus und nicht zuletzt die Haltung der NSDAP gegenüber Großbetrieben des Einzelhandels machen eine Begeisterung der Brenninkmeyers für die neuen Herrscher unwahrscheinlich. Wenn überhaupt, dann bestehen politische Kontakte zum katholischen Zentrum, bis zu ihrer Selbstauflösung 1933 die letzte der so genannten bürgerlichen Parteien.

Katholisch geprägt ist auch die Beschäftigungspolitik des Unternehmens. Schon vor 1933 verzichtet C&A auf Mitarbeiterinnen und Mitarbeiter jüdischen Glaubens. Dieser Grundsatz folgt keiner rassistischen Ideologie, sondern gründet in der katholischen Ausrichtung des Unternehmens und seiner Inhaberfamilie. Noch 1929 besetzt Franz Brenninkmeyer (1890–1972) die Verkaufsleiterstelle in Hannover mit dem zum Katholizismus konvertierten Juden Eugen Cohen-König – nachdem Informationen über die Erfüllung religiöser Pflichten seiner neuen Führungskraft zur Zufriedenheit des Unternehmers ausgefallen waren. Dieser Vorgang ist nicht ungewöhnlich und bei C&A obligatorisch: Nicht die formale Zugehörigkeit zur römisch-katholischen Kirche, sondern das Praktizieren des katholischen Glaubens ist entscheidend. Das Führungspersonal von C&A rekrutiert sich deshalb ausschließlich aus – im Übrigen männlichen – Katholiken und schafft so eine von gemeinsamen Werten getragene homogene Führungsebene.

Mit der NSDAP kommt 1933 eine Partei an die Macht, die in ihrem Programm die sofortige Kommunalisierung großer Warenhäuser und die staatliche Protektion kleiner Gewerbetreibender fordert. Die Nationalsozialisten treffen damit die Befindlichkeit weiter Teile des mittelständischen Einzelhandels auf den Punkt. Der hatte bereits vor dem Ersten Weltkrieg große Waren- und Kaufhäuser zu Totengräbern

3 | Werbeanzeige, nach Mai 1938

vieler kleiner und mittlerer Betriebe erklärt. Auch C&A steht in der Kritik. Das Unternehmen ist immer wieder Zielscheibe mittelständischer Interessenverbände und wird wiederholt des unlauteren Wettbewerbs bezichtigt, wenn auch mit unterschiedlichem Erfolg. Vor allem das Wachstum von C&A auch nach dem Ausbruch der Weltwirtschaftkrise weckt Skepsis, Neid und Wut gegen den vermeintlichen Krisengewinnler. Schlagzeilen wie „Kampf den C.&A.-Methoden. Brenninkmeyer – der Unruhefaktor der Konfektion" oder „Die Geschäftstaktik von C&A und wie ihr begegnet werden kann" heizen die Stimmung an –

kein Grund für das Management, große Erwartungen an die neuen Machthaber zu stellen. Im Gegenteil: Als großes Filialunternehmen ist mit dem Entgegenkommen einer Partei für kleine Gewerbetreibende eigentlich nicht zu rechnen. Auch das Bekenntnis der Familie Brenninkmeyer zum Katholizismus ist ein zu großes Handicap. Es wird immer wieder der Anlass sein, das Unternehmen C&A in Misskredit zu bringen.

Druck und Terror wachsen, als nach der Machtübernahme der Nazis nachgeordnete Parteidienststellen der NSDAP und SA-Verbände gewaltsam gegen jüdische Geschäfte vorgehen, Käufer bedrohen und „unerwünschte Betriebsformen", vornehmlich von Juden geführte Warenhäuser, boykottieren. Aber auch Einheitspreisgeschäfte und Filialbetriebe geraten ins Zentrum des Staatsterrors. Der Hauptgemeinschaft des Deutschen Einzelhandels gilt C&A schon bald als „Schulbeispiel der sogen[annten] unerwünschten Betriebe". Für die Kreisleitung der Leipziger NSDAP scheint die Firma „Br.[enninkmeyer] ein Schulbeispiel des Kampfes des Großkapitals gegen den Mittelstand zu sein". Dennoch gibt es keine Hinweise auf konzertierte Boykottaktionen. Der *Völkische Beobachter*, das Zentralorgan der nationalsozialistischen Bewegung, schützt seine Anzeigenkunden, zu denen auch C&A gehört. Eine Annonce in dieser Zeitung bürgt dafür, dass ein Unternehmen der „Unterstützung durch den deutschen Verbraucher würdig" ist. Verhindern kann dies nicht: Auch C&A wird vereinzelt für ein jüdisches Unternehmen gehalten. Ein Vertreter des Essener Einzelhandelsverbandes etwa bemerkt 1934, C&A in Köln sei gerichtlich belangt worden, da es „jüdischen Einschlag gezeigt" habe. In Leipzig wird das Phänomen besonders deutlich: Menschen dort weigern sich, bei C&A einzukaufen – aus Angst vor Verfolgung und Strafe. Staatsdiener, Angehörige der Wehrmacht und Parteigenossen sind unter Androhung von Sanktionen angehalten, nicht bei jüdischen Unternehmen zu kaufen. Auch andere berufsständische Vertretungen werden aufgefordert, ihre Mitglieder und deren Ehefrauen vom Kauf in jüdischen Geschäften abzuhalten. Boykott-Aufrufe und mangelnde Kenntnis offenbar weiter Bevölkerungsteile Leipzigs über die wahren Besitzverhältnisse von C&A zwingen die Geschäftsführung zu einer Gegenmaßnahme: Sie beantragt – unter Schwierigkeiten – ein Schild mit der Aufschrift „Arisch" für das Haus in Leipzig und ergänzt das C&A-Logo in Werbeanzeigen mit dem Zusatz „Rein arisch!" ABB | 3/4. In anderen Städten fehlen solche Hinweise. Leipzig, so scheint es, bleibt ein Einzelfall.

4 | Werbeanzeige, nach Mai 1938

Die niederländische Staatsangehörigkeit der Inhaberfamilie erschwert die Position gegenüber deutschen Behörden. Während der Verhandlungen um einen Grundstückserwerb in Essen 1934 und der Auseinandersetzung um die Eröffnung der Filiale in Leipzig zwischen 1934 und 1938 wird C&A nicht nur als „unerwünschte Betriebsform" behindert. Die Herkunft der Inhaber ist für Parteidienststellen und lokale Einzelhandelsverbände ein wichtiger Grund, den Kauf nicht zu genehmigen beziehungsweise einen Zuzug von C&A zu verhindern. Im behördlichen Schriftverkehr verweist die C&A-Geschäftsleitung deshalb stets auf die westfälische Herkunft der Familie Brenninkmeyer und betont deren enge Verbundenheit mit ihrer deutschen Heimat. Die Gemeinde Mettingen bescheinigt die „rein arische Abstammung" der Familie.

Wichtigster Hemmschuh für die weitere geschäftliche Entwicklung ist das Einzelhandelsschutzgesetz vom 12. Mai 1933. Es befriedigt zunächst die diffusen Ressentiments der nationalsozialistischen Parteigänger gegen Großbetriebsformen im Einzelhandel und kennt nur ein Ziel: deren Expansion zu stoppen. Für die Eröffnung weiterer C&A-Verkaufsstellen sind fortan Sondergenehmigungen erforderlich. Sie werden nur dann ausgestellt, wenn die wirtschaftliche Notwendigkeit einer neuen Filiale nachgewiesen werden kann. Daraufhin stocken auch bei C&A Grundstücksbewegungen und Bautätigkeiten. Lahmgelegt ist C&A damit nicht. Trotz restriktiver Gesetzgebung und heftigen Widerstands lokaler Einzelhandelsverbände, Parteidienststellen und Genehmigungsbehörden öffnen neue Filialen in Wuppertal-Elberfeld, Hamburg-Barmbek und Leipzig. In Essen wird die Verkaufsfläche durch einen großen Neubau in der Innenstadt erweitert. In Wuppertal-Elberfeld sorgt die Stadt für einen schnellen Zuzug. Erst wird der Erwerb eines Grundstücks in Hamburg-Barmbek durch die Genehmigungsbehörde verzögert, dann aber doch noch durchgewunken. In Essen versucht der örtliche Einzelhandelsverband zusammen mit der NSDAP-Kreisleitung C&A zu blockieren – ohne Erfolg. Die Eröffnung des Hauses in Leipzig, schon weit vorangetrieben, scheitert immer wieder an den Behörden – bis sich Hermann Göring persönlich über alle vorherigen Entscheidungen lokaler und regionaler Dienststellen hinweg für das Unternehmen einsetzt.

GESCHENKE FÜR DEN REICHSMARSCHALL

Gunsterweise Görings sind damals nicht selten von finanziellen und materiellen Zuwendungen abhängig. C&A kennt die Gepflogenheiten; inzwischen weiß man sich geschickt zu arrangieren. Nichts deutet darauf hin, dass sich C&A Görings Intervention in Leipzig etwas kosten lässt. Doch im Januar 1940 wird mit Geldern von C&A das Altarbild *St. Georg* von Cornelius Engelbrechtsen für Hermann Göring erworben. Kostenpunkt: 18.000 Reichsmark. Nur wenige Monate später wird die Dienstverpflichtung von Arbeitskräften in den mechanischen Werkstätten von C&A „auf Eingreifen höchster Befehlsstellen der Luftwaffe" gestoppt. Mindestens zwei weitere

Gemälde, darunter das *Abendmahl Christi* von Lucas Cranach dem Älteren, werden Göring zu seinen Geburtstagen 1941 und 1942 im Namen von C&A überreicht. Die Geschenke kommen nicht direkt von C&A. Nach gängiger Praxis lässt Göring Kunstgegenstände über Mittelsmänner beschaffen und dann von Unternehmen bezahlen. Dieses Vorgehen ist ein Indiz gegen die Behauptung, zwischen den Inhabern von C&A und Hermann Göring habe es auch persönliche Kontakte gegeben. Bekannt ist: Emmy Göring, die zweite Ehefrau des Reichsmarschalls, ist eine treue C&A-Kundin. Sie kauft bei Brenninkmeyer Kleidung für Wohltätigkeitsveranstaltungen auf dem Göringschen Landsitz in der Schorfheide.

Einmal in gutem Einvernehmen, soll der Kontakt zum zweitmächtigsten Mann des Reiches anderweitig genutzt werden. C&A bittet Göring als Beauftragten des Vierjahresplans, sich für das Konzept der Barzahlung beim Kauf von Kleidern zu verwenden und sich gegen Abzahlungsgeschäfte in der Konfektion auszusprechen. Man lässt dabei nicht unerwähnt, dass man aufgrund seiner Werbeanzeigen für die Vorteile des Barkaufs zu Beginn des Jahrzehnts von einem „jüdischen Pumpkaufgeschäft" in eine juristische Auseinandersetzung hineingezogen worden war. Ob Göring auf die Bitte eingeht, ist bislang nicht ersichtlich. Jedenfalls verliert er nicht jede Wertschätzung. Als die C&A-Hauptverwaltung in Berlin im November 1943 nach einem Luftangriff ausbrennt, beklagt man dort auch den Verlust von insgesamt drei in Silber und Gold gerahmten „Führerbildern" sowie von zwei „besonders angefertigten Lichtbildern ‚Der Führer' und ‚Göring'".

Frühzeitig zeigt sich C&A den neuen Machthabern im Reich von der spendablen Seite. Zum einen kauft sich das Unternehmen mit der Beteiligung an der Adolf-Hitler-Spende der Deutschen Wirtschaft von diversen Sammlungen der unterschiedlichen Parteiorganisationen frei. Zum anderen zahlen Familie und Unternehmen beträchtliche Summen an parteinahe Organisationen. So spendet die Familie Brenninkmeyer 1934 vordergründig als Reaktion auf eine Rede von NS-Propagandachef Joseph Goebbels 300.000 Reichsmark an das unter seiner Schirmherrschaft stehende Winterhilfswerk. Die Größenordnung wird deutlich, wenn man sich vor Augen führt, dass der ungleich stärker von nationalsozialistischen Repressionen bedrohte Warenhaus-Eigentümer Salman Schocken im Winter 1934/35 höchstens 75.000 Reichsmark zahlen will. Die Geschäftsführung *Schockens* schlägt sogar nur eine Spende von 30.000 bis höchstens 40.000 Reichsmark vor. Später wird die Reichsführung des Winterhilfswerks von C&A jährlich mit 100.000 Reichsmark bedacht. Zusätzlich erhalten die einzelnen Gaue mit C&A-Niederlassungen jeweils 50.000 Reichsmark, die anteilig von den einzelnen Häusern gegen eine Spendenquittung ausgezahlt werden.

Beträge an das Winterhilfswerk, regelmäßige Zuwendungen an die NS-Volkswohlfahrt, dazu großzügige Geschenke an Göring dienen einem Zweck: C&A will sich, vorbei an unteren Parteichargen, das Wohlwollen der nationalsozialistischen Führungselite sichern. So ärgerlich Anfeindungen und Schwierigkeiten bei Grundstückskäufen und Hauseröffnungen bisweilen sein mögen – den scheinbar unaufhaltsamen Aufstieg von C&A in Deutschland verhindern sie nicht. Anders als etwa beim – allerdings jüdischen – Kaufhaus *Schocken*, das an all seinen Standorten massiv unter Druck gesetzt, Ende 1938 vollständig „arisiert" und damit faktisch von den Nationalsozialisten enteignet wird, kennt die Umsatzkurve von C&A nur eine Richtung: aufwärts.

Auch als nach dem Überfall Deutschlands auf die Niederlande im Frühjahr 1940 die dortige C&A-Gesellschaft Nederlandsche Bedrijfs Unie N.V. (Nebu) einen deutschen Verwalter an die Seite gestellt bekommt, zahlen sich die guten Kontakte zu Regierungsstellen aus. Obwohl das Reichswirtschaftsministerium formal eigentlich nicht für die Bestellung von Verwaltern für ausländische Unternehmen mit Feindbeteiligungen zuständig ist, wird der Verwalter für die Nebu vom Reichswirtschaftsminister persönlich ausgesucht und ernannt sowie eine bevorzugte Behandlung des Unternehmens vereinbart.

ZUM WOHLE DES UNTERNEHMENS? – DIE MITGLIEDSCHAFT LEITENDER ANGESTELLTER IN DER PARTEI

Als Niederländern ist den Inhabern der unmittelbare Zugang zur NSDAP verwehrt. Stattdessen basiert die politische Landschaftspflege auf Spenden und Geschenken. Der Antrag Franz Brenninkmeyers (1890–1972) auf Mitgliedschaft in der NS-Volkswohlfahrt wird aufgrund seiner niederländischen Staatsangehörigkeit abgewiesen. Seine Motivation zum Eintritt in die NS-Volkswohlfahrt bleibt dagegen unklar. Er ist es auch, der im September 1939 einen Rundbrief an die Geschäftsleiter der einzelnen Häuser signiert, die ansonsten üblicherweise vom Gesamtbetriebsleiter Johannes Preyß (1897–1969) unterzeichnet werden. In diesem Brief anlässlich des Überfalls der Wehrmacht auf Polen schwört Franz Brenninkmeyer die Geschäftsleiter auf die nationalsozialistische Führung ein. Ein leitender Angestellter erinnert sich 1946 daran, dass Franz Brenninkmeyer „im Kriege seine Ohren gegen die Wahrheit verschlossen [habe], um ruhig schlafen zu können".

Erzählungen zufolge, bewegt C&A seine Beschäftigten dazu, zum Wohl des Unternehmens in die NSDAP einzutreten und damit – zumindest symbolisch – die Treue zum Regime zu dokumentieren. Überlieferte Personalakten ehemaliger NSDAP-Mitglieder sprechen teilweise dafür. Nach dem Krieg spielen Parteimitglieder ihre Rolle in der NSDAP üblicherweise herunter, so dass ohne ergänzende Quellen diese im Falle von C&A zwar plausible, aber insgesamt doch stereotype Behauptung weder bewiesen noch entkräftet werden kann. Unter den Direktoriumsmitgliedern der beiden C&A-Aktiengesellschaften haben jedenfalls drei von sieben ein Parteibuch. Hinderlich für die weitere Karriere bei C&A ist das keineswegs. Von den acht familienfremden Geschäftsführern, die nach Gründung der C&A Brenninkmeyer GmbH 1947/48 die Leitung des Unternehmens in Deutschland übernehmen, sind mindestens drei ehemalige Parteigenossen. Ein weiterer kann dem Gefolge des Nationalsozialistischen Kraftfahrerkorps (NSKK) zugerechnet werden, einer Organisation der NSDAP. Bis auf ein Vorstandsmitglied, das der Partei bereits am 1. Mai 1933 beitritt, finden alle anderen Mitglieder des Direktoriums beziehungsweise der späteren Geschäftsführung den Weg in die NSDAP erst relativ spät. Selbstaufopferung für eine höhere Sache scheint jedoch nicht in jedem Fall der einzige Antrieb gewesen zu sein. In einzelnen Fällen sind die Mitgliedschaften von leitenden C&A-Angehörigen in nationalsozialistischen Verbänden so zahlreich, dass das Wohlergehen des Unternehmens allein keine ausreichende Erklärung für den Beitritt sein kann. Bislang ist nur der Vorgang eines leitenden Angestellten glaubhaft belegt, dessen Parteimitgliedschaft zum Wohle des Unternehmens vorgeschoben wurde. Nach dem Überfall Deutschlands auf die Niederlande fürchtete man auch für die deutschen C&A-Gesellschaften die Einsetzung eines Zwangsverwalters. Die Geschäftsleitung brachte für diesen Fall bei den Behörden den langjährigen leitenden Mitarbeiter Oskar Höll in Stellung und schlug ihn als Verwalter vor. Als Parteimitglied sei Höll besonders zuverlässig. Zu seiner Ernennung kam es schließlich nicht. Die deutschen C&A-Gesellschaften blieben ohne Verwalter.

Wie aus Fragebögen für eine Personal- und Sozialstatistik hervorgeht, müssen Mitarbeiter spätestens 1936 über ihre Mitgliedschaft in der NSDAP oder einer ihrer Gliederungen oder angeschlossener Verbände informieren. Auch Lehrstellen-Bewerber sind zur Auskunft verpflichtet. Die Fragebögen sind auf die Unternehmensstruktur von C&A zugeschnitten; ob die Fragen möglicherweise von parteiamtlichen Stellen vorgeschrieben werden, ist unbekannt. Alte Kämpfer der Bewegung – wie NSDAP-Gefolgsleute genannt werden, die schon vor dem 30. Januar 1933 der Partei beigetreten sind – sollen bei C&A bevorzugt eingestellt werden. Dazu ist C&A sogar verpflichtet: Nur so kann das Unternehmen 1934 Lizenzen der Reichszeugmeisterei in München, einer Dienststelle der NSDAP, zur Herstellung von Parteiuniformen und zum Verkauf des Festanzugs der Deutschen Arbeitsfront (DAF) erwerben.

Nach kursorischer Durchsicht der Personalakten zeigt sich: Nach dem Krieg neigt C&A dazu, durch ihre NSDAP-Mitgliedschaft belastete Mitarbeiter in ihren Positionen zu halten. Ein Jurist etwa, als Rechtsanwalt in Diensten von C&A, wird zu Kriegsbeginn als Angehöriger der Reiter-SS zunächst ins KZ Buchenwald abkommandiert. In einem seiner Briefe an die Inhaber und die Geschäftsleitung von C&A schildert er seine Beteiligung an Verhaftungen von Juden im besetzten Polen. Nach dem Krieg vertritt er C&A ausgerechnet in mehreren Wiedergutmachungsverfahren gegen die jüdischen Vorbesitzer der während der NS-Zeit von C&A-Gesellschaften erworbenen Grundstücke.

VERSTRICKUNG IN NS-UNRECHT: „ARISIERUNGEN" UND DER UMGANG MIT JÜDISCHEN MITBÜRGERN

Das Unternehmen C&A profitiert erheblich von der Verdrängung von Juden aus dem gesellschaftlichen und wirtschaftlichen Leben. Während der Naziherrschaft erwirbt C&A deutschlandweit zahlreiche Grundstücke von jüdischen Eigentümern, darunter die Geschäftshäuser in der Hamburger Mönckebergstraße, in Wuppertal-Elberfeld sowie in der Berliner Oranienstraße. In Berlin kann das Unternehmen seinen Besitz durch den Kauf von Grundstücken rund um das Stammhaus in der Königstraße ausbauen und arrondieren.

Zwei besonders drastische Beispiele für das Vorgehen von C&A: Gontardstraße 3/4 in Berlin und das Wohn- und Geschäftshaus Am Brill 14 in Bremen.

5 | C&A Bremen, Am Brill 8/12, rechts daneben das Herrenbekleidungsgeschäft *Adler*, 21. September 1936

6 | Am Brill 14 in Bremen, links daneben das C&A-Haus, Dezember 1938

Durch die Vermittlung eines Maklers verhandelt C&A 1934 mit der *Deutschen Centralbodenkredit AG* in Berlin, zu deren Gunsten auf dem Grundstück Gontardstraße 3/4 eine Hypothek lastet. Eigentümerin ist die *Berliner Fleisch-Zentrale Neumann & Jacobsohn*; als alleiniger Geschäftsführer fungiert der jüdische Mitbürger Ludwig Neumann. Als zwischen C&A und der *Deutschen Centralbodenkredit AG* 1935 ein Vertrag abgeschlossen wird, demzufolge C&A das Grundstück im Falle einer Zwangsversteigerung kaufen wird, lässt die Bank Vollstreckungsmaßnahmen einleiten. Wie aus dem C&A-Geschäftsbericht von 1935 hervorgeht, hätte die Bank ohne diesen Vertrag keine Vollstreckungsmaßnahmen gegen Neumann eingeleitet. Am 26. Juni 1936 erhält die Bank den Zuschlag und wird am 13. November als neue Eigentümerin in das Grundbuch eingetragen. Nur fünf Wochen später geht das Grundstück auf C&A über. Ludwig Neumann wird am 25. Januar 1942 nach Riga deportiert und gilt seither als verschollen.

Noch aufschlussreicher ist der vollständig dokumentierte Erwerb des Grundstücks Am Brill 14 in Bremen ABB | 5 / 6. Obwohl ein von C&A erstelltes Gutachten den Zustand des Gebäudes als gut und die Lage als sehr günstig bezeichnet, stimmt die jüdische Eigentümerin Fanny Bialystock, deren Ehemann bereits in die Niederlande geflohen ist, im August 1938 einem Angebot von C&A zum Verkauf ihres Wohn- und Geschäftshauses zu, das 27 Prozent unter ihrer ursprünglichen Kaufpreisforderung liegt. Dem Wunsch von Frau Bialystock, bis zur Genehmigung ihrer geplanten Ausreise mietfrei in ihrer alten Wohnung bleiben zu dürfen, wird ebenso wenig entsprochen wie der Verlängerung ihres Mietvertrags, als sich ihre Ausreise verzögert. Während der Reichspogromnacht im November 1938 zertrümmert der nationalsozialistische Mob Schaufenster und Türen ABB | 7. Da C&A noch nicht als neue Eigentümerin in das Grundbuch eingetragen ist, hält das Unternehmen einen Teil der Kaufpreissumme bis zur Behebung des entstandenen Schadens zurück; Fanny Bialystock selbst muss für den Schaden aufkommen. Obwohl die Unterhändler von C&A Gelegenheiten genug haben, lassen die Unterlagen kein Entgegenkommen für eine schwer bedrängte Frau erkennen. Weder wird ein einigermaßen angemessener Kaufpreis gezahlt, noch wird Fanny Bialystock mietfreies Wohnrecht eingeräumt oder zumindest ein Teil des Schadens vom 9. November 1938 durch C&A übernommen. Fanny Bialystock und ihr Ehemann Chaim werden 1942 in Auschwitz ermordet.

Der Vorgang ist das komplette Gegenstück zum Fall des Jesuitenpaters Josef Spieker. Den hatten Mitglieder der Familie Brenninkmeyer vor der Verfolgung durch das Nazi-Regime geschützt. Durch Spieker, einen ehemaligen KZ-Insassen, müssen Familienmitglieder über die katastrophalen Verhältnisse in diesen Lagern Bescheid wissen – und sie können mutmaßlich

7 | Das Herrenbekleidungsgeschäft *Adler* in Bremen wird verwüstet, 9./10. November 1938

ahnen, welches Schicksal besonders jüdischen Mitbürgern droht. Unmittelbar nach dem Krieg erkennt ein Mitglied der C&A-Geschäftsleitung, Dr. Franz Röhm (1895–1969), das Leid der Juden in Briefen an seine Frau an. Selbstkritische Reflexion darüber, dass C&A zu den Profiteuren von „Arisierungen" jüdischen Eigentums gehört, sind darin allerdings nicht zu finden. Röhm, der sich selbst zu den Opfern des Nationalsozialismus zählt – er wurde nach der Machtübernahme aus seinem Landratsamt in Mayen bei Koblenz gedrängt – war seit 1937 in der Rechtsabteilung von C&A beschäftigt, die mit dem Ankauf von Grundstücken betraut war. Eine mögliche Schuld von C&A schließt Röhm aus und notiert im Jahr 1949, dass bei den Meldungen zu Wiedergutmachungsverfahren ehemals jüdischer Grundstücke ohne vorherige Einzelfallprüfung „stets zum Ausdruck gebracht [werden soll], dass es sich um freien Verkauf gehandelt hat."

Hinter dem Erwerb jüdischer Grundstücke und der Bitte an Hermann Göring um eine Sondergenehmigung für die Eröffnung des Hauses Leipzig stecken unzweifelhaft handfeste materielle Interessen, denen etwaige moralische Bedenken untergeordnet werden. Allerdings sind auch antisemitische Tendenzen in der Unternehmensleitung erkennbar. Während der Verhandlungen um den Ankauf des Grundstücks in Bremen bricht C&A die Zusammenarbeit mit dem von Fanny Bialystock engagierten Makler Adolf Herz wegen dessen „nichtarischer" Abstammung ab. Als der eine Stellungnahme seitens des Unternehmens einfordert, wird diese verweigert. 1941 wird dem im Haus Altona angestellten Kaufmann Josef Thyssen der Abschluss einer Lebensversicherung angeboten. Dem Schreiben ist eine Liste mit Vertrauensärzten der Versicherung beigefügt, bei denen er sich zuvor untersuchen lassen soll. Über Georg August Brenninkmeyer (1889–1953) wird der Hauptverwaltung in Berlin mitgeteilt, dass einer der aufgeführten Ärzte ein Jude ist. Thyssen wird daraufhin von der Hauptverwaltung gebeten, den Namen des Arztes mitzuteilen, „da wir keinem unserer Angestellten zumuten, sich bei einem jüdischen Arzt untersuchen zu lassen". Ein handschriftlicher Vermerk lässt erkennen, dass auch die Versicherung über die jüdische Herkunft dieses Arztes unterrichtet wird. Thyssen gibt den Namen des Mediziners preis und bemerkt lapidar, dass Dr. Max Besser „für die Evakuierung nach dem Osten vorgesehen [war] und […] dieser Maßnahme durch Selbstmord ausgewichen [ist]".

BESCHÄFTIGUNG VON ZWANGSARBEITERN IM ZWEITEN WELTKRIEG

Indem C&A für sich materielle Vorteile aus den „Arisierungen" zog und einzelne Menschen wegen ihrer „nichtarischen" Abstammung schikanierte und denunzierte, leistete das Unternehmen der NS-Rassenpolitik Vorschub. Mit der Beschäftigung von Zwangsarbeitern wurde C&A tief in das Unrecht des „Dritten Reiches" hineingezogen.

Seit Kriegsbeginn fertigen die Berliner Produktionsbetriebe von C&A, die Herfa (Herrenkleiderfabrik) in der Gubener Straße 47 und die mechanischen Werkstätten in der Großen Frankfurter Straße 137 Uniformen überwiegend für die Luftwaffe und Winterschutzanzüge. Trotzdem werden beiden Produktionsbetrieben im Verlauf des Krieges immer wieder Arbeitskräfte durch Dienstverpflichtungen entzogen, die durch Zwangsarbeiter ersetzt werden. Ende 1942 wird das Dachgeschoss der Gubener Straße für die Unterbringung von 100 Russinnen ausgebaut ABB | 8-9; schon im selben Jahr sind dort bereits 68 Frauen untergebracht. Zur gleichen Zeit werden in der Miquelstraße 55 insgesamt vier Baracken errichtet. Sie bieten, so die Planung, 288 Zwangsarbeiterinnen für die Werkstätten in der Großen Frankfurter Straße Platz. Dazu kommt es nicht. Die Kleiderfertigung in den Werkstätten wird stillgelegt. Die *AEG* braucht den Standort für die Rüstungsproduktion. Auch in den Fabrikräumen der Gubener Straße sollen ab Ende 1943 in Zusammenarbeit mit der *Siemens-Schuckertwerke AG (SSW)* Rüstungsprodukte von höchster Dringlichkeitsstufe hergestellt werden. Im Unternehmensarchiv der *Siemens AG* finden sich zwei sich widersprechende Informationen über die Art der Zusammenarbeit von C&A und der *SSW*. Zum einen ist C&A mit seinem Standort Gubener Straße 47 von Ende 1943 bis Kriegsende als Zulieferbetrieb für die *SSW* tätig und montiert dort mit rund 60 Beschäftigten Bordautomaten. Der zweite Hinweis lässt darauf schließen, dass die Gubener Straße 47 wie die Produktionsstätte in der Großen Frankfurter Straße offiziell beschlagnahmt und an die *SSW* übergeben wird. Von Ende 1943 bis Kriegsende werden laut dieser Quelle 120 Beschäftigte im Werkzeugbau eingesetzt. Während nach der ersten Version also C&A weiterhin die Personalverantwortung hatte, ging sie nach der zweiten Version auf die *SSW* über. Ein wahrscheinlich von Dr. Rudolf Brenninkmeyer (1892–1955) verfasster Bericht über den Geschäftsverlauf von 1943 bestätigt eine Zusammenarbeit von C&A mit *Siemens* am Standort Gubener Straße auf einer zwischen beiden Unternehmen ausgehandelten Grundlage und stützt damit eher den erstgenannten Hinweis im Siemens-Archiv. Auch wenn das zur Unterkunft umgebaute Dachgeschoss dem Standard für Lager entspricht und über Licht, Heizung und fließendes Wasser verfügt, sterben zwischen Sommer 1943 und Sommer 1944 neun Bewohner, darunter fünf Kinder, an diversen Erkrankungen wie etwa Tuberkulose oder Lungenentzündung. Ob noch mehr Menschen zu Tode kommen, die als Zwangsarbeiter für C&A arbeiten, ist bislang ungewiss, aber nicht ausgeschlossen.

Anders die Situation ausländischer Zwangsarbeiter bei C&A in Leipzig. Ein Teil ist im Gemeinschaftslager Ostland in der Wurzner Straße 55 und im DAF-Gemeinschaftslager Alter Meßplatz in der Hindenburgstraße 26 untergebracht, dem größten Leipziger Zwangsarbeiterlager für mehrere Tausend Menschen. Andere Fremdarbeiter, besonders aus Frankreich, Belgien, den Niederlanden und der Tschechoslowakei, sind gemäß der nationalsozialistischen Rassenideologie bessergestellt und werden zumeist in Privathaushalten einquartiert. Einmal setzt sich die C&A-Geschäftsleitung für eine tschechoslowakische Näherin bei den zuständigen Stellen für die Genehmigung von Heimaturlaub ein – die Frau fühlt sich so gut behandelt, dass sie nach dem Krieg um Weiterbeschäftigung bei C&A nachsucht.

Internen, zumeist auf mündlichen Überlieferungen beruhenden Chroniken zufolge, werden bei C&A in Hamburg Zwangsarbeiter unbekannter Herkunft für Maurer- und Aufräumarbeiten eingesetzt. In Essen sind es Schneider aus Holland. Dass auch andere C&A-Häuser auf den Einsatz von Zwangsarbeitern zurückgegriffen haben, ist nicht dokumentiert, jedoch eher wahrscheinlich. Andere Spuren verlieren sich. Die eine endet beim Berliner C&A-Reparaturbetrieb Daherna. Italienische Kriegsgefangene sollen deutsche Arbeiterinnen ersetzen, die zum Arbeitsdienst eingezogen werden. Die andere verliert sich im tschechischen Prossnitz. Dort wird während des Krieges für die C&A-Cunda Kleidung produziert – von wem, weiß man nicht.

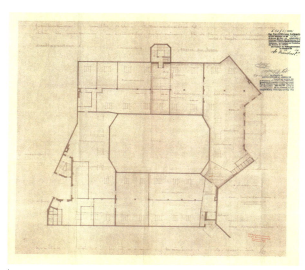

8 | Baubeschreibung für den Umbau des Dachgeschosses der Gubener Straße 47, 31. Dezember 1942

9 | Grundriss zum Umbau des Dachgeschosses der Gubener Straße 47, 31. Dezember 1942

Wie ist vor dem Hintergrund dieser Recherchen und Erkenntnisse die Rolle von C&A und der Inhaberfamilie Brenninkmeyer während der Nazi-Diktatur zu bewerten? Es entsteht das Bild eines Unternehmens, dessen ökonomische Basis als großer Filialbetrieb des Textileinzelhandels mit der Machtübernahme der Nationalsozialisten gefährdet ist. Die Eigenschaft als „unerwünschte Betriebsform" und die niederländische Staatsangehörigkeit der Eigentümer werden nach 1933 teilweise zu Recht als Risiken für den weiteren geschäftlichen Erfolg in Deutschland erkannt. Um unter den Bedingungen des Nationalsozialismus weiterhin operieren zu können, werden Zweifel an der Loyalität zum Regime ausgeräumt. Spenden und Geschenke an Parteiorganisationen und führende Repräsentanten der Gewaltherrschaft sollen diese Ergebenheit untermauern. Spätestens zu diesem Zeitpunkt hat sich die Hauptverwaltung mit dem Nationalsozialismus arrangiert, ist für Führungskräfte des Unternehmens sowie für einzelne Familienmitglieder eine Affinität, wenn nicht sogar Zustimmung zum Regime nicht mehr auszuschließen. Etwaige moralische Bedenken werden dem ökonomischen Interesse untergeordnet und mit der Beteiligung an „Arisierungen" das Maß bloßer Anpassung und Anbiederung überschritten. Zumindest in Einzelfällen unterwirft sich die Unternehmensführung der nationalsozialistischen Rassenideologie. Durch den Erwerb von Grundstücken jüdischer Eigentümer zu günstigen Konditionen, den eigenen Vorteil im Blick, jedoch die offenkundige Not und die aussichtslose Lage der Betroffenen missachtend, verstrickt sich das Unternehmen in nationalsozialistisches Unrecht. Mit der Beschäftigung von Zwangsarbeitern wird diese Verstrickung tiefer; durch die bislang dokumentierten Tode dramatischer. Die Übertragung von Mandaten ausgerechnet an den bekanntermaßen an der Verhaftung von Juden beteiligten ehemaligen SS-Mann in Wiedergutmachungsverfahren lassen ein tief sitzendes Unrechtsbewusstsein auch nach dem Fall Deutschlands vermissen. Im Gegenteil: Nach dem Krieg wird es von einem der neuen Geschäftsführer, Dr. Franz Röhm (1895–1969), als hilfreich angesehen, dass die Inhaberfamilie als Niederländer auf der Siegerseite steht.

Kai Bosecker

ROSINENBOMBER JOE LOUIS
CHRISTIAN DIOR POTSDAME
LLA FITZGERALD ISRAEL TRÜ
BOWLE STALINGRAD GRUND
FTSCHUTZBUNKER MAHATM
ANK APARTHEID HOLOCAUS
HILL WARSCHAUER GHETTO
EN HIROSHIMA CRISTOBAL E
NG CITIZEN KANE LIPPENST
MBE WIEDERAUFBAU CASAB
RNBERGER PROZESSE BRD KO
MAGINOT-LINIE WEISSE ROSE
ROTE KAPELLE PIERRE BALM
FER WELTKIRCHENRAT PEAR
EISUNG WÄHRUNGSREFORM
OSE KAPITULATION MARSHA
NAGASAKI ORSON WELLES B
TZUNGSZONEN ENTNAZIFIZ

IKINI-ATOLL TOTALER KRIEG
ABKOMMEN AFRIKACORPS E
MERFRAUEN FEUERZANGEN
ESETZ THOR HEYERDAHL LU
GANDHI ENDSIEG ANNE FR
GRUPPE 47 WINSTON CHURC
VELTKRIEG II QUMRAN-ROLL
LENCIAGA EISERNER VORHA
T FRANK SINATRA ATOMBO
ANCA TEDDY ROOSEVELT NÜ
NZENTRATIONSLAGER EVITA
STUNDE NULL VÖLKERMORD
N UNO JUDENSTERN VW-KÄ
HARBOR DDR SCHWEDENSP
EBOP D-MARK BEDINGUNGSL
L-PLAN VOLKSGERICHTSHOF
MBI TRUMAN-DOKTRIN BESA
RUNG JACQUES FATH PERSIL

49

DIE REICHSKLEIDERKARTE

Am 1. September 1939 überfällt Hitler Polen. Zwei Monate nach Kriegsbeginn gibt das Regime die Reichskleiderkarte aus. Bekleidung gibt es fortan nur noch gegen Vorlage der Karte. Sie hat 100 Abschnitte. Je teurer ein Kleidungsstück, desto mehr Punkte fallen weg. Man muss streng haushalten. Die Karte, so der Plan, gibt es nur einmal im Jahr. Schon ein Paar Herrensocken kostet neben dem Verkaufspreis fünf Punkte. Ein Anzug oder ein Kostüm verschlingen leicht die Hälfte des Einkaufsscheins. Das muss Unternehmen wie C&A treffen. Kein Wunder: Der Verkauf achtet nicht immer peinlich genau auf den Punktestand der Kunden. Im Sommer 1940 reagiert die Betriebsleitung mit einer Rüge. Sie macht darauf aufmerksam, dass am Ende des Tages die verkaufte Ware und die Anzahl der eingesammelten Punkte übereinstimmen müssen. C&A informiert seine Kunden aber darüber, wie man die Punkte der Reichskleiderkarte so nutzt, um dafür möglichst viele Waren zu erhalten.

1940

	I	II	III	IV
Anzüge, 2teilig, wollhaltig, gewirkt oder gestrickt (Winteranzüge) je 1 Teil = 9 Punkte	18	—	—	—
Anzüge, 2teilig, wollhaltig, gewebt, je 1 Teil = 12 Punkte	24	—	—	—
Kleidchen, wollhaltig, auch gewirkt od. gestrickt (Winterkleidchen), auch gestrickte Spielanzüge	15	—	—	—
Röcke, auch Falten- und Strickröcke	—	6	4	5
Anzüge, 2teilig, nicht wollhaltig, gewirkt od. gestrickt (Sommeranzüge), je 1 Teil = 6 Punkte	12	—	—	—
Anzüge, 2teilig, nicht wollhaltig, gewebt, je 1 Teil = 6 bzw. 9 Punkte	—	—	12	18
Kleidchen, nicht wollhaltig, auch gewirkt oder gestrickt (Sommerkleidchen), auch gestrickte Spielanzüge	—	—	7	12
Spiel- und Luftanzüge, gewebt	—	—	8	10
Knabenschürzen	—	—	3	4
Mädchenschürzen	—	—	4	6
Blusen, auch Waschblusen	—	4	3	4
Oberjacken und Janker	—	8	6	8
Leibchen (Oberkleidung)	—	4	3	4
Pullover, Strickwesten, mit Ärmeln	—	11	6	11
Pullover, Strickwesten, ohne oder mit ¼-Ärmeln	—	8	5	8
Überziehhöschen, Trägerhöschen	—	9	8	9
Überziehjäckchen	6	—	—	—

	I	II	III	IV
Mäntel	—	20	17	20
Gamaschenanzüge	24	—	—	—
Gamaschenhosen	11	—	—	—
Schals	—	3	2	2
Handschuhe und Fäustel	1	—	—	—
Hemden, auch Polo- und Charmeusehemden und -jacken, Unterhemden und -jacken	—	5	3	5
Nachthemden	—	—	7	11
Schlafanzüge und Schlafsäcke	—	—	11	18
Hemdhosen	—	6	3	6
Kinderjäckchen, gewirkt oder gestrickt	3	—	—	—
Schlüpfer und Unterziehhöschen	2	—	—	—
Unterkleider, Unterröcke, auch gewirkt oder gestrickt	—	6	3	6
Leibchen (Unterkleidung), auch gewirkt oder gestrickt, Strumpfhalterhemden	—	3	2	3
Strümpfe jeder Art	3	—	—	—
Söckchen jeder Art	—	2	1	2
Trainingsanzüge	—	—	10	12
Trainingshosen	—	—	5	6
Trainingsjacken	—	—	5	6
Taschentücher	1	—	—	—
Strick- und Handarbeitsgarne 100 g	4 bis 6			

Weitere Waren sowie die Punktbewertung für Reparaturen von Wirk- und Strickwaren sind aus einem Katalog zu ersehen, der zu dieser Kleiderkarte herausgegeben wurde und bei allen Einzelhändlern eingesehen werden kann.

Die Reglementierung in Form der Reichskleiderkarte soll die Produktion und Verteilung von Bekleidung steuern und einschränken. Frei werdende Kapazitäten werden für kriegswichtige Produktionen gebraucht. Resultat: Bei C&A geht der Umsatz drastisch zurück. „In der ersten Woche nach Kriegsausbruch war das Geschäft so gut wie tot", klagen die Inhaber in ihrem ersten Feldpostbrief an die im Krieg kämpfenden Mitarbeiter. Danach stabilisiert sich der Verkauf, doch auf niedrigem Niveau. C&A rechnet für die Dauer des Krieges mit einem Rückgang der privaten Bekleidungsindustrie um 50 Prozent. Die Produktionsbetriebe von C&A werden in das Anfertigungsprogramm der Wehrmacht aufgenommen und stellen bis 1943 Uniformen hauptsächlich für die Luftwaffe her. Mit zunehmender Warenknappheit ändert sich auch die Reichskleiderkarte. Es gibt immer weniger dafür zu kaufen. Die abgebildete Karte stammt aus dem Jahr 1944.

1 | UNIFORMPRODUKTION FÜR DIE WEHRMACHT

Im Frühjahr 1939 sind die beiden Berliner C&A-Produktionsstätten Herrenkleiderfabrik (Herfa) an der Gubener Straße und die Werkstätten an der Großen Frankfurter Straße Teil des Anfertigungsprogramms der Wehrmacht. Unter dem Einsatz von Zwangsarbeiterinnen werden dort hauptsächlich Uniformen für die Luftwaffe produziert. Ab 1942 liefert C&A Kälteschutzanzüge für die in Russland kämpfenden Soldaten. Auch stellt das Unternehmen Wintertarnanzüge her, wie an dem ausgeblichenen Stempel in der abgebildeten Jacke zu erahnen ist.

Noch übertrifft der Umsatz mit ziviler Kleidung im ersten vollen Kriegsjahr 1940 den Absatz von Uniformen um fast das Fünffache: 7,023 Millionen Reichsmark an nichtmilitärischer Konfektion stehen 1,475 Millionen Reichsmark Umsatz mit der Wehrmacht gegenüber. 1941 stellt C&A etwa 200.000 Uniformen her, 1942 sind es schon rund 290.000. Noch kann die Produktion ziviler Kleidungsstücke von 280.000 im Jahr 1941 auf 320.000 im Jahr 1942 gesteigert werden. Auch 1943 kann die Herfa noch über die so genannten Zwischenmeister zivile Kleidungsstücke produzieren lassen. Dazu kommt Auftragsfertigung in den Niederlanden. Doch das Ende ist absehbar. Die Produktion ziviler Kleidung kommt nach und nach zum Erliegen und wird wohl Ende 1943 ganz eingestellt. Auch die Wehrmacht fährt ihre Aufträge drastisch zurück. Zwar erwartet C&A noch im Februar 1943 Aufträge des Bekleidungsamtes der Luftwaffe und rechnet fest damit, „dass unsere Werkstätten nunmehr bis weit in den Juli hinein gesicherte Beschäftigung haben". Doch die Berliner Fertigungsstätten müssen die Produktion zu Gunsten von Rüstungsbetrieben einstellen beziehungsweise stark einschränken. In Weißenstadt im Fichtelgebirge ist C&A bis Kriegsende für die Wehrmacht aktiv: Heimarbeiter sorgen für den letzten Nachschub von Uniformhosen an die Front.

2 | DIE WERBUNG WIRD EINGESTELLT

Seit 1932 wird der Konsument durch Litfaßsäulen und Plakate, in Zeitungsanzeigen und Radiobotschaften, im Kino und in der Straßenbahn anhand von Kalendern, Spardosen, Schallplatten sowie Streichholzheftchen und auch auf Kleiderbügeln über die hervorragende Qualität der *formtreu*-Kleidungsstücke informiert. Durch die in den Schaufenstern ausgestellten so genannten „Knüllapparate" soll der Kunde endgültig von den Vorzügen des Produkts überzeugt werden. Die *formtreu*-Einlage wird hier, von Werbetexten flankiert, einer mechanischen Belastungsprobe unterzogen und die Güte des Materials auf diese Weise eindringlich demonstriert. Damit ist 1941 Schluss! Der *Werberat der Deutschen Wirtschaft* – der unmittelbar dem Propagandaministerium unterstellt ist – verfügt unter Berücksichtigung der angespannten Versorgungslage weitere Einschränkungen für den „Kundenfang". Der „Volksgenosse" soll nicht zum Kauf von Gütern verführt werden, die nur eingeschränkt oder gar nicht erhältlich sind. Die C&A-Hauptverwaltung weist die Geschäftshäuser deshalb an, die Knüllapparate abzustellen, gegebenenfalls aus den Schaufenstern zu entfernen und die begleitenden Werbetexte abzunehmen. Einzig das *formtreu*-Logo bleibt bestehen und erinnert so weiterhin an die C&A-Eigenmarke.

Mit dieser Maßnahme wird ein letzter Rest der vor Kriegsbeginn so kreativen und vielseitigen Reklamemethoden von C&A erstickt. Bereits zuvor war die Herstellung von Werbedrucksachen wegen der Papierknappheit von Amts wegen verboten und die erlaubten Anzeigengrößen in Zeitungen drastisch beschnitten worden. Zu diesem Zeitpunkt hatte C&A, wie viele andere Waren- und Kaufhäuser auch, schon längst auf Zeitungswerbung verzichtet. Mit Kriegsbeginn sorgen Umsatzeinbußen und Einschränkungen der Absatzwerbung allgemein für einen signifikanten quantitativen Rückgang der Inserate, die auch hinsichtlich ihrer Größe, ihres Inhalts und ihrer Kreativität immer weiter verkümmern.

FELDPOSTBRIEFE:
VERBINDUNG ZWISCHEN FRONT UND HEIMAT

Der fortdauernde Krieg verlangt nach immer mehr Soldaten. Aus den C&A-Häusern, aber auch aus den als wehrwirtschaftlich wichtig anerkannten Fabrikationsabteilungen von C&A werden die männlichen Angestellten zunehmend an die Front beordert. Nur für wenige leitende Angestellte können die Inhaber bei den Behörden eine dauerhafte Freistellung vom Kriegsdienst durchsetzen. Für C&A bedeutet die Mobilisierung dieser Männer einen personellen Aderlass, der kaum aufgefangen werden kann. Durch regelmäßige Briefe, die von den Inhabern persönlich unterzeichnet werden, soll der Kontakt zu den im Krieg kämpfenden Mitarbeitern aufrechterhalten werden. Die Inhaber informieren „ihre" Soldaten seit Kriegsbeginn 1939 über die Entwicklung des Unternehmens, tragen so ein Stück zivilen Berufsalltags zu den uniformierten Kollegen und vermitteln diesen das Gefühl, auch in der Ferne weiterhin ein geschätzter Teil von C&A zu sein. Viele der überlieferten Briefe von den Kriegsschauplätzen zeugen von der Freude und Dankbarkeit der Mitarbeiter über die Grüße aus der Heimat und von der Verbundenheit mit C&A. Die Feldpostbriefe der Inhaberfamilie warten auch immer mit Neuigkeiten von den in ganz Europa kämpfenden Kollegen auf und berichten über Beförderungen,

- 2 -

In unseren Unternehmen haben wir inzwischen auch manche Veränderung zu verzeichnen gehabt. Neu zum Militär eingezogen wurden Herr Leonh. Schmutte aus Düsseldorf und Herr Paul Kürten aus W.-Elberfeld. Dagegen wurde Herr Bücker vom Militär entlassen und ist jetzt wieder als Betriebsführer unseres Hauses Düsseldorf tätig.

Inzwischen ist auch Herr Ulrich aus Essen dienstverpflichtet worden.

Der Betriebsleiter unseres Kölner Hauses, Herr Rachfall, ist im Oktober d. Js. auf eigenen Wunsch aus unserem Unternehmen ausgeschieden. Hierdurch sind einige Versetzungen erforderlich geworden:

Herr Steinmeister kam als Betriebsleiter vom Hause Chausseestraße nach Köln, Herr Kießling als Betriebsleiter vom Hause Oranienstraße zum Hause Chausseestraße. Betriebsleiter des Hauses Oranienstraße wurde Herr Huperz, bisher im Hause Königstraße. Damit Herr Franz Schmutte sich jetzt voll und ganz dem Manteleinkauf widmen kann, übernahm Herr Rosenkränzer vom Hause Königstraße die Geschäftsführung im Hause Wilmersdorfer Straße.

Über die Entwicklung des Umsatzes haben sich viele von Ihnen bei ihren Besuchen in der Heimat unterrichten können. Erfreulich ist, daß wir auch in 1942 wieder Erwarten noch einen leidlichen Umsatz erzielen konnten.

Die neue Reichskleiderkarte weist ja gegenüber den früheren wesentliche Veränderungen auf. Sie reicht vom 1. Januar 1943 bis 30. Juni 1944, erstreckt sich also über 18 Monate gegenüber 16 bei der Dritten Reichskleiderkarte. Die Zahl der Punkte wurde bei den Erwachsenen (Männern und Frauen) von 120 auf 100 Punkte vermindert; davon werden in 1943 von der Männerkarte nur 40 Punkte und von der Frauenkarte nur 50 Punkte fällig. Knaben, Mädchen und Kleinkinder erhalten dagegen wieder 120 Punkte. Zu erwähnen wäre noch, daß Damen- und Herren-Wintermäntel wie auch Herrenanzüge künftighin nur noch auf Bezugschein abgegeben werden dürfen, hierbei allerdings ohne Punktabtrennung von der Reichskleiderkarte.

Auch in diesem Jahre sind wir wieder in der Lage, an alle unsere Gefolgschaftsmitglieder und somit auch an unsere eingezogenen Mitarbeiter ein Weihnachtsgeschenk in der bisher üblichen Höhe zur Auszahlung zu bringen. Wir freuen uns, daß wir die ganzen Kriegsjahre hindurch alle unsere gefälligen Unterstützungen ohne jede Kürzung durchführen konnten, und wir wünschen sehnlichst, daß es auch in Zukunft so bleiben möge.

Bemerken möchten wir noch, daß das Weihnachtsgeschenk in diesem Jahre nicht nur ganz oder zur Hälfte, sondern auch in Teilbeträgen, und zwar

bis zur Höhe von RM 200,-- jeder auf volle RM 10,-- lautende Betrag,
über 200,-- bis höchstens RM 500,-- jeder auf volle RM 50,-- lautende Betrag,

eisern gespart werden kann. Bekanntlich sind die eisern gesparten Beträge frei von allen Abzügen, während das Weihnachtsgeschenk sonst voll lohnsteuer- und kriegszuschlagpflichtig ist und außerdem sämtliche Sozialversicherungsbeiträge davon in Abzug gebracht werden müssen.

Das Weihnachtsgeschenk erhalten wie im Vorjahre auch dieses Jahr wieder die Witwen aller in diesem Jahr gefallenen Gefolgschaftsmitglieder.

In der Annahme, daß nicht alle eingezogenen Mitarbeiter Näheres über das Schicksal unserer in den luftgefährdeten Gebieten liegenden Häuser erfahren haben, möchten wir es heute nicht versäumen, Ihnen hierüber einiges zu berichten. Vorweg müssen wir feststellen, daß alle unsere Häuser während der letzten, zum Teil doch sehr heftigen Fliegerangriffe vor größeren Schäden bewahrt geblieben sind. Hamburg, Altona, Barmbeck, Bremen, Dortmund, Duisburg, Düsseldorf, Essen und Köln hatten lediglich mehr oder weniger erhebliche Glasschäden, die zum Teil erst nach längerer Zeit behoben werden konnten; jedoch mußte keines unserer Häuser wegen zu großer Zerstörung auf längere Zeit schließen.

bitte wenden!

Leider hatten wir in den Häusern Duisburg und Düsseldorf nach einem Fliegerangriff auch Tote unter unseren Gefolgschaftsmitgliedern zu beklagen. In Duisburg kam einer unserer Hausdiener mit seiner Frau ums Leben, in Düsseldorf eine Packerin mit ihrer Tochter.

Bei diesen Angriffen wurde die Haltung der Inneren Front in dem Verhalten unserer Gefolgschaftsmitglieder unter Beweis gestellt. Die vielen Nacht- und Tagesangriffe und die damit verbundenen persönlichen Strapazen und Opfer haben bei vorbildlichem Verhalten in Einsatz die Stimmung in unseren Betrieben nicht beeinflussen können. Und daß das auch in Zukunft so bleiben wird, davon dürfen unsere Soldaten überzeugt sein, denn die Stimmung ist trotz aller persönlichen Opfer, die auch die Innere Front heute in totalen Krieg bringen muß, nach wie vor eine gute. Alle sind beseelt von dem einen Gedanken, daß wir siegen müssen und siegen werden! Und mit diesem Wahlspruch wollen wir in das neue Jahr 1943 gehen, in der bestimmten Hoffnung, daß auch dieses Jahr uns dem Endsieg näherbringen wird.

Nun feiern wir schon das vierte Kriegsweihnachten! Den meisten unserer einberufenen Gefolgschaftsmitglieder wird es wohl wieder nicht vergönnt sein, das schöne Weihnachtsfest, das von jeher - besonders bei uns Deutschen - ein rechtes Familienfest ist, zu Hause bei seinen Lieben zu verleben. Auch die Gedanken von uns Daheimgebliebenen, ob wir nun einen lieben Angehörigen in Einsatz haben oder nicht, werden an diesen Weihnachtsfeiertagen in erster Linie unseren Soldaten gehören, die draußen vom hohen Norden bis zum Süden in harten Kämpfen bei den Unbilden der Winterwitterung, bei Schnee, Kälte und Sturm, oder auch unter der heißen afrikanischen Sonne täglich ihr Leben einsetzen müssen, damit unser deutsches Volk und darüber hinaus alle Völker Europas das Weihnachtsfest - vielleicht schon das nächste! - wieder unter besseren Bedingungen begehen können, damit wir als Mitglieder eines freien Volkes in einem freien, befriedeten Europa leben können, das nicht in jeder Generation mehrmals zu den Waffen greifen muß, um seine Existenz zu verteidigen! Dieses Ziel zu erreichen, erfordert von allen Opfer, ganz besonders aber von unseren Soldaten, die tagtäglich ihr Leben in die Waagschale werfen müssen.

Wie alljährlich werden wir auch am Schlusse dieses Jahres unseren Gefolgschaftsmitgliedern den Dank für die treue Mitarbeit in abgelaufenen Jahr aussprechen. Und wenn wir dies tun, dann schließen wir darin auch wieder den ganz besonderen Dank ein, den wir unseren Soldaten schulden, die es durch ihre Tapferkeit und Ausdauer und durch ihre siegreichen Kämpfe uns überhaupt erst ermöglicht haben, unserer Arbeit nachgehen zu können, einer Arbeit, die wir ganz im Dienste der Aufgaben der Inneren Front sehen. Und daß diese auch in Zukunft ihre Pflichten voll und ganz erfüllen wird, davon dürfen unsere Kämpfer draußen überzeugt sein.

Und nun wünschen wir Ihnen ein gnadenreiches, gesegnetes Weihnachtsfest und zugleich ein gesundes und glückliches Neues Jahr, für das wir mit Ihnen den einen großen Wunsch hegen, daß es uns, so Gott will, den siegreichen Frieden bringen möge.

Heil Hitler!
Die Inhaber
der Firma C. & A. Brenninkmeyer

Orden und Ehrenzeichen, mit denen die ehemaligen C&A-Mitarbeiter ausgezeichnet worden sind. Doch so sehr sich die Soldaten über die Post aus der Heimat freuen, ihr Inhalt stimmt nicht immer froh, oftmals eher traurig, bisweilen resigniert und mutlos, manchmal gewiss auch wütend. In den Briefen wird jedes gefallenen oder vermissten Mitarbeiters namentlich gedacht. Die Liste wird von Mal zu Mal länger. Mancher mag vor dem Öffnen gebetet haben, dort nicht den Namen eines unmittelbaren Kollegen oder gar eines Freundes lesen zu müssen, mit dem man einst in Friedenszeiten eng zusammengearbeitet hat. Die Nachrichten aus der Heimat werden zunehmend ernster und sorgenvoller. Schon bald berichten die Inhaber in den Feldpostbriefen von Fliegerangriffen auf deutsche Städte und deren teilweise verheerende Folgen für C&A-Häuser, schildern die schwierige Versorgungslage und informieren über die oft gravierenden Probleme des Kriegsalltags an der „Heimatfront". Auch wenn die insgesamt fünfzehn verschickten Feldpostbriefe stets mit der Zuversicht auf ein baldiges und siegreiches Kriegsende schließen – es hat den Anschein, als wollten die Verfasser später selbst nicht mehr ganz daran glauben.

STILLLEGUNGSAKTION

Das fünfte Kriegsjahr: Amerikanische und britische Luftstreitkräfte intensivieren den Luftkrieg gegen Deutschland. Unternehmen, die die teils verheerenden Angriffe der alliierten Geschwader glücklich überstehen, nehmen die Opfer des Bombenkrieges auf, deren Geschäftsräume zerstört wurden. Man rückt in so genannten Kriegsbetriebsgemeinschaften zusammen. C&A-Häuser in Düsseldorf und Duisburg etwa machen Platz für *Hettlage* und werden damit ausgerechnet zum Gastgeber eines Wettbewerbers. In andere Häuser ziehen Schuhgeschäfte, Teppichhändler oder Anbieter von Garnen oder anderer Artikel für den Schneidereibedarf ein. Wer Unterschlupf findet, zahlt Miete und beteiligt sich an den Kosten für Strom oder Wasser.

Kriegsbetriebsgemeinschaften haben für C&A einen zweiten Effekt: Sie verhindern die bereits amtlich beschlossene Stilllegung einzelner Häuser zugunsten der Rüstungsindustrie. Konkret heißt das für C&A, dass das Unternehmen nur dort Standorte schließen muss, wo es gleich mehrfach präsent ist: Berlin, Wuppertal und Hamburg. In Berlin schließen alle Häuser bis auf die Königstraße. In Wuppertal bleibt das Haus in Elberfeld und in Hamburg die Filiale in der Mönckebergstraße geöffnet. Auf den obigen Abbildungen sind die stillgelegten Häuser in der Berliner Chausseestraße, Wuppertal-Barmen und Altona in der ersten Reihe zu sehen. Die untere Reihe zeigt die geschlossenen Filialen von Hamburg-Barmbek sowie die Berliner Oranienstraße und Wilmersdorfer Straße.

Die Schließungsaktion steht ganz im Zeichen des von Propagandachef Joseph Goebbels proklamierten „Totalen Krieges" und ist die unmittelbare Folge einer wenige Tage vor der berüchtigten Sportpalastrede erlassenen Verordnung zur Freimachung von Arbeitskräften für kriegswichtigen Einsatz. Alle verfügbaren und geeigneten Räumlichkeiten und Menschen werden in den Dienst der Rüstungswirtschaft gestellt. Einzelhandelsgeschäfte erscheinen am ehesten entbehrlich: Dort beschäftigte Arbeitskräfte werden anderswo dringender gebraucht. Sogar die beiden Berliner C&A-Produktionsstandorte, die Uniformen für die Luftwaffe und dringend benötigte Kälteschutzanzüge für die in Russland kämpfenden Soldaten produzieren, schränken Ende des Jahres die Produktion ein, beziehungsweise stellen sie ganz ein. Produktionsräume und Mitarbeiter gehen bis Kriegsende teilweise auf die Rüstungskonzerne *AEG* und die *Siemens-Schuckertwerke AG* über. Auch einzelne C&A-Geschäftshäuser wie etwa Düsseldorf und Bremen sind von den Maßnahmen betroffen und müssen Rüstungsbetrieben Herberge bieten.

1943

2 | DIE HAUPTVERWALTUNG ZIEHT UM

Kaum ist die C&A-Hauptverwaltung 1939 in den Neubau an der Berliner Gontardstraße eingezogen, muss sie den attraktiven Standort am Sitz des Stammhauses an der angrenzenden Königstraße 1943 wieder räumen. Luftangriffe der Alliierten auf die Reichshauptstadt und vermehrte Evakuierungsmaßnahmen zwingen C&A in ein Ausweichquartier im Berliner Umland. Doch auch diese Pläne zerschlagen sich. Die Räume sind bereits angemietet, da wird das Haus für andere Zwecke beschlagnahmt. Als Ausweg gilt die Umsiedlung nach Mettingen. Der Umzug nach Westfalen ist so gut wie abgeschlossen, als Ende November 1943 die Gontardstraße nach einem Fliegerangriff vollständig ausbrennt.

Rund 60 Beschäftigte der Hauptverwaltung ziehen nach Mettingen in das Anwesen Overgünne. Es gehört seit 1937 zum Besitz der Familie Brenninkmeyer und war zunächst als Schülerheim vorgesehen. Mettingen ist damit erstmals nicht mehr nur der private Rückzugsort der Brenninkmeyers, sondern auch Fluchtort der Unternehmenszentrale, wenn auch nur für kurze Zeit. Provisorische Nähstuben kommen hinzu – Ausgangspunkt des Mettinger C&A-Produktionsstandortes nach dem Krieg.

Viermächtestatus, Berlin-Blockade, die Teilung Deutschlands, die Insellage der geteilten Stadt – vieles spricht gegen eine Rückkehr der C&A-Zentrale nach Berlin. Auch Mettingen hat als Hauptquartier keine Zukunft. Düsseldorf schickt sich an, die Nachfolge Berlins als Kapitale der deutschen Mode anzutreten. Der Entschluss steht fest: 1949 zieht C&A an den Rhein.

> C. & A. Brenninkmeyer   Schreiben Nr.11/1944
> Hauptverwaltung   Mettingen, den 2.Mai 1944
> Str./D.   Haus Overgünne
>
> An die Geschäftsleitungen aller Häuser!
>
> **Betrifft: Verlagerung von Maschinen**
> Bei Bearbeitung der durch Feindeinwirkung entstandenen Schäden müssen wir leider feststellen, daß unter anderem bereits erhebliche Verluste an unseren wertvollsten Maschinen eingetreten sind. Über 80 Registrierkassen, Schreibmaschinen, Auszeichnungsmaschinen, Fakturier-Maschinen, Buchungs- u. Rechenmaschinen sind bereits vernichtet. Dieser Verlust ist für uns um so schwerwiegender, als es sich hierbei um Maschinen handelt, die wie z.B. bei Auszeichnungsmaschinen und Kassen speziell für unsere Organisation konstruiert sind.

1 | „BETRIFFT: VERLAGERUNG VON MASCHINEN"

So lautet die Überschrift eines Rundschreibens der C&A-Hauptverwaltung an die Geschäftsleitungen aller Häuser, verfasst am 2. Mai 1944. Hintergrund sind zunehmende Schadensmeldungen, welche auch die für einen reibungslosen Ablauf des Geschäftsbetriebs so wertvollen wie unerlässlichen Maschinen betreffen: „80 Registrierkassen, Schreibmaschinen, Auszeichnungsmaschinen, Fakturier-Maschinen, Buchungs- und Rechenmaschinen sind bereits vernichtet. Dieser Verlust ist für uns um so schwerwiegender, als es sich hierbei um Maschinen handelt, die wie z. B. bei Auszeichnungsmaschinen und Kassen speziell für unsere Organisation konstruiert sind." Aus diesem Anlass bittet die Hauptverwaltung die Geschäftsleiter der einzelnen Filialen eindringlich, nur jene Maschinen im Hause zu behalten, die für den täglichen Betrieb unentbehrlich sind, und sie, klein wie groß, nach jeder Nutzung in Sicherheit zu bringen. Für schwer zu transportierende Geräte, wie zum Beispiel die Großgeräte für die Auszeichnung der Ware, wird die Anbringung von Rollen empfohlen.

2 | REPARATURAKTIONEN UND WIEDERAUFBAU

Je länger sich der Krieg hinzieht, umso wichtiger sind für C&A die eigenen Damen- und Herren-Nähstuben (Daherna). 1939 als eine Abteilung im Haus Königstraße gegründet, die nach einem neuen System Änderungen möglichst preiswert anbieten soll, verwandelt sich die Daherna mit steigender Not der Bevölkerung und dem immer knapper werdenden Warenangebot zu einem reinen Reparaturbetrieb. Dabei achten die C&A-Nähstuben nicht darauf, woher die Kleidung kommt. Sie bieten ihren Service auch für Textilien an, die nicht aus dem Sortiment von C&A stammen. Insgesamt werden acht Aktionen durchgeführt: 1. „Aus Zwei mach Eins", 2. „Aus Groß mach Klein", 3. Reparaturen an Strickwaren, 4. Umpressen von Damenhüten, 5. Reparaturen an Strümpfen, 6. Reparaturen an Trikotagen, 7. Reparaturen an Herrenwäsche, 8. Reparaturen an weiblicher Berufskleidung.

Im Sommer 1944 wird die Daherna als „Leitbetrieb" (L-Betrieb) eingestuft und dient fortan Unternehmen mit einem ähnlichen Dienstleistungsangebot als Vorbild. Sie gilt nun offiziell als kriegswirtschaftlich wichtig, wird bei der Zuweisung von Arbeitskräften bevorzugt behandelt und bleibt vor der Auskämmung von Personal durch das Arbeitsamt weitgehend verschont. Die Daherna beschäftigt in diesem Jahr 120 Mitarbeiter – darunter auch Zwangsarbeiter. Im selben Jahr wird im Saal in der Mettinger *Gastwirtschaft Telsemeyer* eine Arbeitsstube für Näh- und Handarbeit eingerichtet. Änderungen nimmt sie jedoch nicht an, dafür stellt sie neue Kleidungsstücke her – mit Erfolg. Schon bald reicht der Platz in der Gastwirtschaft nicht mehr aus. Neue Produktionsräume kommen hinzu: im November 1944 der Saal der *Gaststätte Grünefeld* sowie im Mai 1946 ein Raum in der Recker *Gastwirtschaft Füsting*. Sie bilden den Grundstock der neuen Fabrikabteilung Fabra – Nachfolgerin der Fabrikationsabteilungen für Damenkleidung Cunda und der Herrenkleiderfabrik Herfa. Die verstreuten Nähstuben in Mettingen sind nur ein Zwischenspiel. Nächster Schritt ist die Konzentration der Produktion im Mettinger Jugendheim, wo 1946/47 die abgebildeten Fotografien entstehen. Dort werden neben Knaben-Anzügen, Herren-Joppen, Damen-Kleidern, Berufskitteln, Schürzen und Röcken ab 1947 auch Damen-Staubmäntel aus gefärbten und imprägnierten Bettlaken hergestellt. Doch auch das Jugendheim wird bald zu eng: 1950 wird auf dem Anwesen Overgünne in Mettingen eine neue Fabrik eröffnet und das Jugendheim wieder an die Gemeinde zurückgegeben.

1944

Wußten Sie schon?

Wenige Punkte Ihrer Kleiderkarte genügen, um Ihren schadhaften Anzug, Mantel oder Kleid wieder ordentlich herzurichten. Annahmezeit von 10:30 bis 16:30 Uhr. Wir beraten Sie gern unverbindlich! Darum:

Gehen Sie zu

BERLIN C2 · KÖNIGSTR. 33

Mit wenigen Punkten

Ihrer Kleiderkarte reparieren wir Ihr altes Futter, die Taschen, die Stoßkanten an Revers und Taschen. Aber nicht nur Anzüge, sondern auch Mäntel und Kleider reparieren wir vorteilhaft. Annahmezeit von 10:30 bis 16:30 Uhr. Wir beraten Sie gern unverbindlich! Darum:

Gehen Sie zu

BERLIN C2 · KÖNIGSTR. 33

Anzug-Reparaturen

am Ärmel, Revers, Hosenumschlag, Taschen und Futter führen wir vorteilhaft – auch an Mänteln – für wenige Kleiderkartenpunkte aus. Annahmezeit von 10:30 bis 16:30 Uhr. Wir beraten Sie gern unverbindlich! Darum:

Gehen Sie zu

BERLIN C2 · KÖNIGSTR. 33

Ihren Badeanzug

sowie jede Art von Strickwaren reparieren wir und sind gern bereit, Sie unverbindlich zu beraten. Darum:

Gehen Sie zu

BERLIN C2 · KÖNIGSTR. 33

Schadhafte Strickwaren

aller Art reparieren wir und beraten Sie gern unverbindlich. Darum:

Gehen Sie zu

BERLIN C2 · KÖNIGSTR. 33

Kleidungssorgen?

Kommen Sie zu uns! Wir beraten Sie unverbindlich, wie Ihr alter Anzug, Mantel oder Kleid wieder vorteilhaft repariert werden kann. Darum:

Gehen Sie zu

BERLIN C2 · KÖNIGSTR. 33

„STUNDE NULL?"

In den Niederlanden lässt sich C&A im 19. Jahrhundert im beschaulichen Friesland nieder, bevor das Unternehmen sich nach Amsterdam wagt. In Deutschland zieht es C&A 1911 gleich dahin, wo das Leben pulsiert: nach Berlin, in die Metropole des Reiches mit zwei Millionen Einwohnern. Industriearbeiter sind eine wichtige Klientel. Wo sie zu finden sind, ist auch C&A bald zuhause: nach Berlin in Hamburg mit dem bedeutenden Überseehafen, in Rheinland-Westfalen mit der Schwer- und Rüstungsindustrie, in Wuppertal als dem bedeutenden Standort der Textilherstellung und in Breslau, dem Zentrum des schlesischen Bergbaus. Es sind weitgehend auch die Regionen und Städte, in denen Deutschland im Krieg am verwundbarsten ist und die im Visier alliierter Luftangriffe stehen.

Das C&A-Stammhaus in der Berliner Königstraße wird schwer beschädigt, die Chausseestraße ist völlig ausgebrannt. Bis auf die Filialen in Köln (Abbildung unten rechts), wo der Verkauf nur noch im Erdgeschoss möglich ist, und in Essen, wo C&A mit dem Schrecken davonkommt, bleiben 1945 von allen übrigen Geschäften in Rheinland-Westfalen nur noch Ruinen. Besonders schlimm trifft es Wuppertal-Elberfeld (Abbildung unten Mitte). Auch das Hamburger Haus in der Mönckebergstraße, 1913 als drittes deutsches Geschäft eröffnet, und die Filiale in Altona (Abbildung links) sind zerstört. Im Haus Bremen wird der Übergriff eines Brandes im Dachgeschoss auf andere Etagen gerade noch verhindert. So viel Glück hat Hannover nicht: Die Filiale brennt vollständig nieder. Die Häuser in Frankfurt (Abbildung oben rechts) und Magdeburg sind durch Luftangriffe ebenfalls stark in Mitleidenschaft gezogen. Andere haben mehr Glück: Breslau bleibt für amerikanische und englische Bomberpiloten schwer erreichbar. Dort fällt das C&A-Haus der vorrückenden sowjetischen Armee absolut intakt in die Hände. Auch die Filialen in Leipzig, in Hamburg-Barmbek und das Gebäude in der Berliner Oranienstraße bleiben trotz der ansonsten erheblichen Zerstörungen in diesen Städten weitgehend verschont. So gut es eben geht, werden die beschädigten Häuser noch während des Krieges wieder instandgesetzt und für den Verkauf offen gehalten.

Das Ausmaß der Zerstörung im Auge und angesichts einer insgesamt schwierigen Versorgungslage, der unklaren politischen und wirtschaftlichen Zukunft Deutschlands, erscheint Dr. Rudolf Brenninkmeyer (1892–1955) bei Kriegsende „die Zukunft dunkel", wie er im Juni 1945 gegenüber dem Geschäftsleiter des Hauses in Essen zugibt. Dennoch zögern die Inhaber nicht, mit den vorhandenen Mitteln den Wiederaufbau des Unternehmens zu beginnen. In der Rückschau sind die Voraussetzungen nicht einmal schlecht: In Mettingen läuft die Textilproduktion auf vollen Touren in provisorischen Räumlichkeiten, die sich schon bald als zu klein erweisen. In Berlin bittet der Magistrat die C&A-Verantwortlichen, Herstellung und Instandsetzung von Oberbekleidung wieder aufzunehmen. Das Unternehmen wird als Verteilerfirma für die allgemeine Textilbeschaffung eingesetzt. Außerdem beauftragt der Magistrat C&A mit der Umarbeitung von Uniformen in zivile Kleidung. Bereits Mitte Juli 1945 stehen dafür Räumlichkeiten und bis zu 200 Mitarbeiter bereit – allein, es fehlt an Maschinen und Betriebsmitteln. Nähmaschinen, Bügeleisen, Fließbänder, Bügel und vieles mehr müssen zunächst aus den zum Teil ausgebombten und ausgebrannten Betrieben zusammengesucht, repariert und überholt werden. Doch man passt sich den Zeitumständen an und handelt flexibel. So wird Ende 1945, der Krieg ist noch kein Jahr aus, die Produktion von Uniformen wieder aufgenommen – dieses Mal für die Rote Armee.

2 | DER AUFBAU VON REPARATUR-ABTEILUNGEN

Nach Kriegsende werden in den wieder hergerichteten C&A-Häusern vermehrt Reparaturabteilungen aufgebaut. Als eine besondere Leistung in der schweren Zeit wird den Kunden angeboten, noch brauchbare Kleidungsstücke aufarbeiten oder umnähen zu lassen und sie auf diese Weise tragfähig zu erhalten. Abgeben kann der Kunde neben seiner Oberbekleidung auch Hüte; aufgefordert wird er lediglich, alle Knöpfe und Fremdkörper zu entfernen und die Textilien in gesäubertem Zustand zu übergeben. Allerdings: Die umgenähte Kleidung kann durchaus zwei Nummern kleiner ausfallen, wie C&A seinen Kunden mitteilt.

```
C. & A   Brenninkmeyer                  Rundschreiben  Nr. M 15/46
P/Wch.                                  ( 21 a ) Mettingen/Westf.
                                        Haus Overgünne,
                                              den 19. Juni 1946.

An die Geschäftsleitungen der Häuser der britischen und amerikanischen Zone
-.-.-.-.-.-.-.-.-.-.-.-.-.-.-.-.-.-.-.-.-.-.-.-.-.-.-.-.-.-.-.-.-.-.-.-.-.-
           ( Berlin zur Vervollständigung der Akten.)

           Betr.: Urlaubsaufenthalt in Overgünne.

           Angesichts der angespannten Lebensmittellage in den Grosstädten wollen
     wir unserer Belegschaft in folgender Form helfen:
        a) Wir werden je Haus drei Arbeitskräfte, die Ende d.Js. 10 Jahre bei
           uns tätig sind, kostenfrei für die Dauer von 14 Tagen bei uns in Over-
           günne aufnehmen und verpflegen. Es wird hier zurzeit für etwa 50 Per-
           sonen gekocht. Durch geschicktes Strecken wird es uns möglich sein,
           die Urlauber ohne Abgabe von Lebensmittelmarken mit zu beköstigen.
        b) Wir fordern alle Herren Betriebsleiter und Einkäufer auf, Ferienunter-
           künfte bei Bauern in der Umgebung ausfindig zu machen, bei denen
           jeweils eine oder mehrere Personen unserer Belegschaft ihren Urlaub
           verbringen können. Hierfür stellen wir je Person RM 50.- und je Haus
           RM 1.000.- zur Verfügung, so dass Sie damit 20 Urlaubern zu einer
           wirklichen Erholung verhelfen können.
```

LANDURLAUB FÜR C&A-MITARBEITER

Im Juni 1946 erhalten die Geschäftsleiter aller C&A-Häuser in der amerikanischen und britischen Besatzungszone einen Brief. Die Betreffzeile kündigt an: „Urlaubsaufenthalt in Overgünne". Doch warum? Die Situation im besiegten und in vier Besatzungszonen aufgeteilten Deutschland ist angespannt. Besonders in den Großstädten schwinden die Vorräte, und die Ernährungslage verschlechtert sich drastisch. Nahrungsmittel werden nur gegen Lebensmittelmarken oder Bezugsscheine abgegeben, wobei die Zuteilungen laufend gekürzt werden. Es fehlt an allen Ecken und Enden, der Kampf ums Überleben bestimmt den Alltag. Reisewünsche bleiben unerfüllt, und „Reisemarken" bekommen nur diejenigen, die in dienstlichem Auftrag unterwegs sind. Ohne den begehrten „Interzonenpass" ist es unmöglich, die Grenzen zwischen den Besatzungszonen auf legale Weise zu überqueren.

In dieser schwierigen Situation bieten die Inhaber des Familienunternehmens C&A Mitarbeitern, die seit mindestens zehn Jahren für das Unternehmen tätig sind, an, kostenfrei für die Dauer von 14 Tagen „Landurlaub" zu machen. Jeder Filiale werden hierfür 1.000 Reichsmark zur Verfügung gestellt: 50 Reichsmark je Person, sodass jedes Haus „20 Urlaubern zu einer wirklichen Erholung verhelfen" kann. Drei Personen dürfen sogar direkt in Overgünne wohnen, für die übrigen Urlauber sollen die Betriebsleiter und Einkäufer auf Bauernhöfen ein Urlaubsquartier ausfindig machen. In einem Nachsatz richtet sich die Unternehmensleitung explizit an die Betriebsmitglieder des Frankfurter Hauses, das als einzige Filiale in der amerikanischen Besatzungszone liegt. Aufgrund der britisch-amerikanischen Zonengrenze ist ihnen ein Urlaub in Mettingen verwehrt, jedoch versprechen die Inhaber, in der Umgebung Frankfurts ein adäquates Urlaubsquartier anzubieten.

1946

Schaffensfreud' bricht Kleidernot

2 | WERBUNG IM EIGENEN HAUS

Bis zur Währungsreform 1948 wirbt C&A mit dem noch während des Krieges eingeführten Slogan „Schaffensfreud' bricht Kleidernot". Die Filialen – wie hier 1946 Haus Düsseldorf – präsentieren in Schaufenstern und auf ihren Verkaufsflächen Beispiele und Möglichkeiten, wie bereits getragene Kleidungsstücke nach Reparatur, Ausbesserung oder Umarbeitung aussehen können. Auch allererste Neuanfertigungen stehen dort schon zur Schau. Der Grund für die Entscheidung, die Schaufläche für die Präsentation von neuen Konfektionsartikeln einzusetzen, ist einfach: Auf diese Weise wird wenigstens ein Teil der wegen der immer noch vorherrschenden Warenknappheit viel zu großen Verkaufsfläche genutzt.

AUS ALT MACH NEU

Schon während des Krieges gehen die Vorräte an Stoffen und Zubehör immer mehr zur Neige. Nun blüht der Schwarzmarkt, Tauschgeschäfte sind an der Tagesordnung, vieles kann nur mit Bezugsscheinen erworben werden. Kleidung ist Mangelware. Dem begegnen viele der Not leidenden Menschen, indem sie nach allem Textilem greifen, das sie nur auftreiben können, um es umzuarbeiten und, wenn möglich, umzufärben. Aus gehäkelten Tischdecken werden Handschuhe, aus Fallschirmseide Kleider. Mit schwarzem Stift oder Kohle gezogene Striche auf den Waden imitieren die begehrten Nylons. Wärmende Kleidung ist im „sibirischen Winter" 1946/47 bei Durchschnittstemperaturen von −15 bis −20 Grad Celsius überlebensnotwendig, fehlt es doch auch an Nahrungsmitteln, Wohnraum und Heizmaterial. In seiner Silvesterpredigt spricht der Kölner Kardinal Joseph Frings die immer wieder zitierten Worte: „Man kann es dem Einzelnen nicht verwehren, das Dringendste zur Erhaltung von Leben und Gesundheit zu nehmen, wenn er es durch Arbeit und Bitten nicht erhält." Schnell wird der Begriff „fringsen" zum geflügelten Wort für das Klauen von Kohle.

Noch während des Krieges startet C&A in der Leipziger Filiale, später in allen Häusern, die in großem Umfang durchgeführte Aktion „Schaffensfreud' bricht Kleidernot". Im Herbst des Jahres 1947 ruft das Textilunternehmen im Rahmen dieser Kampagne auch dazu auf, Decken abzugeben, die dann zu Kurzmänteln und Jacken umgearbeitet werden. Die Aktion „Schaffensfreud' bricht Kleidernot" ist aber nicht nur wirtschaftliche Notlösung in einer Zeit, in der Textilien Mangelware sind, sie ist auch werbewirksam für C&A. In so genannten „C&A-Telegrammen" wird die Kundschaft im Herbst aufgefordert, schnell schon mal die Winterkleidung anfertigen zu lassen – „Selbstverständlich zum Normalpreis!" Nachdem C&A bis zu Beginn der 1940er Jahre vor allem durch seine aufwendig gestalteten, großformatigen Werbeanzeigen auf sich aufmerksam gemacht hat, ist das Unternehmen nun aufgrund des knappen Anzeigenraums und des Papiermangels gezwungen, mit unbebilderten und kleinen, dafür aber zahlreichen Zeitungsanzeigen zu werben.

EXPANSION IN DIE USA

In der Nachkriegszeit, 1948, steht der Entschluss fest, C&A auch in den USA aufzubauen. Die ersten Geschäfte mit C&A-Firmenlogo entstehen in New York: in der Innenstadt an der 5th und der 14th Avenue sowie in den Stadtteilen Brooklyn und Queens. Ende der 1950er Jahre soll das Filialnetz weiter ausgebaut werden. Die Gelegenheit bietet sich, als die Textilkette Ohrbach's verkaufen will; der Vertrag zur Übernahme der Häuser wird 1962 unterschrieben. 1975 wird aus C&A die Amcena, also „American C and A", die 1994 wiederum in American Retail Group (ARG) umbenannt wird. In den Folgejahren kommt es zu verschiedenen Übernahmen, unter anderem von Maurices, Millers Outpost, Uptons, Eastern Mountain Sports, JByrons, Woman's World und Steinbach. Verteilt sind die über 1.000 Geschäftshäuser auf fast alle US-Bundesstaaten; einige Ausnahmen bilden Alaska und Rhode Island. 2005 verkauft die American Retail Group alle Firmen und zieht sich aus dem amerikanischen Markt zurück.

NEUSTART IM WESTEN

Am 20. Juni 1948 setzt mit der Währungsreform in den Westzonen der wirtschaftliche Aufschwung ein. Sie wird zum prägenden Ereignis für eine ganze Generation und leitet die Normalisierung der Verhältnisse ein. Mit Einführung der Deutschen Mark entfällt die Preisbindung der Zonenverwaltungen für viele Waren, und es heißt: „C&A Preise wieder da" – und zwar für Damen-, Herren- und Kinderkleidung. In Hamburg-Altona verkündet C&A in Anzeigen und auf farbigen Säulenplakaten die Wiedereröffnung der Filiale am 2. November 1948. Bei einem verheerenden Luftangriff auf die Hansestadt im Juli 1943 war das Geschäftshaus zerstört worden. Bis zur Wiedererrichtung musste der Verkauf übergangsweise in Mieträumen stattfinden. Auch in Wuppertal-Barmen freut man sich über den „Neuen Start am alten Platz". Das Werbeinserat zur Wiedereröffnung am 17. Dezember zeigt eine moderne Eingangspassage mit großen, lichtdurchfluteten Glasscheiben. Zunächst wird das Untergeschoss als Verkaufsfläche wiederhergestellt, der Ausbau der oberen Etagen ist im folgenden Jahr abgeschlossen.

1948

2 |

3 |

2 | EIN UNKONVENTIONELLER WERBETRÄGER: DER STREICHHOLZBRIEF

Die in den 1930er Jahren beliebte und viel beworbene C&A-Marke *formtreu* wird am 1. Oktober 1948 für das deutsche Markenregister neu angemeldet. Auch *formtreu*-Anzüge werden wieder inseriert. Als ungewöhnlicher, aber – um den Bekanntheitsgrad zu erhöhen – überaus geeigneter Werbeträger erweist sich ein Streichholzbrief: Klein und handlich, passt er in jede Hosentasche, als Gebrauchsgegenstand findet er schnell und unkompliziert Verbreitung. Auf der kleinen Werbefläche ist ein Mann im *formtreu*-Sakko dargestellt. Die C&A-Vignette erscheint dort ebenso wie der *formtreu*-Schriftzug, Letzterer jetzt bereits in moderner Schreibschrift und in Anführungszeichen. „Besser gekleidet für weniger Geld", lautet nach wie vor die traditionelle Devise, wie im Inneren des Briefchens zu lesen ist. Mit diesem Werbeträger beteiligt sich C&A darüber hinaus an der Sportförderung der Wiederaufbauzeit, und zwar widmet sich das Unternehmen dem Breitensport Fußball: Rückseitig wird auf eine Bausteinspende für den gerade im Februar des Jahres neu gegründeten *1. FC Köln 01/07 e. V.* aufmerksam gemacht, der aus der eher der Arbeiterschaft verbundenen *Spielvereinigung Sülz 07* und dem bürgerlich geprägten *Kölner Ballspiel-Club 01* hervorgegangen ist.

3 | „NEW LOOK" BY C&A

Am 12. Februar 1947 hatte der französische Designer Christian Dior seine erste Kollektion „Corolle" vorgestellt, die von der amerikanischen Modejournalistin Carmel Snow als „New Look" bezeichnet wurde. Während der Newcomer der Pariser Haute Couture in Frankreich, den USA und anderen Ländern gefeiert wird, findet dieses Ereignis in Deutschland zunächst keinen Widerhall. Zu groß sind noch die Nöte. Erst mit einjähriger Verspätung berichten die Zeitschriften über Dior, dessen verhältnismäßig lange und weite Röcke viel Stoff benötigen. Die an Stoffknappheit und fast knieenge, enge Röcke gewöhnten Frauen im Nachkriegsdeutschland stellen sich zwar einerseits gegen die verschwenderische Mode, versuchen jedoch andererseits, ihre Säume zu verlängern. Da mit der Währungsreform und der Einführung der Deutschen Mark als alleiniges Zahlungsmittel der Aufschwung in den westlichen Besatzungszonen beginnt, beendet C&A die Kampagne „Schaffensfreud' bricht Kleidernot". Mitte Dezember des Jahres bewirbt das Unternehmen ein wadenlanges, glockig geschnittenes Wollkleid als „New look", bevor die mehrteilige Weihnachtskampagne mit dem Slogan „Viele Wünsche viele Möglichkeiten" gestartet wird.

1 | ENTEIGNUNG UND TREUHÄNDERISCHE VERWALTUNG

Nach der Kapitulation des „Tausendjährigen Reiches" und der Teilung Berlins befinden sich das Stammhaus in der Königstraße 33 und das Haus in der Chausseestraße 113 im sowjetisch besetzten Sektor Berlins. Obwohl die Inhaber aller C&A-Gesellschaften ausnahmslos niederländische Staatsangehörige sind und ihr Vermögen in Deutschland aufgrund der Proklamation Nr. II des Alliierten Kontrollrates vom 20. September 1945 deshalb unangetastet bleiben muss, ordnet der Ost-Berliner Magistrat am 10. Mai 1949 die Enteignung aller C&A-Gesellschaften in seinem Zuständigkeitsbereich an. Alle Einsprüche von C&A laufen ins Leere – die Enteignungen werden seitens der Ost-Berliner Behörden aufrecht erhalten. Der Verkauf von Bekleidung muss eingestellt werden. Das Stammhaus in der Königstraße wird von der *Handelsorganisation HO* und den *Bekleidungswerken Fortschritt* bezogen, die Maschinen des enteigneten Eigentümers laufen weiter. Auch als eine 1951 erlassene Verordnung der DDR-Regierung ausländisches Vermögen ausdrücklich unter Schutz und Verwaltung stellt, bleiben die Berliner Grundstücke „Volkseigentum" der DDR. Nur die Geschäftshäuser in Magdeburg und Leipzig werden entsprechend dieser Verordnung behandelt. Sie bleiben formal Eigentum von C&A, werden aber durch behördlich bestimmte Treuhänder verwaltet und entziehen sich damit der Verfügungsgewalt der inzwischen in Düsseldorf ansässigen C&A-Zentrale. Das Haus Magdeburg wird ab 1949 für die *HO* genutzt; nur in Leipzig wird noch bis 1958 unter Verwendung des Namens C&A Brenninkmeyer Kleidung verkauft.

2 | „MITHELFEN – MITDENKEN – MITGEWINNEN"

In einem ungewöhnlichen Wettbewerb lässt C&A seine Kunden zu Wort kommen: Auf Plakaten und in Prospekten ruft das Unternehmen dazu auf, neue Werbebotschaften zu formulieren. Über 14.000 Einsendungen gehen nach 200.000 verteilten Teilnahmekarten bei C&A ein. Die schönsten Beispiele werden anschließend in Inseraten veröffentlicht: „Ich kaufe nur bei C&A weil vorteilhafte Preise verbunden sind mit Qualität in angenehmer Weise." / „Was werbend C&A verkündet tatsächlich sich im Laden findet ich kauf dort Kleidung, die gefällt ich kaufe gut und spare Geld." / „Für wenig Geld ein gutes Stück und fertig ist ein kleines Glück."

3 | HOFFNUNGSTRÄGER SCHLUSSVERKAUF

Im Sommer 1949 findet der erste Schlussverkauf seit zehn Jahren statt. Voller Hoffnung, dass die Entbehrungen der vergangenen, kummervollen Jahre überwunden sind, zieht es schier unglaubliche Menschenmengen in Deutschlands Innenstädte. Tagelang informiert die Presse über den nur schwer zu bewältigenden Andrang vor den Geschäften, der seit den schweren Zeiten des Krieges erstmals nicht Ausdruck großer Not ist, sondern ein weiteres, so wichtiges Zeichen für die langsame, aber stetige Wiederkehr von Normalität. Was sich vom 25. Juli bis zum 6. August in den C&A-Filialen ereignet hat, lässt sich anhand zeitgenössischer Fotografien sowie ausführlicher, an die Hauptverwaltung adressierter Berichte der Geschäftsleitungen aller Häuser erahnen. Da heißt es in einer Stellungnahme aus dem C&A-Haus in der Hamburger Innenstadt über den ersten Verkaufstag: „Nach Angaben der Polizei standen die ersten Kunden seit 2 Uhr nachts vor dem Eingang. Bei Eröffnung des Geschäfts am Montag regelten 20 Polizisten den Menschenstrom, der sich bis zum Eingang Barkhof hinzog und bis 12 Uhr nicht abriss". Die Geschäftsleitung von Haus Essen schreibt: „Der Ansturm am Montag war bereits um 8 Uhr ungeheuer groß. Gegen 9 Uhr waren die Packtische bereits verstopft und zwar kam das daher, weil die Kunden die in der ersten Stunde gekauften Waren nicht unmittelbar abholten, sondern diese am Packtisch hängen liessen, um teils bei uns, teils in anderen Geschäften Käufe zu tätigen". Aus Bremen erreicht die Hauptverwaltung unter anderem folgende Notiz: „Eine Diebstahlkontrolle war bei dem außerordentlichen Andrang sehr schwer, obwohl wir mehrere Detektive eingestellt hatten, die auch verschiedene Diebstähle feststellten und die Diebinnen namhaft machten." Aus der Filiale in Wuppertal-Barmen wird gemeldet: „Beim Hochgehen des Gitters drängte die Menge derart, daß wir gezwungen waren, die Türen sofort wieder zu schließen. Der Verkaufsraum war sofort überfüllt. Dieser Andrang hat den ganzen Tag über angehalten. Wir haben zwar mehrere Male versucht die Türen offen zu halten, aber es war nicht möglich. Erst um 18,00 Uhr nahm der Betrieb etwas ab, aber auch dann war der Verkaufsraum noch übervoll." Und die Geschäftsleitung von Wuppertal-Elberfeld berichtet: „Der Ansturm am ersten Verkaufstage war unerwartet groß. Leider durchbrach das Publikum gegen 9:30 Uhr unsere Postenkette, wodurch sofort soviel Kunden im Hause waren, daß der Ablauf des Verkaufs für eine halbe Stunde sehr beängstigend wurde". Der Verfasser schließt mit den treffenden Worten: „Alles in allem war der erste Schlußverkauf nach so vielen Jahren eine sehr gute Reklame für unser Unternehmen".

„VOM UMGANG MIT MAJESTÄTEN" – PERSONALAUSBILDUNG UND KUNDENPFLEGE IN DEN 1950ER JAHREN

Die Erfolgsgeschichte von C&A ist nicht zuletzt auch die Geschichte der Menschen, die hier arbeiten. Als „Säulen des Unternehmens" – wie die Mitarbeiter in der internen Kommunikation immer wieder wertschätzend genannt werden – stützen sie die Fortentwicklung der Firma: mit ihrem Wissen und Können, mit ihrem Engagement und ihrer Persönlichkeit.

1 | Andruck einer Stellenanzeige, Ausbildung bei C&A, Frühjahr 1956

Das Bewusstsein um die Bedeutung der Mitarbeiter spiegelt sich seit der Unternehmensgründung auch in der Pflege der Personalpolitik wider.

Eine Zäsur erfahren die Entwicklungs- und Gestaltungsmöglichkeiten im Umgang mit den Mitarbeitern jedoch während der extremen Ausnahmesituation des Zweiten Weltkrieges. Doch schon mit der beginnenden Normalisierung der Verhältnisse gegen Ende der 1940er Jahre wird wieder auf die Linie der Vorkriegsjahre eingeschwenkt und der Personalpolitik erneut ein gewichtiger Stellenwert eingeräumt. Dies betrifft etwa die ausgesprochen guten sozialen Leistungen für die Beschäftigten: So gewährt C&A in den 1950er Jahren nicht nur Weihnachtsgeld und Pensionen, sondern auch übertarifliche Urlaubstage, Heirats- und Geburtenbeihilfen, Zuschüsse zum Krankengeld und auch Zahlungen an die Familienausgleichskasse. Vor allem aber ist es den Inhabern ein großes Anliegen, den qualifizierten Nachwuchs für die Zukunft zu sichern. Um das hohe Niveau zu halten, widmet man sich der Aus- und Weiterbildung des Personals mit besonderer Aufmerksamkeit.

Im eigenen Betrieb wird der Nachwuchs auf zwei Ebenen gefördert. Zum einen bildet C&A in den klassischen, durch die Industrie- und Handelskammer definierten Lehrberufen „Verkäufer" und „Schaufenstergestalter" aus ABB | 1; zum anderen absolvieren so genannte „Substituten" eine mehrjährige, einem Traineeprogramm vergleichbare Ausbildung, die gezielt auf den Aufstieg in leitende Positionen vorbereitet.

Über den fachtheoretischen Unterricht in der Berufsschule hinaus erhalten alle Lehrlinge eine umfassende Ausbildung in den C&A-Häusern. Hier sammeln sie nicht nur praktische Erfahrungen im Berufsalltag, sondern können auch in aktuellen internen Schulungen zu den Gebieten Warenkunde und Warenpflege sowie kaufmännisches Rechnen und Buchführung ihre Kenntnisse vertiefen. Für diesen theoretischen Unterricht werden in den Häusern eigens Schulungsräume eingerichtet. Die Vermittlung der praxisbezogenen Themen liegt in den Händen erfahrener Mitarbeiter; das können Einkäufer und Teamleiter, die damals „Gruppenführer" genannt werden, ebenso sein wie Substituten, die bereits die ersten Sprossen der Karriereleiter erklommen haben. Der kaufmännische Unterricht hingegen wird durch externe Fachlehrer organisiert.

Insgesamt ist das richtige Verhältnis von Theorie und Praxis ein entscheidender Faktor in der Ausbildung bei C&A, und zwar gleichermaßen im Hinblick auf die Lehrberufe wie auf die Substitutenlaufbahn. Auch die angehenden Führungskräfte müssen alles von der Pike auf lernen – „Unsere Ausbildung fing nun mal in der Hausmeisterei an", erinnern sich selbst Angehörige der Inhaberfamilie des Unternehmens an ihre Lehrzeit.

2 | Broschüre „Vom Umgang mit Majestäten", 1948

3 |

4 |

3–10 | Plakatandrucke „Höflichkeitsaktion", 1952

5 |

Betritt ein Kunde Dein Revier,
denk stets: Er ist der König hier!

6 |

Die Kleinen mußt Du nett umsorgen,
weil sie die Kunden sind von morgen!

7 |

Braucht mancher auch zur Wahl viel Zeit,
sei trotzdem voll Verbindlichkeit!

8 |

Für Deinen Schwatz –
nimm es zur Kenntnis –
hat uns're Kundschaft
kein Verständnis!

Die Mühe lohnt sich: Eine erfolgreich abgeschlossene Ausbildung bei C&A bietet jungen Menschen beste Chancen zum beruflichen Aufstieg. In der Regel werden – auch heute noch – rund 80 Prozent der Auszubildenden ins Unternehmen übernommen, wo sie als ein Teil der C&A-Familie oft ihr ganzes Berufsleben verbringen.

Für nachhaltige Verkaufserfolge ist nach der umfassenden Ausbildung eine ständige Weiterbildung unabdingbar, weshalb man auch in diesem Bereich bald nach Kriegsende wieder aktiv wird. Neben der Vermittlung von Fachkenntnissen stehen hier vor allem die Mitarbeitermotivation und die Umgangsformen dem Kunden gegenüber im Vordergrund. So genannte „Soft Skills", wie Höflichkeit und Freundlichkeit, gepaart mit einem verbindlichen Auftreten werden gezielt trainiert, die individuelle Verkaufsbereitschaft und das eigene Interesse am Kunden und an der Ware gefördert. Durch ständige Weiterbildung möchte die Direktion den Angestellten ein Gefühl der fachlichen und persönlichen Sicherheit geben, das sich in der Freude am Beruf ausdrückt. Diese Begeisterung des Personals soll sich auf den Kunden übertragen und dessen Kaufstimmung entsprechend positiv beeinflussen. Die Unternehmensphilosophie sieht vor, nicht nur mit einer großen Auswahl im Warenangebot und einem guten Preis-Leistungs-Verhältnis sowie ansprechender Werbung zu überzeugen, sondern auch mit dem Verkaufspersonal in den Häusern – nur so gewinne man Stammkunden.

Vor diesem Hintergrund werden Mitarbeiter immer wieder mit verschiedenen Unterrichtsmaterialien spielerisch in ihren Verhaltensweisen geschult. So wird im Dezember 1948 eine eigens gedruckte Broschüre als Nikolausgeschenk ausgegeben: „Vom Umgang mit Majestäten". Bei den im Titel genannten „Majestäten" handelt es sich – natürlich – um die Kunden, wie beim Öffnen des Heftchens sofort deutlich wird. Gleich einem „Knigge" für den richtigen Umgang mit Kunden, veranschaulichen hübsche Illustrationen dem Verkäufer, aber auch deren Vorgesetzten, was ein erfolgreiches Verkaufsgespräch ausmacht ABB | 2.

Dieselbe Intention, nämlich die Steigerung der Kundenzufriedenheit durch ein verbessertes Auftreten des Verkaufspersonals, liegt auch einer etwa vier Jahre später gestarteten Kampagne zugrunde: Im Herbst 1952, im Rahmen der sogenannten „Höflichkeitsaktion", werden wöchentlich wechselnde, großformatige Plakate in den Aufenthaltsräumen der C&A-Häuser ausgehängt. In karikaturartig-spaßhaften Darstellungen machen sie die Mitarbeiter auf grobe und häufig auftretende Fehler aufmerksam. Die Bildunterschriften gemahnen unter anderem an das Motto: „Betritt ein Kunde Dein Revier, denk stets: Er ist der König hier!" Zum perfekten Verkaufsauftritt gehört zu guter Letzt ein entsprechendes äußeres Erscheinungsbild. Die Plakate zeigen uns heute auch, welche „Uniform" von C&A-Verkäufern und Verkäuferinnen in den frühen 1950er Jahren erwartet wird. Während er Anzug oder Kombination in gedeckten Farben mit Hemd und Krawatte zu tragen hat, soll sie sich mit schwarzem Rock und weißer Bluse kleiden ABB | 3-10.

9

10

Im Jahr 1953 beschließt die Direktion, die Schulung des Personals auf breiter Basis in einem einheitlichen Aus- und Weiterbildungsplan zu strukturieren, wobei bereits praktizierte und bewährte Mechanismen durchaus aufgegriffen und weitergeführt werden. Es wird ein Programm entwickelt, das zwei Stufen der Aus- und Weiterbildung vorsieht.

Die erste Stufe, deren Organisation und Durchführung zentral bei der Hauptverwaltung liegen, richtet sich ausschließlich an Mitarbeiter mit Führungsverantwortung in den einzelnen Häusern: an Gruppenführer, aber auch an fortgeschrittene Substituten, die sich im „Arbeitskreis zur Berufsförderung" zusammenfinden. Sie treffen sich regelmäßig zu Tagungen in Remagen und Rhöndorf, wo sie nicht nur inhaltlich unterrichtet, sondern zusätzlich von externen Fachkräften darauf vorbereitet werden, in den Häusern ihrerseits Schulungen für die übrigen Kollegen abzuhalten. So ist es ihre Aufgabe, die zweite Stufe des Ausbildungsplanes umzusetzen: die Breitenarbeit in den Filialen.

Hier ist das Organisationstalent der jeweiligen Betriebsleiter vor Ort gefragt, denn in jedem einzelnen Store muss diese zweite Stufe der Ausbildungstätigkeit als selbstständiger Bereich dauerhaft in den Arbeitsalltag integriert werden. Die in Stufe eins unterwiesenen leitenden Angestellten, die außerdem ständig von Einkäufern instruiert und mit detaillierten Warenbeschreibungen aus der Werbeabteilung gebrieft werden, geben ihr Wissen zum einen in theoretisch ausgerichteten Grundlagenschulungen weiter. Situations- und bedarfsabhängig veranstalten sie zum anderen auch Meetings außer der Reihe und helfen mit Besprechungen am Arbeitsplatz. Dabei sind die Kernthemen nach wie vor das optimale Verhalten gegenüber dem Kunden sowie die differenzierte Kenntnis des aktuellen Warensortiments. Um kundenorientiertes Verhalten einzuüben, werden beispielsweise regelmäßig Reklamationen ausgewertet und mögliche Verbesserungen gemeinsam mit den Mitarbeitern des Verkaufs kritisch erörtert. Die laufenden Neuheiten in Sachen Stoffe und Schnitte ebenso wie die Behandlungsvorschriften und Verwendungsmöglichkeiten für die verschiedenen Materialien erläutern Einkäufer und Substituten, indem sie die aktuellen Verkaufsinserate mit dem Personal besprechen.

Grundsätzlich wird bei allen Unterweisungen großer Wert auf anschaulich präsentierendes Schulungsmaterial gelegt. Das dokumentiert auch ein Handbuch, welches die Werbeabteilung im Jahr 1955 für die Einführung der Lehrlinge zusammengestellt hat. Die Broschüre ist so gestaltet, dass die Neulinge im ersten Lehrjahr schrittweise mit der Organisation des Unternehmens und der Häuser vertraut gemacht werden ABB | 11-14.

Offen zeigt man sich auch gegenüber neuen Medien. So führt C&A in den 1950er Jahren so genannte *Laux*-Tonbildschauen zur Weiterbildung der Mitarbeiter ein. Dabei handelt es sich um von der Frankfurter Firma *Laux Studios KG* produzierte Diaserien mit erläuternden Sprachaufnahmen, die parallel vorgeführt werden. Mit diesem Verfahren schulen bereits einige namhafte Firmen ihr Personal – im Großkonfektions-Einzelhandel ist C&A jedoch

11 | „Handbuch für unsere Lehrlinge",
Titelseite, 1955

12 | „Handbuch für unsere Lehrlinge",
Organisation eines C&A-Hauses, 1955

13 | „Handbuch für unsere Lehrlinge",
Personelle Besetzung der Verkaufsabteilung, 1955

14 | „Handbuch für unsere Lehrlinge",
Die Vorzüge von C&A, 1955

Vorreiter im Einsatz der Tonbildschau: Im Frühjahr/Sommer 1955 wird die erste von C&A in Auftrag gegebene Serie mit dem Titel „Höflichkeit und Freundlichkeit des Verkaufspersonals" in allen C&A-Häusern gezeigt. Die Betriebsleiter und Einkäufer der einzelnen Häuser liefern in der Folge aktuelle Themen, aus denen die Werbeabteilung Beiträge für weitere von *Laux* herzustellende Tonbildschauen entwickelt. Da zwei Sinne – Augen und Ohren – simultan angesprochen werden, bleibt der Lerninhalt besser im Gedächtnis haften; und die positive Resonanz auf die Tonbildschauen veranlasst die Unternehmensführung, dieses Instrument noch bis in 1990er Jahre hinein zu Schulungszwecken einzusetzen.

Schon 1956 folgt zum Beispiel die Tonbildschau „Verkaufen ohne zu fragen", die eine neue Verkaufsmethode von C&A vorstellt ABB|15. Die Einführung dieser neuen, so genannten „rationellen" Verkaufsmethode, mit der das Selbstbedienungsprinzip vorangetrieben werden soll, ist für das Unternehmen von großer Bedeutung. Da zur Umsetzung eine gezielte Vorgehensweise im Verkaufsgespräch und im Umgang mit dem Kunden gefordert ist, muss eine wegweisende Schulung vorausgehen. Sie soll dem Personal vermitteln, welche Vorteile sich sowohl für den Kunden als auch für den Verkäufer ergeben. Aus diesem Grund werden 1957 spezielle Verkaufstrainer eingeteilt, die bereits seit zwei Jahren auf ihre Aufgabe vorbereitet werden und von jeder anderen Arbeit freigestellt sind, um sich ausschließlich der Ausbildung der Mitarbeiter widmen zu können. Je nach Größe der Verkaufshäuser ist ein Trainer für einen einzigen oder auch mehrere Standorte zuständig; gelehrt wird in jedem Haus in Arbeitsgruppen. Über die Hauptverwaltung werden die Trainer regelmäßig weitergebildet und mit aktuellem

15 | Ausschnitte aus der Tonbildschau „Verkaufen ohne zu fragen", 1956

Unterrichtsstoff versorgt, damit sie immer „up to date" sind. Schließlich tragen sie mit ihren Schulungen zu Routinethemen wie Waren- und Verkaufskunde, Service, der Organisation von C&A oder Arbeitssicherheit, aber auch mit Einheiten zu den kommenden Modetrends entscheidend mit dazu bei, dass die Lehrlinge der C&A-Häuser regelmäßig zu den Besten ihres Jahrgangs gehören.

So wie das Selbstbedienungsprinzip heute als Selbstverständlichkeit etabliert ist, haben auch die von C&A in den 1950er Jahren entwickelten Aus- und Weiterbildungsmethoden in ihren Strukturen nach wie vor Bestand. Natürlich hat eine den aktuellen Anforderungen angepasste Spezialisierung und Weiterentwicklung stattgefunden; immer wichtiger ist es für das ständig wachsende Unternehmen geworden, dass die Trainer bei der Vermittlung von fachlichem Know-how auch ein Gespür für die einzelnen Menschen mit ihren jeweiligen Stärken und Schwächen an den Tag legen. Die Zuwendung zu jedem einzelnen Mitarbeiter macht es möglich, wenn erforderlich, individuelle Ausbildungspläne zu erstellen und ihn gemäß den persönlichen Bedürfnissen zu fördern. Gestern wie heute sollen die Schulungen dazu dienen, die Mitarbeiter zu eigenverantwortlichem Arbeiten anzuleiten und in ihrer Persönlichkeitsentfaltung zu unterstützen – denn angesichts der immer neuen Herausforderungen des Marktes machen starke Mitarbeiter das Unternehmen stark.

Annegret Buller

JUKEBOX GOGGOMOBIL ELVIS FRÄULEINWUNDER ERNST KONRAD ADENAUER WASSERSTOFF MÜTTERGENESUNGSWERK AUDREY GRACE KELLY GASTARBEITER CURARE ELIZABETH II LEBENSMITTEL DDR NATO JAMES DEAN KALTER KRIEG EDMUND HILLARY DAS PRINZIP WUNDER SPUTNIK VALENTINO ROSITA GÜNTER GRASS 17. JUNI ROMY SCHNEIDER PETTICOAT AUGSBURGER PUPPENKISTE VOLKSAKTIE WIRTSCHAFT ASTERIX & OBELIX OECD RADIAL REIFEN MONTANUNION HALLSTEIN RÖMISCHE VERTRÄGE KREDITKARTE TOKIO BIKINI LAGO SEPP HERBERGER A-LINIE FLÜCHTLINGSGEMEINSCHAFT LOUIS FÉRDINAND GEHEN HEINZ ERHARDT SCIENCE

PRESLEY WARSCHAUER PAK
HEMINGWAY KNÜPFERLI KO
FFBOMBE NIERENTISCH MÜT
Y HEPBURN FURY MILCHBAR
HUBERT DE GIVENCHY ATOM
TELKARTEN MARILYN MONR
R KRIEG COCKTAILSESSEL ED
HOFFNUNG WIRTSCHAFTSW
SETTA BABY-BOOM DOCUME
TANTE EMMA LADEN VESPA
KOREAKRIEG AUGSBURGER
EHRPFLICHT BRIGITTE BARD
DWIG ERHARD HULA-HOOP-
STARKE KELLY-BAG RÖMISCH
OCK 'N' ROLL DOKTOR SCHIW
EUROPÄISCHE WIRTSCHAFT
JD GUMMIBAUM FARBFERNS
OLOGY PEANUTS ITALIENREI

1 | „BEQUEMERES KAUFEN" DURCH SELBSTBEDIENUNG!

Bereits 1941 hatte die Geschäftsleitung von C&A angeregt, durch geschickt positionierte Ständer die Selbstbedienung bei Kleidungsstücken in niedriger Preislage zu forcieren, um – insbesondere bei starkem Kundenandrang – die Verkaufskräfte zu entlasten. Erstmals konsequent umgesetzt wird das Selbstbedienungskonzept bei C&A 1950. In diesem Jahr werden Selbstbedienungstheken für Herrenhemden eingerichtet – auch zu diesem Zeitpunkt noch eine absolute Neuheit im deutschen Textilhandel. Noch im Januar 1953 schreibt der *Spiegel* über die lediglich hundert Selbstbedienungsläden im ganzen Land und nimmt ausschließlich Bezug auf die Umsetzung des innovativen Verkaufssystems in Lebensmittelgeschäften. In verschiedenen Annoncen informiert C&A daher den Kunden über die Vorteile der Selbstbedienung, so beispielsweise in einer Werbeanzeige vom 5. Dezember 1950, in der „zwangloses Wählen", „schnelleres Finden", „bequemeres Kaufen" und „günstigere Preise" in Aussicht gestellt werden. Obwohl eine Ausdehnung der fortschrittlichen Verkaufsmethode auf weitere Konfektionsartikel damals für viele Kunden wie Händler auf dem deutschen Markt noch schwer vorstellbar ist, glaubt die C&A-Unternehmensführung bereits fest an die Zukunft der Selbstbedienung, die zu diesem Zeitpunkt in Amerika schon weit verbreitet ist. Ein Jahr später heißt es in einer Ansprache an die im Verkauf tätigen Mitarbeiter: „Auch in der Verkaufstechnik müssen wir mit der Zeit mitgehen, wenn wir wettbewerbsfähig bleiben wollen. [...] Als Verkäufer wollen wir uns dem Kunden nicht aufdrängen, sondern ihm die Möglichkeit lassen, frei und ungezwungen die Ware durchzusehen. Aus diesem Grunde sind unsere neuen Ständer auch so konstruiert und aufgestellt, daß der Kunde an die Ware ohne weiteres herankann, eine Einrichtung die von fast allen Kunden sehr begrüßt wird."

2 | EIN FORMTREU-ULSTER

Bei dem schweren, wuchtigen *formtreu*-Mantel handelt es sich um einen Ulster – benannt nach dem sehr strapazierfähigen, dicht gewalkten und gerauten Stoff aus der gleichnamigen Provinz Nordirlands. Der schwarze Ulster ist mit sechs, in zwei parallelen Reihen angeordneten Knöpfen ausgestattet. Typisch sind die breiten Ärmelaufschläge und die ungefähr daumenbreit abgesteppten Kanten. In Taillenhöhe ist ein Gürtel angebracht. Möglicherweise ist der vorliegende Mantel in der Fabra in Mettingen gefertigt worden, denn diese auf Herrenmode spezialisierte Eigenfabrikation stellt auch in den Folgejahren vornehmlich Sakkos und Mäntel für verschiedene Eigenmarken von C&A, etwa für *formtreu* und *wertarbeit*, her.

C&A BERLIN, KOTTBUSSER DAMM 72
17.03.1950

1950

EIGENFABRIKATION IN METTINGEN

Nachdem C&A bereits während des Krieges einen Teil der Eigenfabrikation in das westfälische Mettingen verlagert hatte, setzt das Familienunternehmen in der Nachkriegszeit den Entschluss um, dort dauerhaft zu produzieren. Zunächst dienen verschiedene Gaststätten und das Jugendheim als provisorische Unterkünfte, doch bereits am 7. Mai 1949 wird der Grundstein für die Fabrikationshalle auf dem Grundstück Overgünne – dem heutigen Forum der DRAIFLESSEN Collection – gelegt. Schon im Herbst des Jahres kann ein Teil der Werkhalle bezogen werden, die aber erst ein Jahr später fertiggestellt ist. So stehen 1950 nicht nur die Zutaten für die Verarbeitung zu Herrenkleidung bereit, vor allem die Näherinnen sehen gespannt der feierlichen Einsegnung von Gebäude und Betriebsgelände entgegen, die traditionell auch einen Gottesdienst beinhaltet. Unter Leitung von Edgar Klees beginnt unmittelbar darauf die Produktion. Noch im selben Jahr ist der erste Anbau erforderlich: Es bedarf einer Verlängerung der Fließbänder und einer Erweiterung der Bügelanlage. Auch die Mitarbeiterzahl wächst rasch: Waren in den Nachkriegsjahren ungefähr 100 Personen in Mettingen beschäftigt, so sind es im Jahr 1950 bereits über 500, für die dann im Spätsommer ein ganzer Zug gechartert wird, um gemeinsam eine „Fahrt ins Grüne" zu unternehmen.

1 | ERÖFFNUNG HAUS BOCHUM

Am 26. April eröffnet C&A seine Bochumer Filiale – die erste Expansion in eine neue Stadt seit dem Ende des Zweiten Weltkrieges. Ausführender Architekt des Bochumer Projektes ist Ernst August Gärtner, der als junger Mann für Sepp Kaiser gearbeitet und 1934 die Bauleitung beim Neubau der Essener C&A-Filiale übernommen hatte. Kurz nach dem Ende des Zweiten Weltkrieges gründete Gärtner 1947 ein großes Architekturbüro in Essen. Unter dem Namen *Nattler Architekten* arbeitet das Essener Traditionsbüro bis heute für das Unternehmen C&A.

2 | DAS KLEINE PORTEMONNAIE

Eine niedliche Werbefigur steht im Mittelpunkt der C&A-Werbung für den Schlussverkauf im Sommer 1951: ein vor Freude strahlendes kleines Portemonnaie. In seiner linken Hand hält es eine große Tragetasche von C&A. Einmal mehr wird das am Preis-Leistungs-Verhältnis orientierte Angebot des Unternehmens als zentrale Werbebotschaft in einem witzigen Bildmotiv visualisiert.

3 | „FREUND CANTERBUMM IST WIEDER DA!"

„Halli – hallo! – Trari – trara! Freund Canterbumm ist wieder da!" Nachdem die beliebte Hausmitteilung für die kleinen Freunde und Kunden von C&A 1939 mit Ausbruch des Zweiten Weltkrieges eingestellt worden war, erscheint sie erstmals wieder im Januar 1951. Freund Canterbumm landet mit seinem Hubschrauber auf dem Flugplatz und wird von vielen Reportern empfangen. Auf die Frage, wo er so lange war, will er erst in der nächsten Ausgabe antworten. Auch im Hörfunk wird verkündet, dass am „Kindertag bei C&A" jetzt wieder regelmäßige Ausgaben mit neuen Abenteuern und Märchen, interessanten Berichten aus der weiten Welt, aus Natur und Technik sowie unterhaltsamen C&A-Rätseln und Bastelanleitungen abzuholen sind. Und wo war Canterbumm nun so lange? „Zum Studium, sagt Canterbumm, trieb ich mich auf dem Mond herum."

4 | DIE EIGENFABRIKATION IN BERLIN...

Die 1921 als kleine Abteilung in Räumen des Berliner C&A-Hauses an der Königstraße aufgenommene und sich zunächst auf Damenmäntel beschränkende Eigenfabrikation war in den folgenden Jahren sowohl räumlich als auch hinsichtlich des Produktsortiments stetig erweitert worden. Gegen Ende des Krieges fast vollständig zum Erliegen gekommen, soll die Herstellung von Kleidung in Berlin nun, sechs Jahre nach Kriegsende, wieder in großem Umfang angegangen werden. Neuer Standort der inzwischen zur „Fabra" vereinten vormaligen Produktionsbetriebe von C&A ist das Haus in der Oranienstraße. Hier war der Verkauf im März 1950 eingestellt worden, als am Kottbusser Damm in Berlin-Neukölln ein C&A-Haus eröffnet worden war. Die dadurch frei gewordenen Räume bieten endlich ausreichenden Platz für einen Neustart der Eigenproduktion in der alten Hauptstadt.

C&A BOCHUM, KORTUMSTRASSE 70
26.04.1951

3 |

4 |

5 |

6 |

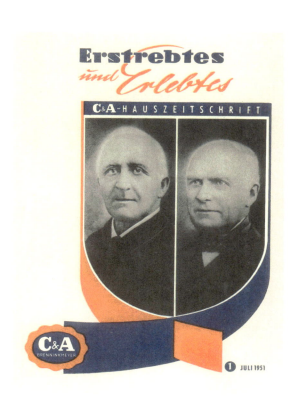

5 | … UND IM SELBEN JAHR IN ESSEN

Die Essener Eigenfabrikation war im November 1947 zunächst als eine aus 30 Arbeitskräften bestehende Nähabteilung im ersten Obergeschoss des C&A-Geschäftshauses in Essen entstanden. Produziert wurden dort in erster Linie aus gefärbten und imprägnierten Bettlaken hergestellte Damenmäntel. Aufgrund der großen Nachfrage in der Nachkriegszeit wuchs die Abteilung rasch, sodass 1948 ein Umzug in den vierten Stock erfolgte, wo an drei Fließbändern ausschließlich Damenkleider gefertigt wurden. 1951 bekommt die Abteilung Besuch von der Illustrierten *ABZ – Arbeit in Bild und Zeit*, die fortlaufend reich bebilderte Reportagen zu den unterschiedlichsten Berufsgruppen abdruckt. Diesmal sind die Arbeitsplätze in der C&A-Eigenfabrikation das Thema.

6 | „ERSTREBTES UND ERLEBTES"

Die Hauszeitschrift *Erstrebtes und Erlebtes* ist die erste Broschüre für C&A-Mitarbeiter, die alle Beteiligten auf dem Laufenden halten und regelmäßig über Interessantes aus der C&A-Welt berichten soll. Das Vorwort der ersten Ausgabe vom Juli 1951 startet mit einem passenden Zitat von Johann Wolfgang von Goethe: „Wie fruchtbar ist der kleinste Kreis, wenn man ihn wohl zu pflegen weiß." Die Geschäftsleitung zeigt sich besonders erfreut, dass die Anregung zu dieser Hauszeitschrift von den Angestellten selbst gekommen ist. Die erste Ausgabe lässt die Mitarbeiter zudem auf 110 Jahre C&A-Unternehmensgeschichte zurückblicken, informiert über die aktuelle Eröffnung der Filiale in Bochum, befasst sich mit Modedesign und Fertigkleidung und gibt Auskunft über die C&A-Eigenfabrikation.

EIN NEUBAU FÜR DIE EIGENPRODUKTION

Im August 1952 rollt endlich die Produktion von Damenkleidern, Damenröcken sowie Mädchenmänteln, Kostümen und Anoraks im Neubau der Fabra Essen an. Ein Fabrikneubau wurde bereits zwei Jahre zuvor angestoßen, die Planungen dazu aber aufgrund unklarer Finanzierung wieder auf Eis gelegt. Bis 1952 befindet sich die Nähabteilung in Essen – wie auch an den Standorten Duisburg und Köln – in Räumlichkeiten des C&A-Geschäftshauses. Ein entscheidender betriebswirtschaftlicher Nachteil ist der Verlust wertvoller Verkaufsfläche, der besonders in Köln, wo die Eigenfabrikation drei Stockwerke des Geschäftshauses einnimmt, kaum zu übersehen ist. Das seit der Währungsreform rasant steigende Konsumbedürfnis der Bundesbürger lässt die Auslagerung der Fertigung aus den Geschäftshäusern immer dringlicher werden. 1951 sind die Planungen für eine große Fabrik daher wieder aufgegriffen worden. Als Grundstück steht das Gelände des ehemaligen *Krupp'schen Panzerplattenwerks* zur Verfügung. Die nordrhein-westfälische Landesregierung fördert das Vorhaben von C&A aufgrund des öffentlichen Interesses, so wenigstens den Verlust eines Teils der Arbeitsplätze des vormaligen *Krupp*-Standortes kompensieren zu können. Noch im Dezember 1951 beginnen die Bauarbeiten nach Plänen des Essener Architekturbüros von Ernst August Gärtner.

SPRINGELASTISCHE TIERHAARE

Was haben die erste Taschenuhr, das sogenannte „Nürnberger Ei", und ein *formtreu*-Sakko gemeinsam? Springelastische Tierhaare! Anfang des 16. Jahrhunderts konstruierte der deutsche Erfinder Peter Henlein die erste tragbare Uhr. In eines seiner ersten Modelle hatte er eine Schweineborste eingebaut, die im Miniaturformat das Federzugprinzip der Standuhren imitierte, ohne ein Pendel und Gewichte zu benötigen. Später ersetzte er die Schweineborste durch eine Spiralfeder aus Metall. Und das *formtreu*-Sakko? Wie bei der Taschenuhr liegt die technische Raffinesse auch hier im Inneren verborgen. Durch die „elastische Wollwattierung" der *formtreu*-Einlage mit Tierhaaren wird die Kleidung vor dem Knautschen bewahrt und bleibt somit – im wahrsten Sinne des Wortes – seiner Form treu. Dieses Qualitätsmerkmal hatte „der so veredelten Kleidung" in den 1930er Jahren ihren Namen gegeben und ist nun, im April 1952, Anlass für den Vergleich mit der Taschenuhr in einer Zeitungsanzeige. In diesem Jahr wirbt C&A als „Fachgeschäft für Fertigkleidung" zudem wiederkehrend mit dem Teilsatz „wie im Frieden" für die Marke *formtreu* – die erste Eigenmarke von C&A als Garant für Qualität, vor wie nach dem Zweiten Weltkrieg.

C&A MANNHEIM, AM PARADEPLATZ
27.03.1952

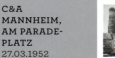
C&A MÜNCHEN, KAUFINGER STRASSE 13–14
17.09.1952

1952

3 | LOGISTIK AM BEISPIEL HAUS MÜNCHEN

München 1952. Ein Lastwagen ist am Wareneingang eines C&A-Hauses vorgefahren. Zwei Männer stehen auf der Ladefläche. Unermüdlich heben sie die schweren Mäntel von den Kleiderstangen im Inneren des Fahrzeugs, während ihre Kollegen vor der Ladefläche immer neue Metallständer bereitstellen. Diese Szenen stammen aus einem originalen Filmdokument über die Münchner Filiale, das die Anfänge der Geschichte der großen Dépendance im Herzen der bayerischen Hauptstadt von der Bauplanung bis zur Eröffnung im September 1952 eindrucksvoll wiedergibt.

4 | „IMMER ADRETT!" – DAS HAUSHALTSKLEID

In den 1950er Jahren ist es noch üblich, sich je nach Tageszeit unterschiedlich zu kleiden und Berufs- und Freizeit- beziehungsweise Sonntagskleidung strikt voneinander zu trennen. Für die Hausfrau bietet C&A modische, praktische und strapazierfähige Haushaltskleider aus Baumwolle zu günstigen Preisen an. Diese Kleider ersetzen gerade im Sommer die Kombination aus Tageskleidung – zumeist Rock und Bluse oder Pullover – und Schürze oder Kittel.

5 | EIN POSTKARTENGRUSS VOM OKTOBERFEST

Zur Eröffnung der Münchner Filiale in der Kaufingerstraße 13–14 bringt C&A vier Ansichtskarten heraus. In die Schwarz-Weiß-Fotografien bekannter Sehenswürdigkeiten der Stadt sind farbige Modezeichnungen collageartig eingebunden. Die Werbeaktion richtet sich vor allem an die Besucher des damals bereits weltberühmten Oktoberfestes, das drei Tage später, am 20. September, um Punkt 12 Uhr, mit dem traditionellen Fassanstich eröffnet wird. In der Annahme, dass Touristen die Karten an Freunde und Familienangehörige in ganz Deutschland verschicken werden, erhofft sich C&A eine Verbreitung seiner modischen Schnitte – auch in Städten, die bisher keine C&A-Filiale haben.

6 | PASSAT

„... der zuverlässige Wind und Freund aller Seebären, hat dem ‚C&A-Passat' Popeline-Mantel für Damen zu seinem Namen verholfen." Nach *formtreu imprägniert*, eingetragen im Jahr 1935, wird mit *Passat* im März 1952 erneut eine Marke für Regenkleidung eingeführt. Die Anzeigen richten sich – anders als bei *formtreu* – gezielt an die Damenwelt. Die Damen-Popelinemäntel sind nicht nur praktisch und angenehm zu tragende Funktionskleidung, sondern auch in vielen Formen und Farben erhältlich. Der Name bezieht sich auch auf das deutsche Handelsschulschiff „Passat", das in diesem Jahr nach Südamerika in See sticht. So spiegelt sich in der Eigenmarke die Sehnsucht nach der weiten Welt – modern ist, was fremdartig und exotisch klingt.

1 | „WENN DAS SO WEITERGEHT …"

In einer Anzeigenserie übt C&A im Juni deutlich Kritik an der in München noch üblichen verkürzten Samstagsöffnungszeit bis 14 Uhr und kündigt an, ab dem 20. Juni seine Filiale samstags erst um 17 Uhr zu schließen. „Wenn das so weitergeht …", heißt es zum Beispiel am 12. Juni, „hat der Klapperstorch in München am Sonnabend ab 14 Uhr Abholverbot." Einen Tag später kommt es zu einer großen Demonstration der Gewerkschaftsverbände vor dem Münchner C&A-Haus. Sie tragen Banner mit provokanten Aufschriften wie „Wenn das so weitergeht: Haben wir bald keine Mutti mehr!". Während C&A die Meinung vertritt, mit der verlängerten Ladenöffnung doch vor allem im Interesse des Kunden zu handeln, sehen die Gewerkschaftsverbände darin einen klaren Verstoß gegen den Anspruch der Mitarbeiter auf einen freien Samstagnachmittag. C&A hingegen betont, dass die Mitarbeiter sich mit der unternehmerischen Entscheidung einverstanden erklärten und, mehr noch, sogar sehr zufrieden seien mit der Ausgleichsregelung, für die am Wochenende zusätzlich geleisteten Stunden an einem Werktag entsprechend weniger zu arbeiten. Am 19. Juni bezieht C&A in der Münchner Tagespresse eindeutig Stellung zur Ladenschlussfrage. Unter der Überschrift „Worum geht es?" erklärt das Unternehmen: „Im Grunde um das Recht der freien Entscheidung. C&A will seinen Kunden die Möglichkeit bieten, auch an den Samstag-Nachmittagen einzukaufen. Wer die ganze Woche hindurch angestrengt zu arbeiten hat, wird diese Einkaufserleichterung so verstehen, wie sie gemeint ist: Als Dienst am Kunden. Das Gesetz gibt die Möglichkeit, Geschäfte am Samstag-Nachmittag offen zu halten. Es lässt auch die Freiheit, sie zu schließen. Es wäre erfreulich, wenn alle nach dem gleichen Grundsatz der Toleranz handeln würden. Die letzte Entscheidung läge dann beim Kunden – und auf die kommt es doch an." Die gegnerischen Parteien berufen sich auf ein Ladenschlussgesetz, bei dem es sich – so stellt es die Wochenzeitschrift *Der Spiegel* in einem Bericht vom 24. Juni 1953 dar – eigentlich nur um eine Vereinbarung handelt, die noch dazu sechs Jahre zuvor in einem völlig anderen Kontext getroffen worden ist: Aufgrund des anhaltenden Warenmangels nämlich wurde 1947 in München beschlossen, dass die Geschäfte vorübergehend samstags bereits um 14 Uhr schließen sollten.

Für C&A handelt es sich in München nicht um die erste Auseinandersetzung mit der Ladenschlussfrage: Bereits 1950 hat das Unternehmen in Bremen erfolgreich um verlängerte Öffnungszeiten gekämpft. Und auch in München kann sich C&A durchsetzen und hält seine Türen fortan samstags bis 17 Uhr für seine Kundschaft geöffnet.

2 | „KREUZ UND QUER …"

„… zu jeder Stadt, die ein C&A-Haus hat" führt die Reise, zu der Onkel Canterbumm, Titelheld der C&A-Kinder-Hauszeitschrift, „seine kleinen Freunde und Kunden" im Dezember 1953 mit einem als Werbegeschenk ausgegebenen Würfelspiel einlädt. Der farbenfroh gestaltete Spielplan bildet neben Ansichten aller C&A-Häuser auch besondere Wahrzeichen der jeweiligen Städte ab – etwa den Bremer Roland, das Brandenburger Tor in Berlin, die Wuppertaler Schwebebahn, den Kölner Dom, das Münchner Rathaus oder auch Industrielandschaften in Ruhrgebietsstädten – und vermittelt so spielerisch nebenbei ein bisschen Städtekunde. Ebenfalls in das Spiel integriert ist die aktuelle Werbekampagne von C&A zum Thema Barkauf: Als wiederholt auftretendes Aktionsfeld bringt das „Barkaufzeichen" dem Spieler Glück, der „Ratenschreck" hingegen Pech, wie die Spielanleitung erläutert. Damit wird die gegensätzliche Positiv- beziehungsweise Negativ-Assoziation mit den beiden Symbolen durch eigenes Erleben im Spielverlauf hergestellt, die Werbebotschaft also kindgerecht transportiert.

C&A BERLIN,
KARL-MARX-
STRASSE 95
24.09.1953

1953

3 | „BARKAUF IST SPARKAUF"

Der Ratenschreck, eine dickliche Kreatur mit grimmigem Gesichtsausdruck, ist 1953 die Hauptfigur der C&A-Werbekampagne „Barkauf ist Sparkauf". Das Unternehmen bezieht damit eindeutig Stellung im Kampf gegen den immer stärker im Einzelhandel propagierten Ratenkauf. „Ist ‚er' der richtige Begleiter?", heißt es in einer Anzeige. Dargestellt ist der Ratenschreck an der Seite einer zierlichen Frau, die er, bildlich gesprochen, zum Ratenkauf verführt. Die anschauliche Illustration wird durch einen eindringlichen Werbetext ergänzt: „Teilzahlung scheint verlockend zwar, doch kluge Leute kaufen bar. Sie sparen Zinsen und Gebühren und weisen Ratenschreck die Türen!"

Anfang des Jahres 1953 erhält der Ratenschreck einen Gegenspieler: Herrn Ratenfrei. Die Wochenzeitschrift *Der Spiegel* umschreibt dessen stets freudig strahlendes Konterfei als „gemütlich-pfiffigen Tobias-Knopp-Typ" – dies in Anspielung auf den Helden aus der Wilhelm-Busch-Triologie. Auch Herr Ratenfrei hält kluge Ratschläge für den Leser bereit: „Wer bar kauft – der kauft sorgenfrei, und außerdem ... er spart dabei!" Im Hintergrund ergreift der Ratenschreck die Flucht.

„Bei Stottermanns" lautet der Titel einer weiteren humorvollen Serie von illustrierten Anzeigen, in denen C&A im Frühjahr des Jahres die Vorteile des Barkaufs hervorhebt. Darin gesteht zum Beispiel der betrunkene Herr Stottermann seiner Gemahlin, dass er seinen Hut verloren hat. Verärgert entgegnet Frau Stottermann ihrem Mann: „Jawoll! – verloren – gleich nach der ersten Rate!! Nu gehste man schön ohne Hut – oder willste Dir vielleicht den Ratenvertrag aufsetzen?"

4 | DAS WARTEN LOHNT SICH

Beim Schlussverkauf einen Platz in der ersten Reihe zu ergattern, ist bei den zu erwartenden Angeboten sehr erstrebenswert. Wie die kluge C&A-Kundin aus Bremen weiß, ist der Andrang schon Stunden vor der Öffnung groß. Doch egal wie lange es dauern mag, das Angebot zum Ausverkauf wird das Warten sicher entlohnen. Währenddessen kann man sich die Zeit ja auch sinnvoll vertreiben: mit Stricken, Zeitungslektüre oder beim Plaudern mit den Ordnungshütern. Dass sich das Warten auch diesmal wieder gelohnt hat, zeigt ein weiteres Foto, auf dem die Kundin aus der ersten Reihe stolz ihre Tüten aus dem Laden herausträgt.

*Ihr lieben Hörer fern und nah, das war ein Gruß von C&A.
Ja, Berlin kauft da, darum sagt man ja: Gehen Sie zu C&A!*

*Tritt' ein, such' aus, was Dir gefällt. Für Dich und Deine eig'ne Welt.
Es ist alles da, es liegt greifbar nah: greifbar nah bei C&A!*

1 | „GEHEN SIE ZU C&A!"

Schon 1933 hatte C&A seine Reklame auf das immer einflussreichere Medium Hörfunk ausgeweitet, um seine Werbebotschaften noch eindringlicher den Adressaten zu vermitteln. Seine Blütezeit erlebt der Hörfunk jedoch in den 1950er Jahren. In fast jedem Haushalt ist das Radio mittlerweile das primäre Unterhaltungs- und Informationsmedium. Die Hörer lauschen mit ungeteilter Aufmerksamkeit dem Programm. Vor allem Hörspiele sind beliebt. So ist es nicht verwunderlich, dass C&A 1953 zum Neubau des Hauses in Berlin-Neukölln Informationssendungen mit der beachtlichen Länge von 15 Minuten ausstrahlt, die den Fortschritt des Baus schildern und Vorfreude auf die Eröffnung wecken. Die zwei Sprecher gucken „über den Bauzaun" und informieren den Hörer sowohl über die verwendeten Baustoffe und Techniken, die Anzahl der Handwerker als auch über die Größe und Gestaltung des Hauses.

Anfang 1954 starten die ersten kürzeren Radiosendungen. „Das klingt Ihnen vertraut, nicht wahr liebe Hörer?", fragt der Sprecher dort immer zu Anfang einer jeden der zweieinhalb Minuten langen Folgen, in denen C&A in erster Linie über den Erweiterungsbau des Berliner Hauses in der Wilmersdorfer Straße berichtet. Die Sprecher preisen beispielsweise die weiträumigen Obergeschosse, zu denen die Kunden über eine bequeme Rolltreppe gelangen können. Auch die Grundsätze des Unternehmens werden dort natürlich erläutert: Leistung, Qualität und Barkauf. Doch was im Ohr bleibt, ist vor allem die Melodie, die ursprünglich in Verbindung mit den Versen Heinrich Hoffmann von Fallerslebens als „Die Vogelhochzeit" ins deutsche Liedgut eingegangen ist. In der Neudichtung von C&A sind es in erster Linie die Worte „Gehen Sie zu C&A!", die sich ins Gedächtnis des Hörers einschreiben.

2 | DIE VERPACKUNG

Im Zuge der wachsenden Konsumfreude verbreitet sich die Papiertragetasche in den 1950er Jahren schnell im Einzelhandel. Einseitig in einem dunklen Grün bedruckt, präsentiert die naturfarbene Papiertragetasche neben dem C&A-Logo eine Auflistung aller Filialen, die das Unternehmen bis 1954 in Deutschland eröffnet hat.

C&A HAGEN,
ELBERFELDER
STRASSE 38
25.03.1954

1954

MESSE- UND
SCHAUFENSTERPRÄSENTATION

Auf gleich zwei Messen ist C&A 1954 präsent: Während das Unternehmen im Mai und Juni auf der Industrie- und Gewerbe-Ausstellung (IGA) in Hagen – wo im selben Jahr ein C&A-Haus eröffnet wird – mit einem eigenen Stand auftritt, wird bei einem Wettbewerb in München anlässlich der Internationalen Gastronomie- und Fremdenverkehrsausstellung (IGAFA) ein C&A-Schaufenster mit bayerischer Trachtenmode prämiert. Welchen Stellenwert C&A dem Schaufenster grundsätzlich als Präsentations- und Werbemedium beimisst, zeigen die oft aufwendigen und liebevollen Dekorationen der „Kinderfenster" besonders schön. Figuren- und requisitenreich inszenieren die Dekorateure aus dem Alltagsleben gegriffene Szenen, etwa indem sie den Straßenverkehr nachstellen, oder ersinnen kleine Fantasiewelten wie das von Zwergen bewohnte Pilzhaus in einem Düsseldorfer Fenster. Bevölkert werden die C&A-Fenster dieser Zeit unter anderem von Käthe-Kruse-Schaufensterfiguren.

BESUCH DES BUNDESPRÄSIDENTEN

Theodor Heuss wird 1949 zum ersten Präsidenten der neu gegründeten Bundesrepublik Deutschland gewählt. Als ihr oberster Repräsentant versucht „Papa Heuss" die an Diktatur gewöhnten Deutschen für die Demokratie zu gewinnen. Erschwerend für ihn kommt hinzu, dass die Arbeitslosigkeit trotz wirtschaftlicher Stabilisierung nur langsam sinkt. Öffentlichkeitswirksame Auftritte auch anderer führender Politiker wie Konrad Adenauer und Ludwig Erhard in Wirtschaftskreisen, auf Fachmessen oder in Betrieben sollen den Bundesbürgern zeigen, dass es aufwärts geht und die Zeiten besser werden.

Diesem Zweck dient auch der Besuch des Bundespräsidenten im Sommer 1955 bei der Fabra in Essen. Die neue Fabrik sollte verloren gegangene Arbeitsplätze von *Krupp* ersetzen und war deshalb mit Geldern des Landes Nordrhein-Westfalen gefördert worden. Vom Erfolg dieser Maßnahme kann sich der Bundespräsident selbst überzeugen: Über 800 Angestellte der C&A-Eigenproduktion warten gespannt auf die Ankunft des Staatsoberhauptes, dem die Geschäftsleiter der Fabra sodann stolz die Leistungsfähigkeit und die technischen Raffinessen der Fabrik demonstrieren.

C&A BRAUNSCHWEIG, MÜNZSTRASSE 7
31.03.1955

C&A WIESBADEN, KIRCHGASSE 4
12.09.1955

1955

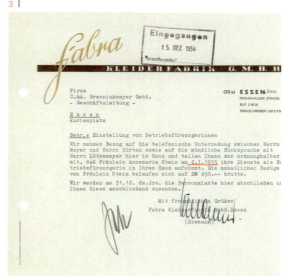

2 | C&A UND DER FUSSBALL – EINE FRAGE DER FORM

4. Juli 1954, Endspiel der Fußballweltmeisterschaft im Berner Wankdorf-Stadion: Die deutsche Mannschaft schlägt den haushohen Favoriten Ungarn mit 3:2. Das „Wunder von Bern" bedeutet für die wirtschaftlich allmählich wiedererstarkende, aber international geächtete Nation mehr als einen rein sportlichen Erfolg. Historiker sprechen von der „eigentlichen Geburtsstunde der Bundesrepublik" – fünf Jahre nach deren offizieller Gründung. Vor allem aber markiert der WM-Triumph einen entscheidenden Schritt auf dem Weg der Wiedereingliederung Deutschlands in die Völkergemeinschaft.

Insbesondere im krisengeschüttelten Ruhrgebiet, wo der Fußball schon lange „Kult" ist, erreicht er nun nochmals eine ganz neue Dimension. Höhepunkt für die Region ist das Endspiel um die Deutsche Meisterschaft in der Oberligasaison 1954/55, in dem *Rot-Weiß Essen* auf den *1. FC Kaiserslautern* trifft. Auch zwei der prominentesten „Helden von Bern" stehen sich im Finale am 26. Juni 1955 gegenüber: Fritz Walter spielt für die „roten Teufel", doch das Glück ist aufseiten von „Boss" Helmut Rahn, der *RWE* zu einem überraschenden 4:3-Erfolg führt.

Essen rüstet sich, um den Deutschen Meister gebührend zu empfangen. Als die Mannschaft am nächsten Tag aus dem Bahnhof tritt, gratuliert eine ganze Stadt voller Stolz den Rot-Weißen. Auch C&A möchte da nicht nachstehen, wie ein passend gestaltetes Schaufenster im Essener Haus anschaulich belegt. Zudem schenkt das Unternehmen der Mannschaft 24 *formtreu*-Anzüge. Was läge auch näher? Schließlich ist auch „Rot-Weiß seiner Form treu" geblieben, wie auf einer Tafel zu lesen ist, mit der C&A dem Deutschen Meister seine Anerkennung zollt.

3 | DIE BETRIEBSFÜRSORGERIN

In der Eröffnungsrede anlässlich einer Geschäftsleiterversammlung wird proklamiert, „[...] dass es schon seit Bestehen des Unternehmens von allen Inhabern gefordert wurde, dass der Mensch in unseren Betrieben als das Wichtigste anzusehen ist [...]". Zur Umsetzung dieses Grundsatzes werden – als zusätzliche Sozialleistung – ab Frühjahr 1955 in den C&A-Häusern Betriebsfürsorgerinnen eingestellt. Mit dieser Einrichtung haben die Fabrikationsbetriebe von C&A bereits gute Erfahrungen gemacht und stehen als Paten zur Seite. Der Aufgabenschwerpunkt der Betriebsfürsorgerin liegt in der sozialen Betreuung der Angestellten. Erkrankt ein Mitarbeiter beispielsweise, besucht sie diesen, um ihm das Gefühl zu geben, auch während seiner Krankheit ein wertvolles Mitglied der C&A-Familie zu sein. Darüber hinaus hilft die Betriebsfürsorgerin bei der Beschaffung von Wohnungen, macht Hausbesuche bei der Neueinstellung von Personal – insbesondere bei Lehrlingen, um deren privates Umfeld kennenzulernen – und steht den weiblichen Angestellten in allen vertraulichen Fragen, die in jener Zeit nur „von Frau zu Frau" besprochen werden, beratend zur Seite. Nach anfänglicher Skepsis wird die Anstellung der Betriebsfürsorgerin von den C&A-Mitarbeitern sehr positiv aufgenommen. In den Betriebsleiterprotokollen einzelner C&A-Häuser ist zusammenfassend zu lesen, dass die Betriebsfürsorgerin schnell in die Organisation hineingewachsen ist und das Vertrauen der Mitarbeiter gewonnen hat.

4 | UNSICHTBARE ETIKETTBESCHRIFTUNG

Am 21. April 1955 beschließt die Geschäftsleitung die Einführung des unsichtbaren Einkaufspreises auf den Etiketten. Bislang war der Einkaufspreis in einem komplizierten Verfahren über eine festgelegte Buchstabencodierung verschlüsselt worden. Innerhalb eines Monats werden alle Auszeichnungsmaschinen in den C&A-Filialen durch Techniker der Bielefelder *Anker Werke*, die auf die Herstellung von Büromaschinen und Registrierkassen spezialisiert sind, umgebaut. Gleichzeitig werden spezielle blaue Glühbirnen an alle Häuser versandt, mit denen die Beschriftung sichtbar gemacht werden kann.

1 | HAUSMODENSCHAUEN

Mitte der 1950er Jahre lädt C&A wiederholt zu „Moden-Vorführungen" in seine Geschäftshäuser oder auch an öffentliche Orte ein, wie beispielsweise ins Foyer des Stadttheaters Mönchengladbach. Präsentiert wird ein „bunter Modereigen" für die kommende Saison mit Damen-, Herren-, Teenager-, Junioren- und Kinderkleidung. Die Einladung dient gleichzeitig als Eintrittskarte. Die Gäste werden dazu ermuntert, sich auf der Rückseite derselben zu notieren, was ihnen auf dem Laufsteg besonders gut gefallen hat: „Sie haben es dann später leichter, Ihr ‚Lieblingsstück' wiederzufinden", lautet die Empfehlung. Nach entbehrungsreicher Zeit sind Modenschauen nun en vogue. Die Menschen genießen das Flair und lieben es, sich so unmittelbar über modische Trends informieren zu können, als seien sie bei einer Prêt-à-porter-Schau in Paris. Die Modenschauen bieten für C&A wie für andere Kaufhäuser eine ausgezeichnete Werbeplattform, über die sie in direkten Kontakt mit den Kunden treten und ihre Neuware live präsentieren können.

C&A MÖNCHEN-GLADBACH, HINDENBURG-STRASSE 69
15.03.1956

C&A KARLSRUHE, KAISERSTRASSE 54–56
17.03.1956

C&A BERLIN, SCHLOSS-STRASSE 17A
20.09.1956

1956

PERLON UND PETTICOAT

Während die Damenmode weiterhin von der Haute Couture aus Paris bestimmt wird, orientieren sich die Backfische – inzwischen Teenager genannt – an der Mode, die ihre Idole auf den Kinoleinwänden tragen, etwa beim Rock 'n' Roll oder beim Vespa-Fahren. Sie lieben leichte, weit schwingende Röcke, die durch Petticoats gestützt werden. Diese werden zunehmend aus synthetischen Fasern wie Nylon, Perlon, Trevira, Diolen und Dralon angeboten. Auch Unterwäsche – etwa körperformende Korsetts und BHs – werden aus den neuen Materialien gefertigt. Unterwäsche und Strümpfe kann man allerdings bei C&A zu diesem Zeitpunkt noch nicht kaufen.

IM KONTOR

Aus der Zeit vor der Verbreitung der kleinen elektronischen Taschenrechner datiert die Rechenmaschine Modell Facit CA-13. Ab 1956 erhältlich, wird sie – neben älteren Modellen – bis in die 1960er Jahre auch in den Kontoren von C&A verwendet. In technischer Hinsicht entspricht sie dem beliebten Vorgängermodell ESA-0, mit der der schwedische Hersteller *Facit* 1949 den Markt erobert hat. Elektronisch-mechanische Prozesse steuern erstmals alle Funktionen: das Addieren, Subtrahieren, Multiplizieren, Dividieren und erstmals auch das Löschen einzelner Eingabevorgänge. Während die Nullstellung der Zählwerke bei älteren Modellen noch rein mechanisch über eine seitlich angebrachte Hebelvorrichtung erfolgt, wird sie hier durch einfaches Drücken der Tasten „I", „II" oder „III" elektronisch ausgelöst. Dadurch wird die Rechengeschwindigkeit entscheidend erhöht. An der Unterseite des Geräts sind kleine Rollen angebracht, die das Bewegen des schweren Geräts auf dem Schreibtisch erleichtern. Der grundlegende Unterschied zwischen der Rechenmaschine Modell CA-13 und dem Typ ESA-0 liegt einzig in der Gestalt des Gehäuses. Der Entwurf des veränderten Designs geht auf Sigvard Bernadotte zurück, den Sohn des schwedischen Königs Gustav VI. Adolf und der Kronprinzessin Margareta, der 1956 bereits zu dem kleinen Kreis renommierter Industriedesigner Schwedens zählt.

1 | WERBUNG IM BLICKFELD

Der Wohlstand im „Wirtschaftswunderland" wächst in den 1950er Jahren rasant. Endlich ist die Zeit des Mangels vorbei; das Gros der Bundesbürger hat wieder so viel Kaufkraft, dass es seine Konsumbedürfnisse befriedigen kann. Die Unternehmen möchten von der positiven Entwicklung selbstverständlich profitieren. So wird das Ringen um die Gunst der Kunden und um Marktanteile mit immer härteren Bandagen geführt. Hohe Summen fließen dabei in die Werbung, mit einprägsamen Slogans wird das Ziel verfolgt, sich im Unterbewusstsein der Konsumenten zu verankern. Um Wiedererkennungswert bemüht, haben deshalb viele Kampagnen über längere Zeiträume Bestand.

Zudem findet die Reklame ihren Weg auf immer originellere Werbeträger. So wirbt C&A bereits zu Beginn der 1950er Jahre offensiv mit der *formtreu*-Kleidung: In einem Hamburger Bahnhof beispielsweise geleiten die mit C&A-Werbung beklebten Treppenstufen den Passagier zum Bahnsteig, wo er dann erfährt: „,formtreu' gibt's nur bei … C&A".

Auch auf den später als „Persiluhr" bekannt gewordenen Standuhren in den Innenstädten wirbt C&A flächendeckend. Um die Mitte des Jahrzehnts findet beispielsweise der Werbeslogan „Barkauf ist doch vorteilhafter!" seinen Platz in und auf dem Verkehrsmittel Omnibus. Auch Sportstätten oder Mehrzweckhallen dienen vielfach als Werbeträger, wie hier 1957 die Dortmunder Westfalenhalle, wo C&A nicht nur „immer modisch immer preiswert", sondern auch als „der große Favorit in jeder Saison" auftritt.

C&A BIELEFELD, BAHNHOFSTRASSE 36–38
28.03.1957

C&A RECKLINGHAUSEN, AUGUSTINESSENSTRASSE 3
04.04.1957

C&A STUTTGART, KÖNIGSTRASSE 47–49
25.09.1957

1957

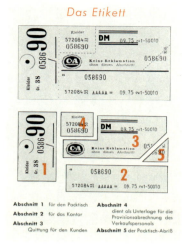

2 | AN DER KASSE

Ein Filmdokument mit Aufnahmen vom Winterschlussverkauf im Jahre 1957 zeigt die von der Bielefelder Firma *Anker Werke* entwickelte Registrierkasse Modell 5025 in Betrieb. Die mechanische Kasse steht am Kassenterminal links von der Kassiererin. Da das Modell 5025 noch nicht über eine integrierte Lade verfügt, befindet sich rechts ein separater Behälter für das Wechselgeld. In der Mitte ist ein Schneidegerät für die Trennung der Etikettabschnitte platziert. Das Etikett – damals wie heute wichtiger Informationsträger – gliedert sich zu diesem Zeitpunkt in fünf Abschnitte. Zwei Abschnitte dienen der Kontrolle am Packtisch vor und nach Erhalt der Ware, ein weiterer trägt sichtbar und unsichtbar die Informationen für die manuelle Verbuchung der Kassenvorgänge im Kontor. Ein kleiner rechteckiger Coupon mit dem Vermerk der Warengruppe ist Grundlage für die Provisionsabrechnung des Verkaufspersonals. Der fünfte Abschnitt, den der Kunde nach der Abholung der Ware am Packtisch als einzigen behält, ist zugleich seine Quittung, die bei einer späteren Reklamation des Einkaufs vorzulegen ist.

3 | TOP-FIT – BÜGELN NICHT ERFORDERLICH

Neben Textilien aus rein synthetischen Fasern werden die neuen Materialien auch mit Naturfasern zu pflegeleichten Mischgeweben – wie der Baumwoll-Popeline – verwoben. Die unter dem Label *top-fit* angebotenen Blusen und Hemden sind „mühelos zu waschen" und brauchen nicht gebügelt zu werden. So erleichtern sie die Hausarbeit, sparen Zeit und sind immer „frisch anzuziehen", was in jenen Jahren von großer Bedeutung ist, denn erst allmählich ersetzen Waschautomaten die kräftezehrende Handarbeit an Waschtagen.

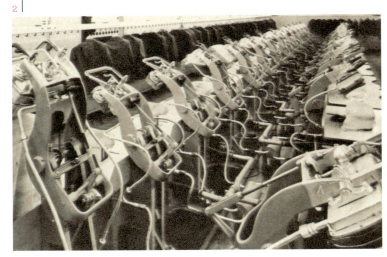

DIE MODERNSTE
BÜGELEI IN METTINGEN

Nachdem die Fabra in Mettingen ein Jahr nach ihrer Gründung mit einem ersten Anbau erweitert worden ist, werden ab 1950 die Produktionsabläufe Stück für Stück modernisiert. Neue, schnell nähende Spezialmaschinen kommen zum Einsatz, die nicht nur den Herstellungsablauf, sondern auch die Qualität der Endprodukte verbessern. Bald schon ersetzen hochmoderne Maschinen einen Großteil der kniffligen und langwierigen Handarbeit. Zur weiteren Optimierung der Fabrikation reist 1954 eine C&A-Delegation in die in der industriellen Textilherstellung weiter entwickelten USA, um sich einen Überblick über die dortige Bekleidungsindustrie zu verschaffen. Hinsichtlich Anfertigungszeiten und Fließbandmethoden hält die Mettinger Produktionsstätte dem Vergleich mit den USA problemlos stand. Einzig im Bereich der Bügelarbeiten ist die amerikanische Bekleidungsindustrie noch weit überlegen: Dank der Verwendung von Bügelpressen werden dort vorbildlich ausgebügelte Sakkos vorgelegt. Durch diese Inspirationen bestärkt, wird 1958 die Bügelanlage in Mettingen mit den neuesten technischen Möglichkeiten ausgestattet und erweitert.

Dem Anspruch, in der Produktion immer auf dem neuesten Stand der Technik zu sein, wird das Unternehmen auch gerecht, als nach der Verlagerung großer Teile der Fertigung ins Ausland schließlich nur noch Musterteile in Mettingen hergestellt werden. „Rückblickend", so ein heutiges Mitglied der Geschäftsleitung der Canda in Essen, „waren wir führend in der Fertigung, und heute wären viele Produzenten froh, den Standard zu haben, den wir vor 20 Jahren besaßen."

MIT C&A INS NEUE JAHR

„C&A macht beschwingende Eleganz erschwinglich für alle", heißt es in einer vorweihnachtlichen Werbekampagne aus dem Jahr 1958. Haus Düsseldorf zeigt zu Silvester entsprechende Festtagskleidung in seiner Schaufensterpassage: Durch eine schneebedeckte, märchenhafte Landschaft wird eine Braut in einer Pferdekutsche gefahren. Ihr Kutscher ist ein kostümiertes Plüschtier. Von den übrigen Schaufensterfiguren tragen die Damen elegante helle Kleider mit Stola oder das „Kleine Schwarze", die Herren dunkle Anzüge. Auf dem Boden im Kunstschnee stehen große Champagner- oder Sektflaschen, eine beleuchtete Straßenlaterne sorgt für die stimmungsvolle Atmosphäre. Weitere Festtagskleider sind ohne die Verwendung von Figurinen kunstvoll drapiert und werden, deutlich sichtbar mit Preisen ausgezeichnet, den Kunden besonders ans Herz gelegt.

C&A OBERHAUSEN, MARKTSTRASSE 06.03.1958

C&A GELSENKIRCHEN, BAHNHOFSTRASSE 58–60 13.03.1958

C&A KIEL, ANDREASGAYKSTRASSE 1–5 25.09.1958

1958

SCHWARZ HAT IMMER SAISON – MITARBEITERKLEIDUNG BEI C&A

Die Geschäftskleidung der Mitarbeiter im Verkauf ist immer wieder ein Thema bei C&A. Vorgeschrieben ist dunkle, dezente Kleidung. Für das weibliche Personal empfiehlt die Kleiderordnung im Winter ein schwarzes Kleid und im Sommer einen schwarzen Rock mit weißer Bluse. Die Herren tragen dunkle, meist schwarze Anzüge. Den Lehrlingen im ersten und zweiten Lehrjahr werden modische und selbstverständlich ebenfalls schwarze Kittel aus praktischer Nylonware zur Verfügung gestellt. Einen Wandel erfährt die Lehrlingsbekleidung im Jahr 1959, wie dem Protokoll einer Betriebsratssitzung im Hause Dortmund vom 28. September zu entnehmen ist. Im Bestreben, auch den Auszubildenden bereits ein „sicheres Auftreten im Verkauf" zu ermöglichen, wird dort festgehalten: „Zu der Geschäftskleidung für Lehrlinge wird auf Anfrage von der Betriebsleitung ausgeführt, dass für männliche Lehrlinge die gleiche Regelung wie für das festangestellte Personal gilt, das heißt, dass männliche Lehrlinge bereits ab dem 1. Lehrjahr anstelle der schwarzen Kittel, wie sie für weibliche Lehrlinge vorgesehen sind, sich einen Geschäftsanzug erwerben können mit 50 Prozent Ermäßigung […]."

C&A BREMERHAVEN, BÜRGERMEISTER-SMIDT-STR. 66–70
17.03.1959

C&A NÜRNBERG, LUDWIGSPLATZ 25–27
19.03.1959

C&A MÜLHEIM, SCHLOSS-STRASSE
03.09.1959

C&A MÜNSTER, LUDGERI-STRASSE 36
01.10.1959

1959

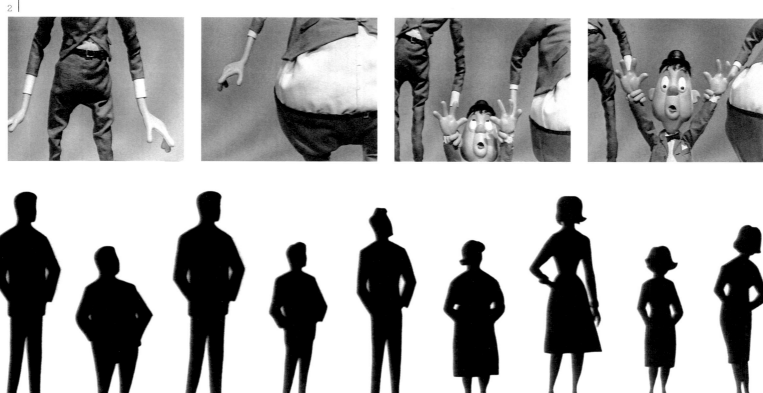

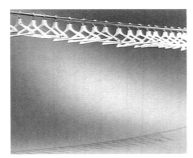

2 | „WAREN SIE HEUTE SCHON BEI C&A?"

In der Zeit des Wirtschaftswunders können sich die Bürger erste Luxusgüter leisten, sie kaufen Möbel, Haushalts- und Elektrogeräte ein. Am Ende des Jahrzehnts steht bereits in rund zwei Millionen Haushalten ein Fernsehgerät. Mit der Verbreitung der „Flimmerkiste" wächst die Bedeutung des TV-Reklamefilms. C&A, schon seit 1934 durch die Herstellung von Kinowerbung im Umgang mit den bewegten Bildern geübt, setzt nun auch auf das neue moderne Werbemedium TV-Spot, um Kunden zu informieren und zu begeistern. Zwei Werbefilme in Schwarz-Weiß mit musikalischer Untermalung von 1959 zeigen lustige Figürchen, die in Stop-Motion-Technik animiert sind: Der C&A-Dekorateur ist ein viel beschäftigter Mann, denn es gibt täglich neue Ware im Laden – die schicken Damenkleider sausen nur so über die Stange. Für jede Größe gibt es bei C&A das entsprechende Sortiment, weiß ein anderer Spot zu berichten, ob für den dicken, den langen oder den kleinen Herrn, aber natürlich auch für Damen.

„FORMTREU – DER NAME SAGT ALLES!"

„Gestatten Sie, daß ich mich vorstelle: *formtreu*, der Anzug, der etwas Besonderes ist. Nun wollen Sie sicher wissen, was ich Besonderes an mir habe? Nun, eben *formtreu*, die Einlage, die nicht knautscht und die – wie im Frieden – aus reiner Wolle und Tierhaaren besteht. Und warum ausgerechnet Tierhaare? Weil Tierhaare sich gegen jede Veränderung ihrer Form sträuben, ob man sie nun rollt, knickt oder feucht macht. Und so, wie Tierhaar immer wieder in seine Form zurückfedert, so macht es auch die *formtreu*-Einlage."

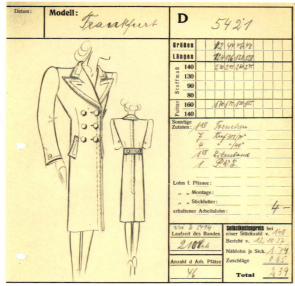

1 | Ausschnitt aus dem Modellblatt der Eigenfabrikation Cunda zum Mantelmodell „Frankfurt", 12. Oktober 1937

Diese Werbung aus den frühen 1950er Jahren nimmt Bezug auf *formtreu*, die erste Eigenmarke von C&A, die ab 1932 angeboten wird und bis 2008 im Markenregister eingetragen ist.

Mit den Worten „wie im Frieden" spielt die Anzeige auf die Zeit vor dem Zweiten Weltkrieg an. Obwohl die Marke von Beginn an für „Herren- und Damen-Oberbekleidungsstücke" angemeldet ist, lassen sich für die ersten Jahre lediglich Inserate für Herrenkleidung finden. Dass jedoch auch *formtreu*-Damenkleidung produziert wurde, bestätigt ein Modellblatt für einen Mantel der Berliner Eigenfabrikation Cunda aus dem Jahr 1937 ABB|1. Spätestens ab 1938 wird dann Ober- und Überbekleidung für Damen und Knaben mit diesem Qualitätssiegel beworben. Dieser Beitrag richtet den Fokus einerseits auf die beiden Zeitabschnitte der 1930er und 1950er Jahre, die in der oben zitierten lebendigen Beschreibung von *formtreu* angesprochen und miteinander verknüpft werden, und andererseits auf einen Bereich der Herrenmode, den Sakko.

Charakteristisch für *formtreu* ist die aus mehreren Teilen zusammengesetzte, elastische Einlage, die unsichtbar zwischen Oberstoff und Futter bei Sakkos, Kostümjacken und Mänteln eingefügt ist ABB|2. Auf diese Weise wird den Ansprüchen an Qualität und Langlebigkeit des zu fertigenden Kleidungsstücks entsprochen; die Einlage garantiert unter anderem tadellosen Sitz, ein rollendes Revers und exakte Reversspitzen. Mit solch stützenden Einlagen reiht sich C&A in eine lange Tradition des Versteifens von Stoffen und Kleidungsstücken ein, denn nicht zuletzt haben Art und Materialien solcher Versteifungen auch großen Einfluss auf die Silhouette und die Haltung seiner Träger. In der Mitte des 19. Jahrhunderts beispielsweise werden die Unterröcke der Krinolinenkleider mit sprungelastischem Rosshaar versteift. Dieses Tierhaar wird sogar namengebend für die Mode jener Zeit, heißt Rosshaar doch auf Französisch „le crin". Einlagen und Polster finden sich sowohl in der Uniformschneiderei als auch in der klassischen Herrenschneiderei englischer Prägung. Hier werden je nach Mode mal die Schulter- und mal die Brustpartie stärker betont.

2 | *formtreu*-Einlage, 1952

ROLLENDES REVERS

Unter einem rollenden Revers versteht man den nicht abgeknickten, sondern eben nur leicht gebogenen Übergang des Aufschlags, der das Revers elegant auf den Schließknopf „ausrollen" lässt. Auf diese Weise ist gewährleistet, dass das Revers insgesamt leicht gebogen ist und gut anliegt.

Insgesamt besteht damals wie heute ein hochwertiger Sakko aus bis zu 120 verschiedenen Teilen und Materialien. Einen anschaulichen Einblick in das „Innenleben" eines *formtreu*-Sakkos gibt im Jahr 1952 eine C&A-Broschüre, die mit dem Slogan „die ‚inneren Werte' entscheiden" wirbt ABB|3. Darin wird deutlich, dass die Fertigung einer solchen, dem Markenzeichen entsprechenden Einlage nicht zuletzt aufgrund des Pikierens sehr aufwendig ist ABB|4. Bei der Materialwahl spielen die Tierhaare eine bedeutende Rolle.

3 | Werbebroschüre mit Zellophanseiten, in der die Materialien und der Aufbau eines *formtreu*-Kleidungsstücks veranschaulicht werden, 1952

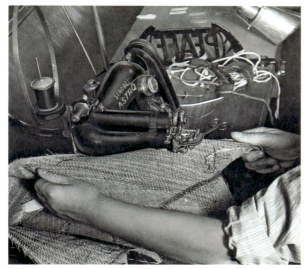

4 | Das Pikieren mit einer Strobel-Pikiermaschine, 1930er Jahre

5 | Andruck aus der Kampagne „‚formtreu' – Der Name sagt alles!", 1935

6 | Inserat aus der Kampagne „‚formtreu' – Der Name sagt alles!", 1935

7 | Plakat aus der Kampagne „‚formtreu' – Der Name sagt alles!", 1935

Das Forschungsinstitut *Hohenstein* bescheinigt dies in seiner gutachterlichen Äußerung vom 10. März 1953 mit folgenden Worten: „Die einwandfreie Formhaltung wird durch eine Einlage erreicht, welche eine rein wollene Kammgarnkette und einen sprungelastischen Schuss aus echtem Kamelhaar besitzt (in Sonderfällen sogar in jedem 6. Schuss mit einem eingezwirnten Rosshaarbüschel). Die Verarbeitung ist nach dem neuesten Stand der Bekleidungstechnik durchgeführt. Das Kamelhaar-Rosshaar-Plack ist durch mindestens 21 Pikierreihen verbunden. Es wird hierdurch der Firma C. & A. Brenninkmeyer G.m.b.H. bestätigt, dass die Einlage für die ‚formtreu-Qualität' ein ausgesprochenes Spitzenprodukt darstellt, dessen Qualität nach dem heutigen Stande der Technik nicht mehr grundsätzlich gesteigert werden kann."

Gut zehn Jahre später, ab Mitte der 1960er Jahre, revolutioniert eine neue Technik, die der „Frontfixierung", die Einlagen in Sakkos, Kostümjacken und Mänteln. Durch diese Technik wird es möglich, großflächige Oberstoffpartien – ganze „Fronten" – mittels Verklebung mit einem einzigen Druck der Fixierpresse mit Einlagenstoffen oder -vliesen zu verbinden. Neben der einfacheren Verarbeitung, ermöglicht unter anderem durch das Wegfallen des aufwendigen Pikierens, liegt ein weiterer Vorteil in der hohen Formstabilität, die auch nach Transport und längerem Hängen in Lagern gewahrt bleibt.

Soweit heute bekannt, hat sich aus den 1930er Jahren kein *formtreu*-Kleidungsstück erhalten, wohl aber der Entwurf und Fotografien zu einer Werbekampagne mit dem Titel „‚formtreu' – Der Name sagt alles!", die vermutlich in das Jahr 1935 zu datieren ist. Der Entwurf stammt von Hans Becker, der mindestens bis Ende 1936 neben anderen Unternehmen wie *Peek & Cloppenburg* auch für C&A tätig ist ABB| 5. Er zeichnet das Halbfigurenbild eines Mannes, dessen Oberkörper dem Betrachter frontal zugewandt ist, während sein freudig lächelndes Gesicht im Profil dargestellt wird. Dieser Herr trägt ein weißes Hemd, ein passendes Einstecktuch, eine schwarze breite Krawatte mit Nadel und einen zweireihigen dunkelblauen Sakko mit Kreide- oder Nadelstreifen. Der Entwurf Beckers wurde als Inserat ABB| 6 oder als Plakat für Litfaßsäulen ABB| 7 mehrfach umgesetzt.

Wenn auch aus den 1930er Jahren kein Sakko überliefert ist, so können wir jedoch auf erhaltene Exemplare aus den frühen 1950er Jahren zurückgreifen. Ein stilistisch mit dem der 1936er-Werbekampagne vergleichbarer, zweireihiger *formtreu*-Sakko mit

PIKIEREN

„Pikieren ist bei der traditionellen schneidermäßigen Verarbeitung von Sakkos das Verbinden von Einlage und Oberstoff durch Handarbeit. Mit Handstichen, die auf der Außenseite des Oberstoffs nicht sichtbar sind, wird die Einlage über die gesamte Fläche befestigt. In der Konfektion und bei Einsatz von Vlies- oder anderen Klebeeinlagen wird dieser Arbeitsgang durch die Frontfixierung ersetzt."
Fabia Denninger und Elke Giese, *Textil- und Modelexikon*, Frankfurt am Main 2006, Bd. 2, S. 538 f.

8 | Zweireihiger *formtreu*-Sakko, nach 1952

9 | *formtreu*-Sakko, Modell „Rheine", 1953

10 | Modellkarte zum Modell „Rheine", 1953

11 | Modell „Rheine", Album 1950–1953, 1953

12 | *formtreu*-Etikett aus dem Sakko Modell „Rheine", 1953

Streifendessin, der aufgrund seines Labels frühestens auf das Jahr 1952 zu datieren ist ABB | 8, hat sich ebenso erhalten wie ein einreihiger Sakko ABB | 9, der erfreulicherweise noch mit einer Modellkarte versehen ist ABB | 10. Danach handelt es sich um das Modell „Rheine" aus dem Jahr 1953. Überliefert ist auch ein Album der Jahre 1950 bis 1953 ABB | 11, das einzelne Modelle fotografisch und mit einer Beschreibung dokumentiert. Zum Modell „Rheine", Frühling 1953, heißt es dort: „Sport-Sakko einreihig auf 2 Knopf, 2 hohl aufgesetzte Taschen, eine Leistentasche, Rücken glatt." Eine Beschreibung von Futter, Art der Einlage oder Oberstoff erfolgt nicht. Dass das Modell auch Teil der *formtreu*-Linie ist, wird durch das Etikett angezeigt ABB | 12 und durch eine Werbeanzeige vom 17. April 1953 bestätigt ABB | 13. Körperlos werden dort vier Herren-Kombinationen mit Sportsakkos vorgestellt. Der einreihige, leicht schräg ins Bild gesetzte Sportsakko aus einem vermutlich melierten Oberstoff stellt ebenfalls das Modell „Rheine" dar. Das *formtreu*-Etikett ist auch hier lesbar auf dem Innenfutter angebracht.

Ein weiteres Modell des Inserats, dessen Label nur angedeutet ist, wird mit folgenden Worten beworben: „Sportsakko in der beliebten Form, mit Vorder- und Rückenpasse, Reißverschluß und ¾ Gurt. In vielen Farben, nur 47,50." Die Gestaltung dieses Sportsakkos entspricht dem Modell „Garmisch" aus dem Frühjahr 1950, das in dem schon erwähnten Album abgebildet und beschrieben wird ABB | 14. Mit selbem Namen auf der Modellkarte ABB | 15 ist aus dem Jahr 1951 ein Sakko ABB | 16 erhalten, der jedoch kein *formtreu*-Label, sondern ein *wertarbeit*-Etikett trägt ABB | 17. Untersucht man diesen Sakko bezüglich seiner Einlage, ist festzustellen, dass er nicht über die gleiche Einlage verfügt wie *formtreu*-Sakkos. Ein Vergleich der *formtreu*-Einlage und der *wertarbeit*-Einlage zeigt, dass bei Letzterer im Schuss die sprungelastischen Tierhaare – Kamel- und Rosshaar – fehlen ABB | 18. Damit ist sie einerseits weniger steif, andererseits aber auch weniger formbeständig.

Insgesamt lässt sich durch eine Gegenüberstellung von Sakkos, Album und der Werbung feststellen, dass einzelne Modelle in mehreren Qualitäten gefertigt wurden und dass wirklich nur *formtreu* über die „inneren Werte" einer aufwendig verarbeiteten, steifen *formtreu*-Einlage verfügt.

Dass heute derartige Einlagen – mit seltenen Ausnahmen in der Maßschneiderei – nicht mehr verwendet werden, hat mehrere Gründe: Neben der bereits erwähnten Entwicklung hin zur Frontfixierung, aber auch zur Verwendung verschiedener Vliese setzen sich mit dem Aufkommen der Freizeitmode in den 1950er Jahren auch in der Herrenkleidung nach und nach weichere, locker fallende Sakkos und Mäntel durch. Diese Wechsel in Mode und Machart aufnehmend, bringt C&A 1971 zwei weitere Eigenmarken für Herren auf den Markt: *Angelo Litrico* für legere Kleidung und *Westbury* für Reisekleidung – zwei Labels, die bis heute bestehen und unter anderem Sakkos und Mäntel für Herren anbieten.

Maria Spitz

13 | Inserat, 17. April 1953

17 | wertarbeit-Etikett aus dem Sakko Modell „Garmisch", 1951

14 | Modell „Garmisch", Album 1950–1953, 1950

18 | Muster der formtreu-Einlage CR (Schuss: Kamelhaar, jeder 6. Faden Rosshaar) und der wertarbeit-Einlage, 1953

15 | Modellkarte zum Modell „Garmisch", 1951

16 | Modell „Garmisch", 1951

WERTARBEIT (LABEL)

Bei *wertarbeit* handelt es sich um Sakkos, die hinsichtlich der Ausstattung unter *formtreu* angesiedelt sind und den Mittelpreis abdecken, während Sakkos ganz ohne Label zum unteren Preissegment gehören.

STAHLNETZ CHE GUEVARA
BA 68ER STUDENTENBEWEG
W ANTI-BABY-PILLE TWIGGY
TIN LUTHER KING KUBA-KRIS
MINISMUS ANDRÈ COURRÈG
LLAS HERZTRANSPLANTATIO
ÜHLING EASY RIDER RUDI DU
A PEEL MINIROCK YVES SAIN
G WALTER ULBRICHT 5-TAGE-
CLAY SECHSTAGEKRIEG MAL
IN KULTURREVOLUTION WIL
APALM PARKA PIERRE CARD
MES BOND SPIEGEL-AFFÄRE A
NO OHNESORG DINNER FOR
EANS ITALOWESTERN FLOW
NEIL ARMSTRONG DAS WUN
TYPE PIPPI LANGSTRUMPF EI
NIETENHOSE KOMMUNE 1 PÄ

OODSTOCK PATRICE LUMUM
NG NIKITA CHRUSCHTSCHO
AUERBAU CONTERGAN MAR
BRAVO JOHN F. KENNEDY FE
S APO CONCORDE MARIA CA
N OSWALT KOLLE PRAGER FR
SCHKE VIETNAMKRIEG EMM
LAURENT SCHLUCKIMPFUN
OCHE KOSMONAUT CASSIUS
OLM X POP-ART JURI GAGAR
BRANDT BEATLES BIAFRA N
RAF KURZSCHULJAHRE JA
STRONAUT PILLBOX-HUT BEN
NE BOOTS MONDLANDUNG J
POWER GROSSE KOALITION
ER VON LENGEDE JAGUAR E-
E-STURMFLUT MAO ZEDONG
CO RABANNE TUPPER-PARTY

1 | DER „CUNDA-KURS"

Im Rahmen der sechsjährigen C&A-Führungskräfteausbildung findet jeweils auch ein mehrwöchiger Kurs in den Räumen der Cunda-Eigenfabrikation in Mettingen statt. Die Mitarbeiter werden hier in Theorie und Praxis unterrichtet. Auf dem Schulungsprogramm stehen unter anderem Material- und Warenkunde, die Beschäftigung mit Gewebebindungen, Stoffnamen und Kleidergrößen sowie mit moderner Fertigungstechnik in der Konfektionsindustrie. Um ein Gefühl für das Material zu bekommen und ein tiefer greifendes Verständnis für den Fertigungsprozess und das Produkt zu entwickeln, muss jede angehende Führungskraft selbst eine Hose nähen – eine für viele nicht ganz einfache Aufgabe.

 C&A HAMBURG, WANDSBEKER MARKTSTRASSE 1 24.03.1960

 C&A KASSEL, OBERE KÖNIGSSTRASSE 35 01.04.1960

 C&A HILDESHEIM, SCHUHSTRASSE 42 29.09.1960

1960

2 | „NEU BEI C&A"

Im Herbst des Jahres erweitert C&A sein Sortiment. Am 14. September verkündet das Unternehmen in einer Zeitungsannonce: „Neu bei C&A – Klein-Kinder-Abteilung". Von nun an bietet der Textilkonzern praktische und modische Kleidung für Kinder im Alter von 9 bis 18 Monaten an. Rund einen Monat später – am 18. Oktober – wirbt das Unternehmen mit „Jetzt Schlafanzüge bei C&A". Ein entsprechender Schaufenster-Aufsteller zeigt einen sich reckenden Herrn, dessen linker, weit ausgestreckter Arm vermutlich auf die Präsentation dieser neuen Warengruppe im Fenster weist.

1 | „CHIC IM BERUF"

In diesem Jahr wirbt C&A in zahlreichen Anzeigen sowohl für Männer- als auch für Damenbekleidung mit dem Slogan „Karriere Stil – chic im Beruf". Bereits nach dem Ersten Weltkrieg, als Frauen in unterschiedlichste Berufe eintraten, waren Rock und Bluse laut damaligen Reklamefachleuten für Haus und Beruf unentbehrlich. Diese Kleidungsstücke bleiben zwar auch 1961 weiterhin die Favoriten von berufstätigen Frauen in Läden, Fabriken und Büros, doch lässt sich in den folgenden Jahren beobachten, dass Couturiers und Konfektionäre für Karrierefrauen in höheren Positionen eine klassisch-elegante Mode kreieren, für die sie auch Anleihen bei der Herrenmode machen. So etabliert sich der Hosenanzug neben dem Kostüm als „Businessuniform" für Frauen entsprechend dem Anzug oder der Kombination für Herren. Bei C&A wird diese Mode seit Anfang der 1980er Jahre unter dem Label *Yessica* angeboten. Seit 2009 gehört die „trendbewusste und lifestyleorientierte Businessfrau" zur Zielgruppe von *Yessica pure*.

2 | VON DER ELEKTRONENRÖHRE ZUM TRANSISTOR

1961 liefert die Firma *IBM* die ersten Computer der Serie 1401 aus. Wegen seiner innovativen Technik ist der Rechner in Wirtschaftskreisen mit äußerster Spannung erwartet worden: Anstelle der bisher üblichen Elektronenröhren setzt der Hersteller erstmals Transistoren ein, die eine 200-fach höhere Rechenleistung erzielen. Dabei sind nicht nur die Produktionskosten eines Transistors geringer, sondern er ist auch sparsamer im Stromverbrauch und insgesamt zuverlässiger. Sogenannte Transistorradios, die im Prinzip also mit der gleichen Technik ausgestattet sind, erfreuten sich schon in den 1950er Jahren großer Beliebtheit. Der Computer vom Typ 1401 wird allein in der Bundesrepublik Deutschland 900 mal verkauft und von Unternehmen aus den unterschiedlichsten Branchen genutzt. Auch C&A ersetzt 1961 seine erst zwei Jahre zuvor für die Datenverarbeitung angemietete Röhrenanlage IBM 305 RAMAC durch das System 1401, wodurch die Auswertung von Buchungsvorgängen entscheidend beschleunigt wird.

C&A KOBLENZ, GEÖRGENSTRASSE 18
16.03.1961

C&A MAINZ, SEPPEL-GLÜCKERT-PASSAGE 72
22.03.1961

C&A WILHELMSHAVEN, BAHNHOFSPLATZ 3
21.09.1961

C&A OSNABRÜCK, MÖSERSTRASSE 11
19.10.1961

1961

COMPLETS

Das Complet ist neben dem Kostüm repräsentativ für die damenhafte Mode der 1960er Jahre. Unter einem Complet versteht man ein Ensemble aus Rock oder Kleid mit Mantel oder – in der Regel hüftlanger – Jacke. Dabei ist es wichtig, dass die Einzelteile farblich und/oder im Material aufeinander abgestimmt sind. Zu Beginn der 1960er Jahre ist ein Rock vorzugsweise schmal geschnitten.

Charakteristisch sind die dreiviertellangen Ärmel, zu denen unbedingt Handschuhe getragen werden. Zur Vervollständigung des Erscheinungsbildes ist der Hut ein Muss. Die Oberteile, Jacken und Mäntel der Mode jener Zeit verfügen über halsfern gearbeitete Kragen oder sind gar kragenlos – wie in der Anzeige vom 31. Mai zu sehen. Gegen diesen ausgesprochen damenhaften Schick werden sich wenige Jahre später junge Frauen und Modeschöpfer stellen, indem sie erst den Mini und den Space-Look und dann die Mode des Flower Power favorisieren.

1 | NACHWUCHSSUCHE BEI C&A

Gut ausgebildeter und qualifizierter Nachwuchs ist für die Zukunft eines Unternehmens entscheidend. Auch die Inhaber von C&A messen der Ausbildung einen hohen Stellenwert bei. Die Anforderungen an Lehrlinge und Nachwuchskräfte sind entsprechend hoch. Charakterliche Eigenschaften und die richtige Einstellung zum Beruf sind für ein erfolgreiches Bewerbungsverfahren ebenso wichtig wie die fachliche Qualifikation. Bei der Suche nach den Besten kann sich C&A nicht nur auf Mundpropaganda verlassen, sondern muss wie für seine Kleidung kräftig die Werbetrommel rühren. Über den Hörfunk, aufwendig gestaltete Zeitungsanzeigen und sogar mit Schaufensterdekorationen informiert das Unternehmen über Ausbildungs- und Karrierechancen bei C&A. Zudem geht die Geschäftsleitung aktiv an die Schulen und weist die Eltern qualifizierter Schulabgänger in Briefen auf die solide und vielseitige Ausbildung bei C&A hin, durch die ihre Kinder das notwendige Rüstzeug für eine aussichtsreiche berufliche Zukunft erhalten.

2 | EIN MUSS FÜR DIE MODERNE HAUSFRAU: DER KITTEL

Das breite Angebot an Kitteln und Schürzen gehört zum Basissortiment von C&A in der Wirtschaftswunderzeit. In den 1950er Jahren hatten sich die leicht waschbaren Kittel ebenso wie die so genannten Hauskleider etabliert. Beide werden hauptsächlich getragen, um die Tageskleidung zu schonen. Kittel sind in der Regel oberschenkellang, vorne zu knöpfen und kurzärmelig oder ganz ärmellos. Je nach Geschmack und Bequemlichkeit werden sie mit oder ohne Gürtel getragen. Die bei C&A 1962 beworbenen Kittel – gerne auch als „Kasak" bezeichnet – wenden sich an unterschiedliche Zielgruppen: an die junge, modische Frau, die „nur schnell den Kittel überwirft, um den Haushalt zu schmeißen", ebenso wie an jene Hausfrau im eher gesetzten Alter, die den Kittel auch bei der Gartenarbeit und beim Einwecken des eigenen Obstes und Gemüses – also fast tagein, tagaus – trägt. Alle Modelle werden auch in großen Größen (bis 52 oder gar 58) angeboten und sind überwiegend aus Baumwoll-Cretonne, einem gröberen leinwandbindigen Naturfasergewebe, gefertigt. Im Zuge des stetig wachsenden Angebots an synthetischen Fasern – und hier ist insbesondere Nylon zu nennen – werden ab der Mitte der 1960er Jahre mehr und mehr Kittel aus diesen sehr pflegeleichten, bügelfreien Materialien hergestellt.

3 | DAS ERSTE LOCHETIKETT

Aus dem Jahr 1962 datiert eine betriebsinterne Anleitung von C&A für das Etikettsystem des amerikanischen Herstellers *Kimball*. Das *Kimball*-Etikett bietet erstmals die Möglichkeit, Artikeldaten in das Etikett zu lochen und damit elektronisch lesbar zu machen. C&A verspricht sich davon, endlich das Problem der fehlenden Schnittstelle zwischen der Datenverarbeitung im Kontor und den Buchungsvorgängen an der Kasse zu lösen. Denn noch immer werden die gedruckten Informationen von den Etikettabschnitten im Kontor mit hohem Personal- und Zeitaufwand von so genannten „Locherinnen" manuell auf Lochkarten übertragen. Das *Kimball*-Etikett erweist sich noch in der Testphase als Flop. Schnell wird klar, dass das moderne Lochetikett zwar Daten speichern, jedoch das einzig kompatible Kassensystem diese in der Praxis nur unzureichend lesen und weiterverarbeiten kann. Damit besteht zunächst keine Alternative zum Etikettsystem der Bielefelder *Anker Werke*.

C&A HAMM, BAHNHOFSVORPLATZ 5
10.05.1962

C&A OLDENBURG, LANGE STRASSE 28–30
24.05.1962

C&A SALZGITTER, ALBERTSCHWEITZERSTRASSE 24–26
13.09.1962

C&A HEILBRONN, KAISERSTRASSE 2–4
05.10.1962

1962

bis Größe
58

Aparter Wickel-Kittel aus hochveredeltem Cretonne.
bei C&A nur

10,-

MR. C&A

Im Jahr 1963 malt der Düsseldorfer Künstler Konrad Lueg ein Gemälde in Pop-Art-Manier. Fast das gesamte 100 × 90 Zentimeter messende Bildformat wird dabei von einem in Schrägansicht wiedergegebenen Männerkopf ausgefüllt. Die markanten Gesichtszüge des selbstbewussten Herren, den Lueg hier in einem spontan anmutenden Stil mit sicher gesetzten Farbflächen charakterisiert hat, erweisen sich durch den leicht in die Stirn gezogenen Hut halbseitig verschattet.

Der Titel des Gemäldes, *Mr. C&A*, ist schriftlich dokumentiert und offenbar vom Maler selbst ausgewählt worden. Er erklärt sich aus der direkten motivischen Ableitung des Bildgegenstandes aus der Inseratenwerbung von C&A der frühen 1960er Jahre. So belegt der Vergleich mit Anzeigen von 1960 bis 1963, dass Konrad Lueg den Typus seines *Mr. C&A* aus Werbedarstellungen für Herren-

EXPANSION NACH BELGIEN

In Belgien wird als viertes europäisches Land ein C&A-Filialnetz aufgebaut. Am 10. Oktober 1963 eröffnet das erste Geschäft in Antwerpen. Fast jährlich folgen neue Standorte. Im Jahr 2010 ist C&A in Belgien mit 113 Family-Stores, 8 Kids-Stores und einem Kids-/Men-Store vertreten.

C&A REMSCHEID, ALLEE-STRASSE 87
14.03.1963

C&A SAARBRÜCKEN, KAISERSTRASSE
26.09.1963

1963

mäntel, -anzüge und -hüte entwickelt hat. Dort tritt nämlich wiederholt in Variationen von smarter Lässigkeit der weltgewandte, international erfolgreiche Geschäftsmann auf, dessen Kopf Lueg als Detail isoliert und stilisiert gemalt hat.

Konrad Lueg, oder mit bürgerlichem Namen Konrad Fischer, hatte die Künstler Sigmar Polke, Gerhard Richter und Manfred Kuttner während seines Studiums an der Düsseldorfer Kunstakademie (1958 bis 1962, unter anderem bei Karl Otto Götz) kennengelernt. Seit 1963 veranstaltet er gemeinsam mit ihnen ungewöhnliche Ausstellungen, etwa in einem Möbelhaus oder im Vorgarten eines Galeristen. Abgeleitet aus der hiesigen Lebenswelt und Alltagswirklichkeit, begründen und vertreten Lueg und seine Mitstreiter die deutsche Variante der Pop-Art als Ausdruck einer eigenständigen künstlerischen Position. 1967/68 beendet Konrad Lueg seine Laufbahn als schaffender Künstler, um fortan unter seinem bürgerlichen Namen als Galerist erfolgreich neue Kunstrichtungen wie Minimal Art oder Konzeptkunst zu präsentieren.

Die Bilder aus den Printmedien, die Lueg in seiner Malerei konkret verwendet hat, sind bis auf wenige Ausnahmen der Sportberichterstattung (Fußballspieler und Boxer) entnommen. Das im Fall von *Mr. C&A* aus dem Bereich der Werbung stammende Motiv lässt auf eine starke Medienpräsenz von C&A in den frühen 1960er Jahren schließen und macht deutlich, in welchem Maße die Werbeanzeigen des Unternehmens sowohl in der medialen Verbreitung als auch motivisch und inhaltlich vom Künstler als dem Zeitgeist entsprechend wahrgenommen werden.

IM ERSTEN EINKAUFSZENTRUM

Am 2. Mai 1964 wird das erste Einkaufszentrum Deutschlands in Sulzbach, westlich von Frankfurt am Main gelegen, eröffnet. Nach amerikanischem Vorbild errichtet, umfasst das so genannte Main-Taunus-Zentrum insgesamt 260.000 Quadratmeter. Als damals größtes Shoppingcenter Europas ist es eine Sensation in der näheren und weiteren Umgebung – nicht zuletzt aufgrund der rasanten Verbreitung des Automobils und der gerade erwachten Freude am Autofahren. Immer wieder bilden sich Staus auf den Straßen, die zu dem modernen Ausflugsziel führen.

C&A ist von Anfang an dabei: Schon während der Planungsphase hatte das Unternehmen eine Baugrundfläche von 7.580 Quadratmetern erworben. Als einziger Textilfilialist platziert sich C&A hier neben den großen Warenhäusern *Horten* (heute *Kaufhof*) und *Hertie* und zeigt einmal mehr, dass das Unternehmen den direkten Wettbewerb mit der Konkurrenz nicht im Geringsten scheut.

C&A HAMBURG, KURZE MÜHREN
27.02.1964

C&A HAMBURG, EPPENDORFER-LANDSTRASSE
12.03.1964

C&A BERLIN, CARL-SCHURZ-STRASSE 12
30.04.1964

C&A SULZBACH, MAIN-TAUNUS-EINKAUFS-ZENTRUM
02.05.1964

1964

C&A BOCHUM,
AM EINKAUFS-
ZENTRUM
13.11.1964

die courage dieses kleid zu tragen kostet sie bei c&a nur 39,75

DER MINI

Der Minirock ist eine der bedeutenden Revolutionen in der Mode des 20. Jahrhunderts. Als Vorreiterin dieses jungen Looks, der sich so drastisch von der damenhaft geprägten Mode der Müttergeneration unterscheidet, gilt Mary Quant, die 1955 ihre Boutique „Bazaar" im Londoner Viertel Chelsea eröffnet hat und der man nachsagt, sie habe den Mini erfunden. Dass sich diese Mode entfalten kann, fußt auf vielen Faktoren, wie etwa dem technischen Fortschritt in Gestalt des Fernsehens und des Aufbruchs ins Weltall, der Pop- und Musikkultur ebenso wie der Antibabypille oder der Strumpfhose, die mit ihrem Reichtum an Farben und Mustern die konventionellen Strümpfe verdrängt. Der Modeschöpfer André Courrèges bringt den Mini in Paris auf den Laufsteg und kreiert 1965 den futuristischen „Mondmädchen-Look". C&A erkennt die Bedeutung dieses Trends auch für das in Modefragen noch eher konservative Deutschland und bietet den Minirock hier 1965 in großer Auswahl und Stückzahl an. Am 12. November wirbt das

C&A PIRMASENS, SCHLOSS-STRASSE 67
18.03.1965

C&A AACHEN, STIFT-STRASSE 1–9
25.03.1965

C&A KREFELD, FRIEDRICH-STRASSE 3–11
23.09.1965

C&A REGENSBURG, FRIEDEN-STRASSE 23
30.09.1965

Unternehmen mit einem auffallenden Inserat: Über einem in Op-Art-Manier gestalteten, schwarz-weiß gemusterten Unter- und Hintergrund scheint eine junge Frau – die durch den kurzen Rock erlangte Beinfreiheit ausnutzend – zu schweben. Zu dem Rock trägt sie ein kastig geschnittenes Oberteil im gleichen kontrastierenden Würfelmuster wie der Hintergrund. Ihr Kopf ist in eine Schalmütze gehüllt, die sich eher durch dekorativen als wärmenden Charakter auszeichnet. In der am 26. November geschalteten Anzeige trägt ein Mannequin mit moderner Kurzhaarfrisur ein Minikleid, das trotz der Schwarz-Weiß-Abbildung an Piet Mondrians Farbflächen und Linien erinnert. Ihre Beine stecken in einer in sich gemusterten weißen Strumpfhose und flachen, halbhohen Stiefeln. Der Text lautet: „die courage dieses kleid zu tragen kostet sie bei c&a nur 39,75." Nicht nur textlich, im Wortspiel „courage" / „Courrèges", sondern auch mit dem Kleid selbst nehmen die Werber Bezug auf die neuesten Trends aus Paris, denn in der aktuellen Herbst-/Winter-Kollektion hatte der Modeschöpfer Yves Saint Laurent seine Mondrian-Kollektion gezeigt. So ist diese Anzeige nicht zuletzt auch ein beredtes Zeugnis der schnellen Umsetzung von Modellen der Haute Couture in der Konfektion.

2 | HAUTE COUTURE UND EIGENE PELZE

Viele der großen Pariser Modehäuser erlauben das Kopieren bestimmter Modelle, indem sie mit der Eintrittskarte für ihre Schauen auch Schnitte, Nessel- und gar Originalmodelle gegen eine hohe Gebühr zur Verfügung stellen. Einkäufer von C&A besuchen regelmäßig diese Defilees und erhalten etwa von Givenchy und Lanvin die Erlaubnis, ausgewählte Pelzmodelle zu kopieren. Ein Beispiel dafür ist der Mantel aus Persianerfell mit einem Saphir-Nerz-Kragen – eine „original kopie von lanvin paris" zum Preis von 1.490 DM. Fast 1.000 DM günstiger ist hingegen ein eigener Entwurf, ein brauner Persianermantel mit Blaufuchsschalkragen. Der C&A-Grundsatz, ein breites Angebot für verschiedene Ansprüche und Geldbeutel bereitzuhalten, ist auch für echte Pelze Leitmaxime und galt schon bei der Sortimentseinführung der Damenpelze im Jahr 1929. Sieht man in C&A-Läden heute jedoch Pelz – sei es als Verbrämung oder als ganzes Kleidungsstück – handelt es sich dabei immer um Webpelz, da seit Anfang der 1990er Jahre kein echter Pelz mehr angeboten wird.

1

1 | DER JUNGE KONSUMENT IST GEBOREN!

Seit 1911 offeriert C&A Mode für junge Damen, die damals noch „Backfische" hießen. Ab der Mitte des Jahrhunderts sind Teenager als „eigenständige" Kundschaft besonders gefragt – und Twens, die männliche Variante des Teenagers. Denn anders als heute wird bei C&A um 1960 noch begrifflich zwischen den beiden Geschlechtern unterschieden: Ein „Teenager" oder „Twennie" bezeichnet eine junge Frau, der „Twen" einen jungen Mann. C&A erkennt die Kaufkraft der jungen Generation, die sich bewusst von den Erwachsenen abgrenzen und auch modisch eigene Wege gehen will. Der Minirock schockiert die Elterngeneration im ganzen Land, und auch der Siegeszug der Jeanshose ist nicht mehr aufzuhalten. So wenden sich die Angebote vieler Einzelhändler gezielt an eine jugendliche Klientel. In C&A-Geschäften werden bereits 1958 „junge Abteilungen" eingerichtet, in denen aktuelle Mode für Teenager und Twens angeboten wird. Mit *Studio 15*, einer speziell auf Jugendliche ausgerichteten Eigenmarke für 12- bis 15-Jährige, wird 1966 zudem eine Entwicklung eingeleitet, die heute im „Store-in-Store-Konzept" fortbesteht. Neben „Studio 15" gibt es danach auch andere besondere Abteilungen wie den „1001 Nacht Bazar", den „Gala Shop", die „Pelz Boutique" oder „Casa Exquisit" – fünf Beispiele von insgesamt 16 neuen „Shops" innerhalb eines Hauses. Ab 1967 sind in den C&A-Häusern Twen-Boutiquen anzutreffen, die gezielt junge Erwachsene ansprechen sollen.

2 | DIE „ZWISCHENLÖSUNG"

In einem Rundschreiben vom 23. November 1966 informiert die Hauptverwaltung die Geschäftsleitungen aller Filialen: „Die von uns angestrebte Erstellung aller Einkaufsinformationen durch einen Computer in der Hauptverwaltung kann erst dann erfolgen, wenn für alle Häuser ein maschinell auswertbares Etikett-System eingeführt ist. Weil dieses in naher Zukunft nicht möglich ist, wurde eine Zwischenlösung vorgeschlagen und beschlossen." Erklärtes Ziel der so genannten „Zwischenlösung" ist es, den Prozess der Datenverarbeitung ab April 1967 so weit wie möglich in das Rechenzentrum der Hauptverwaltung zu verlagern. Dabei erfolgt die ausführliche manuelle Datenerfassung aller Warenbewegungen – Wareneingang, Verkauf, Herab- und Heraufzeichnung einzelner Artikel sowie Umtausch – anhand der Etikettabschnitte weiterhin in den Kontoren der einzelnen Häuser mittels der Lochcodiertechnik. Jetzt werden die Lochstreifen jedoch im Rechenzentrum der Hauptverwaltung elektronisch ausgewertet, während zuvor auch die betriebswirtschaftliche Analyse der erfassten Daten in weiten Teilen in den Kontoren erfolgt ist.

 C&A KAISERSLAUTERN, EISENBAHNSTRASSE 40–42 10.03.1966

 C&A AUGSBURG, BAHNHOFSTRASSE 20 28.04.1966

 C&A ULM, FRIEDRICHEBERTSTRASSE 12 01.09.1966

 C&A BERLIN, ALT-TEGEL 2A 27.10.1966

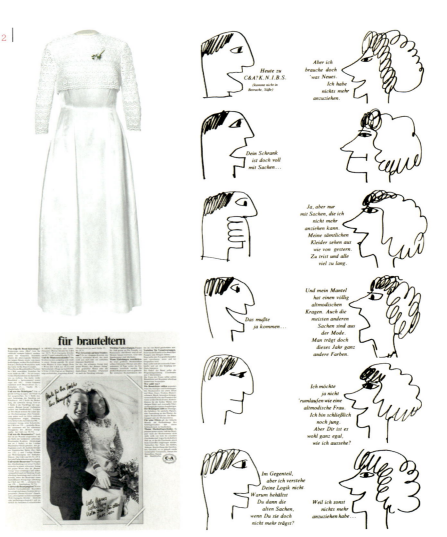

1 | MODISCHE VERPACKUNGEN

„Immer modisch – immer preiswert" lautet der Slogan, mit dem C&A 1967 einmal mehr auf Kleiderkartons und Papiertragetaschen wirbt. Modische Schnitte zu bezahlbaren Preisen anzubieten gehört seit den Anfängen in Berlin zum unternehmerischen Selbstverständnis von C&A Deutschland. In den Silhouetten bekannter Sehenswürdigkeiten spiegeln sich die Modestädte der Welt: Zu sehen sind das Brandenburger Tor in Berlin, der Pariser Eiffelturm, die Tower Bridge in London, der Markusplatz in Venedig und die New Yorker Skyline mit dem UN-Hauptquartier und dem Chrysler Building.

2 | HOCHZEIT UND EHEALLTAG

Ende der 1960er Jahre ändert sich das Rollenverständnis von Mann und Frau. Nur wenige Lebensbereiche bleiben davon unberührt. Zwei C&A-Werbeanzeigen von 1967 spiegeln diese sich verändernde Zeit wider: Angehenden Brauteltern gibt C&A Antworten auf alle Fragen zur bevorstehenden Hochzeit der Kinder, insbesondere hinsichtlich des Dresscodes. Hier scheint alles noch „in bester Ordnung". In dem „Ehegespräch" des C&A-Cartoons hingegen tritt ein (noch heute) weitverbreiteter Konflikt zwischen den Geschlechtern deutlich zutage: Sie möchte gerne etwas Modernes zum Anziehen kaufen. Er entgegnet ihr: „Heute zu C&A? K.N.I.B.S. (kommt nicht in Betracht, Süße)", und denkt ganz pragmatisch an den geringen Platz im Kleiderschrank. 1967 kann er noch einen „Punktsieg" verzeichnen, doch die Zeit spielt ihr in die Hände; denn würde sie ihn im Jahre 2011 noch vorher fragen müssen, wenn sie etwas Neues zum Anziehen benötigt?

3 | „PFEFFER IN DER SUPPE"

Mit diesem bildlichen Vergleich lobt die Wochenzeitschrift *Der Spiegel* am 13. November 1967 die fortschrittliche Werbestrategie von C&A. Der Autor ist nicht nur angesichts der Originalität einzelner Slogans, wie zum Beispiel „Jeder Mann braucht sieben Frauen", verblüfft, ihn erstaunt auch die scheinbar unerschöpfliche Kreativität, mit der es C&A gelingt, eine ganz eigene und unverwechselbare Werbesprache zu entwickeln. Heute bei Werbekampagnen keine Seltenheit mehr, ersinnt man bei C&A bereits damals einprägsame Wortkreationen wie die „Anti-Enttäuschungswoche", die „Mogel-Mode", den „Hüften-Knigge" oder das „Versteh-mich-doch-Mutti-Alter". Der jährliche Werbeetat des Textilfilialisten wird Mitte der 1960er Jahre auf 15 bis 20 Millionen Mark geschätzt. Laut *Spiegel* investieren nur die großen Warenhausketten *Karstadt* und *Kaufhof* mit 20 bis 30 Millionen Mark noch höhere Summen in ihre Werbung.

C&A LÜBECK, MÜHLENSTRASSE 34–48
31.08.1967

C&A BERLIN, KURFÜRSTENDAMM 227–229
14.09.1967

ab heute Original Twiggy Modelle bei C&A (Kleider für 59.75 + 69.75)

ORIGINAL TWIGGY-MODELLE

Immer wieder sind es die Ikonen der 1960er Jahre, die auf verschiedene Weise das Modeangebot von C&A beeinflussen. Gerade England – und besonders London – liegt voll im Trend. Die Verkaufszahlen des Minirocks steigen rasant. Da sichert sich C&A 1967 die Zusammenarbeit mit der Stilikone des Minis: Twiggy, mit bürgerlichem Namen Lesley Hornby, ist Fotomodell und die Inkarnation der neuen mädchenhaften Frau. Sie entwirft Mode für C&A und steht für ihre Kollektion, die man ab dem 12. September kaufen kann, auch als Werbeträgerin zur Verfügung. Wie Anzeigen in der Frauenzeitschrift *Freundin* belegen, sind auch noch ein Jahr später Twiggy-Modelle bei C&A erhältlich. Die Zusammenarbeit zwischen C&A und Twiggy ist ein frühes Beispiel für die erfolgreiche Kooperation zwischen einem Topmodel und einem Modehaus.

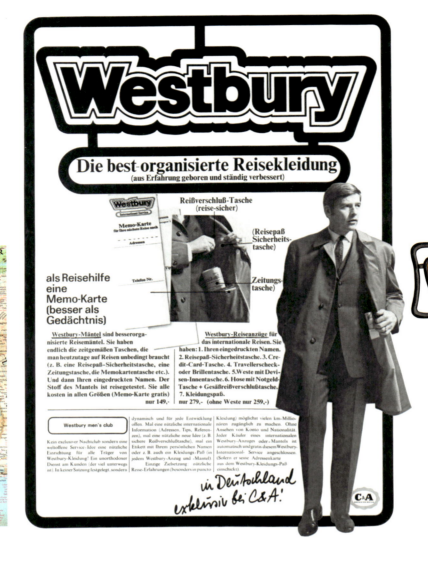

1 | WESTBURY – FÜR DEN MOBILEN MANN VON HEUTE

In Zeiten steigenden Lebensstandards wächst die Reiselust und der Tourismus boomt. 1968 verbringen zum ersten Mal mehr Westdeutsche ihren Urlaub im Ausland als in heimischen Gefilden. Auch die Geschäftsleute sind inzwischen mobiler denn je; Langstreckenflugzeuge befördern sie rund um die Welt. Mit der neuen Marke *Westbury* greift C&A die veränderten Bedürfnisse und Ansprüche seiner Kunden auf und bietet insbesondere für „km-Millionäre", Männer, die viel unterwegs sind und sozusagen „aus dem Anzug" leben, Reise- und Freizeitkleidung an: Reisehosen, Reisemäntel, Sportsakkos, „Kombinationshosen" und Herrenhüte sind ab sofort unter diesem Label bei C&A erhältlich.

Die strapazierfähige Kleidung ist mit Funktionstaschen für die vielen verschiedenen Dinge ausgestattet, die der Reisende mit sich führt. Auch Sicherheit wird großgeschrieben: „Taschendiebe hassen Westbury", weil Wertgegenstände durch Reißverschlüsse an den Taschen geschützt sind.

2 | WENCKE MYHRES FLOWER-POWER-KLEID

Ein Jahr nachdem die Zusammenarbeit mit dem Topmodel Twiggy begonnen hat, wirbt nun eine andere Prominente für C&A-Kleider: der Schlagerstar Wencke Myhre. Das Inserat vom 13. Juni zeigt die Norwegerin mädchenhaft-unkonventionell und fröhlich in einem geblümten Minikleid mit großer Schleife auf einem Hocker sitzend. Sie scheint sich im Rhythmus der Musik ihres Hits hin- und herzuwiegen und mit ihrem Blick den Betrachter aufzufordern mitzusingen … Für alle Fälle ist der Text des Songs gleich mitabgedruckt: „Sie trägt ein Ding-Dong-Bama-Lama-Sing-Song-Teeny-Weeny-Flower-Power-Kleid."

C&A PFORZHEIM, KARL-FRIEDRICH STRASSE 1
14.03.1968

C&A HAMBURG, FUHLSBÜTTLER STRASSE 188/190
21.03.1968

C&A LUDWIGSHAFEN, WREDESTRASSE 35
03.09.1968

C&A FRANKFURT, TITUSCORSO
04.10.1968

1 | YOUR SIXTH SENSE – FÜR DIE ELEGANTE EUROPÄERIN

Ein Jahr nach der Einführung von *Westbury* wird mit einer neuen C&A-Marke das Pendant für die Frau präsentiert: die „Kleidung mit dem 6. Sinn". Der *Westbury*-Kunde kann seine Gattin mit einem Kleidungs-Tipp überraschen: „Frauen, die bislang ihre Eleganzstufe da kaufen mussten, wo sie sicher waren sie zu finden, können jetzt zu C&A-Preisen kaufen." Die Kleider und Mäntel mit „Spitzenverarbeitung" und „raffinierter Passform" orientieren sich an der Mode aus Paris, London, Rom und New York. Sie tragen das goldene *Your Sixth Sense*-Symbol als Qualitätssiegel, eine grafische Verschmelzung der Ziffer „6" mit dem Großbuchstaben „S". Die Bedeutung von Accessoires wird im Gesamtsortiment von *Your Sixth Sense* besonders hervorgehoben, denn schließlich ist die Liebe zum Detail Bestandteil der Idee dieser „europäischen Marke der Couture".

2 | GRÜNDUNG DER ETEHA

1969 wird der Einkauf in der „Eteha Textilhandelsgesellschaft m.b.H." zentralisiert. Der Hauptsitz des von C&A losgelösten Unternehmens liegt in Düsseldorf; Zweigbüros befinden sich in Aschaffenburg, Berlin, Reutlingen und Sulzbach. In der Eteha werden nun nicht nur alle Orders, sondern auch Nachorders und Sonderbestellungen koordiniert. Zuvor war es auch für die Häuser möglich, bei Fabrikanten beispielsweise rasch ausverkaufte Hemden oder Mäntel schnell nachzuordern. Mit der Gründung der Eteha ist der Zentraleinkauf auf Deutschland ausgerichtet. Seit der Gründung der „EBSCO" (European Buying Service Company) im Jahre 1990 wird der Einkauf sogar für alle europäischen Filialen zentral gesteuert.

C&A GÖTTINGEN, WEENDER STRASSE 19
13.03.1969

C&A TRIER, KONSTANTINSTRASSE 7–11
20.03.1969

C&A GIESSEN, WESTANLAGE 7
04.09.1969

C&A LEVERKUSEN, FRIEDRICH-EBERT-STRASSE 37
16.10.1969

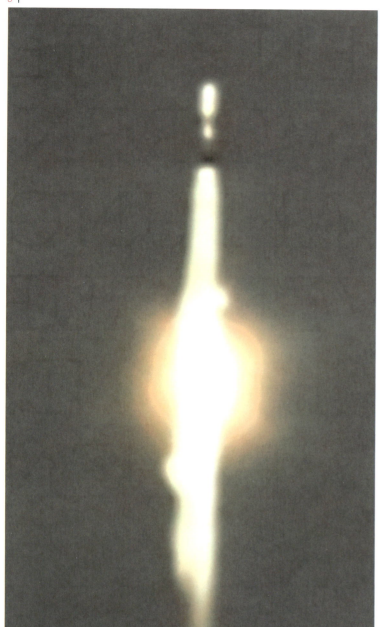

C&A JETZT AUCH AUF DEM MOND

Es sind nur wenige Schritte, die 1969 für viele Menschen eine neue Zukunft einläuten. Von Medien auf der ganzen Welt ausgestrahlt, landet die Apollo 11 am 20. Juli auf dem Mond. An dem Tag, als der US-Astronaut Neil Armstrong als erster Mensch die Mondoberfläche betritt und seinen berühmten Satz – „Das ist ein kleiner Schritt für einen Menschen, aber ein riesiger Schritt für die Menschheit" – per Funk zur Erde übermittelt, lässt C&A zur besten Werbezeit unmittelbar vor der Tagesschau seinen „Mondspot" über die Bildschirme laufen: In der Kommandozentrale eines Raumschiffs zeigt C&A eine Erdfrau zusammen mit einer Mondfrau. Sie unterhalten sich über Mode – die eine in einem weißen, die andere in einem schwarzen bodysuitartigen Hosenanzug.

Mondfrau: „Schick, wo haben Sie denn den Anzug gekauft?"
Erdfrau: „Auf der Erde."
Mondfrau: „Ist da nicht alles viel teurer?"
Erdfrau: „Nicht überall. Bei C&A kostet dieser Anzug noch nicht einmal 200 Erdmark."
Mondfrau: „Ah, das sind ja noch nicht einmal 100 Mondtaler. So was ist bei uns viel teurer."
Erdfrau: „Wieso? C&A hat doch jetzt auf dem Mond Filialen – C&A, wo Mode wenig kostet."

Da bis zum Schluss nicht sicher ist, ob die Mondlandung auch wirklich glücken würde, sollen die C&A-Verantwortlichen neben diesem topaktuellen Werbefilm auch einen zeitlosen Ersatzspot zum Sender geschickt haben.

HINTER DEN KULISSEN – WIE AUS WARENBESCHAFFUNG UND VERKAUF EINKAUF UND ABSATZ WERDEN

Zwischen 1911 und 2011 entstehen in Deutschland 482 C&A-Filialen. Was in Berlin als „Damenkonfektionshaus" beginnt, entwickelt sich im Laufe der einhundertjährigen Erfolgsgeschichte zu einer deutschlandweiten Filialpräsens mit Mode für die ganze Familie. Dass sich durch Sortimentserweiterungen und Expansionen innerhalb dieses langen Zeitraums die Organisationsstruktur des Unternehmens permanent verändern und anpassen musste, ist ein betriebswirtschaftliches Gebot.

1 | Werbeanzeige, 23. April 1911

Lagen Warenbeschaffung und Verkauf noch unter den Enkeln und Urenkeln der Gründerväter Clemens und August Brenninkmeijer bis in die 1960er Jahre in einer Hand, sind die mittlerweile überaus komplexen Bereiche längst klar voneinander abgegrenzt: Einkäufer stellen die Kollektion zusammen und beschaffen die Ware, Absatzmanager planen und betreuen den Verkauf.

Als C&A 1911 seine erste Filiale in der Berliner Königstraße unweit von Spittelmarkt und Hausvogteiplatz eröffnet, zieht es die Geschäftsführung nicht ohne Grund in die Konfektionsmetropole Europas. Hier sind zahlreiche Fabrikanten ansässig, von denen das Traditionsunternehmen schon seit vielen Jahren Ware für seine niederländischen Filialen bezieht. In Zeiten, in denen das Telefon gerade erst in den Kontoren Einzug hält und an E-Mails noch niemand denkt, in denen das Automobil erst langsam die Pferdekutsche verdrängt und das Flugzeug – heute Verkehrsmittel Nummer eins für die Einkäufer – erst von waghalsigen Pionieren erprobt wird, gehört der persönliche Kontakt zwischen Herstellern und Abnehmern zum alltäglichen Geschäft. Einkaufs- und Absatzmarkt sind eins. Nicht nur die räumliche Nähe, sondern auch die Überschaubarkeit von Filialnetz, Sortiment und Stückzahl lassen den Einkauf im Vergleich zu heute unkompliziert erscheinen. In der Regel kaufen die Häuser selbst ihre Ware ein. Für den Einkauf vieler Artikel schließen sich die einzelnen Geschäfte aber schon damals zusammen und geben – nicht zuletzt der Preise wegen – Großbestellungen auf ABB |1. Dies führt schon bald, spätestens jedoch in den 1930er Jahren, zu ersten Spezialisierungen, beispielsweise für den Manteleinkauf. Der Einkauf obliegt zumeist dem Geschäftsleiter einer Filiale, der darüber hinaus für die Warenpräsentation auf der Etage und in den Schaufenstern sowie für das Personal verantwortlich ist. Er muss also die neuesten Modetrends genauso im Blick behalten wie Stückzahlen und Preiskalkulationen, die bestellte und zu bestimmten Terminen erwartete Ware und den Abverkauf.

Bis in die dreißiger Jahre des letzten Jahrhunderts bleibt Berlin eine der führenden Konfektionsmetropolen. Nach der Machtübernahme durch die Nationalsozialisten verliert die Stadt durch die Enteignung und Vertreibung vieler jüdischer Fabrikanten in diesem Sektor allerdings rasch an Bedeutung. Nach dem Krieg kann Berlin nicht an seine Tradition anknüpfen. Der Viermächtestatus und der Mauerbau 1961 führen zwangsläufig dazu, dass sich der Schwerpunkt der Konfektionsindustrie und damit auch des Einkaufs in

2 | Blick in die Damenmodeabteilung, um 1960

3 | Werbeanzeige, 31. Oktober 1958

4 | Gruppenfoto im Mondial-Büro, Hongkong, 1984

5 | Auswahl von Farbkombinationen, Hongkong, 1984

6 | T-Shirt-Orderschreibung, Hongkong, 1984

andere Regionen verlagert. Für die alte Bundesrepublik sind das beispielsweise der Aschaffenburger Raum, das Ruhrgebiet sowie das deutsch-niederländische Grenzgebiet – allesamt aber bereits vor dem Krieg regionale Zentren der Textilherstellung. Hier hatten einhundert Jahre zuvor auch schon die Gründerväter von C&A, Clemens und August Brenninkmeijer, eingekauft.

In den Wirtschaftswunderjahren boomt der Textilsektor und damit auch der Verkauf der vergleichsweise günstigen C&A-Bekleidung. Oft wird in diesem Zusammenhang von der „Demokratisierung der Mode" gesprochen, da modische Kleidung erstmals für „jedermann" erschwinglich wird. Während in den ersten Jahren nach dem Krieg und der Währungsreform nur das Allernotwendigste gekauft werden kann, stehen nun Konsum- und Modeaspekt beim Kleidungskauf im Mittelpunkt des Käuferinteresses. Beinahe täglich, insbesondere aber zu den Neueröffnungen und den Schlussverkäufen, strömen die Kunden scharenweise in die stetig wachsende Anzahl von Filialen ABB | 2. Für die Kalkulation des Einkaufs bedeutet das immer größere Stückzahlen und hohe Umschlagsgeschwindigkeiten – Faktoren, die dazu führen, dass der Einkauf regional zusammengeschlossen wird. Gleichzeitig kann C&A wegen der immer größeren Absatzmengen bei den Fabrikanten immer günstigere Konditionen aushandeln und die Preisvorteile an die Kunden weitergeben. Aufgrund der längeren Transportwege und der Diversifizierung des Sortiments wird die Einkaufsorganisation nach Warengruppen stets weiter strukturiert, beispielsweise gibt es spezialisierte Einkäufer für Damenmäntel ebenso wie für Damenkleider oder für Herrenanzüge. Wie das Fabrikantenverzeichnis der Mantelabteilung von 1958 mit über 300 Eintragungen veranschaulicht, wird noch immer fast ausschließlich in Deutschland eingekauft. Nur einige wenige Firmen haben ihren Sitz im europäischen Ausland. Mit vielen Fabrikanten verbindet C&A eine langjährige, enge und vertrauensvolle Zusammenarbeit. So müssen die Einkäufer nicht einmal die Orderbögen – das heißt die Aufträge – unterschreiben. Trifft die Ware dann im Haus ein, wird sie fast ausschließlich nach Warengruppen zusammengehängt – ständerweise, so weit das Auge reicht, eine Riesenauswahl an Röcken, Blusen, Anzügen, Mänteln ... ABB | 3. Anders als heute, wo die Ware zum großen Teil nach Styles präsentiert wird, stellen die Kunden in jenen Jahren – zumeist gemeinsam mit dem gut geschulten Verkaufspersonal – ihre Kombination, ihr Outfit, in mehreren Abteilungen selbst zusammen.

Die allgemeine Verteuerung Anfang der 1960er Jahre setzt im Unternehmen zwei Entwicklungen in Gang: Damit C&A dem Anspruch „günstige Kleidung für jedermann" auch weiterhin genügen kann, wird zum einen der bislang regional organisierte Einkauf zentralisiert. Vor allem wegen der Nähe zum Einkaufsmarkt wählt man als Standorte für die Herrenbekleidung Aschaffenburg und Rheydt, für die Damen- und Kinderbekleidung Essen und Köln aus. Zum anderen schauen sich die Einkäufer inzwischen auch Konfektionsbetriebe jenseits der deutschen Grenzen an. Italien ist zu jener Zeit neben Deutschland der größte europäische Textilmarkt und

7 | Einladung zur Alta Moda-Schau, Frühling/Sommer 1980

8 | Renate Franken, Bleistiftzeichnung, 16. April 1966

9 | Deckblatt „Mantel Meeting Herbst 1976"

11 | Skizzen betreffend Artikelgruppe 119/120, „Mantel Meeting Herbst 1976"

12 | Skizzen betreffend Artikelgruppe 119/120, „Mantel Meeting Herbst 1976"

10 | Bericht betreffend Artikelgruppe 119/120, „Mantel Meeting Herbst 1976"

wird deshalb als Erstes bereist. Parallel dazu wird die Einkaufsorganisation immer weiter aufgefächert und strukturiert. Nun gibt es folgende Abteilungen, für die spezialisierte Teams einkaufen: 1. Damenmode und Herrenartikel, 2. Mäntel, 3. Kleider, 4. Kinder, 5. Herren. Jede dieser Abteilungen wiederum ist in mehrere Artikelgruppen gegliedert. So fächert sich beispielsweise die Damenmode in Blusen, Strick, Röcke und Hosen auf. Die stetige Erweiterung des Sortiments erfordert eine immer größere Spezialisierung des Einkaufs. Jede Artikelgruppe ist wiederum aufgeteilt in „A" und „B", in teurere und günstigere Ware. Für die Artikel sowohl der A- als auch der B-Ware sind die Preisgrenzen genau festgelegt. 1958 beispielsweise dürfen B-Sommermäntel bis zu 69,75 D-Mark kosten, während B-Wintermäntel im Preisniveau bis zu 89,50 D-Mark reichen. Die Preise für A-Mäntel sind entsprechend höher. Später werden die Warengruppen A und B anhand einer Dreiteilung in „Low", „Medium" und „High" noch weiter ausdifferenziert.

Der „Manteleinkäufer A" kauft damals noch vorrangig in Deutschland, während der „Manteleinkäufer B" für seine günstigeren Mäntel schon regelmäßig nach Norditalien reist. Zögerlich öffnet sich auch Osteuropa, insbesondere die DDR, Rumänien und Jugoslawien, für die Einkäufer von C&A. Wie viele andere industriell gefertigte Produkte auch, legen die konfektionierten Kleidungsstücke vom Hersteller bis in das Geschäft immer weitere Wege zurück. Heute kommen sie überwiegend aus Fernost und haben schon eine Reise von vielen Tausend Kilometern hinter sich, ehe sie in Köln, München oder Bielefeld an den Verkaufsständern hängen. Bei C&A setzt diese Entwicklung bereits Ende der 1960er Jahre ein. Ab jetzt müssen die Einkäufer immer weiter reisen, um Ware zu begutachten und zu ordern. Schon bei den ersten Touren nach Italien werden sie von den firmeneigenen Mondial-Einkaufsbüros unterstützt und betreut. Die Mondial baut Kontakte zu Fabrikanten auf und pflegt diese, unterstützt die Einkäufer bei der Abwicklung von Orders und kümmert sich um die Logistik sowie erste Qualitätskontrollen. Doch bevor ein Einkäufer auf Einkaufsreise geht und beispielsweise in Hongkong ABB|4-6 eintrifft, hat er sich bereits in Deutschland, etwa über das *Deutsche Mode-Institut*, Stoffmessen oder Modenschauen, intensiv mit den aktuellen Trends auseinandergesetzt ABB|7. In den Modemetropolen Paris, London, Mailand, Rom, später auch New York oder Tokio angekommen, werden Notizen gemacht und Skizzen angefertigt ABB|8. Das Gespür für das, was „in" sein wird, und die eigenen Erfahrungen machen einen guten Einkäufer aus. Die C&A-Einkaufsteams besprechen ihre Beobachtungen und Ideen und analysieren die Ergebnisse der Abverkäufe genau: So werden beispielsweise im „Mantel Meeting Herbst 1976", das am 1. Juni stattfindet, alle Artikel hinsichtlich ihres möglichen Verkaufserfolgs besprochen und die Resultate schriftlich und in Skizzen festgehalten: Ein Ergebnis dieses speziellen Treffens ist unter anderem, dass von der Klassifikation 119/120 insgesamt mehr Damenjacken geordert werden – dem Trend entsprechend vor allem im Folklore-Look ABB|9-12.

13 | Damenkleiderabteilung im 1. Obergeschoss, Haus Neuss, 1972

14 | Damenabteilung Your Sixth Sense im 1. Obergeschoss, Haus Neuss, 1972

15 | Herrenabteilung im Erdgeschoss, Haus Neuss, 1972

Bis zum Ende der 1960er Jahre betreibt C&A in Deutschland über 70 Filialen, in denen Mode für die ganze Familie angeboten wird. Während früher die Großkonfektion, zum Beispiel Mäntel und Anzüge, das Angebot dominierte, machen ab den 1970er Jahren auch die „Chosen", wie Strümpfe, Bademoden und jahrelang auch Zweitfrisuren, einen wichtigen Teil des immer größer werdenden Sortiments aus. Diese Entwicklung erfordert weitere Optimierungen und Spezialisierungen, die 1969 in die Einrichtung eines Zentraleinkaufs für das gesamte Sortiment münden: der Eteha Textilhandelsgesellschaft GmbH mit Sitz in Düsseldorf. Spätestens jetzt werden Einkauf und Absatz strikt voneinander getrennt. Einkäufer und Absatzmanager haben bei C&A die gleiche Ausbildung genossen und sind deshalb flexibel mal im Einkauf, mal im Absatz einsetzbar. Zu dem breiten Aufgabenspektrum eines Absatzmanagers zählen unter anderem Warenpräsentation ABB | 13-15, Schaufenstergestaltung ABB | 16-19 sowie lokale Preisreduzierungen – Aufgabenfelder, die heute überwiegend zentral organisiert werden. Bei Bedarf veranlasst der Absatzmanager einen Warenaustausch mit anderen Filialen. Ist beispielsweise in Haus Hamburg im März 1972 die „frühlingszarte Neuschöpfung der Kleidermode" mit Namen „Tupfus promenadus" ausverkauft, während „Tupfus maximus" ABB | 20 noch in großer Stückzahl am Ständer hängt, verhält es sich in den Häusern Bremen, Hannover oder Braunschweig vielleicht gerade umgekehrt, sodass der jeweilige „Ladenhüter" sinnvoll ausgetauscht werden kann. Eine zentrale Aufgabe eines Absatzmanagers ist es, zusammen mit den Einkäufern die saisonalen Kalkulationen, Marketingaktionen und Umschlagsgeschwindigkeiten für die einzelnen Filialen zu planen und vorauszuberechnen. Während diese Tätigkeit in erster Linie auf die einzelnen Häuser ausgerichtet ist, besteht eine andere Aufgabe des Absatzmanagers darin, den Verkauf einzelner Artikel im gesamten Land im Blick zu behalten. So laufen beispielsweise alle Informationen zu einem so genannten Kontaktartikel, etwa günstigen Blusen, bei drei Absatzmanagern aus verschiedenen Regionen – Nord, Süd und West – zusammen. Warum hat sich ein Modell besonders gut oder vielleicht gar nicht verkauft? Lag es an Passform, Farbe, Material? Wie sollte das Blusensortiment aufgebaut sein? Welche Ergebnisse brachte die Qualitätskontrolle? Diese und weitere Themen werden monatlich besprochen und die Ergebnisse an den Einkauf weitergegeben. Die enge Zusammenarbeit zwischen Einkauf und Absatz ist für den Verkaufserfolg extrem wichtig, denn die Erfahrungen von der Etage wird der Einkäufer in seine Überlegungen für die nächste Order einbeziehen. Für den Absatz wiederum ist eine gute Vernetzung unabdingbar, um schnell reagieren zu können und um die richtige Ware für besondere regionale Ansprüche wie Trachten- oder Segelmode im Angebot zu haben. Die immense Bedeutung dieses „local business" erfährt C&A nach der Umstellung auf den europäischen Einkauf in den 1990er Jahren, sodass heute zwar einerseits versucht wird, über ein großflächiges Angebot hohe Stückzahlen und damit günstige Preise zu erzielen, andererseits jedoch regionale Besonderheiten und Vorlieben zu berücksichtigen. Überhaupt hat sich der „Rhythmus von Kollektionen" stark verändert. Heute ist

16 | Schaufenstergestaltung, Haus Hildesheim, 1968

17 | Schaufenstergestaltung, Haus Hildesheim, 1968

18 | Schaufenstergestaltung, Haus Hildesheim, 1969

19 | Schaufenstergestaltung, Haus Hildesheim, 1969

„Speed" das Nonplusultra im textilen Einzelhandel: Aus wenigen Kollektionen pro Jahr – für Frühling/Sommer und für Herbst/Winter – sind mittlerweile mindestens ein Dutzend geworden.

Während seinerzeit die meisten Fabrikanten – auch die der Eigenproduktion – ihre Kollektionen bei C&A vorstellten und die zuständigen Einkäufer diese dann orderten, sind heute in diesem Bereich auch viele Designer angestellt. In Einkaufsteams, so genannten Units, organisiert, stellen sie Kollektionen zusammen. Sie informieren sich heute weniger auf ausgedehnten Einkaufsreisen, sondern nutzen verstärkt die neuen Medien. Neben Portalen, über die beispielsweise Fotos der Designeroutfits gleich nach den Modeschauen weltweit verbreitet werden, spielen auch Mode-Blogs eine wichtige Rolle. In diesen Blogs, wie auch in den Frauen- und Modezeitschriften, steht das komplette Outfit, der Style, seit etlichen Jahren mehr im Vordergrund als das einzelne Kleidungsstück. Und so denken und planen Designer und Einkäufer auch heute vermehrt in ständig wechselnden Stylewelten. Gleichzeitig sind weiterhin auch Einkäufer auf bestimmte Artikelgruppen spezialisiert und stellen diese – wie früher – in großer Auswahl für „jedermann" bereit.

Innovatives und schnelles Handeln, die Fähigkeit, Trends frühzeitig zu erkennen sowie Plätze der Produktion und Wege der Logistik auszuloten, bleiben das A und O eines erfolgreichen Handelsunternehmens. Seit einigen Jahren spielt hierbei der Aspekt der Nachhaltigkeit in der gesamten Wertschöpfungskette – von den Rohstoffen bis zum Verkauf – eine immer größere Rolle und wird auch in den kommenden Jahren noch an Bedeutung gewinnen. Und so werden sich auch die Aufgaben von Einkäufern und Absatzmanagern stetig den aktuellen Anforderungen anpassen.

Maria Spitz

20 | Werbeanzeige, 2. März 1972

PLATEAUSCHUHE MOMO HE
FFÄRE DREIPÄPSTEJAHR VIV
SFAHRVERBOT RETORTENBA
TEPPICH AYATOLLAH KHOM
BUBACK-ATTENTAT ERICH H
ERHEITSGURTE ALICE SCHW
UVELLE CUISINE DAVID BOW
HEINRICH BÖLL GLAM ROCK
ONFLIKT SCHLAGHOSE KAR
OMATIE ÖLKRISE MISSTRAU
G SESAMSTRASSE HANNS-MA
ER PATE ATARI ROTE KHMER
IN LANDSHUT GUILLAUME-A
GOLF LAVALAMPE REINHOL
ISSEY MIYAKE OSTVERTRÄG
OCKY HORROR PICTURE SHO
NC. SENDUNG MIT DER MAUS
GIE TERRORISMUS DIE BLECH

MUT SCHMIDT WATERGATE-A
NNE WESTWOOD SONNTAG
Y RICHARD NIXON FLOKATI
NI RICHTGESCHWINDIGKEIT
NECKER §218 KNIEFALL SICH
RZER PUNK MOGADISHU NO
E DEUTSCHER HERBST ABBA
MMA DISCO NORDIRLANDK
LAGERFELD PING-PONG-DIPL
NSVOTUM RASTERFAHNDUN
TIN SCHLEYER COMPUTER D
NTI-ATOMKRAFT JANE BIRK
ÄRE TASCHENRECHNER VW
MESSNER TATORT STRICKEN
HOT PANTS ZYPERNKRISE R
KRIEG DER STERNE APPLE I
OLLING STONES SOLARENER
ROMMEL ULRIKE MEYFARTH

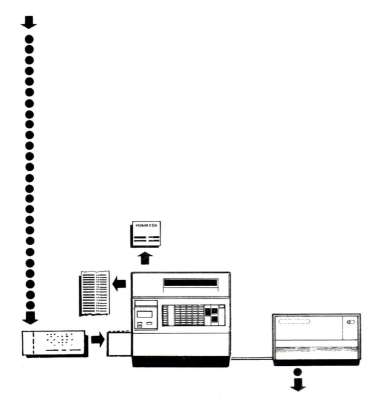

2 | ANGELO LITRICO – TRENDSETTER DER HERRENMODE

1 | MODERNES KASSENSYSTEM

Ab 1970 werden die C&A-Häuser sukzessive mit den neuen Kassen der schwedischen Firma *Hugin* ausgerüstet. Das moderne Kassensystem setzt die Umstellung auf Lochetiketten, ebenfalls von *Hugin* hergestellt, voraus. Während die Verwendung von Lochetiketten des amerikanischen Herstellers *Kimball* in der ersten Hälfte der 1960er Jahre gescheitert war, weil es an kompatiblen Kassen fehlte, ist die Umstellung jetzt erfolgreich. Das *Hugin*-Etikett steuert das Kassenmodell Ka42 unmittelbar an, sodass der Verkaufspreis ohne manuelle Eingabe durch die Kassiererin in der Anzeige erscheint. Bahnbrechend ist aber vor allem, dass jeder Kassenvorgang parallel auf einer Magnetbandkassette gespeichert wird. Die arbeitsintensive Übertragung der Kassenvorgänge von den Etikettabschnitten auf Lochstreifen entfällt. Eine Revolution im Bereich der Warenwirtschaft: Ab jetzt wird die Ware an der Kasse nicht nur verkauft, sondern zeitgleich verbucht.

Die Haute Couture- und Alta Moda-Häuser bilden den Gegenpol zur noch jungen Jeansmode in Europa und gelten als anerkannte Autoritäten für den gepflegten modischen Auftritt. Nach vielen Beobachtungen, auch während der Modenschauen in Rom und Florenz, wird der Designer Angelo Litrico von C&A als derjenige ausgewählt, der für das Unternehmen am zielsichersten Modethemen herauszuarbeiten vermag. 1970 stellt er zwei Bekleidungsrichtungen vor: „linea tradizione", klassisch, mit Liebe zum Detail, und „linea evoluzione", einen bequemen Bekleidungsstil für die privaten Stunden. Insbesondere seine Strickkollektionen gelten als avantgardistisch. C&A erkennt das Potenzial, das in dieser Mode steckt, und lässt für seine Kunden die Designerkunst der 1970er Jahre von Angelo Litrico in neue Trends der europäischen Konfektion übersetzen.

C&A BONN, BOTTLER PLATZ 3–5
05.03.1970

C&A ERLANGEN, RATHAUSPLATZ 4
15.10.1970

1970

1 | JINGLERS – „DIE EINZIGEN JEANS, DIE SICH HÖREN LASSEN KÖNNEN"

Jeans werden Ende der 1960er Jahre zum Ausdruck eines veränderten, lässigen Bekleidungsstils, zur „Uniform der Nonkonformisten". Levi Strauss erhält 1971 für seine Blue Jeans den „Coty Award", einen angesehenen Preis der US-Modeindustrie. Jeans kennen keine nationalen, altersmäßigen oder sozialen Grenzen und werden von Frauen und Männern gleichermaßen getragen. Sie unterliegen aber wie andere Kleidung auch modischen Veränderungen.

Mit *Jinglers* reagiert C&A auf die Zeichen der Zeit und kreiert ein buntes, verspieltes Markenimage für seine bislang namenlos geführten Jeans. „Die einzigen Jeans, die sich hören lassen können" – so der eingängige und humorvolle Werbeslogan, der sich besonders an Kinder, Teenager und junge Erwachsene richtet. Das Glöckchen am Hosenbein, ergänzt um Prägeknopf, Schlüsselanhänger und Textilfähnchen mit JJ-Symbol, wird zum Wiedererkennungszeichen. Das „Jeansgefühl" wird über Inserate, Funk und Fernsehen, Poster, Schaufenster- und Innendekorationen vermittelt. Ab 1972 ist die *Jinglers* in den Niederlanden, Belgien, Großbritannien, der Bundesrepublik und Frankreich erhältlich. Anders als die Jeansshops, die sich explizit an Jeansträger mit der Vorliebe für teure Markenware wenden, setzt C&A auf qualitätvolle Ware zum günstigen Preis für die ganze Familie.

2 | PERSONALBESCHAFFUNG ÜBER STELLENANZEIGEN

Die interne Personalentwicklung spielt bei C&A eine wichtige Rolle. Wegen der weiterhin rasanten Expansion des Unternehmens ist man aber in hohem Maße auf die Besetzung von Stellen durch externe Bewerber angewiesen. Auf das Anforderungsprofil für den jeweiligen Arbeitsplatz abgestimmt, werden auffallende Zeitungsanzeigen gezielt in lokalen und überregionalen Zeitungen oder in Fachzeitschriften geschaltet. Stellenanzeigen aus den 1970er Jahren geben einen guten Eindruck von der vielfältigen Berufswelt bei C&A in dieser Zeit.

Wie bei einem größeren Textilkaufhaus zu erwarten, sucht C&A Verkäuferinnen, Sekretärinnen, Schaufenstergestalter, Mitarbeiter für die Hausmeisterei oder Betriebsfürsorgerinnen, die sich um die sozialen Belange der Belegschaft kümmern sollen. Das Annoncieren von Stellen für Auslandskorrespondentinnen zeigt die internationale Ausrichtung des Unternehmens an, die Suche nach Bauingenieuren und Speditionskaufleuten den stetigen Ausbau des Filialnetzes. Auf die Modernisierung der Betriebsabläufe weisen Stellenangebote für EDV-Fachleute und Mitarbeiter für das Rechenzentrum hin.

C&A wirbt für sich mit guter Bezahlung, fortschrittlich geregelten Arbeitszeiten, vielen sozialen Leistungen, großzügigen Urlaubsregelungen, Urlaubsgeld, Personalkauf, preiswertem

---

C&A SAARLOUIS, KLEINER MARKT 2
04.03.1971

C&A OFFENBACH, BERLINER STRASSE 80
18.03.1971

C&A FREIBURG, ROTTECKRING 8–10
02.09.1971

Mittagessen in der Kantine, modern eingerichteten Arbeitsplätzen und innerbetrieblicher Weiterbildung. Dafür erwartet das Unternehmen von seinen künftigen Mitarbeitern schnelle Auffassungsgabe, Gewissenhaftigkeit, zuverlässige und genaue Arbeitsweise, selbstständiges Arbeiten sowie ein gewandtes Auftreten.

3 | WESTBURY UND YOUR SIXTH SENSE – EXKLUSIVITÄT BEI C&A

Neue Serviceleistungen von C&A machen das Reisen für *Westbury*-Kunden noch angenehmer: Mit dem „*Westbury*-Kleidungspaß" ist man Mitglied im „*Westbury*-men's club" und genießt dadurch viele Vorteile, indem man etwa eine kostenlose Reiseberatung von C&A in Anspruch nehmen kann. Mit einer V.I.P.-Karte für *Sheraton* Hotels in vielen Städten Europas erhält man Zimmerrabatte und Bügelservice; besondere Gutscheine erlauben die Nutzung des Sekretariats in IC-Zügen der *Deutschen Bundesbahn*. Das Sortiment von C&A wird in den 1970er Jahren um zahlreiche Reiseaccessoires ergänzt: Kofferanhänger, Kleiderhülle und -bürste, Kreditkarten- und Schlüsseletui, Pillendose, Portemonnaie, Kalender, Notizblock und Devisenumrechnungskarte machen das Reisen angenehmer. *Westbury* ist nach kurzer Zeit bei seiner Zielgruppe beliebt: Die Kunden sind 1971 hauptsächlich Handelsvertreter, Ingenieure, Unternehmer und Ärzte.

Auch bei *Your Sixth Sense* wird an die Kundenbindung gedacht. 1972 werden die Kundinnen durch einen Service frühzeitig auf die neu eingetroffenen Sommermodelle hingewiesen und darüber informiert, dass diese exklusiv bei C&A erhältlich sind und nicht nachbestellt werden können, sobald sie einmal ausverkauft sind.

1 | CLUB AZUR

Die C&A-Marke für Bademode *Club Azur* wird 1972 im Register des Deutschen Patentamtes eingetragen. Neben dem Bildzeichen mit blauem Wellenmuster werden dann 1978 innerhalb des Unternehmens weitere Motive für die Produktlinie angedacht. Mit allen Piktogrammen assoziiert man Erholung, Sonne, Strand und Meer – all das, wofür die Badeorte an der Côte d'Azur stehen.

2 | ERSTE ÖFFENTLICHE BILANZLEGUNG

Drei Jahre nach dem Inkrafttreten des Publizitätsgesetzes am 21. August 1969 ist C&A 1972 zum ersten Mal seit dem Krieg verpflichtet, seine Bilanz zu veröffentlichen. Der bis dahin als äußerst verschwiegen geltende Textilfilialist sieht sich deshalb erstmals einem außerordentlichen öffentlichen Interesse gegenüber. Das *Handelsblatt* beziffert in seiner Ausgabe vom 1. August 1972 den Umsatz von C&A mit 3.057.254.045,75 DM und ordnet das Unternehmen hinter *Karstadt*, *Hertie*, *Kaufhof* und *Quelle* an fünfter Stelle unter den Handelshäusern und damit unter den Textileinzelhändlern als führend ein. Am 3. August titelt die *Neue Ruhr Zeitung*: „Brenninkmeyer knöpft zögernd die Jacke auf". Der Autor bezeichnet das Unternehmen darin als „Publizitätszwerg", der die Anzahl seiner Filialen noch immer nicht verrate. Die Umsatzstärke des Unternehmens wird vor allem auf die Personalkosteneinsparungen durch die konsequente Anwendung des fortschrittlichen Selbstbedienungssystems zurückgeführt, auf das C&A seit 1950 setzt.

3 | PALOMINO – DIE ROBUSTE MARKE FÜR ABENTEUERLUSTIGE KINDER

„Der Welt erste Kinderkleidung mit Erlebnisgarantie" verspricht die erste *Palomino*-Werbeanzeige im September 1972. Die Eigenmarke wird von der Werbeabteilung in Zusammenarbeit mit Hans Georg Kortmann und dem amerikanischen Animator, Filmregisseur und -produzenten Jimmy T. Murakami entwickelt. Sie gehen davon aus, dass alle Kinder als Kosmopoliten geboren werden, in alle erdenklichen Rollen hineinschlüpfen und als Freunde und Freundinnen gemeinsam in Fantasiewelten abtauchen können. Die Jungen und Mädchen der Zielgruppe von *Palomino* sind stark, selbstbewusst, haben eigene Vorstellungen davon, wie sie aussehen möchten, und vertreten diese auch. Die Markenstrategie nimmt den Zeitgeist auf, indem Tiere treue Freunde und Gefährten von Kindern sind oder – wie die Stars der Fernsehserien „Flipper" und „Lassie" – gar menschliche Eigenschaften aufweisen. Der Name *Palomino* geht auf eine kleine, robuste Pferderasse und auf ein Wortspiel zurück, das da heißt:
„BE MY PAL – Be a PAL-O-MINO
Sei mein Freund – sei ein Pal-o-mino."

EXPANSION NACH FRANKREICH

Die erste französische C&A-Filiale wird am 28. März 1972 in Vélizy bei Paris eröffnet. 38 Jahre später, 2010, können die Franzosen in 116 Family-Stores sowie einem Kids- und einem Women-Store zu C&A-Preisen einkaufen.

C&A MÜNCHEN, RIESSTRASSE 57
02.03.1972

C&A PADERBORN, KÖNIGSSTRASSE 21–23
23.03.1972

C&A VIERNHEIM, ROBERT-SCHUMANN-STRASSE 3
31.08.1972

C&A NEUSS, NIEDERWALLSTRASSE 2
07.09.1972

1972

Doch nicht nur den Jungen und Mädchen soll die Kleidung Spaß machen. Auch die Zufriedenheit der Eltern ist wesentlicher Bestandteil der *Palomino*-Markenphilosophie. So wird den bunten Flecken, die das schwarze Fell des Pferdchens schmücken, je eine andere Bedeutung zugesprochen. Rot steht für den Erlebnishunger und die Abenteuerlust der Kinder. Für die robuste Qualität und gute Waschbarkeit bürgt der blaue Fleck, und der grüne steht für Preisgünstigkeit – Aspekte, die für Kinder, Mütter und Väter wichtig sind.

Von den vielen Give-aways, die seit Einführung der Marke vor 39 Jahren bis heute produziert werden, ist keines so erfolgreich wie die etwa 6 Zentimeter großen Plastikpferdchen, die als Anhänger gefertigt wurden und von denen es in manchen Kinderzimmern eine kleine Herde gab. Mindestens ebenso beliebt sind die bis heute in vielen Filialen aufgestellten Automatenpferde, die in drei unterschiedlichen Ausführungen zu einem wilden Galopp einladen.

EXPANSION NACH SPANIEN UND KANADA

1973 wird Spanien als neuer Markt von C&A erschlossen und die erste Filiale in Valencia eröffnet. 2010 laden in Spanien 93 Family-Stores und 23 Kids-Stores zu einem Einkauf bei C&A ein. Ebenfalls 1973 expandiert das Unternehmen nach Übersee. Im September erwirbt C&A von Allan B. Collis ein kleines Geschäft für Damen-, Herren- und Kinderkleidung in Peterborough in der kanadischen Provinz Ontario. Mit dem Aufbau des kanadischen Einzelhandelsgeschäfts wird die Mondial Canada – ab 1974 Comark – gegründet, die anfangs noch Jacken nach Europa exportieren soll. Im November 1976 übernimmt C&A sechzehn auf Damenmode spezialisierte Textilgeschäfte des Unternehmens Romar und kauft ein Jahr später 38 Läden der Kindermoden-Kette Au Coin des Petits. Dazu kommen im Laufe der Jahre noch Geschäfte von Irene Hill, Fred Asher, Bootlegger und vielen anderen. Zu Beginn des Jahres 1986 gehören zur Comark 603 Geschäftsstandorte in Kanada. Im Jahr 2004/05 werden alle Handelsaktivitäten in Nordamerika eingestellt.

DIE ZENTRALAUSZEICHNUNG IN WICKRATH

Im September 1973 wird die Zentralauszeichnung in Wickrath, einem Stadtbezirk von Mönchengladbach, in Betrieb genommen. Wickrath ist eines von insgesamt fünf C&A-Logistikzentren in Deutschland, von denen aus die immer komplexer werdenden Warenflüsse des stetig wachsenden Filialunternehmens regional gesteuert werden. Sie fungieren quasi als Knotenpunkte, wo die eintreffende Ware ausgezeichnet und anschließend unmittelbar an die Verkaufshäuser der zugewiesenen Region und an die anderen Zentren zur Weiterverteilung verschickt wird. Wickrath etwa ist Verteilerzentrum für die Region Nordrhein. Daneben betreibt C&A zu diesem Zeitpunkt Logistikzentren in Aschaffenburg, verantwortlich für das Rhein-Main-Gebiet, in Markgröningen in Baden-Württemberg, im pfälzischen Schifferstadt und in Osnabrück, zuständig für die Weser-Ems-Region.

C&A MÜLHEIM, HUMBOLDTRING 25
01.03.1973

C&A RHEYDT, DAHLENER STRASSE 2
22.03.1973

C&A WÜRZBURG, KAISERPLATZ 1
06.09.1973

C&A HAMBURG, JULIUS-BRECHT-STRASSE 5A
13.09.1973

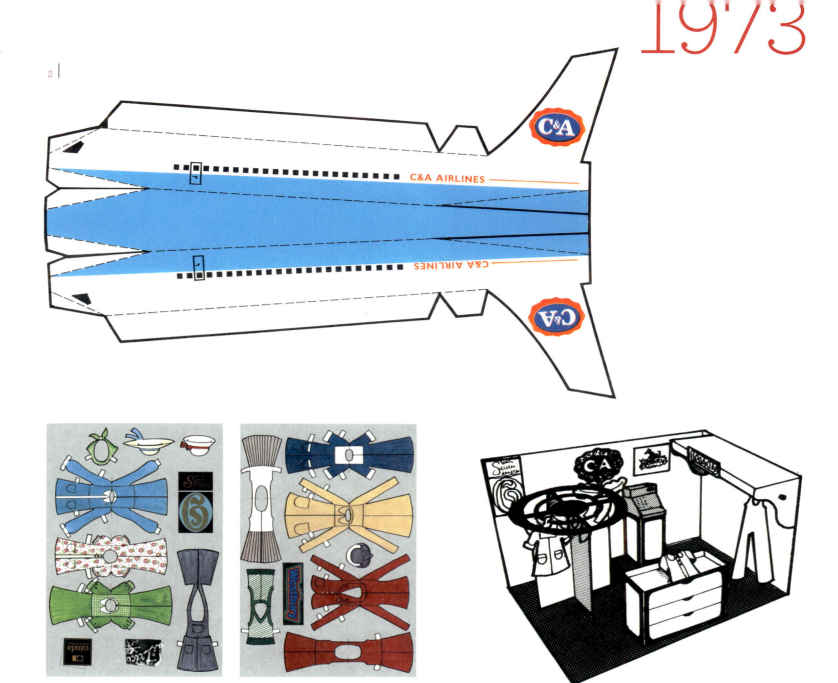

2 | MIT C&A BASTELN UND GEWINNEN

Bilderbögen, eine Art Vorläufer der heutigen Ausstanz-Bastelbögen, sind seit dem 15. Jahrhundert beliebt und verbreitet. Sie sollen ebenso belehren wie unterhalten. Nach dem Zweiten Weltkrieg erleben die bunten Spiel- und Ausschneideblätter eine neue Blütezeit: Kinderzeitschriften und Comics beigeheftet, sind sie seit etwa 1950 in jedem Kinderzimmer anzutreffen.

So haben die kleinen Kunden von C&A sicherlich ihre Freude, als das Familienunternehmen im August 1973 Bastelbögen in allen C&A-Häusern verteilt und dabei sogar einen Gewinn in Aussicht stellt. Denn für Jungen und Mädchen gilt gleichermaßen: „Wer das schönste Modell mit diesem Bogen bastelt, kann eine Wochenend-Reise für 2 Personen gewinnen" – und zwar in jede beliebige Stadt der Bundesrepublik Deutschland. Lediglich ein Foto des fertigen Modells ist an C&A in Düsseldorf zu senden.

Der Bogen „C&A-Laden" ist eher für Mädchen konzipiert. Neben dem Basteln modischer Pullover, Pullunder, Kleider, Hosenanzüge, Jacken und Schürzen, Hüte, Kappen und Kopftücher können sich die Bastlerinnen auch innenarchitektonisch kreativ betätigen. Es gilt, den Boden und die Wände zu verschönern – wozu auf dem Bogen Dekorationsmaterial in Form von Logos der C&A-Eigenmarken aufgebracht ist. Eine Kasse und eine Theke dürfen natürlich auch nicht fehlen. Zudem soll – wie im „realen" C&A-Laden auch – die Ware auf Kleiderbügeln an Rund- und Hängeständern präsentiert werden.

Der „Flughafen-Bogen" ist da schon eher „Jungensache". Dort können die kleinen „Architekten" ein Flughafengebäude, den Kontrollturm, die Fluggastbrücke, den Hangar und die Leuchtsignale selbst zusammenkleben, und auch die Start- und Landebahn wird selbstverständlich mitgeliefert, damit die Maschine der „C&A Airlines" landen kann.

1 | IN DEN FARBEN DES REGENBOGENS

Im Januar 1974 gibt die C&A-Werbeabteilung in Düsseldorf eine Gestaltungsrichtlinie für die Verwendung der C&A-Vignette und des Regenbogenmotivs aus. Damit wird ein verbindliches Corporate Design für die Marke C&A geschaffen, das eine vollständige und einheitliche Anwendung im Sinne einer Corporate Identity sicherstellt. Die in Proportionen, Farben und Größen neu definierte Dachmarke und der C&A-Regenbogen werden als Wort- und Bildzeichen international zum Schutz angemeldet und eingetragen. Der Regenbogen kann sowohl vertikal als auch horizontal eingesetzt werden und ist auf die Vignette abgestimmt. In den Spektralfarben des Lichts gehalten, ist er bis in die 1990er Jahre zusammen mit der C&A-Vignette fester Bestandteil des Corporate Design von C&A. Vignette und Regenbogen zieren nicht nur Werbeartikel aller Art, sondern nehmen auch eine wichtige Stellung in der Architektursprache des C&A-Kaufhauses ein: Große, bunte Regenbogen leuchten fortan an den Fassaden vieler Filialen und werden zum markanten Merkmal des Textilfilialisten im Stadtbild.

2 | C&A – OFFIZIELLER SPONSOR DER FUSSBALLWELTMEISTERSCHAFT

Erstmals ist die Bundesrepublik Gastgeber der Fußballweltmeisterschaft. Daher ist in diesem Jahr „jede Hose ein Treffer": Ein spezieller C&A-WM-Service bietet „als kleine Entschädigung für nicht geschossene WM-Tore" günstige Hosen an. Aber Tore werden viele geschossen.

Mit dem 2:1-Sieg über die Niederlande wird die deutsche Nationalmannschaft nach 1954 zum zweiten Mal Fußballweltmeister. C&A ist offizieller Sponsor des nach den Olympischen Spielen bedeutendsten Sportereignisses der Welt. Die Kameras der öffentlich-rechtlichen Sendeanstalten übertragen das C&A-Logo auf den Werbebanden live in jedes Wohnzimmer. So ist die Marke deutlich zu erkennen, als Nationaltorhüter Sepp Maier unmittelbar nach dem Abpfiff seine Handschuhe ins begeisterte Münchner Publikum wirft.

C&A ASCHAFFENBURG, GOLDBACHER STRASSE 4
07.03.1974

C&A LÜNEBURG, GLOCKENSTRASSE 8
14.03.1974

C&A DARMSTADT, LUDWIGSPLATZ 7
05.09.1974

C&A LUDWIGSBURG, MARSTALL 20
03.10.1974

1974

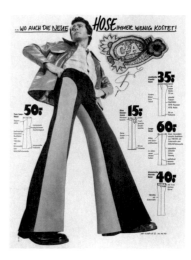

SCHLAGHOSEN

Die „Two-Tone-Schlaghose" ist nicht nur ein Verkaufshit des Jahres 1974, sondern zugleich ein Beispiel für die steigende Bedeutung der Unisex-Mode. Mädchen und Jungen, Männer und Frauen tragen die gleichen Modelle, vor allem die gleichen Jeans, T-Shirts und Pullover. Die *Jinglers*-Annonce vom 4. September zeigt ein junges Paar, das Arm in Arm durch einen Park oder eine Allee schlendert. Sie und er tragen beide körperbetonte Pullover und eine zweifarbige Hose mit Gürtel. Das Hosenbein ist zum Saum hin so weit ausgestellt, dass fast der ganze Schuh darunter verschwindet. Bei der Two-Tone-Hose kontrastieren in der Farbe mal die inneren, mal die äußeren Bahnen der Hosenbeine. Eine andere Variante dieses Erfolgsmodells ist in der Anzeige vom 10. Oktober zu bestaunen. Hier sind die beiden Farben bei den vier Hosenbahnen im Wechsel angeordnet.

1 | YOUNG FASHION-CENTER FREE & EASY UND BABY CLUB

In den 1970er Jahren werden die Jugendlichen in Modefragen zu einer einflussreichen Gruppe. Sie setzen Trends, die unkomplizierter, origineller und demokratischer sind. Individueller Stil ist gefragt, modisches Experimentieren erlaubt. Als Abteilung für junge Mode innerhalb des C&A-Hauses wird das Young Fashion-Center etabliert. Die neue C&A-Marke von 1975, *free & easy*, bedient „Mode-Entdecker", Jugendliche und junge Erwachsene, die gerne Neues ausprobieren: Vom „hot top mix" über „Supergirl fashion", „tiger mix", „corsage mix", „silky mix", „college mix", „Manhattan mix", „boulevard mix" bis hin zum „western mix" reicht die Palette in diesem Jahr.

Indem die Filmstudios der 1930er Jahre im Innenraumdekor zitiert werden, wird Hollywood im Young Fashion-Center *free & easy* in Szene gesetzt. Das „&"-Zeichen des Markenlogos von *free & easy* erscheint dazu passend in Form eines geschwungenen Filmbandes. Neue Akzente setzen auch *avanti* für junge Männer und *clockhouse* für junge Frauen – beides ursprünglich Benelux-Marken.

Auch in den 1970er Jahren werden die ganz Kleinen nicht vergessen. C&A greift den Anspruch einer neuen Generation von Müttern auf, die ihre Kinder von Anfang an sorgsam, qualitätvoll und chic kleiden möchten. Mit der Marke *Baby Club* garantiert C&A eine besondere Sicherheit mit Herz.

2 | ZUM MONDSCHEINTARIF

Die erfolgreiche Werbekampagne „Ruf doch mal an!" der *Deutschen Bundespost* löst 1975 einen rapiden Anstieg der Nachfrage nach privaten Telefonanschlüssen aus. Aber nicht nur in Privathaushalten erfreut sich die Telekommunikation zunehmender Beliebtheit: Während der Versand von Lochstreifen, Journalen und Magnetbändern bei C&A zuvor per Post erfolgte, werden die Daten jetzt zunehmend per Telefonleitung übertragen. Bereits 1974 sind dazu die ersten Terminals in mehreren Zentralauszeichnungen eingerichtet und ein neuer Computer in der Hauptverwaltung installiert worden. Die Datenfernübertragung erfolgt vorrangig in der Nacht – schließlich gilt zwischen 22 und 7 Uhr der günstige „Mondscheintarif".

EXPANSION NACH BRASILIEN

Um den Markt in Brasilien zu sondieren, startet C&A am 1. Juli 1975 im Casa Louro in Porto Alegre zunächst mit einem Testladen. Nach dem guten Beginn wird am 31. August 1976 im Viertel Ibirapuera, mitten im Stadtzentrum der Metropole São Paulo, eine erste Filiale unter dem Namen C&A eröffnet. Bis Ende November 2009 hat C&A von Manaus im Norden bis Porto Alegre im Süden 178 Geschäfte in ganz Brasilien.

C&A FLENSBURG, ANGELBURGER STRASSE 28–30
06.03.1975

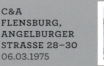
C&A SCHWEINFURT, JÄGERSBRUNNEN 9
13.03.1975

C&A ISERLOHN, ALTER RATHAUSPLATZ 2
04.09.1975

C&A HAMELN, BÄCKERSTRASSE 24
11.09.1975

PREMIERE DER
SENIORENMODENSCHAU

*„Im November 1975 – ich will es sagen –
hat sich was Feines zugetragen:
Firma BRENNINKMEYER lud uns ein
ein wenig Mannequin zu sein.*

*Wir sollten schöne Kleider tragen,
nach denen ältere Menschen fragen;
und ihnen zeigen wohlgemut,
was ihnen und uns steht recht gut."*

So werden die Hauptdarsteller selbst – Mannequins und Dressmen im Alter von zum Teil weit über 80 Jahren – anlässlich des Jubiläums zehn Jahre später ihre Geschichte von und mit der Seniorenmodenschau beginnen. In der Tat nimmt mit der ersten Show im Spätherbst des Jahres 1975, moderiert unter anderem von Rudi Carrell, eine Erfolgsgeschichte ihren Anfang, die über mehr als zwei Jahrzehnte andauern wird. Maßgeblichen Anteil daran hat das familiäre Miteinander der Akteure, der positive Geist, der das Team trägt und der auch aus den rückblickenden Zeilen spricht.

1 | „WIE EIN CHAMÄLEON …"

11. März. Eröffnung einer C&A-Filiale in Bamberg. Nahezu perfekt fügt sich die Sandsteinfassade in das Straßenbild ein. Eine Woche später. C&A kommt nach Siegen. Hier wechseln in der modernen Fassadengestalt Natursteinplatten und vorgefertigte Betonelemente einander ab. 16. September. In Lüdenscheid öffnet die erste C&A-Filiale ihre Türen. Die auffallend geschlossene Fassade des kubischen Baukörpers zeichnet sich vor allem durch eine dunkelbraune Schieferverkleidung aus. 30. September. Eröffnung des Böblinger C&A-Hauses. Die Geschäftsräume liegen hinter einer modernen Betonfassade mit schmalen, horizontal verlaufenden Fensterbändern.

Die vier Neubauten von 1976 stehen stellvertretend für eine C&A-spezifische Bauweise, die sich in der hoch expansiven Phase des Unternehmens bis in die späten 1980er Jahre besonders ausgeprägt zeigt. Während sich dem Kunden in den Innenräumen standortunabhängig das Bild einer einheitlich in Braun- und Beigetönen gehaltenen Verkaufsfläche bietet, überrascht die scheinbar regellose, wechselnde architektonische Außenansicht – und das in einer Zeit, in der dem Wiedererkennungswert einer einheitlichen Fassadengestaltung bereits große Bedeutung beigemessen wird. Eines der bekanntesten Beispiele dafür ist die Vorhangfassade der Kaufhäuser der *Horten AG*. Bestehend aus Dutzenden so genannter Hortenkacheln hatte sie sich bereits in den frühen 1960er Jahren zu einem markanten Kennzeichen der Warenhauskette in den deutschen Innenstädten entwickelt.

Die flexible Bauweise von C&A, die sich bewusst dem selbst auferlegten Diktat einer wiederkehrenden Fassade verweigert, ist bereits beim ersten Planungsschritt, der Standortwahl, von großem Vorteil: Eine Architektur, die sich „wie ein Chamäleon" seiner Umgebung anpasst, ist „stadtbildfreundlich" und stärkt die Verhandlungsposition des Unternehmens gegenüber den Bauämtern, die ihre gestalterischen Vorstellungen einbringen können. Die Anpassungsfähigkeit des C&A-Kaufhauses geht aber noch weit darüber hinaus: Um die Größe der Verkaufsflächen nicht nur kurz-, sondern auch mittel- bis langfristig optimieren zu können, verwandelt das Unternehmen die Architektur seiner Kaufhäuser in ein flexibles Planungsinstrument. So wird der Bauantrag nicht nur für den ersten Bauabschnitt erwirkt, sondern das eingereichte Erstkonzept schließt bereits umfassende Pläne für potenzielle, am Geschäftserfolg ausgerichtete Erweiterungen der Verkaufsflächen ein. Dieses vorausschauende Planungsverfahren stellt nicht nur in der architektonischen Gestaltung des flexibel erweiterbaren Baus eine besondere Herausforderung für den Architekten dar, sondern beginnt bereits bei der statischen Berechnung des Fundaments. In dieser innovativen Anwendung einer betriebswirtschaftlich anpassungsfähigen Architektur findet das die Kaufhausarchitektur seit den 1920er Jahren bestimmende Gestaltungskriterium der Funktionalität eine faszinierend konsequente Umsetzung. Den Wiedererkennungswert in den Fußgängerzonen garantieren bis in die 1990er Jahre also nicht die Fassaden, sondern der weithin auffällige bunte Regenbogen und die bekannte C&A-Vignette.

  C&A BAMBERG, FRANZ-LUDWIG-STRASSE 4 11.03.1976

 C&A SIEGEN, BAHNHOFSTRASSE 8 18.03.1976

 C&A LÜDENSCHEID, WILHELMSTRASSE 33 16.09.1976

  C&A BÖBLINGEN, UHLANDSTRASSE 12 30.09.1976

2 | DER SCHNUPPERHUND UND SEINE ARTGENOSSEN

Im Frühjahr 1975 taucht erstmals eine Werbefigur in den C&A-Anzeigen auf, die über zwei Jahrzehnte die zentrale Werbebotschaft des Unternehmens verkörpern wird. Es ist der Schnupperhund, eine kleine gelbe Promenadenmischung mit roten Punkten, die mit ihrer großen Spürnase unermüdlich auf der Suche nach qualitätsvoller Ware zu günstigen Preisen ist.

Nach seiner erfolgreichen Einführung tritt der Schnupperhund im Frühjahr und Sommer 1976 einige Male in Gesellschaft auf. In einer Werbeanzeige vom 16. März unterhält er sich mit einer eleganten Pudeldame bei Kerzenschein. Worüber? Über die günstigen Preise bei C&A, wo man bereits für 100 Mark gut einkaufen kann. Am 20. April wird eine ganze Schnupperhundfamilie dargestellt. Frau Schnupperhund ermahnt ihren Gatten in Gegenwart der Kinder: „... und kauf nicht wieder das Erstbeste – sondern schnupper erstmal Preise", und zwar „bei C&A", wie eines der Kinder ergänzt. In einer Werbeanzeige vom 24. April werden drei kleine Schnupperhunde darüber belehrt, wie wichtig es doch ist, auf den Preis zu achten. Im Sommer trifft der Schnupperhund auf weitere Artgenossen. So erinnert ein Charakter mit großer Lupe und einem Cape an Sherlock Holmes. „Kluge Schnüffler schnuppern erst bei C&A!", lautet hier der Rat des Schnupperhundes. Einem anderen, schwerfällig wirkenden Hund mit auffallend großer Nase gibt er am 10. Juni zu verstehen: „ha, ha, – die dicke Nase allein macht es nicht, – Schnuppern will gelernt sein!" Und am 21. Juni entgegnet der weise Schnupperhund einem kleinen Säufer: „... mit mir nicht, ich brauche meine klare Schnuppernase!"

3 | MADE IN CANADA

Eine besondere Aktionswoche für Winterkleidung dominiert Ende Oktober 1976 das Erscheinungsbild der C&A-Häuser: die „Canada-Woche". Die in Zeitungsinseraten, Schaufenstern und mit aufwendigen Außen- und Innendekorationen intensiv beworbene Aktionswoche – die in Deutschland, den Niederlanden, Belgien und Großbritannien läuft – steht unter dem sprechenden Zeichen eines elfzackigen, roten Ahornblattes mit der Aufschrift „Sub-Zero Couture". Die neue Winterkollektion ist von kanadischen Designern und Produzenten entworfen und hergestellt worden, deren Expertise im Hinblick auf gleichermaßen zweckmäßige wie modische Winterkleidung unbestritten ist. Im Anzeigentext wird dem europäischen Kunden unter Wahrung der bekannten C&A-Grundsätze erläutert: „Vorausgesetzt die Qualität ist gut, der Stil nicht zu verrückt und die Preise familiengünstig, also erschwinglich. Nach dieser Devise sucht + kauft C&A überall in der Welt. So auch im Winter-Wunderland Canada."

1 | DIE FORMTREU-TRADITION

1977 erhält die Marke *formtreu* ein neues Gesicht: Garantierte sie einst in erster Linie die Formstabilität der Anzüge, wird sie nun zum „Gütezeichen für Bekleidung, die über dem Durchschnitt liegt". Die klassisch geschnittenen Qualitätsanzüge sind für berufstätige Großstädter ideal. „*formtreu* – hält, was der Name verspricht", lautet einer der neuen Werbeslogans, der die Tradition der Marke unterstreicht.

Ende der 1990er Jahre wird *formtreu* aus dem Sortiment genommen. 2008 lässt C&A seine erste Eigenmarke beim Deutschen Patentamt schließlich löschen.

2 | „AUF DER GRÜNEN WELLE"

Schon 1911 hatte C&A mit „kulanter Bedienung" geworben und seinen Kunden damit ein Versprechen gegeben, das stets aufs Neue eingelöst werden will. Die Verkäufer von C&A werden deshalb regelmäßig geschult. Dazu werden seit den 1950er Jahren so genannte Tonbildschauen mit Dias zum Zwecke der Weiterbildung des Personals eingesetzt.

Die Tonbildschau „Auf der grünen Welle" aus dem Jahr 1977 ist eine Mischung aus gezeichneten Verkaufsszenen und Fotografien. Auf amüsante Art und Weise wird hier den Mitarbeitern vor Augen geführt, wie ein Verkaufsgespräch gut oder schlecht laufen kann. Die richtige Einstellung zum Kunden, zu Kolleginnen und Kollegen wie auch zum Beruf sowie der richtige Ton bei der Kundenbetreuung stehen dabei im Mittelpunkt – „freundlich, höflich, hilfsbereit", „aufmerksam, geschickt, entgegenkommend" soll der Verkäufer sein, aber auch kompetent, was die Warenauswahl, das derzeit inserierte Angebot oder die verschiedenen Qualitäten und Materialien angeht.

EXPANSION IN DIE SCHWEIZ

Bereits 1973 erfolgt eine erste „Kontaktaufnahme" mit der Schweiz. Am 4. Dezember desselben Jahres übernimmt C&A sieben Geschäfte des Unternehmens Contis (Comptoir des tissus, eröffnet um 1920) sowie zwei Geschäfte des Unternehmens Frawa (Französische Warenhalle, gegründet 1871) und führt diese zunächst unter den Namen der Vorgänger weiter. Erst am 1. März 1977 werden sie in C&A umbenannt und zugleich zwei C&A-Filialen in Biel und Fribourg neu eröffnet. 2010 können die Schweizer in insgesamt 73 Family-Stores, 21 Kids-Stores sowie einem Clockhouse Shop bei C&A einkaufen.

C&A GÖPPINGEN, BLEICHSTRASSE 13
03.03.1977

C&A FULDA, STEINWEG 1
24.03.1977

C&A SOLINGEN, AM NEUMARKT 20
01.09.1977

C&A MINDEN, BÄCKERSTRASSE 51–59
08.09.1977

3 | "Com-bi-kini" ideal für die individuelle Figur

3 | DER COM-BI-KINI

Zweiteilige Badeanzüge gab es schon um 1900. Diese haben jedoch mit dem Com-bi-kini von 1977 so wenig gemeinsam wie der Ford Modell T „Tin Lizzy" mit einem komfortablen Kleinwagen der 1970er Jahre. Die Zweiteiler der Jahrhundertwende bedeckten noch große Teile des Körpers und waren nur im Bereich der Freikörperkultur erlaubt. Ungefähr zwanzig Jahre später werden in den USA sogenannte „Palm-Beach-Kombinationen" getragen, die zum gerade in Mode gekommenen Sonnenbaden angezogen werden. Sie bestehen aus einem Oberteil, das an einen BH erinnert, und einem den Nabel bedeckenden rock- oder miederähnlichen Unterteil. Nach dem Zweiten Weltkrieg, 1946, „erfindet" dann ein Maschinenbauingenieur namens Louis Réard den Bikini, wie man ihn heute kennt. Er leitete den Namen dieser zweiteiligen Badebekleidung – den er übrigens urheberrechtlich schützen ließ – von dem gleichnamigen Südseeatoll ab, auf dem gerade Atombombentests stattgefunden hatten.

Bei C&A sind Bademoden – zunächst einteilige Badeanzüge – seit 1963 im Angebot. Mit der Werbung für den Com-bi-kini landet das Unternehmen 1977 einen Coup mit etwas, das heute selbstverständlich ist: Ober- und Unterteil des Badeoutfits kann sich der Kunde je nach Größe und Geschmack „mal so – mal so" selbst zusammenstellen – „ideal für die individuelle Figur".

4 | JEDE SAISON EIN NEUES MOTTO

Nachdem 1975 das Young Fashion-Center *free & easy* als Abteilung für junge Mode innerhalb der C&A-Häuser eingeführt worden ist, ergehen, wie für andere Abteilungen auch, regelmäßige Dekorationsanweisungen an die hauseigenen Dekorateure. Als Abteilung steht free & easy für „Mode-Entdecker" und richtet sich in erster

Linie an Jugendliche und junge Erwachsene. Nie ist die Dekoration langweilig und schon gar nicht langlebig. Jede Saison steht unter einem eigenen Motto. Im ersten Jahr war das Young Fashion-Center im Hollywood-Filmstudio-Ambiente der 1930er Jahre stilvoll inszeniert worden. Die Herbstsaison 1977 bringt Safari-Stimmung in die deutschen C&A-Häuser. Schilder und Aufsteller verschiedener Größen werden mit entsprechenden Anweisungen geliefert und können jederzeit bei der Werbeabteilung nachbestellt werden.

C&A BAYREUTH, RICHARD-WAGNER-STRASSE 17–19
15.09.1977

C&A KEMPTEN, KOTTERNER STRASSE 78–80
13.10.1977

1 | EUROBELLA – MODE HAUTNAH

Ende Februar 1975 hatte C&A die Strumpfabteilung eingeführt. Seither kann die Kundin passend zum Kleid ihre Strumpfhosen bei C&A kaufen. Doch der Verkauf dieser Warengruppe läuft nur schleppend an. „Die Damen […] lassen sich nur schwer an die neue Ware gewöhnen", ist in einem internen Protokoll zu lesen. Herrenstrümpfe dagegen laufen von Anfang an gut. Mit der Einführung einer „Sofortkasse" soll der Absatz der Damenstrümpfe gesteigert werden, denn wer steht schon gerne lange an der Kasse an, wenn er nur Strümpfe kaufen möchte? Zudem war die Einführung der C&A-Eigenmarke *Eurobella* bislang nicht beworben worden, da es an einem umfassenden Sortiment fehlte. Erst nachdem *Eurobella* als neue C&A-Marke für Nachtwäsche, Lingerie, Strumpfhosen und Hauskleider eingetragen worden ist, wird hierfür kräftig die Werbetrommel gerührt. „Der Mond sieht oft die schönsten Kleider", heißt es in einer Werbeanzeige von 1977, „Moonlight Fashion" und „Gute Nacht Couture" werden beispielsweise in Annoncen des Jahres 1978 angepriesen. Das goldfarbene Markenlogo zeigt den Schriftzug *Eurobella* in den Bögen der C&A-Vignette. Obwohl der Name nach Exquisitem für *sie* klingt, hält das Sortiment auch Unterwäsche für *ihn* bereit.

2 | DIE AUTOFAHRERHOSE

Zu den C&A-Klassikern zählt in jedem Fall die Autofahrerhose von *Westbury*, die ab dem 14. September 1978 in sechs Farben angeboten wird. Ihr Clou ist die seitliche Bundregulierung, die es ermöglicht, die Hose einfach in der Weite zu verstellen, wodurch man besonders bei längeren Fahrten komfortabel sitzen kann. Kein Wunder also, dass Taxifahrer diesen Klassiker besonders schätzen, den man unter anderem Namen bei auch schon früher kaufen konnte und der immer wieder im Sondergrößenprogramm beworben worden war.

3 | „VIVA VACANCA"

„viva vacanca" – das Motto einer Reihe von Schaufensterdekorationen im Sommer 1978 ruft schon in Schriftbild und Klang Assoziationen an südliche Sprachräume wach; man fühlt sich an Italien erinnert und kann aus der Fantasiesprache unmittelbar „übersetzen": „Es lebe der Urlaub!", denn „vivano le vacanze" hieße es sprachlich korrekt. Die strukturiert verputzten und weiß getünchten Wände lassen an südländische Architektur denken und verströmen mediterranes Flair. Unter Palmen führen die Schaufensterpuppen die neuesten Trends der Strandmode vor und

C&A DÜREN, JOSEF-SCHREGEL-STRASSE 5
02.03.1978

C&A HANAU, ROSEN-STRASSE 14
09.03.1978

C&A DELMENHORST, LANGE STRASSE 30
10.04.1978

C&A HERFORD, LINNEN-BAUERPLATZ 4
07.09.1978

präsentieren leichte Anzüge für laue Sommerabende im Club oder an der Bar. Ganz im Sinne des Zeitgeistes und passend zur Saison wecken die Fenster atmosphärisch Sehnsüchte nach dem leichten Lebensgefühl und dem besonderen Stil, nach einer gewissen „italianità" und mediterranen Urlaubswelten.

EIN SPORTABZEICHEN FÜR C&A

1970 initiiert der *Deutsche Sportbund* die breit angelegte „Trimm-Dich"-Bewegung und verstärkt dadurch den Wunsch nach sportlicher Aktivität in allen Alters- und Einkommensschichten. C&A greift diesen Trend Ende der 1970er Jahre auf und verleiht vielen bis dahin ohne Markenbezeichnung geführten Sportartikeln mit der Marke *Rodeo* ein Profil. Die Ausübung einer Sportart wird für viele zu einer Lebenseinstellung, die durch das Tragen entsprechender Kleidung auch gezeigt werden soll. Ob Bergsteigen, Skifahren, Tennis, Segeln, Leichtathletik oder Gymnastik – C&A hält die passende Kleidung parat. Spitzensportler und prominente Abenteurer wie die alpine Kultfigur Luis Trenker, dessen Sendung „Berge und Geschichten" gerade das Fernsehpublikum in seinen Bann zieht, werben in den C&A-Kampagnen für Fitness und sportliche Freizeitgestaltung – natürlich nur in dem richtigen Outfit von C&A.

Zusätzlich beteiligt sich C&A in diesem Jahr an einem weiteren sportlichen Großereignis: Bei der 65. Tour de France geht das belgische C&A-Team mit internationaler Besetzung an den Start. Teammanager ist der fünffache Tour-Gewinner Eddy Merckx, technische Leiter sind der deutsche Ex-Weltmeister Rudi Altig und der Belgier Jos Huysmans. In der *Tour-Zeitung* des Sponsors C&A werden alle Fahrer des Teams vorgestellt, darunter Walter Planckaert, dessen Autogrammkarte sehr begehrt ist. Als Bester des Teams erreicht schließlich der 29-jährige Joseph Bruyère im Endklassement der Tour über 3.914 Kilometer den vierten Platz. Beim Abschiedsempfang in Brüssel überreicht C&A Eddy Merckx zum Dank für die Zusammenarbeit eine Lithografie mit seinem Porträt als Rennfahrer.

C&A ESSLINGEN, BERLINER STRASSE 2
14.09.1978

1 | "MODELLE VOM SCHNEIDER DER WELTPROMINENZ"

Angelo Litrico ist für die „Freizeitgesellschaft" der 1970er und 1980er Jahre der „fashion consultant" von C&A. Bereits 1971 war mit dem römischen Modeschöpfer ein fester Vertrag geschlossen worden. Den Erfolg der jugendlichen Linie sichert man sich auf mehreren Ebenen: „Wir wenden große Sorgfalt auf, um die gestalterische Originalität zu erhalten und sie unter optimalen Bedingungen, was Preis und Qualität angeht, auf den Markt zu bringen", erklärt C&A in einer Pressekonferenz zu Beginn der Zusammenarbeit. Von Litrico ausschließlich für C&A entworfene Herrenmodelle sind in der Bundesrepublik, in Belgien, Holland und England erhältlich. Alle ausgesuchten Entwürfe werden im jeweiligen Verkaufsland produziert, in Deutschland beispielsweise in der Canda in Mettingen. Mit der Anmeldung der Marke *Angelo Litrico* beim Deutschen Patentamt sichert sich C&A 1979 deren Weiterführung, auch über den Tod des Designers hinaus.

2 | DIE MARKE CANDA – "MUCH VALUE FOR MONEY"

Für die zweite Jahreshälfte 1979 wird die Einführung der „Qualitätsmarke *Canda*" in England und Deutschland in allen C&A-Häusern vorbereitet. Der Name ist, wie *Cunda* und *Canda international* oder kurz *CI*, den Eigenproduktionsstätten des Unternehmens entlehnt. Hier soll die Markenware auch weiterhin produziert werden, wobei Lizenzen zunächst nur an vier deutsche Hersteller vergeben werden. In die Abteilungen „Damenmäntel, Damenkleider, Damenmode, Herren und Herrenmode" wird das neue Sortiment eingebracht. Die betont modische Aussage steht bei *Canda*-Bekleidung nicht im Vordergrund. Stattdessen geht es um solide Verarbeitung, gleichbleibend gute Passform, modegerechtes Styling in Bezug auf Schnitt, Farbe und Dessin und einen hohen Gegenwert „zum C&A-Preis". Die Ware wird ganzjährig bei C&A angeboten und soll immer vorrätig sein. Der männliche C&A-Kunde, der einen neuen Anzug erwerben möchte, hat mittlerweile die Wahl zwischen vier Marken unterschiedlicher Qualität und modischer Ausrichtung: *Canda*, *Angelo Litrico*, *formtreu* und *Westbury*.

EXPANSION NACH JAPAN

Im Jahr 1979 eröffnet C&A das erste Geschäft auf japanischem Boden in der Vorstadt von Tokio. In den C&A-Geschäften wird das gesamte Sortiment angeboten. 1993 zieht sich der Textilfilialist wieder aus Japan zurück.

 C&A LANDSHUT, LÄNDTORPLATZ 9 — 15.03.1979

 C&A ROSENHEIM, BAHNHOFSTRASSE 8 — 22.03.1979

 C&A BERLIN, MÜLLERSTRASSE 35 — 29.03.1979

 C&A NEUNKIRCHEN, BLIESPROMENADE 2 — 06.09.1979

SEIN ERSTER GROSSER AUFTRITT

„C&A Preise noch billiger" oder einfach „Sommerschlussverkauf", verkündet er lautstark durch seine Flüstertüte in Schaufenstern und Inseraten, auf Preisschildern und in Innendekorationen und sogar in einem eigenen TV-Spot: ein kleiner Mann, der immer Hut und einen blauen Anzug trägt und stets die Flüstertüte mit dem C&A-Logo in der Hand hält. Im Sommer 1979 hat er anlässlich des Schlussverkaufs seinen ersten großen Auftritt. Sein Debüt beschränkt sich jedoch vorerst auf diese eine Saison. In den 1990er Jahren aber kehrt er nach längerer Abwesenheit mit neuem Hut und neuen Schuhen sowie einer leuchtend gelben Flüstertüte als Hauptdarsteller in die C&A-Werbung zurück.

C&A HEIDELBERG, HAUPTSTRASSE 67–69
20.09.1979

C&A WOLFSBURG, PORSCHESTRASSE 31
27.09.1979

DIE KASSE KLINGELT NICHT MEHR … DIE ANFÄNGE DES COMPUTERGESTÜTZTEN WARENWIRTSCHAFTSSYSTEMS BEI C&A

Die Älteren können sich noch an den Klang erinnern. Immer wenn der Verkäufer zum Abschluss eines Kassiervorgangs die seitlich angebrachte Kurbel betätigte, wurde eine kleine Schelle angeschlagen. Die Kasse klingelte. Heute piept höchstens der Scanner, bevor Geld gegen Ware getauscht wird.

Früher, das war, als die Kasse noch allein dem Kassieren und der Kontrolle über die Einnahmen diente.

1 | Registrierkasse F7 der *Anker Werke AG*, nach 1960

2 | Kasse und Packtisch, C&A Stuttgart, 1957

3 | Kasse und Packtisch, C&A Stuttgart, 1957

Im Zeitalter der elektronischen Datenverarbeitung sind computergesteuerte Kassensysteme längst zu einem bedeutenden Knotenpunkt des Warenwirtschaftssystems von Einzelhandelsunternehmen geworden. Sie leisten einen entscheidenden Beitrag zur Optimierung der Verwaltungs-, Steuerungs- und Planungsprozesse hinsichtlich der Warenbestände sowie der Warenbewegungen. C&A erkennt bereits früh die Bedeutung einer lösungsorientierten Technik für den Gesamterfolg des Unternehmens und investiert permanent in deren Entwicklung.

Jenen alten, mechanischen Registrierkassen mit Kurbelantrieb begegnet man heute im Einzelhandel nur noch selten. Und falls doch, dann sind sie eher nostalgischer Schmuck als funktionaler Bestandteil des wirtschaftlichen Betriebes. Bevor die technische Entwicklung die elektronische Datenverarbeitung ermöglichte, waren einfache Registrierkassen ohne Datenspeicher- oder Übertragungsfunktion die Normalität – so auch bei C&A. Noch in den 1960er Jahren wird mithilfe von überwiegend mechanisch betriebenen Registrierkassen der Bielefelder *Anker Werke AG* kassiert ABB |1. Die Kassiererin gibt den Verkaufspreis manuell ein, während das Verkaufsdatum und die Kassennummer, die zugleich den Filialstandort protokolliert, schon durch ein integriertes Druckwerk automatisch auf die Etiketten aufgebracht werden. Anschließend werden die quittierten Etiketten mit einem einfachen manuellen Schneidegerät von der Kassiererin getrennt: Einen Teil erhält der Kunde als Zahlungsbeleg, mit dem er am Packtisch die Ware entgegennehmen kann ABB |2/3. Der andere Abschnitt verbleibt an der Kasse und wird abends ins Kontor gebracht, das damals zusammen mit der Warenauszeichnung noch dezentral organisiert und fest in die einzelnen Filialen integriert ist. Überwiegend weibliche Angestellte mit niedriger Qualifikation fertigen anhand der Etikettabschnitte noch in den frühen 1950er Jahren Strichlisten an, um so einen Überblick über den tatsächlichen Abverkauf zu erhalten. Die Auswertung der verkaufsrelevanten Daten ist damit sehr aufwendig, für eine erfolgreiche Geschäftsführung aber unerlässlich. Ohne solche Informationen können verkaufsstarke Artikel ebenso wie die Ladenhüter nicht zweifelsfrei ermittelt werden. Es würden wichtige Anhaltspunkte für einen kundenorientierten und damit erfolgreichen Wareneinkauf fehlen. Die von den Mitarbeiterinnen in Listen erfassten Verkaufsdaten werden sodann per Post an die C&A-Hauptverwaltung nach Düsseldorf geschickt, wo die Unternehmensleitung auf dieser Basis operative und strategische Entscheidungen trifft.

Im Wirtschaftswunderland steigt die Nachfrage nach Kleidung rasant. Die Folge: Auch außerhalb der Sonderschlussverkäufe bilden

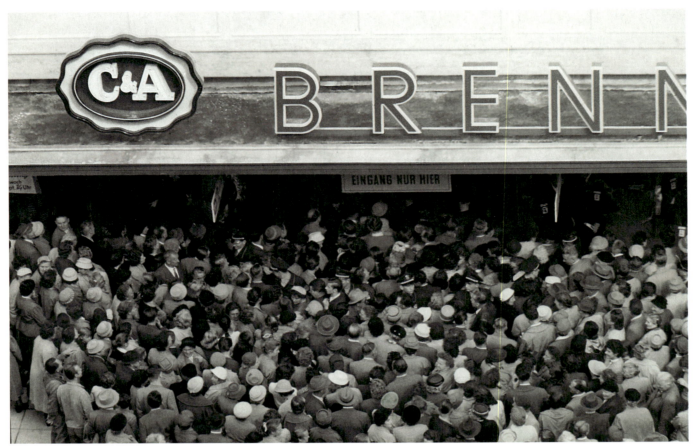

4 | Eröffnung C&A Stuttgart, 1957

5 | Im Kontor, C&A Berlin-Neukölln, 1962

sich an den Kassen lange Warteschlangen – für die Unternehmensführung ein eindeutiges Indiz für einen nicht mehr zeitgemäßen, weil zu langsamen Kassiervorgang. Vor allem aber werden in den 1950er Jahren die Informations- und Warenflüsse immer unübersichtlicher. Das größere Sortiment, die immer höheren Verkaufszahlen und die stetig wachsende Anzahl von Filialen – allein zwischen 1950 und 1959 gründet C&A insgesamt 20 neue Geschäftshäuser – machen ein effizienteres Warenwirtschaftssystem erforderlich ABB | 4 / 5. Die Wahrung der Übersicht über Abverkauf und Lagerbestände als wichtige Grundlage der Kalkulation von Bestellmengen kann bald nicht mehr garantiert werden. Aber nicht nur die Datenmenge nimmt rapide zu, auch das Informationsbedürfnis des Managements wird zusehends vielschichtiger. Sofort beginnt die Geschäftsführung intensiv über Einsatzmöglichkeiten der noch jungen elektronischen Datenverarbeitung nachzudenken.

Das Ziel einer transparenten und übersichtlichen Unternehmensstruktur vor Augen, soll zunächst der Informationsfluss zwischen den Kontoren der Filialen und der Unternehmenszentrale in Düsseldorf verbessert werden. Je stärker Umsatz und Warenumschlagsgeschwindigkeit des expandierenden Filialunternehmens zunehmen, desto offensichtlicher wird es, dass die personal- und zeitintensiven Arbeitsabläufe vereinfacht und beschleunigt werden müssen. Bereits 1957 wird die erste elektronische Datenverarbeitungsanlage in der Düsseldorfer Zentrale eingesetzt, die schon bald von leistungsstärkeren Computersystemen abgelöst wird. Zugleich finden auch in den Kontoren elektronische

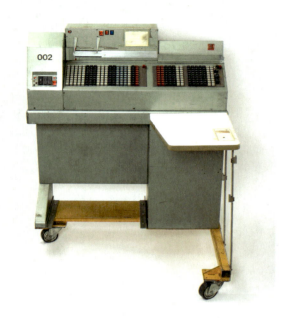

6 | *Hugin*-Auszeichner, um 1967

7 | *Hugin*-Etikett, nach 1967

8 | Tastatur des *Hugin*-Auszeichners, Detail

9 | Integriertes Aufzeichnungsgerät des *Hugin*-Auszeichners, um 1967

Buchungsmaschinen Verwendung, wodurch die Arbeitsschritte wesentlich rationalisiert werden. An die Stelle der zeit- und arbeitsintensiv manuell erstellten Listen treten nun computerlesbare Lochstreifen. Im Zuge der Auseinandersetzung mit den wachsenden Möglichkeiten der elektronischen Datenverarbeitung kristallisiert sich jedoch immer stärker heraus, dass ein optimales Informationsmanagement bereits an der Kasse beginnt, da hier Warenangebot und -nachfrage unmittelbar aufeinandertreffen. Bedingt auch durch das sich im Einzelhandel immer stärker etablierende Selbstbedienungsprinzip, das nicht länger zwingend einen Kontakt zwischen Kunde und Verkäufer voraussetzt, wandelt sich die Kasse zur elementaren Informationsquelle im Geschäftsalltag. Obwohl ein erster Versuch mit Lochetiketten des amerikanischen Herstellers *Kimball* in den frühen 1960er Jahren noch an technisch unausgereiften und nicht systemkompatiblen Kassen scheitert, ist C&A vom Nutzen eines den ganzen Betrieb umfassenden Informationssystems fest überzeugt. In einem zentral gesteuerten Kassensystem und nicht in einer Vielzahl von Insellösungen, die immer nur einen Teilbereich der betriebsinternen Organisation optimieren können, sieht das Unternehmen die Zukunft einer effizienten Nutzung moderner Datenverarbeitung.

Die Geschäftsführung ist sich der Schwierigkeit einer Umsetzung seiner Vision von einem effizienten, innerbetrieblichen Informationsmanagement bewusst und beauftragt ein Expertenteam von C&A-Mitarbeitern und Konstrukteuren der schwedischen Firma *Hugin*. Die Mission glückt: Exklusiv auf die Bedürfnisse des aufsteigenden Textilfilialunternehmens abgestimmt, gelingt die Entwicklung einer optimal miteinander vernetzten, funktional aufeinander abgestimmten Gerätegruppe. Aufgrund der kombinierten Verwendung lochcodierter Etiketten und der Magnetbandkassette als Speichermedium verspricht diese eine zentrale Bündelung des Informationsflusses aller Filialen in der Hauptverwaltung.

In den späten 1960er Jahren ist es soweit: Die Einführung des neuen Kassensystems im laufenden Geschäftsbetrieb – damals wie heute eine Herausforderung – wird vorbereitet. C&A setzt zunächst im Wareneingang die neuen *Hugin*-Auszeichnungsmaschinen ein ABB|6. In ersten Testläufen werden alle Wareninformationen wie etwa Artikelnummer, Farbe, Größe, Preis und Lieferant in einer 27-stelligen Zahl lochcodiert und auf dem Etikett gespeichert ABB|7. Ein kurzer Blick auf die Tastatur der Auszeichnungsmaschine genügt, um sich von der einfachen Handhabung einer artikelgenauen Eingabe zu überzeugen. C&A findet damit die Antwort auf die wachsende Komplexität der Abläufe innerhalb des Unternehmens ABB|8. Im Inneren der massigen Maschine zeichnet ein Magnetbandschreiber jeden Etikettierungsvorgang auf. Alle relevanten Informationen können so ohne die zeitaufwendige Erstellung von Listen unmittelbar an die Hauptverwaltung weitergeleitet werden ABB|9. Damit werden die Kontrolle und die Übersicht der Lagerbestände in den einzelnen Filialen entscheidend verbessert. Außerdem bietet die Maschine eine Funktion zur Ein-

10 | Registrierkasse *Hugin* K42 mit seitlichem Etiketteinzug, nach 1970

11 | Aufzeichnungsgerät *Hugin* TR 402 und Magnetbandkassette, nach 1970

12 | Elektrischer Etikettabschneider, nach 1970

13 | Tonbildschau zur Mitarbeiterschulung „Auf der grünen Welle", Kundin an der Kasse, 1977

14 | Tonbildschau zur Mitarbeiterschulung „Auf der grünen Welle", Kundin am Packtisch, 1977

gabe der Stückzahl, sodass die Warendaten gleicher Artikel nicht länger mehrfach eingegeben werden müssen – eine Funktion, die vor dem Hintergrund stetig wachsender Bestellmengen eine große Zeitersparnis bedeutet.

1970 werden die ersten systemkompatiblen *Hugin*-Kassen Modell K42 eingesetzt, womit C&A einen zweiten, entscheidenden Schritt in Richtung eines computergestützten und zentral gesteuerten Warenwirtschaftssystems unternimmt ABB |10. Das lochcodierte Etikett wird seitlich in die Kasse eingeführt und direkt ausgelesen. Die manuelle Eingabe des Preises durch die Kassiererin erübrigt sich dadurch. Nicht nur jeder einzelne Kassiervorgang wird erheblich beschleunigt, auch fehlerhafte Eingaben werden vermieden. Die aus dem Etikett ausgelesenen Daten werden auch hier von einem an die Kasse angeschlossenen Aufzeichnungsgerät auf einer Magnetbandkassette gespeichert ABB |11. Sie können jetzt unmittelbar nach Kassenschluss per Post – seit Mitte der 1970er Jahre per Datenfernübertragung – an die Hauptverwaltung weitergeleitet werden, wo sie zeitnah ausgelesen und vom Zentralcomputer ausgewertet werden können. Trotzdem wird die Aufteilung des Etiketts in einzelne Abschnitte beibehalten, einzig der Trennvorgang wird durch den Einsatz elektrischer Schneidegeräte an der Kasse beschleunigt ABB |12. Noch immer erhält der Kunde einen Teil als Quittungsbeleg, während die verbleibenden Abschnitte an der Kasse gesammelt werden ABB |13/14. Sie dienen jetzt nur noch als „Sicherungskopie" der auf Magnetband gespeicherten Verkaufsdaten. Bei Bedarf, etwa bei Kassendifferenzen oder Fehlfunktionen des Magnetbandes, können die lochcodierten Abschnitte über einen sogenannten Stapelleser mit einer für die damalige Zeit beeindruckenden Spitzenkapazität von 10.000 Etiketten pro Stunde eingelesen werden ABB |15. Die Datenerfassung und -speicherung übernimmt dabei ein externes Gerät, etwa vom Typ Olivetti DE 523 ABB |16. Als Sonderanfertigung für C&A von der in Durach bei Kempten ansässigen Firma *Wilhelm Fischer Spezialmaschinen GmbH* produziert, zeugt der fortschrittliche Stapelleser mit automatisiertem Etiketteinzug und Erkennungsfunktion für fehlerhaft eingelesene Etiketten einmal mehr vom lösungsorientierten Erfindungsreichtum des wachsenden Textilkonzerns. Für die schnelle Entschlüsselung der lochcodierten Inhalte im Geschäftsbetrieb entwickelt ein engagierter C&A-Mitarbeiter schon in der Testphase des neuen Etiketts ein manuelles Lesegerät: Das handliche, hausintern als „Schiebelehre" bezeichnete Hilfsmittel ist so beschriftet, dass sich die Decodierung der dargestellten Zeichen aus der Addition der Lochpositionen ergibt ABB |17.

An Spitzenverkaufstagen werden zusätzlich zum Kassenmodell Hugin K42 Ersatzkassen eingesetzt, die aufgrund ihrer beschränkten Funktionen schlicht als Schneidekassen bezeichnet werden ABB |18. Über den seitlich angebrachten Hebel werden die Etiketten getrennt. Ein verriegelter Behälter fängt den buchungsrelevanten Abschnitt auf, sodass die Kassiererin nicht auf die Kontrollabschnitte zugreifen kann.

15 | Etiketten-Stapelleser der Firma *Wilhelm Fischer Spezialmaschinen GmbH*, 1982

16 | Datenerfassungsgerät *Olivetti* DE 523, um 1970

In einer Zeit, in der „die Kasse noch klingelt", legt C&A mit der Einführung des Kassensystems von *Hugin* den Grundstein für das moderne computergesteuerte Warenwirtschaftssystem des Unternehmens. Von nun an können Informations- und Warenflüsse an den Kassen digital erfasst, verarbeitet und weitergeleitet werdenABB |19.

Immer am Puls der Zeit, hat der technische Fortschritt bei C&A längst zur Ablösung der einst so innovativen Lochcodierung durch den modernen Strichcode geführt – eine Entwicklung, die nicht zuletzt durch die Unvereinbarkeit von Lochcodierung und Klebeetikett vorangetrieben worden ist. Was gestern den Weg in eine erfolgreiche Zukunft bedeutete, wird heute in der ständigen Verbesserung des Kassensystems durch neue und nach unternehmensspezifischen Anforderungen entsprechend optimierte Softwareprogramme fortgesetzt und ist für den wachsenden Textilfilialisten wichtiger Bestandteil seines Verständnisses von einer nachhaltigen, wettbewerbsfähigen Unternehmensführung.

Andrea Kambartel

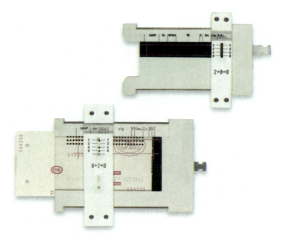

17 | „Schiebelehre" für halbe und ganze Etiketten, um 1975

18 | Schneidekasse, nach 1970

19 | Stellenausschreibung der Hauptverwaltung für eine „innerbetriebliche Ausbildung in der Datenverarbeitung", 1972

DIE GRÜNEN AEROBIC HELMU
LLENGER BORIS BECKER MAU
CHARLES & DIANA VOLKSZÄ
BAG MTV FALKLANDKRIEG S
REAGAN DIE WELLE GOLFKR
EAN-PAUL GAULTIER KNIGHT
GARET THATCHER NULL-BOC
KMAN E.T. PERESTROIKA VO
LMAN RUSHDIE TSCHERNOB
LTERPOLSTER GIORGIO ARM
NSEHEN HITLER-TAGEBÜCHE
DAUERWELLE DALLAS RAMS
ICHAIL GORBATSCHOW ROL
L JACKSON NATO-DOPPELBE
ABOREM EXERCENS MOSCHI
KDORF JENSEITS VON AFRIK
ON DIRTY DANCING JOHN M
SE MIAMI VICE GEISELDRAM

T KOHL ZAUBERWÜRFEL CHA
RFALL NDW PAPSTATTENTAT
LUNG BARSCHEL-AFFÄRE AIR
EFFI GRAF LIVE AID RONALD
G AIDS HISTORIKERSTREIT J
RIDER KAROTTENHOSE MAR
-GENERATION LEGGINS WAL
UHILA LAPTOP GLASNOST SA
BMX POSTMODERNE SCHU
NI SOLIDARNOSC PRIVATFER
MADONNA COMMODORE 64
IN YUPPIE AFGHANISTAN M
CHUHE LOCKERBIE MICHAE
CHLUSS JOSCHKA FISCHER L
O DAS PARFUM FALCO BROC
C-NETZ LEIPZIG JOHN LENN
NROE SCHIMANSKI LATZHO
VON GLADBECK DENVER CL

ELEGANT KLASSISCHE MODE

Sehr feminin startet die Damenmode zu Beginn der 1980er Jahre: Taille und Hüftpartie sind schmal gehalten, werden teilweise sogar bewusst betont. Die Saumlänge ist kniebedeckend. Gemusterte Stoffe sind die absolute Ausnahme. Einfarbige satinähnliche Stoffe mit Schillereffekten stehen in der Damenkleidung für Eleganz, beeinflussen aber auch die Ausgehmode: „keine party ohne silber!", liest man in einem C&A-Schaufenster.

Auch die Herrenmode zeigt sich ausgesprochen klassisch: Der Herr trägt wieder bevorzugt Anzug. Besonders die Wiederentdeckung des Zweireihers – der zunächst wie ein Relikt aus den 1950er Jahren anmutet – führt zu einer Abkehr von der Kombimode. Qualitätskleidung ist für die gesamte Herrenmode auffallendes Merkmal. Auch farblich erscheint die Herrenmode gedeckt. Ebenfalls ein Trend, den C&A in einem Schaufenster präsentiert: „modern man in grey". Die bunt „gekleidete" Holzbüste zwischen den Figurinen wirkt daneben eher, als stamme sie aus einem anderen Jahrhundert, ist aber gerade deshalb ein Eyecatcher in dem ansonsten eher schlichten Schaufenster.

 C&A MÜNCHEN, BAYERSTRASSE 21 06.03.1980

 C&A GÜTERSLOH, EICKHOFFSTRASSE 8 13.03.1980

 C&A CELLE, AM HEILIGEN KREUZ 10 20.03.1980

 C&A SIEGBURG, AM BRAUHOF 5 04.09.1980

ERÖFFNUNG C&A CELLE

C&A eröffnet am 20. März eine neue, am Rande der Celler Altstadt gelegene Filiale – und schafft damit zugleich ein frühes Beispiel für eine völlig neuartige Integration des modernen Kaufhausbaus in ein historisches Stadtbild: In der Gestalt des Außenbaus greift der ausführende Architekt Ric Stiens Fassadenstrukturen und Giebelformen der Fachwerkarchitektur aus der unmittelbaren Umgebung des Baukörpers auf. Die tragende Konstruktion des Neubaus besteht dabei aus einem modernen Stahlbetonskelett. Braun gestrichener Beton mit Ziegelausfachung imitiert den Eindruck einer Fachwerkarchitektur. Partiell aus Holzfachwerk bestehen nur die Fassadenvorsprünge an der Schmalseite des Gebäudes, die zur Fußgängerzone Am Heiligen Kreuz weist. Wie die Giebelfassaden übernehmen auch die angedeuteten, geneigten Dachflächen keinerlei statische Funktion, sondern dienen als reine Zierelemente lediglich dazu, das moderne Flachdach – welches doch ein wiederkehrender, wesentlicher Bestandteil der vorausschauenden Bauplanung des Textilfilialisten ist – in der Untersicht zu verbergen. Während der blockhafte Charakter des Kaufhauses im Außenbau durch die optische Einbeziehung seiner städtebaulichen Umgebung visuell aufgehoben wird, garantiert die Skelettbauweise über dem annähernd rechteckigen Grundriss eine optimale Flächenausnutzung im Innenraum.

Knapp zwei Jahre vor der Eröffnung des Celler Hauses, am 30. Mai 1978, war das Niedersächsische Denkmalschutzgesetz verabschiedet worden – ein Ergebnis des in den 1970er Jahren immer stärker gewachsenen Wunsches der Gesellschaft, sich dem Abriss historischer Bausubstanz, wie er seit der Nachkriegszeit allerorten gang und gäbe war, endlich entgegenzustellen.

C&A VILLINGEN-SCHWENNINGEN, IN DER MUSLEN 14
16.10.1980

YSL

5. November 1981 – die Sensation ist perfekt: Mode von Yves Saint Laurent bei C&A! In 56 der insgesamt 119 deutschen Häuser wird in eigenen Abteilungen ein fast komplettes Herrenbekleidungs- und Accessoires-Sortiment angeboten. Yves Saint Laurent ist zu diesem Zeitpunkt schon lange einer der weltweit bekanntesten und einflussreichsten Modedesigner. 1957 hatte er die Nachfolge des plötzlich verstorbenen Christian Dior angetreten. Schon fünf Jahre später ging die erste Kollektion unter seinem eigenen Namen über den Laufsteg. In vielen seiner Entwürfe bricht er mit Konventionen, wie etwa mit seiner Herbst/Winter-Kollektion 1966, für die er neben dem ersten Damensmoking und seinen Pop-Art-Kleidern auch die ersten Kleider aus transparentem Stoff entwirft. Er versteht es wie kein anderer – gemeinsam mit seinem Partner Pierre Bergé –, die Tradition eines Couture-Hauses zu bewahren und gleichzeitig über das Prêt-à-porter, die Konfektion, eine jüngere und weniger finanzkräftige Käuferschicht anzusprechen. Die Lizenzverträge mit C&A, die sich anfangs nur auf Herrenkleidung erstrecken, werden bald auf Damen-, Kinder- und Baby-Bekleidung ausgedehnt. Bis in die 1990er Jahre kann man bei C&A Mode von Yves Saint Laurent zu günstigen Preisen kaufen.

C&A MÜNCHEN, THOMAS-DEHLER-STRASSE 121
05.03.1981

C&A LINGEN, MARIEN-STRASSE 17
02.04.1981

C&A SINGEN, FREIHEIT-STRASSE 19–21
24.09.1981

C&A NEUWIED, MITTEL-STRASSE 9
01.10.1981

1981

2 | UMSTANDSMODE

Eine schwangere und – wie am Ring zu erkennen – verheiratete junge Frau mit Blumen im Lenkradkorb ist vor unbestimmtem Hintergrund radelnd fotografiert. Sie trägt einen modischen Kurzhaarschnitt, der ihre hängenden silbernen Ohrringe gut zum Vorschein bringt. Bekleidet ist sie mit sportlicher hellblauer Bluse mit weißem Kragen und weißer Manschette sowie dunkelblauer Latzhose. Latzhosen für Mädchen und Frauen sind 1981 en vogue und in Lila gar ein signifikantes Kleidungsstück für politisch engagierte Frauen und Feministinnen – spricht man doch bis heute gerne von der „Lila-Latzhosen-Fraktion". Dass C&A Umstandsmode in der Zeitschrift *Eltern* bewirbt, entspricht dem Konzept, die verschiedenen Zielgruppen über unterschiedliche Zeitschriften zu adressieren.

3 | „VON KOPF BIS FUSS"

„Eine Allianz Handelsgiganten blies zum Angriff. Topmanager von Karstadt und Kaufhof, Hertie und Horten, Quelle und Otto drohten ihren Schuhlieferanten mit Boykott, sollten die Schuster einen Eindringling in den Markt beliefern. Der Störenfried: die multinationale Textilkaufhauskette C&A Brenninkmeyer." So erinnert die Fachzeitschrift *Capital* im November 1983 an die Eroberung des Schuhmarktes durch C&A zwei Jahre zuvor. Doch der Boykottaufruf kommt zu spät. Die C&A-Einkäufer haben bereits geordert und Verträge mit ausgewählten Schuhproduzenten abgeschlossen. Und so heißt es ab dem 1. September 1981 in 50 C&A-Häusern: „Von Kopf bis Fuß auf Mode eingestellt".

Bereits im August des Jahres sind in den Filialen Schuhshops eingerichtet worden, jedoch anfänglich nur in den Etagen für Damen und Kinder. Die Präsentation ist vielfältig: Sowohl drehbare Rundständer als auch individuell anpassbare Stellwände – so genannte Vorwahlen – werden eingesetzt. Um dem Konzept der Selbstbedienung auch in diesem Segment gerecht zu werden, werden die Schuhe – anders als bei vielen Konkurrenten – paarweise ausgestellt. Dadurch ergibt sich jedoch eine neue Herausforderung: die diebstahlsichere Etikettierung der Ware. Sicherungsetiketten sind zu groß und können Schäden an den Schuhen verursachen. Angedacht ist daher ein kleines, extra gefertigtes Etikett, das, im Steg der Sohle angebracht, vor Diebstahl schützen soll.

Für die Order der Schuhware ist zunächst die Abteilung „Diverses" zuständig. Die Anlieferung und Reservehaltung erfolgt in Kartons, um die Ware bestmöglich vor Transport- und Lagerungsschäden zu schützen. Erst Anfang der 1990er Jahre wird dieses System auf hängende Transporte ohne Kartons umgestellt, um einerseits Lagerplatz, andererseits Papiermüll einzusparen.

Mit der Einrichtung von Schuhabteilungen 1981 reicht das Modeangebot von C&A tatsächlich „von Kopf bis Fuß", war die „Damenputzabteilung" doch schon 1929 eingeführt worden. Und so wirbt C&A durch die 1980er Jahre hindurch selbstbewusst: „C&A zieht alle an. Von Kopf bis Fuß".

1 |

2 |

1 | AVANTI – SPORTLICH UND JUNG

Für junge Männer zwischen 17 und 25 Jahren, wie überhaupt für alle Junggebliebenen, bietet C&A ab 1982 sportliche, in Farbe und Stil kombinierbare Freizeitkleidung an. Die bereits seit 1969 in den Niederlanden und Belgien eingetragene C&A-Marke *avanti* wird – mit zeitlicher Verzögerung, bedingt durch die Jeanswelle – nach Deutschland geholt: *avanti*, progressiv und dynamisch in der Aussage mit Trendmode zum mittleren C&A-Preis. „Rasant und sportlich" kommt man damit durch den Herbst, „an den Füßen die schnellen Lederschuhe mit Sportsohle". Ab 1985 ist *avanti* nicht mehr der Herren-Kombi-Mode von C&A, sondern – passender – dem neuen *Young Collections*-Bereich zugeordnet.

2 | TELEFONISCHE BESTELLUNGEN

1982 testet C&A einen neuen Vertriebsweg: Nun kann man einzelne modische Kleidungsstücke per Bildschirmtext (BTX) bestellen. Der Bildschirmtext, 1980 in einem Feldversuch der Deutschen Bundespost gestartet, ist eine interaktive Kommunikationsplattform aus Telefon und Fernsehbildschirm, ähnlich dem heutigen Videotext. BTX erreicht allerdings nie die erwartete Anzahl an Nutzern, weshalb der neue Service von C&A nicht lange angeboten wird. In den 1990er wird das ohnehin unpopuläre BTX schnell durch das vielseitigere, benutzerfreundlichere und grafisch ungleich attraktivere Internet abgelöst und der Dienst BTX schließlich ganz eingestellt.

C&A erkennt früh die Bedeutung des rasch wachsenden Internets. Anders als bei BTX, das nur Produktbeschreibungen zulässt, kann die Ware im Internet nun mit Abbildungen präsentiert werden. Ende der 1990er Jahre geht C&A online – Bestellungen sind zunächst 1999 und dann ab 2008 möglich.

EXPANSION NACH LUXEMBURG

Die Expansion nach Luxemburg beginnt in der 80.000-Einwohner-Stadt Ville de Luxembourg, wo 1982 die erste C&A-Filiale eröffnet. 2010 ist C&A im Großherzogtum in insgesamt 8 Filialen mit dem kompletten Familiensortiment vertreten.

C&A LIMBURG, GRABENSTRASSE 19
01.04.1982

C&A WORMS, AM RÖMISCHEN KAISER 9
22.04.1982

C&A EUSKIRCHEN, BERLINER STRASSE 25
16.09.1982

C&A NEUMÜNSTER, GROSSFLECKEN 16–18
30.09.1982

1982

LAGERFELD-JEANS

Der erste Preis des Internationalen Wollsekretariats in Paris in der Sparte Damenmäntel markiert 1954 den Startschuss für die Karriere des damals 16-jährigen Hamburger Modeschöpfers Karl Lagerfeld. Er arbeitet zunächst in den Pariser Couture-Salons von Pierre Balmain und Jean Patou und wagt 1964 den Schritt in die Unabhängigkeit. Für Fendi und Chloé entwirft er sehr erfolgreiche Kollektionen und erweckt 1983 als künstlerischer Direktor das weltbekannte Haus Chanel aus dem Dämmerschlaf. Für C&A entwirft Lagerfeld zwischen 1981 und 1989 Damenjeans und 1987 auch Polohemden. Markenkleidung zu tragen wird für die Kunden in den 1980er Jahren immer wichtiger. Diese Tendenz verspürt auch C&A und kooperiert deshalb außer mit Karl Lagerfeld auch mit anderen namhaften Designern wie Angelo Litrico, Renato Balestra, Pierre Bertrand, Hubert de Givenchy und Yves Saint Laurent. Die Anzeigenwerbung für die Lagerfeld-Jeans wird 1982 überwiegend in den Frauenzeitschriften *Vogue*, *Madame*, *Petra* und *Chic* abgedruckt. Sie enthält den originalen Lagerfeld-Schriftzug und den Hinweis „Karl Lagerfeld-Jeans in Deutschland bei C&A".

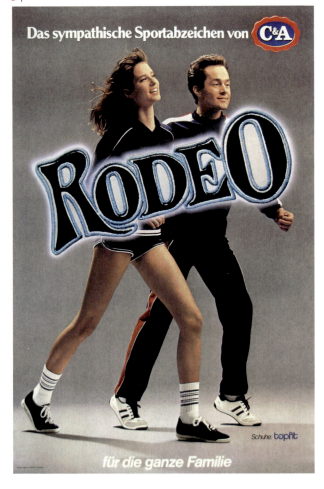

1 | ERSTE CITY-LIGHT-WERBUNG

Während klassische Plakate bestenfalls von vorne angestrahlt werden, sind die von hinten beleuchteten Werbeposter in den so genannten City-Lights auch nachts gut zu sehen. Da sie außerdem hinter einer Glasscheibe angebracht werden, befinden sie sich stets in ordentlichem Zustand. Die neuen Werbeträger haben sich bereits in Frankreich bewährt und werden nun auch in Deutschland bevorzugt an Bus- oder Straßenbahnhaltestellen beziehungsweise an Fußgängerüberwegen aufgestellt, an denen der Passant immer ein wenig warten muss und die Werbung deshalb besser ihre Wirkung entfalten kann. C&A steigt in dieses neue Medium mit einem Plakat der Eigenmarke *Rodeo* ein, das zwischen März und Mai zunächst in Hamburg, Köln und Saarbrücken an insgesamt 1.088 Stellen aufgehängt wird. Großfigurig sind die beiden sportlichen Protagonisten – ein Herr im Trainingsanzug und eine Dame in kurzer Sporthose – in die Bildmitte gerückt. Ihr Oberkörper wird beinahe ganz von dem großen Schriftzug *Rodeo* verdeckt. Dass hier C&A wirbt, kann an der Vignette am oberen rechten Bildrand deutlich abgelesen werden. Die bekannten Buchstaben vervollständigen sich mit dem übrigen Text zum Schriftzug „Das sympathische Sportabzeichen von C&A". Was die Kleider kosten, darüber schweigt das City-Light – ganz im Unterschied zur sonstigen preisaktiven Werbung, für die C&A sich zumeist entscheidet.

2 | 15 METER HOHE JINGLERS-JEANS

Zu den Eröffnungsevents gehört in jenen Jahren neben einer Schnupperhund-Hüpfburg die zwölf oder fünfzehn Meter hohe aufblasbare *Jinglers*-Jeans, die wie ein Tor den neuen Standort markiert. Um dieses C&A-Markenzeichen aufzublasen, braucht man 225 Kubikmeter Luft – jedes Bein hat einen Durchmesser von zwei Metern. Oft schwebt – wie hier am 3. März bei der Eröffnung in Rheine – auch ein sieben Meter langer Fesselballon in Form eines Zeppelins über den Dächern.

3 | YESSICA UND CLUB 15

C&A weiß: „Die jugendliche, modeorientierte, lebensfrohe Frau bevorzugt einen jugendlichen, zweckmäßigen, modisch legeren Stil." Für berufstätige Frauen ab 25 Jahren wird 1983 die C&A-Marke *Yessica* eingeführt, die bereits sechs Jahre zuvor beim Deutschen Patentamt angemeldet worden ist. Fester Bestandteil der Werbegrafiken ist das *Yessica*-Logo, dessen Initiale „Y" das gepflegte Gesicht einer Dame mit Hut und Halskette ziert. Das Logo wird bis Ende der 1990er Jahre verwendet.

1980 gestaltet C&A sein Kinderprogramm um. *Club 15*, die neue Marke mit den drei goldenen Pferdeköpfen, richtet sich mit ihren bunten Sweatshirts, Polohemden, Overalls und Latzhosen an sportliche Teens und ihr Gruppengefühl. *Club 15* ist von 1983 bis 2005 als Marke beim Deutschen Patentamt eingetragen.

 C&A RHEINE, EMSSTRASSE 57 03.03.1983

 C&A HÜRTH, HÜRTH PARK 71A 10.03.1983

 C&A LEER, GEORGSTRASSE 12 24.03.1983

 C&A BOCHOLT, BERLINER PLATZ 2 15.09.1983

1983

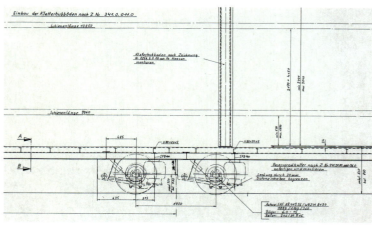

AUF KLEINEN REIFEN

Der Bauplan eines Lastwagens aus dem Jahr 1983 veranschaulicht eine revolutionäre Idee von C&A, die weit über zwei Jahrzehnte entscheidend zur Effizienz der Logistik beiträgt: Durch die Verwendung auffallend kleiner Hinterräder wird das Volumen des Laderaums deutlich vergrößert. Dadurch wird es möglich, den Lkw mit einer wesentlich höheren Stückzahl von Hängeware zu beladen, die im Unterschied zur Liegeware nicht in Platz sparenden Kartons transportiert werden kann. In den Laderaum wird ein intelligentes Schienensystem eingebaut, über das die Garderobenstangen direkt aus der Logistikhalle in den Auflieger gefahren werden. Die Stangenhöhen können der Ware entsprechend angepasst werden, sodass der Laderaum stets optimal genutzt wird. Außerdem erlauben die Schienen ein schnelles Be- und Entladen, wodurch die Standzeiten der Lkw extrem verringert werden.

**C&A DETMOLD
HORNSCHE
STRASSE 6–8
22.09.1983**

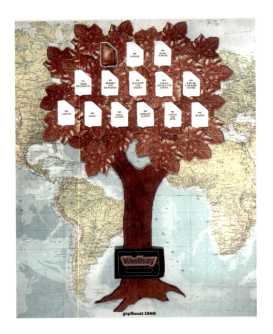

CORPORATE IDENTITY UND „MARKENTECHNIK"

EXPANSION NACH ÖSTERREICH

In der Alpenrepublik ist C&A seit 1984 vertreten. Das erste Geschäft eröffnet im oberösterreichischen Städtchen Wels mit etwa 51.000 Einwohnern. 2010 können die Österreicher in 76 Family-Stores, 52 Kids-Stores, sechs Lingerie-Stores – bisher einzigartig in Österreich – sowie in vier Clockhouse Shops bei C&A einkaufen.

„Marken bei C&A – eine erfolgreiche Investition?" Diese Frage stellt sich C&A 1984 und findet die passenden Antworten auf Fragen zu Corporate Design und Corporate Identity bei zwei Markenpionieren: Hans Domizlaff, der Gründer des Hamburger Instituts für Markentechnik und Werbeberater bekannter deutscher Unternehmen wie *Reemtsma* und *Siemens*, hat eine Reihe grundlegender Publikationen zum Thema verfasst. Frédéric Henri K. Henrion,

C&A MOERS, HOMBERGERSTRASSE 55
15.03.1984

C&A GOSSLAR, BÄCKERSTRASSE 100
29.03.1984

C&A HEIDENHEIM, AUGUST-LÖSCHSTRASSE 1
06.09.1984

C&A WETZLAR, BAHNHOF STRASSE 19A
13.09.1984

1984

Mode- und Grafikdesigner, gründete eine eigene Beratungsfirma, zu deren Kunden *KLM Royal Dutch Airlines*, *British Leyland Motor Corporation* und *Olivetti* zählen. Auf Grundlage seiner zehn Jahre zuvor durchgeführten Untersuchung sind bereits alle Proportionen und Farben der C&A-Dachmarke unter Beibehaltung der tradierten Wesensmerkmale erstmals exakt definiert und als „Richtlinien für die Gestaltung" festgehalten worden.

Aufbauend auf dem Domizlaff'schen Standardwerk *Markentechnik* werden nun auch alle Eigenmarken von C&A überprüft – man führt sie sich beispielsweise in „Markenbäumen" vor Augen – und in den kommenden Jahren auf die Zielgruppen hin genauestens abgestimmt und definiert. Denn, so heißt es bei Domizlaff: „Die Marke ist die Basis zur Gewinnung des öffentlichen Vertrauens". Und: „Eine gelungene Marke ist eine erfolgreiche Investition".

C&A HOF
LORENZ-
STRASSE 19
27.09.1984

1 | JINGLERS-JEANS, FÜR ALLE LEBENSLAGEN

Vier TV-Werbespots zur Marke *Jinglers* setzen bei den Fernsehzuschauern im Jahr 1985 gekonnt auf den Effekt eines „Running Gag". Die Jeans von C&A erweisen sich in allen Lebenslagen und für alle Berufe als kompatibel, so die Botschaft zum Schmunzeln: Ein Astronaut öffnet im All langsam seine Weltraumkapsel und schwebt schwerelos heraus. Außer Helm und Weltraumjacke trägt er überraschenderweise an den Beinen *Jinglers*-Jeans.

Auf der Bühne tanzen drei Ballerinen „Schwanensee". Ein Ballettänzer-Prinz springt ins Bild. Statt einer elastischen Balletthose trägt er seine nicht minder elastische *Jinglers*-Jeans.

Drei Geiger und eine Cellistin geben ein Konzert vor Publikum. Am Ende erhebt sich die Cellistin mit souveräner Ausstrahlung von ihrem Stuhl und präsentiert mit einem Lächeln ihre *Jinglers*-Jeans.

Napoleon schreibt mitten im Krieg aufgeregt eine Nachricht mit Tusche und Feder auf ein Papier. Plötzlich springt er wütend von seinem Stuhl auf – und trägt statt einer Uniformhose *Jinglers*-Jeans.

2 | TESTHAUS „YOUNG COLLECTIONS" IN DARMSTADT

Nach der Eröffnung von 146 Standorten in Deutschland seit 1911 erprobt C&A im Juni 1985 ein neues Konzept. Im Tiefparterre des C&A-Hauses in Darmstadt entsteht ein Young Collections-Store. Dort werden überwiegend günstige „Basics" angeboten. Der Kunde findet dort aber auch die beliebten Eigenmarken *avanti*, *clockhouse* oder *Jinglers*. Nach fast einjähriger Testphase in Darmstadt eröffnet am 18. September 1986 in Bonn das erste Young Collections-Haus, eine Woche später folgt ein zweites in Krefeld. Wegen des insgesamt kleineren Sortiments benötigen die Young Collections-Häuser eine wesentlich geringere Verkaufsfläche als die klassischen C&A-Häuser mit einem Warenangebot für die ganze Familie. C&A kann sich deshalb nun auch in den Fußgängerzonen kleinerer Städte oder in Einkaufszentren etablieren. Neben den Sortimentshäusern von Young Collections entstehen ab November 1987 zudem die Akzent-Häuser, mit denen C&A einen „Akzent in der Innenstadt setzt". Im neuen Jahrtausend weitet C&A dieses Konzept noch aus. Ab 2003 werden Kids- und Women-Stores eröffnet, kleine Spezialläden, die sich jeweils an eine ganz bestimmte Klientel wenden.

3 | „C&A HAT KEINE LOCKVÖGEL"

Anfang des Jahres 1985 wirbt C&A in Hamburg, Köln, Saarbrücken und Bremen mit einem auffälligen City-Light-Plakat: Auf dem C&A-Logo sitzt ein fröhlicher Vogel. Mit dem rechten Flügel winkt er den Betrachter zu sich heran. Es ist der wörtlich zu nehmende „Lockvogel". Aber gibt es denn Lockvögel bei C&A? Natürlich nicht. Deshalb ist der Vogel dick und fett durchgestrichen, und der Betrachter liest den Slogan „C&A hat keine Lockvögel". Mit diesem frechen Werbemotiv zieht C&A in diesem Jahr sicherlich nicht nur die Blicke seiner Kunden auf sich, sondern auch kritische Stimmen vonseiten der Konkurrenz. Trotzdem scheut sich das Unternehmen nicht, das provozierende Plakatmotiv im Sommer des Jahres gleich noch einmal zu präsentieren.

 C&A MARBURG, UNTERGASSE 1 07.03.1985

 C&A SOEST, SALZBRINK 1 14.03.1985

 C&A FRIEDRICHSHAFEN, BUCHHORNPLATZ 10 28.03.1985

 C&A FÜRTH, ALEXANDERSTRASSE 21–25 19.09.1985

1985

„MODE KENNT KEIN ALTER"

*„Wir können's kaum glauben, doch es ist wahr
daß wir Senioren schon zehn Jahr'
mit Charme und Anmut Mode stellen dar."*

Das 10-jährige Jubiläum einer besonderen Veranstaltungsreihe feiert C&A 1985: Schon seit 1975 geht es bei den Modenschauen von Senioren für Senioren altersgerecht zu. Auf Tourneen quer durch Deutschland werden im Rahmen eines bunten Nachmittagsprogramms bei Kaffee und Kuchen Modevorführungen und Showelemente gelungen miteinander verbunden. Als Moderatoren treten Größen der Unterhaltungsbranche wie der Quizmaster Wim Thoelke („Der große Preis"), der bis zu seinem Tode im Jahre 1995 der Seniorenmodenschau verbunden bleibt, oder die ehemalige „Miss World" Petra Schürmann auf. Die Veranstaltungsreihe bleibt bis in die späten 1990er Jahre ein großer Erfolg und wird von Publikum und Presse stets positiv aufgenommen.

C&A kommt mit diesen Modenschauen dem seit der Unternehmensgründung wichtigen Grundsatz nach, Mode gleichberechtigt für alle anzubieten – unabhängig von der Figur, dem Einkommen oder eben der Generationenzugehörigkeit, denn: „Mode kennt kein Alter."

C&A HAMBURG, HANNOVERSCHE STRASSE 86
26.09.1985

1 | C&A IM MINIATURFORMAT

Am 6. März eröffnet C&A eine Filiale in Elmshorn, einer kleinen Stadt, 32 Kilometer nordwestlich von Hamburg gelegen. Aus der Planungsphase des Kaufhauses datiert ein detailliertes Architekturmodell mit drei Varianten zur Fassadengestaltung für die Präsentation des Bauvorhabens beim Bauamt. Das flexibel konstruierte Modell visualisiert anschaulich die architektonische Anpassungsfähigkeit, die die Erteilung so mancher Baugenehmigung erleichterte und die rasante Ausweitung des Filialnetzes entscheidend begünstigte. In den 1980er Jahren werden mit 51 neuen Filialen so viele Geschäfte in Deutschland neu eröffnet wie in keinem Jahrzehnt zuvor. Die Expansion von C&A erreicht ihren bisherigen Höhepunkt. Die architektonische Flexibilität des Unternehmens steht damit nicht zuletzt im Dienste des C&A-Leitsatzes, Mode für jedermann anzubieten. Das zeigt sich jetzt nicht nur im Sortiment, sondern auch in einem immer dichter werdenden Filialnetz.

2 | PELZVERKAUF DRASTISCH VERRINGERT

Nachdem der Einkauf von C&A 1969 in der Eteha zentralisiert worden ist, wird im darauffolgenden Jahr für den Pelzeinkauf die „Pelca" ins Leben gerufen. Zunächst im Main-Taunus-Zentrum in Sulzbach und kurz darauf in Eschborn ansässig, kauft die Pelca neben fertigen Pelzwaren hauptsächlich Rohfelle ein. Nach der Veredelung werden die Felle in der Canda Ludwigshafen und von Zwischenmeistern in Griechenland und den Balkanstaaten für C&A zu Jacken und Mänteln in unterschiedlichen Qualitäten verarbeitet. Ähnlich wie bei anderer Kleidung auch, gibt es ab 1974 bei Pelzen die Qualitätsstufen „Low" und „High" – für günstigere und teurere Artikel.

Bis 1980 steigt der Umsatz mit Pelzen bei C&A kontinuierlich. Allerdings prangern nun vermehrt Tierschützer und Umweltaktivisten das Tragen der wärmenden Tierfelle an – mit wachsendem Erfolg. Sich mit einen Nerz in der Öffentlichkeit zu zeigen, gilt schon bald als „no go". Das bekommt auch C&A zu spüren. Anfang der 1980er Jahre sinken die Umsätze mit Pelzen erst langsam und brechen schließlich ganz ein. 1986 verringert C&A zunächst die Anzahl seiner Geschäfte, die Pelze anbieten. Doch das ist nur der Anfang eines dann schnellen Endes. Schon im Februar 1990 wird der Betrieb der Pelca eingestellt.

3 | „RODEO": EINE SEGELYACHT SORGT FÜR AUFSEHEN

Mitte der 1980er Jahre wird C&A Sponsor der ersten reinen Damenmannschaft in einem männerdominierten Sport: dem Hochseesegeln. Am 30. März 1985 ist Stapellauf des zwölf Meter langen und leuchtend blauen Neubaus nach dem Entwurf von Rolf Vrolijks und Friedrich Judels, den weltbesten Konstrukteuren von Rennyachten. Die Segel sind in der Segelmacherei des einstigen US-Olympiasiegers Lowell North gefertigt, die Gesamtkonstruktion erfolgt in den Schütz-Werken im Westerwald. Damit sind der Yacht optimale Bedingungen für eine erfolgreiche Rennkarriere in die Wiege gelegt.

Benannt ist die Segelyacht nach der C&A-Marke für Freizeitkleidung – *Rodeo*. Im Mai 1985 bewirbt sich der mit zwölf weiblichen Crew-Mitgliedern antretende Eintonner „Rodeo" sogar erstmals um die Teilnahme am „Admiral's Cup", der inoffiziellen Mannschaftsweltmeisterschaft der Hochseesegler, und erregt damit viel Aufsehen in der Fachwelt. 1986 segelt die Yacht auf dem „Rodeo One Ton World Cup" vor Palma de Mallorca, 1987 auf dem „Rodeo One Ton Cup" vor der Küste Frankreichs – wie die Bilder zeigen. Neben der Segelyacht stellt der Sponsor C&A übrigens auch die Kleidung der Crew zur Verfügung: Alles stammt aus der *Rodeo*-Sportswear-Kollektion.

C&A ELMSHORN, SCHULSTRASSE 22–24
06.03.1986

C&A KAUFBEUREN, SCHRADERSTRASSE 18
13.03.1986

C&A YOUNG COLLECTIONS BONN, STERNSTRASSE
18.09.1986

C&A REUTLINGEN, GARTENSTRASSE 27
18.09.1986

1986

C&A COBURG,
KETSCHEN-
GASSE 14
25.09.1986

C&A YOUNG
COLLECTIONS
KREFELD,
HOCHSTRASSE
25.09.1986

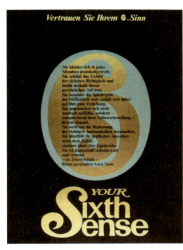

1 | C&A-MARKEN FÜR FRAUEN

Jede C&A-Eigenmarke richtet sich an eine ganz bestimmte Käuferschicht. In so genannten „Markenbüchern" werden die hinter der Marke stehende Idee und die Zielgruppe genau definiert. Sie liefern die Basis für Werbeanzeigen, Prospekte und Beilagen in Zeitschriften. Bestimmte Gruppen, die prägend für das Image einer Marke sind, können deshalb gezielt angesprochen werden. So bietet sich der C&A-Kundin 1987 in den Werbeprospekten folgendes Bild zur Orientierung: Unter der Marke *Vision* findet sie aktuelle Mode für ihren individuellen Stil. *Yessica* steht für modische Kollektionen für Beruf und Freizeit. Klassisch-dezent ist die Marke *Canda*, ein „Evergreen" für die Stammkundin. Für die Dame ab fünfzig ist die 1982 eingeführte Marke *Golden Gate* im Angebot. Haute-Couture-Chic und elegante Designermode garantieren die Marken *Your Sixth Sense* und *signé incognito*. Die *signé incognito*-Kollektionen entstehen in Zusammenarbeit mit namhaften Designern und Designteams: Deren Label werden aber nicht genannt, sie bleiben „incognito", weshalb C&A ihre Kreationen zu günstigen Preisen anbieten kann.

C&A OFFENBURG, HAUPTSTRASSE 7
05.03.1987

C&A BERLIN, GLORIA GALLERIE
01.10.1987

C&A AKZENT TÜBINGEN, NONNENGASSE
19.11.1987

1987

EINKAUFSREISE ZU ANGELO LITRICO

Zu den Aufgaben eines Einkäufers gehört in jenen Jahren auch, regelmäßig Fabrikanten zu besuchen und sich vor Ort Kollektionen anzuschauen. Im Falle von Angelo Litrico reisen die für die Herrenmode zuständigen C&A-Einkäufer nach Rom, wo sie sich die aktuelle Modelle vorführen lassen und eine Auswahl treffen. Hierbei spielen neben Trendaspekten auch die jeweilige Zielgruppe und selbstverständlich der Preis eine wichtige Rolle. Nicht zuletzt möchte man einerseits dem Stammkunden jederzeit „seine" Hose oder „sein" Hemd anbieten, andererseits aber auch den modisch anspruchsvollen Kunden zufriedenstellen. So werden die oft hochmodischen, extravaganten Modelle eines Angelo Litrico von der Canda in Mettingen konsumig umgesetzt, weshalb bei solchen Einkaufsreisen auch der Modellmacher mit „an Bord" ist.

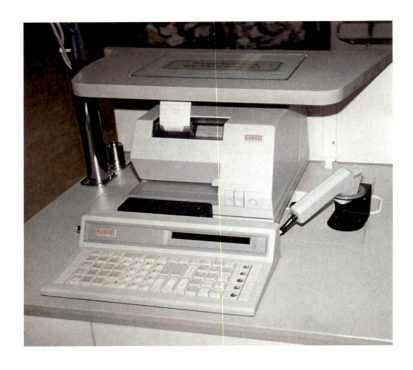

1 | FUNKTIONSKLEIDUNG

Herkömmliche Regenkleidung schützt zwar zuverlässig vor Regen und damit vor Feuchtigkeit von außen, das Material erweist sich gegenüber körpereigenen Ausdünstungen jedoch als ebenso undurchlässig. Das ändert sich mit der Verwendung von atmungsaktiven Membranen, und zwar von Sympatex® und dem 1969 von Bob Gore entwickelten Gore-Tex®. Und so leiten diese Membranen in den 1980er Jahren eine revolutionäre Entwicklung ein, indem sie die bequeme Outdoor- und Funktionskleidung alltagstauglich machen. Am 19. September beispielsweise wirbt C&A mit dem Slogan „Alle Wetter" für eine Sympatex-Jacke zum Preis von 198 DM. Der Mode entsprechend, ist diese „Jacke im Parka-Stil" mit Schulterpolstern ausgestattet und mit einem Breitschal kombiniert.

2 | AN DER COMPUTERKASSE

In den späten 1980er werden in allen C&A-Häusern moderne Computerkassen eingeführt. Nach eingehender Marktbeobachtung entscheidet sich C&A für das Kassensystem 8812 der Paderborner *Nixdorf Computer AG*. Für eine schnelle und fehlerfreie Datenerfassung werden die Wareninformationen wie Preis, Größe, Farbe oder Lieferant jetzt in der OCR-Schrift und später in Strichcodes auf das Etikett gedruckt. Der Einsatz computergesteuerter Kassen führt zu einer entscheidenden Beschleunigung der betriebsinternen Datenflüsse: Gleichzeitig mit der Erfassung der Daten an der Kasse werden die Informationen unmittelbar hausintern gespeichert und dann an das Rechenzentrum per Datenfernübertragung weitergeleitet. Dort werden die Verkaufsvorgänge der inzwischen rund 150 Filialen beispielsweise für den Einkauf und für Marktanalysen ausgewertet. Wie im Einzelhandel allgemein, so ist auch für C&A die stetige Anpassung der computergesteuerten Kassensysteme an die veränderlichen unternehmensspezifischen Informationsbedürfnisse bis heute wesentlicher Bestandteil eines optimierten Warenwirtschaftssystems.

3 | MODEVIDEO STATT TONBILDSCHAU

Diaserien sind bis dato das Medium gewesen, um das Verkaufspersonal drei Monate vor dem Start der Frühjahrs- beziehungsweise der Herbstsaison über den allgemein zu erwartenden Modetrend zu informieren. Unmittelbar bevor die jeweils aktuelle C&A-Mode für die Kunden ausliegt, wird sie den Verkäuferinnen und Verkäufern mithilfe sogenannter Tonbildschauen vorgestellt. Diese überaus beliebten, hübsch illustrierten Schauen werden im Frühjahr 1988 zum letzten Mal eingesetzt. Stattdessen wird den Mitarbeitern im Herbst erstmals ein Video vorgeführt, das sie nun filmisch über die Mode der kommenden Saison sowie über Qualitäten und Schnitte unterrichtet.

C&A BOTTROP, HOCHSTRASSE 31
03.03.1988

C&A AKZENT RATINGEN, DÜSSELDORFER STRASSE 35
03.03.1988

C&A AKZENT WEIDEN, SEDANSTRASSE 5–7
03.03.1988

C&A PASSAU, BAHNHOFSTRASSE 24
17.03.1988

1988

4 | UMWELTVERTRÄGLICHE PLASTIKTRAGETASCHEN

Die Plastiktüte ist heute nur noch schwer aus dem Einzelhandel wegzudenken. War sie in den 1950er Jahren noch von Hand verschweißt worden, erhielt der deutsche Kunde 1961 in der Lebensmittelabteilung des Kaufhauses *Horten* die erste serienmäßig produzierte Plastiktüte. In ihrer Gestalt an ein Unterhemd erinnernd, wird diese Tütenform bis heute als „Hemdchentragetasche" bezeichnet. Spätestens seit Ende der 1970er Jahre spielt die Tragetasche aus Kunststoff in den Marketingkonzepten vieler Einzelhändler eine wesentliche Rolle als Werbeträger. C&A wirbt in den 1980er Jahren europaweit mit einer bunt bedruckten Plastiktüte, die dem Corporate Design entsprechend über silberfarbenem Grund die C&A-Vignette und den Regenbogen zeigt. Vom kleinen Tütchen für Accessoires bis zur großen Tragetasche mit stabilem Plastikgriff und Regenschutzklappe bietet der Textilhändler für alle seine Artikel das passende Transportmittel. Doch immer wieder werden die praktischen Plastiktüten von der noch jungen Umweltbewegung kritisiert und bisweilen so erfolgreich bekämpft, dass das Image vieler Einzelhändler darunter leidet. 1988 überrascht eine Studie des Umweltbundesamtes mit dem Ergebnis, dass die Herstellung und der Gebrauch von Kunststofftüten hinsichtlich Rohstoff- und Energieverbrauch, Luft- und Wasserbelastung sowie Abfallentsorgung und -verwertung die Umwelt viel weniger belasten, als Papiertragetaschen dies tun. Bis heute gilt, dass nicht allein das Material über die Umweltverträglichkeit von Papier- oder Plastiktragetaschen entscheidet, sondern vor allem, dass das Recyceln der Rohstoffe die Umwelt schützt. Schon 1991 informiert C&A seine Kunden über die Möglichkeit, dass jeder Einzelne durch das Mitbringen einer Tasche und die Mehrfachnutzung der Tüte einen aktiven Beitrag zum Umweltschutz leisten kann. Bereits da beginnt das Unternehmen, Größe und Folienstärke seiner Tragetaschen zu verringern und gezielt auf die Umweltverträglichkeit der unterschiedlichen Kunststoffe zu achten. Heute bestehen C&A-Plastiktüten zu mindestens 80 Prozent aus recycelbarem Material.

A AKZENT SSELHEIM, HNHOF- RASSE 47–49 03.1988	C&A IDAR OBERSTEIN, NAHE-CENTER 01.09.1988	C&A AKZENT DORSTEN, WESTWALL 61 08.09.1988	C&A LÖRRACH, UNTERE WALLBRUNN- STRASSE 12 15.09.1988	C&A AKZENT DEGGENDORF, LUITPOLD- PLATZ 4 22.09.1988

1 | EUROPÄISCHE MODENACHRICHTEN

Zwei originelle Einladungen weisen auf die C&A-Modenschauen mit den Kollektionen des Jahres 1989 hin. Zur Frühjahr/Sommer-Kollektion wird ein beidseitig bedruckter Fächer zum Auseinanderziehen verschickt. Unter dem Motto „Nobleza Española" lädt C&A zur Teilnahme an der „Darbietung der C&A-Mode" ein und freut sich „über Ihr freundliches Kreuzchen auf der Antwortkarte". Dem Besucher soll „manches spanisch vorkommen", daher wählt C&A – neben den Schauplätzen in Düsseldorf, Hamburg, Berlin und Zürich – eine ganz besonders außergewöhnliche Location aus: In München findet die Modenschau im Spanischen Kulturinstitut in der Residenz statt.

Auch die Herbst/Winter-Kollektion steht unter einem Motto. Diesmal verschickt C&A Einladungen in Form eines bedruckten Seidentuchs in einer Posterrolle – „Mode auf Tuchfühlung", sozusagen. Das Motto der Schau lautet: „et voilà". Um Antwort wird „à la carte" gebeten, und „Schlemmen wie Gott in Frankreich ist in jedem Fall inbegriffen", was sicherlich zu zahlreichem Erscheinen des Fachpublikums in Düsseldorf, Hamburg, München und Zürich geführt haben wird. Ein besonders kreativer und außergewöhnlicher Standort fehlt auch diesmal nicht: In Berlin findet die Schau im „Institut Français, Maison de France" statt.

2 | START DER „ARBEITSGRUPPE UMWELT"

Ein Jahr nach Einführung der Plastiktragetasche mit dem Umweltgütesiegel gründet C&A 1989 die „Arbeitsgruppe Umwelt" – eine weitere Weichenstellung in Richtung eines nachhaltigen Umweltmanagements. Unter dem Druck der Ökologiebewegung, die eine immer größere Öffentlichkeit erreicht, will auch C&A dazu beitragen, Emissionen zu verringern und Abfall zu vermeiden. In den Geschäftshäusern und der Hauptverwaltung sollen diese Ziele durch Gebrauchszeitverlängerungen von Verpackungsmaterial und die Verwendung recycelfähiger Grundstoffe erreicht werden. Eine – selbstverständlich auf Umweltpapier gedruckte – Broschüre mit nützlichen Informationen zum Umweltschutz wird wenig später herausgegeben und bezieht die Mitarbeiter in das neue Umweltkonzept ein. Sie enthält auch ein Umweltlexikon von A wie Abgase bis W wie Weichspüler sowie eine nützliche Checkliste zur Überprüfung des eigenen Verhaltens gegenüber der Umwelt.

C&A LANDAU, KRONSTRASSE 39
02.03.1989

C&A HERNE, BAHNHOFSTRASSE 5
02.03.1989

C&A AKZENT NEUMARKT, OBERE MARKTSTRASSE 7
09.03.1989

C&A YOUNG COLLECTIONS STUTTGART, KÖNIGSTR. 33
27.04.1989

1989

| FACETTENREICHE SILHOUETTEN

Das „Jahrzehnt der Designermode" endet in Paris mit Entwürfen, die sich mit der Französischen Revolution, welche sich 1989 zum zweihundertsten Mal jährt, auseinandersetzen. Insgesamt lässt sich – nicht zuletzt auch in der von C&A beworbenen Mode – feststellen, dass ein eher legerer, unkomplizierter Stil vorherrscht.

Die Kleidung ist nicht mehr so „oversized" wie in den Jahren zuvor, wenn auch die Schulterpolster noch nicht verschwunden sind. Hosen und Röcke können sowohl weit als auch schmal geschnitten sein, und die Kombination aus beidem – der Hosenrock – ist eines der favorisierten Kleidungsstücke in diesem Jahr.

C&A
LIPPSTADT,
KAHLEN-
STRASSE 8–10
28.09.1989

DEM SCHNUPPERHUND AUF DER SPUR – EINE ERFOLGSSTORY DER JAHRE 1975 BIS 1997

Wenn auch der eigentliche Geburtstag des Schnupperhundes bislang noch nicht genau rekonstruierbar ist, so können wir sein frühestes Wirken als Werbefigur von C&A, die für das Erspüren von Mode zu günstigen Preisen steht, in das Frühjahr 1975 datieren ABB|1.

1 | Schnupperhund, kolorierter Entwurf von Jimmy T. Murakami, undatiert

2 | Jimmy T. Murakami

3 | „Ledertier", Werbezeichentrickfilm, 1971/1972, Detail

4 | Illustration, Farbgestaltung des Schnupperhundes, um 1975

Der geistige Vater des gelben Hundes mit roten Punkten ist Jimmy T. Murakami, ein international renommierter Trickfilmanimator ABB | 2.

Der 1933 geborene Amerikaner japanischer Abstammung wird in der Fachwelt als „globe trotter of animation" charakterisiert. In seinem künstlerischen Gesamtwerk stellt der Zeichentrickkurzfilm „The Magic Pear Tree" aus dem Jahr 1966 einen Höhenpunkt dar, für den Murakami sogar eine Oscar-Nominierung erhielt.

Seine Zusammenarbeit mit den C&A-Kreativen reicht bis an den Beginn der 1970er Jahre zurück. Anfang des Jahrzehnts ist Jimmy Murakami nämlich auch wesentlich an der Entwicklung des später so beliebten *Palomino*-Pferdes als Markenzeichen beteiligt. Außerdem erweckt er das heute vergleichsweise unbekannte „Ledertier" zum Leben, das sich als hundeähnliches Fantasiewesen zu erkennen gibt ABB | 3/4. Während der nur wenig später entstandene Schnupperhund ohne Bindung an ein bestimmtes Artikelsortiment ganz allgemein das Streben nach Qualität ausdrückt, verkörpert das ihm stilistisch eng verwandte Ledertier das begehrte Material, aus dem die gewünschte Kleidung, vom Minirock bis zum Maximantel, gefertigt ist, die bei C&A während der Aktionswochen angeboten wird.

Seinen ersten Auftritt in einer gedruckten Anzeige hat der Schnupperhund also im März 1975 ABB | 5. Hier erfüllt der sympathische Schnüffler die Aufgabe, den Leser auf die erschwinglichen Preise bei C&A aufmerksam zu machen. So gibt er sich als Verbündeter des an günstigen Preisen interessierten Kunden zu erkennen. Mit einem aufgeweckten Hund als zentralem Erkennungszeichen wird ein Tier zum Identifikationsträger gewählt,

5 | Erste Werbeanzeige mit dem Schnupperhund, 1975

6 | Schnupperhund als Autofahrer, Entwurfszeichnung von Jimmy T. Murakami, um 1976

7 | Schnupperhund als Autofahrer, Umsetzung der Werbeanzeige 1976, Detail

8 | Schnupperhund mit Begleiterin auf geblümtem Sofa, Entwurfszeichnung von Jimmy T. Murakami, um 1976

das traditionell als Sinnbild für Treue, Wachsamkeit und ein gutes Orientierungsvermögen gilt. In seiner äußeren Erscheinung wird der Schnupperhund keiner erkennbaren Rasse zugeordnet. Somit kann die Assoziation an eine Promenadenmischung aufkommen. Die Farbgestaltung des gelben Fells mit roten Flecken ist hingegen ganz der Fantasie entsprungen. Das sonnige Gelb wird in vielen Kulturen als Ausdruck von Lebensfreude empfunden; so wird diesem Farbton eine schützende Wirkung zugesprochen. Rot wiederum impliziert ebenfalls Optimismus und Glück. In Japan – dem Abstammungsland des Zeichners Jimmy T. Murakami – ist es außerdem die Farbe der Frauen.

Nach der erfolgreichen Einführung und Etablierung erhält der Schnupperhund schon in den Anzeigenmotiven des darauf folgenden Jahres einen größeren Ausdrucksspielraum. Getreu seiner Mission – der unentwegten Suche nach günstigen Preisen – taucht er immer stärker in die menschliche Lebenswelt ein. Der tierische Geselle hat im wahrsten Sinne des Wortes seinen Vierfüßlergang abgelegt, das heißt, er hat sich aufgerichtet, um dem Menschen adäquat gegenüberzutreten. Auch der Umgang mit fortschrittlicher Technik schreckt den Schnupperhund nicht: Als dynamischer Autofahrer steigt er sogar zum „Preissuperstar von C&A" auf ABB|6/7. Zu seinem Glück muss der charismatische Hundemann auch nicht auf Kontakt zu weiblichen Artgenossen verzichten. So erleben wir ihn neben seiner herausgeputzten Begleiterin auf einem geblümten Sofa – offenbar in einer noch etwas angespannten Kennenlernsituation ABB|8. Daneben bespricht der liebenswürdige Charmeur mit einer anderen Hundedame bei Kerzenschein, dass die modische Frau von heute sehr wohl mit 100 Mark bei C&A ihre Einkäufe tätigen kann – eine typische Gesprächssituation, die wohl nahezu jeder Leser aus eigener Erfahrung nachvollziehen kann ABB|9. Durch diese

9 | Preisschnuppern bei C&A, ganzseitige Werbeanzeige, 1976

10 | Ausbildung junger Schnuppertalente, ganzseitige Werbeanzeige, 1976

11 | Aufblasbarer Schnupperhund auf dem Vordach eines C&A Hauses, Außenpromotion, um 1982

12 | Werbeanzeige mit posierendem Schnupperhund, 1977, Detail

Kommunikation der beiden Handlungsträger und durch die formale Verbindung als Werbefiguren mit der Präsentation von attraktiver Damenmode wendet sich die ganzseitige Anzeige gezielt an ein bestimmtes Publikum. In seinem Bemühen, die Botschaft des preisbewussten Angebotsvergleichs zu stützen, richtet sich der Schnupperhund aber auch an den Nachwuchs. Als erfahrener Schnüffler ist er eben geradezu prädestiniert, die Ausbildung junger Talente in der Hundeschule zu übernehmen ABB | 10. Auch in dieser lebensnah anmutenden Inszenierung erscheint der Schnupperhund – hier nun in seiner Rolle als Lehrer – nuanciert auf das zu bewerbende Angebot abgestimmt. Die lehrreiche Unterrichtsstunde zum Wert des Geldes findet nämlich auf dem oberen Abschluss des Rahmens einer Anzeige statt, in der das reiche Sortiment an Kinderkleidung bei C&A vom Baby bis zum Teenager beworben wird.

Als Trickfilmanimation in Werbespots begegnet uns der drollige Preisagent seit 1977. Gleichzeitig beginnt sein Siegeszug in der realen Welt der C&A-Filialen: Dort erobert er sich während bestimmter Sonderaktionszeiten nicht nur einen prominenten Platz im Schaufenster, sondern entfaltet seine Wirkung zugleich als produktunabhängiges Markenzeichen in der Innendekoration. Seit 1980 erscheint der Schnupperhund dann sogar als aufblasbare Identifikationsfigur auf dem Vordach; zudem avanciert er zum lebensfrohen Dreh- und Angelpunkt der Eröffnungsfeierlichkeiten in den C&A-Häusern ABB | 11.

Im Verlauf der 1980er Jahre schnüffelt der vierbeinige Detektiv unbeirrt weiter nach erschwinglicher Mode für alle Altersklassen. Dabei lässt sich der Schnupperhund weder aus dem Konzept bringen, noch ändert sich Gravierendes in seinem äußeren Auftreten: Er ist und bleibt der loyale Botschafter für bezahlbare Kleidung bei einem großen Angebot. Mal macht der beliebte Schnüffler

13 | Werbeanzeige mit posierendem Schnupperhund, 1977, Detail

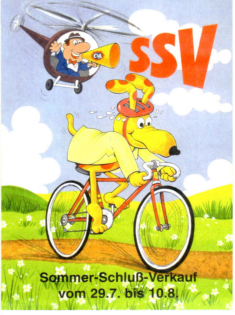

14 | Schnupperhund mit Ausrufer, Plakat zum Sommerschlussverkauf um 1980

15 | Schnupperhund als Qualitätsgarant, Entwurf, 1987/1988

die serviceorientierte Kundschaft durch liebenswürdiges Posieren auf sich aufmerksam, mal teilt er seine Gedankenwelt dem Anzeigenleser in comicartiger Manier mit ABB | 12 / 13. In jedem Fall wendet sich der Schnupperhund ganz unmittelbar an die avisierte Käuferschaft. Inzwischen tritt er während der Schlussverkaufszeiten auch in Begleitung eines Mannes mit Megafon auf, der künftig als „Ausrufer" von C&A bekannt wird ABB | 14.

Der Schnupperhund als erfolgreiche Marke bleibt allgegenwärtig und wird immer stärker in den Fokus der Kunden gerückt. Er begegnet uns in jedem Maßstab – sowohl als überdimensionales Aufblastier an der Fassade als auch als miniaturhafte Sammelfigur aus Plastik. Auf dem Höhepunkt der Schnupperhundwelle, gegen Ende der 1980er Jahre, vollzieht sich ein gezielter Imagewechsel, genauer gesagt erlebt der Schnupperhund die Erweiterung seiner bisherigen Kernkompetenz. Verkörperte die berühmte Schnüffelnase bislang allein das Streben nach günstigen Preisen, erweitert sich jetzt ihr Aufgabenspektrum um das Segment des Qualitätsmanagements. Diese konzeptionelle Neubewertung geschieht vor dem Hintergrund der Erkenntnis, dass in der Produktwerbung bis dato vor allem das positive Preisverhältnis herausgestellt, hingegen die gute Qualität nicht genug gewürdigt worden ist ABB | 15. Dass der Schnupperhund zu einem vertrauenswürdigen Garantiesymbol aufgebaut werden soll, kommt auch darin zum Ausdruck,

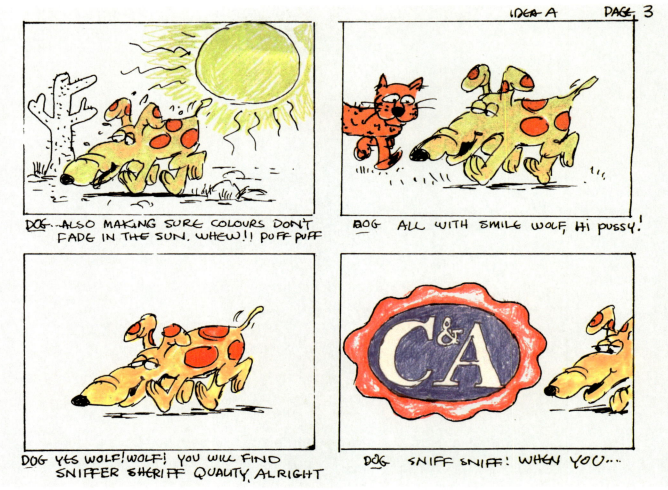

16 | Schnupperhund als Qualitätsgarant, kolorierter Entwurf von Jimmy T. Murakami, 1987/1988

17 | Werbecomic *Schnuppis Abenteuer*, Band 12: „Kamera läuft", Seite 3, 1995

18 | Werbeanzeige der „Mondrian-Kampagne" mit Schnupperhund, 1997

19 | Entwurf einer Schaufensterdekoration zur „Mondrian-Kampagne", 1998

dass die ausgelobten Angebote mit expliziten Hinweisen auf die besonderen Eigenschaften wie Strapazierfähigkeit und Farbechtheit versehen sind ABB | 16.

Einen neuen kreativen Schub gewinnt die Ausgestaltung des Schnupperhundes im Jahr 1994, als ihm als Hauptfigur ein eigener Comic gewidmet wird. Diese an die junge Leserschaft gerichtete Bildgeschichte unter dem Titel „Schnuppis Abenteuer" wird in insgesamt fünfzehn Einzelheften fortgeschrieben, die jeweils kostenlos im Kassenbereich ausgegeben werden ABB | 17. Immer eine Nasenlänge voraus, lässt der tierische Charakter die Kinder fortan an seinem Alltag im C&A-Bekleidungshaus, das heißt an seinen faszinierenden Erlebnissen, teilhaben.

Nach über zwanzigjähriger Erfolgsstory nähert sich gegen Ende der 1990er Jahre die Dienstablösung des Schnupperhundes – er wechselt quasi in den wohlverdienten Ruhestand. Nach einer kurzen Übergangsphase wird die langjährige Kampagne rund um den preis- und qualitätsorientierten Schnüffler von den neuen „Mondrian-Motiven" abgelöst. Diese kreative Gestaltung bestimmt nun eine aus dem künstlerischen Werk des bedeutenden niederländischen Malers Piet Mondrian abgeleitete geometrische Gitter- und Farbverteilung ABB | 18 / 19. Der Verlust des tierischen Identifikationsträgers wird 1998 in der Mitarbeiterzeitung *Schon gehört* wie folgt kommentiert: „Wir haben festgestellt, dass die Schnupperanzeigen in der heutigen modernen Werbung immer weniger Wirkung zeigen, sagt Werbeleiter Hans-Peter Ennemoser. Entweder wir hätten den Schnupperhund wieder in den Mittelpunkt gestellt, ihn in der alten Form beibehalten und ihn aufgezogen wie einen Walt-Disney-Charakter. Aber dann hätte er zum Leben erweckt werden müssen. Oder aber, und darauf lief es hinaus, wir würden etwas völlig Neues machen, schildert Rolf Göllnitz [Leiter der Kreation, Werbeabteilung] den Ausgangspunkt für ihn und sein Team."

In seiner Hochzeit zählte der Schnupperhund, der zwar allein für Deutschland konzipiert, aber zeitweise durchaus auch international eingesetzt wurde, zu den prominentesten und bekanntesten Markenzeichen überhaupt. In der einhundertjährigen Geschichte von C&A ist er damit die einzige wirklich produktunabhängige Werbefigur. Wie bekannt das wie ein Maskottchen wahrgenommene, sympathische Wesen tatsächlich war, belegt eine 1987 in der Bundesrepublik Deutschland durchgeführte Untersuchung der *Gesellschaft für Konsumforschung (GfK)* eindrucksvoll. Von insgesamt 1.076 ausgewählten Frauen im Alter zwischen 16 und 69 Jahren bestätigten nahezu 50 Prozent, vor allem der jüngeren Befragten, dass sie den Schnupperhund im Zusammenhang mit C&A gut kennen.

Annegret Buller & Alexandra Dern

DER GRÜNE PUNKT KÖNIGIN
ERNET TAMAGOTCHI FRANZ
E EINHEIT MONICA LEWINSK
TRICHT KATE MOSS FCKW D
SLAWIEN EUROTUNNEL KOF
MS ESTONIA PLAYSTATION A
RHOCHWASSER BSE GREENP
MUT KOHL GOLFKRIEG KÖRP
ITZAHLEN POETRY SLAM JA
S SCHINDLERS LISTE TENNIS
EUTSCHE WIEDERVEREINIGU
HYBRIDFAHRZEUG GERHAR
E QUARTETT GRUNGE KOSOV
FARBEN TAKE THAT TECHNO
SCHWARZGELDAFFÄRE MAN
N POLITIKVERDROSSENHEIT
SCHENGENER ABKOMMEN FO
DL-MAUS INLINER NEO-HIPPI

ER HERZEN BRENT SPAR INT
SKA VAN ALMSICK DEUTSCH
DOLLY VERTRAG VON MAAS
GOBERT BÜRGERKRIEG JUGO
ANNAN GENERATION GOLF
DRE AGASSI TALKSHOW ODE
ACE DVD TELESHOPPING HEL
RWELTEN 5-STELLIGE POSTLE
ULLRICH PRIVATISIERUNG IS
OCKEN NELSON MANDELA D
G BICOLORFRISUREN PRADA
CHRÖDER DAS LITERARISCH
-KRIEG BILL CLINTON NEON
DISCMAN NAOMI CAMPBELL
A SREBRENICA KURT COBAI
ENRY MASKE BAGGY PANTS
REST GUMP EURODANCE DID
PULP FICTION POKÉMON SMS

EXPANSION NACH DÄNEMARK

Im Jahr 1990 eröffnet C&A das erste Geschäft in der dänischen Großstadt Odense. Nach zehn Jahren zieht sich C&A aus dem dänischen Markt wieder zurück.

1 | DISNEYS „ARIELLE, DIE MEERJUNGFRAU"

Ab November 1990 erobern Disneys Zeichentrickheldin Arielle, die Meerjungfrau, und ihre Freunde die Herzen des deutschen Kinopublikums. Schon eine Woche vor dem Filmstart kann die Unterwasserwelt König Tritons und seines Volkes in den Schaufenstern der C&A-Häuser bewundert werden. Dabei scheinen die in Rückansicht aufgestellten Figurinen weniger der Warenpräsentation zu dienen, als vielmehr zum Betrachten einzuladen.

Die C&A-Kollektion für Klein- und Schulkinder mit Motiven aus dem Film setzt auf den Geschmack der jungen Kundschaft und umfasst neben Ober- und Überbekleidung auch Schuhe und Extras wie eine Umhängetasche und ein Stofftier mit integrierter Spieluhr. Außer kindgerechter Mode und ansprechender Dekoration steigern Werbegeschenke, zum Beispiel Buttons mit verschiedenen Filmfiguren, den Einkaufsspaß für die Kleinen.

Die mehrfach preisgekrönte Produktion „Arielle, die Meerjungfrau" – unter anderem mit zwei Oscars für die beste Filmmusik und den besten Filmsong prämiert – markiert den Beginn einer ganzen Reihe großer Kinoereignisse, die in den nächsten Jahren von C&A ebenfalls mit entsprechenden Kinderkollektionen begleitet werden. Auch heute ist Kleidung mit Disney-Motiven integraler Bestandteil des Kindersortiments.

C&A LÜNEN, STADTTORSTRASSE 3
01.03.1990

C&A INGOLSTADT, LUDWIGSTRASSE 35–37
08.03.1990

C&A RAVENSBURG, ADLERSTRASSE 50
06.09.1990

C&A REGENSBURG, WEICHSER WEG 5
20.09.1990

1990

SCHLUSSVERKAUF BEI C&A

Sommers wie winters ist der Saisonschlussverkauf bei C&A seit jeher ein großes Ereignis, das immer wieder kreativ beworben wird. Während bis dato verschiedenste Konzepte und Figuren jährlich wechselten, kommt es ab Sommer 1990 zur Wiederbelebung des erstmals elf Jahre zuvor in Aktion getretenen kleinen Mannes mit blauem Anzug, passendem Hut und pinkfarbener Fliege. Für lange Zeit wird er zur Konstanten in der C&A-Werbung. Bis 1998 ruft er Jahr für Jahr mit seiner großen, leuchtend gelben und mit C&A-Logo versehenen Flüstertüte den Schlussverkauf bei C&A aus. Gelegentlich wird er dabei vom schon bekannten Schnupperhund unterstützt.

DIE EBSCO

Zum 1. März wird die EBSCO (European Buying Service Company) mit Sitz in Brüssel gegründet. Sie übernimmt zunächst den europaweiten Einkauf für Babyartikel bis Größe 86, für einen Teil der Damenblusen und Herrenhemden, für Socken sowie für Herrenunterwäsche und Herrenbademäntel. Sechs Jahre später, zum 1. März 1996, ist die EBSCO schließlich für den europaweiten Einkauf aller Artikel im Sortiment von C&A zuständig. Von ihrem Düsseldorfer Standort aus wird die Ware für die Abteilungen „Ladieswear" (Damenmäntel/-kleider), „Separates" (Damenmode) und „Various" (Damenwäsche/Strümpfe) eingekauft, während von Brüssel aus Herren- und Kinderkleidung geordert werden. Gleichzeitig wird auch die Abteilung COSBI (Co-ordinating Office for Standardisation in Building and Interiors) mit der Aufgabe ins Leben gerufen, eine europäische Standardisierung für Bau und Einrichtung zu entwickeln und zu pflegen. Europaweites Planen und Agieren – auch von C&A – ist nicht losgelöst zu sehen von den Bestrebungen zur Schaffung eines politischen Europas, fußend auf den „Römischen Verträgen" des Jahres 1957 und der „Einheitlichen Europäischen Akte" von 1987. Letztere sah „einen Raum ohne Binnengrenzen" vor, „in dem der freie Verkehr von Waren, Personen, Dienstleistungen und Kapital gewährleistet ist". Mit dem „Vertrag von Maastricht", der 1992 in Kraft tritt, wird dieses europäische Vorhaben Wirklichkeit.

1 | DIE BEKANNTHEIT VON C&A

Seit Mitte der 1980er Jahre lässt C&A immer wieder von der *Gesellschaft für Konsumforschung (GfK)* in Nürnberg – einem der größten Marktforschungsunternehmen der Welt – Repräsentativumfragen zum Unternehmen durchführen. Gestützt sind die Umfragen auf 2.000 Personen, einer Anzahl, die – übrigens auch bei Fragen von nationalem Interesse, etwa bei Wahlprognosen – erforderlich ist, um als repräsentativ gelten zu können. Im Oktober 1991 wird zum fünften Mal die Bekanntheit der C&A-Eigenmarken ermittelt. Befragt werden die willkürlich ausgesuchten Personen zum Bekanntheitsgrad des Markennamens sowie zu ihrem Kaufverhalten hinsichtlich dieser Marke. Ermittelt wird die korrekte Zuordnung des Markennamens zum C&A-Sortiment, errechnet wird dadurch der effektive Bekanntheitsgrad. Drei Marken sind bei über 50 Prozent der Befragten bekannt (*Westbury, Young Collections* und *Jinglers*), eine Marke kennen sogar 65 Prozent der Befragten (*Rodeo*). Zwei Drittel der Marken werden zu über 50 Prozent korrekt dem C&A-Sortiment zugeordnet; von der Kindermarke *Palomino* wissen sogar 77 Prozent derjenigen, die sie kennen, dass man sie bei C&A kaufen kann. Allein die Marken *Ecco* und *Honey* liegen mit Werten um die 20 Prozent deutlich darunter. Der effektive Bekanntheitsgrad – resultierend aus den beiden Werten – ist somit bei *Rodeo* am höchsten und liegt bei 46 Prozent, dicht gefolgt von *Westbury, Young Collections* und *Palomino*.

Ebenfalls im Oktober 1991 lässt C&A in einer zweiten Umfrage die Bekanntheit von Schuhgeschäften erfragen. Ziel der Studie ist es, den Bekanntheitsgrad von C&A als Anbieter von Schuhen zu eruieren, einem Segment, das erst zehn Jahre zuvor ins Sortiment des Textilfilialisten aufgenommen worden ist. Zunächst wird gefragt, ob das Unternehmen überhaupt namentlich bekannt ist. Hier erzielt C&A einen Wert von 96 Prozent und liegt damit vor

EXPANSION NACH PORTUGAL

Die erste portugiesische Filiale eröffnet C&A 1991 in der Kleinstadt Cascais, 25 Kilometer westlich von Lissabon. 2010 können die Portugiesen in 33 Family- und 5 Kids-Stores einkaufen.

C&A GUMMERSBACH, MOLTKESTRASSE 14–16
14.03.1991

C&A NEU-ISENBURG, HERMESSTRASSE 4
14.03.1991

C&A FRIEDBERG, KAISERSTRASSE 67
21.03.1991

C&A CHEMNITZ, NEUMARKT 2
10.10.1991

1991

Unternehmen wie *Karstadt* (93 Prozent) und *Kaufhof* (92 Prozent). Dieses erfreuliche Ergebnis kann aber nicht darüber hinwegtäuschen, dass – obwohl 71 Prozent der befragten Personen C&A auch als Schuhanbieter kennen – nur 21 Prozent jemals dort Schuhe gekauft haben. Damit muss sich C&A vor allem den reinen Schuhgeschäften *Salamander*, *Deichmann* und *Reno* geschlagen geben, die hier höhere Werte erreichen.

2 | STRETCH IN DER MODE

Seit der zweiten Hälfte der 1960er Jahre gibt es Stretch (auch als Spandex bekannt) auf dem Markt – ein Material, das die Kleidung revolutioniert hat: Im Zuge der Fitnesswelle, die in den späten 1970er Jahren ihren Anfang nimmt, ist es „in", sich mit Aerobic, Badminton, Squash und selbstverständlich Joggen fit zu halten. Tausende von Frauen melden sich zu Kursen an oder trainieren zu Hause vor dem Fernseher mit Aerobic-Videos von Jane Fonda. Zum Training werden in den 1980er Jahren längst nicht mehr abgelegte T-Shirts und einfache Sporthosen getragen, sondern das jeweils passende Outfit – zum Aerobic beispielsweise hauteng Gymnastikhosen, Bodys und Stulpen. Aber auch die Designer entdecken die Elastics für ihre Kreationen. Azzedine Alaïa etwa kontrastiert den Oversize-Look mit hautengen Stretchkleidern. Bis die körperbetonte Mode jedoch zur Alltagskleidung wird und die Gymnastikhose – jetzt als Leggings – den Markt für Jung und Alt erobert, sind die 1990er Jahre schon angebrochen.

In einer Anzeige vom 18. Oktober wirbt C&A für Samtleggings mit dem Slogan „Hot Pants. Extra Lang.". Auf die sexy Mode der späten 1960er und frühen 1970er Jahre beziehen sich die Werber gerne, waren doch die „heißen Höschen" auch damals schon für das Unternehmen „der Renner".

3 | GO EAST!

Bereits kurz nach dem Fall der Berliner Mauer am 9. November 1989 verzeichnete C&A deutliche Umsatzzuwächse in allen grenznah gelegenen Filialen. Vor allem in Berlin bildeten sich jetzt oft schon ab sechs Uhr morgens lange Schlangen vor den Geschäften – eindrucksvolle Szenen, wie sie sich sonst allenfalls während der Ausverkäufe abspielten. Zwei Jahre später, am 10. Oktober 1991, eröffnet C&A seine erste Filiale in der ehemaligen DDR: In Chemnitz bietet ein einstöckiger, einfacher Neubau 2.700 Quadratmeter Verkaufsfläche. Als Antwort auf die große Nachfrage nach preisleistungsorientierten Sortimenten setzt das Unternehmen ganz bewusst auf eine schnelle Bereitstellung der Ware in einer schlichten, zweckorientierten Architektur. In dem großen, gerade erst neu errichteten Günthersdorfer Einkaufszentrum Saale-Park in Sachsen-Anhalt – heute unter dem Namen Nova Eventis bekannt – erzielt das Unternehmen schon zwei Wochen nach der Eröffnung der zweiten Filiale Rekordumsätze. Und dann ist es endlich so weit: Am 28. November 1991 kehrt C&A in das Magdeburger Vorkriegshaus zurück, das nach Gründung der DDR an die *HO Handelsorganisation* abgegeben werden musste. Für viele Mitarbeiter und manchen Kunden ist dies ein ganz besonders emotionaler Tag. Über 30 der zahlreichen Kunden, die auf die über drei Etagen reichende Verkaufsfläche strömen, bringen ihre alten, zu diesem Anlass liebevoll mit Blumen geschmückten Holzkleiderbügel mit. Gerührt entscheidet sich das Unternehmen spontan dazu, seinen treuen Kunden für diese Geste mit einer am Tag darauf erscheinenden Zeitungsanzeige zu danken.

C&A GÜNTHERSDORF, SAALEPARK-CENTER
24.10.1991

C&A MAGDEBURG, BREITER WEG 172
28.11.1991

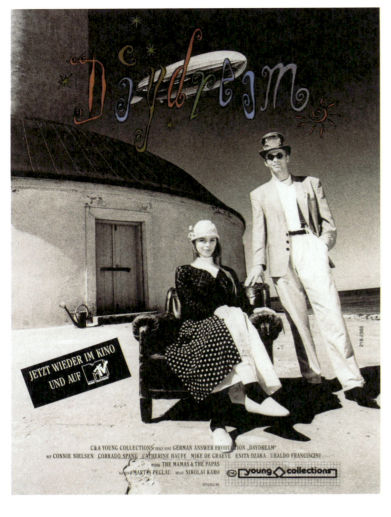

„DREAM A LITTLE DREAM ..."

„C&A young collections zeigt eine German Answer Production." Mit dem Spot „Daydream" lässt C&A 1992 einen großen Erfolg des Vorjahres noch einmal aufleben. „Jetzt wieder im Kino und auf MTV" ist nun in einigen der Werbeanzeigen zu lesen, die wie Filmplakate aufgemacht sind. Doch keine Ware und keine Preisangebote, nicht C&A selbst oder die Abteilung Young Collections werden hier beworben – sondern der Spot selbst. Der Hinweis auf die C&A-Kleidung taucht neben Produktionsfirma, Schauspielern, Musik, Kamera und Regie mit groß gesetztem Logo im Impressum auf: „styling by C&A young collections". Die jungen Darsteller in C&A-Garderobe, in vielen Einstellungen glücklich verliebte Pärchen, bewegen sich im Film frei und unbeschwert in einer Strand- und Dünenlandschaft. Wie in einem Videoclip üblich, wird die Stimmung wesentlich von der Musik getragen – „Dream a Little Dream of Me" von der Gruppe The Mamas & the Papas bildet den Soundtrack. In Absprache mit dem Plattenlabel *Ariola* erscheint parallel zum Spot ein gleichnamiges Best-of-Album der Band, dessen Cover von Bildern aus dem Film geziert wird.

Die Kooperation mit jeweils gegenseitig unterstützender Werbewirkung ist für beide Seiten erfolgreich: Das Album kann sich 1992 zwanzig Wochen in den deutschen Charts, davon vier Wochen in den Top Ten, halten, und der Film lädt in der gelungenen Verbindung von visuellen und akustischen Eindrücken wirklich zum „Tagträumen" ein. Kein Traum ist deshalb die hervorragende Kritik, die „Daydream" in der Werbefachwelt zuteil wird, sodass einigen Anzeigen stolz hinzugefügt werden kann: „Goldmedaille beim New Yorker Werbefilmfestival '91".

C&A BAD KREUZNACH, KREUZSTRASSE 14
05.03.1992

C&A LEIPZIG, MARKGRAFENSTRASSE 2
19.03.1992

C&A BERLIN, HELLERSDORFERSTRASSE 235
27.08.1992

C&A LAATZEN, MARKTSTRASSE 8
03.09.1992

2 | „WILLKOMMEN IM FASHIONLAND"

Alice in Wonderland? Nicht ganz, im C&A-Werbespot heißt es „Alice in FashionLand" – das sich allerdings als wahre Wunderwelt erweist, sodass die Parallele zu Lewis Carrolls Kinderbuchklassiker aus dem 19. Jahrhundert nicht auf den Titel beschränkt bleibt. Von einer zum Leben erwachenden Schaufensterfigur eingeladen, gerät die junge Frau im C&A-Film wie von Zauberhand mitten hinein in ein fantastisches, buntes Jahrmarkttreiben vergangener Zeiten, wo Gaukler und Akrobaten das Publikum mit verschiedensten Attraktionen in ihren Bann ziehen. Besonders bei der jugendlichen Kundschaft kommt die rein instrumentale Filmmusik von Florian Snyder gut an. Der Titel wird selbstständig inklusive diverser Remixes aufgelegt und im März 1993 in den Sampler „Bravo Hits 3" aufgenommen.

Die Idee des C&A-Modehauses als wunderbares „FashionLand" wird in Anlehnung an den Spot mit gleich bleibendem Schriftzug bei Kampagnen und Veranstaltungen zu Eröffnungen bis Ende 1997 in der C&A-Werbung immer wieder aufgegriffen werden.

  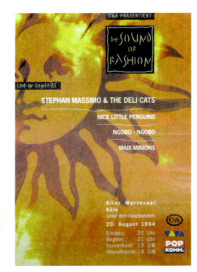 

1 | „THE SOUND OF FASHION"

Mit Kampagnen, die auf Imagewirkung abzielen und dabei besonders eine jugendliche Zielgruppe im Fokus haben, setzt C&A die 1991/92 mit „Daydream" eingeschlagene Richtung fort. Im Mittelpunkt der Werbung stehen weiter professionell produzierte Kino- und TV-Spots, die sich stilistisch an das Genre des Musikvideoclips anlehnen. Es ist in dieser Hinsicht bezeichnend, dass sie außer im Kino vor allem im Musiksender *MTV* gezeigt werden – und damit ganz im Trend der aktuellen Jugendkultur liegen. Thematisch bezieht sich der neue Young Collections-Film „Don Quixote", der am 18. Februar 1993 startet, auf die wohl berühmteste Episode des Romans von Miguel de Cervantes: Auf einer Motorradtour durch die weite Landschaft begegnen die Darsteller dem Titelhelden bei seinem Kampf gegen die Windmühlen – und segeln bald selbst ausgelassen auf den Flügeln der Mühle durch die Luft. Der Song „Far, Far Away" von Slade bringt in Verbindung mit den Filmbildern das sorglose Freiheitsgefühl des ungewöhnlichen „Roadtrips" perfekt zum Ausdruck. „C&A sei es gelungen, ein Markenbild zu schaffen und sich durch eine vorbildliche zielgruppengerechte Ansprache und Kommunikationsform fest im Bewusstsein zu verankern. Als besonders herausragend wurde dabei die musikalische und visuelle Umsetzung gelobt", heißt es zur Begründung der Jury des Düsseldorfer *Econ Verlages* bei der Wahl des Young Collections-Nachfolgers „Indian Spirits" zur besten Kampagne des Jahres 1994 – eine treffende, auch für „Daydream" und „Don Quixote" schon greifende Charakterisierung.

Man versucht, mit „Don Quixote" und „Daydream" eine emotionale Verbindung zwischen C&A und der jugendlichen Musikkultur herzustellen. Nicht nur erscheint der ursprünglich aus dem Jahre 1974 stammende Titel von Slade als Single mit einem Coverbild aus dem Spot, C&A bringt außerdem im Herbst 1993 den ersten Sampler „The Sound of Fashion" mit weiteren Hits der 1970er Jahre heraus, der außer im Musikfachhandel auch direkt in den C&A-Häusern erhältlich ist. Bis 1997 werden drei weitere Kompilationen unter demselben Titel folgen. So erscheint „The Sound of Fashion Vol. 2" 1994 begleitend zu „Indian Spirits", und zwar als Doppel-CD mit Songs von fünfzehn Newcomer-Bands auf der zweiten CD.

Darüber hinaus betriebene Nachwuchsförderung in der Musikszene wird als Kooperation über den noch ganz jungen deutschen Musiksender *VIVA* – zum ersten Mal am 1. Dezember 1993 auf Sendung – promotet: C&A hat einen eigenen Stand auf der Kölner Musikmesse Popkomm und tritt als Veranstalter von Konzerten in Erscheinung. Zudem locken Bandauftritte und Autogrammstunden mit Videojockeys von *VIVA* die jugendliche Zielgruppe in die C&A-Häuser.

 C&A ALBSTADT-EBINGEN, GRÜNGRABEN-STRASSE 10 25.03.1993

 C&A RÖHRSDORF, RING-STRASSE 23 22.04.1993

 C&A DRESDEN, SEESTRASSE 7 27.05.1993

 C&A FRANKFURT/ODER, EINKAUFS-ZENTRUM ODERTURM 26.08.1993

1993

2 | WEIHNACHTLICHE GESCHENKIDEEN

Accessoires sind überaus beliebte Weihnachtsgeschenke. Ganz oben auf vielen Einkaufszetteln stehen Schal, Handtasche oder Mütze für Mutter oder Großmutter, Krawatte oder Hemd für Vater oder Großvater. Schon im zweiten Quartal 1993 geht eine Dekorationsanweisung für die diesjährige Weihnachtsdekoration an die C&A-Häuser heraus. Schlicht und auf einfachen Garderobenständern drapiert, sollen die bevorzugten Weihnachtsgeschenke ansprechend präsentiert werden. Selbstverständlich gibt es auch die adäquate Festgarderobe bei C&A zu kaufen. *Sie* kann hier ihr „kleines Schwarzes" samt Mantel erwerben und *er* mit einem festlichen Anzug seine Garderobe aufbessern.

C&A HOYERSWERDA, LAUSITZER PLATZ 2
16.09.1993

„SCHNUPPIS ABENTEUER"

1994 wird die charismatische Werbefigur des Schnupperhundes zum Comic-Helden: Unter dem Titel *Schnuppis Abenteuer* erscheinen 15 Folgen, in denen „die gelb-rote Promenadenmischung mit ungewissem Stammbaum" so einiges erlebt. Schauplatz der Abenteuer ist natürlich stets ein C&A-Haus. Und ausgerechnet hier brechen gleich in der zweiten Folge Modespione ein. Ein Glück, dass Schnuppi da ist, ebenso wie die geschickte Spinne Speik, die in der Stille der Nacht kunstvoll ein Netz mit den Initialen C&A spinnt. Gemeinsam gelingt es den beiden, die Bösewichte in die Irre zu führen. Deren Auftraggeber staunt nicht schlecht, als er am nächsten Tag einen gespannten Blick auf die Schnappschüsse wirft: „Wollt Ihr etwa behaupten, der nächste Hit der Saison wären gelb-rote Strampelhosen?"

In weiteren Folgen begleiten Pförtner und Hausmeister Baldur Pröpper, die Designerin Fiona Fipsig, Dr. Müller-Pracht, „Chef des Ganzen", mit seinem Kater Maunzer und der Warenhausdetektiv Ignatz Hohms Schnuppi bei seinen Abenteuern.

C&A ALTENBURG, SPORENSTRASSE 3
24.03.1994

C&A BRANDENBURG, STEINSTRASSE
01.09.1994

C&A LEIPZIG, PAUNSDORFER ALLEE
15.09.1994

C&A COTTBUS, COTTBUS-CENTER
22.09.1994

1994

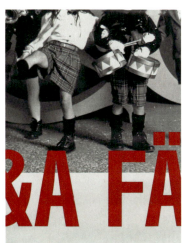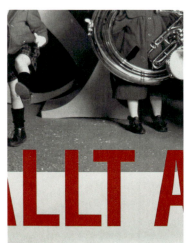

2 | C&A FÄLLT SCHWARZ-WEISS AUF

Ein Großflächenplakat zur Eröffnung eines neuen C&A-Hauses im thüringischen Altenburg am 24. März 1994 spricht besonders Familien an: „C&A fällt auf!", liest man in roten Lettern im Vordergrund der Schwarz-Weiß-Fotografie. Gezeigt werden kleine Musikanten vor großen skulpturalen C&A-Buchstaben. Kinder trommeln und trompeten, machen Stimmung für alle, von den Mamis bis hin zu den Cousinen, wie dem rahmenden Schriftzug zu entnehmen ist. Zwei weitere Großflächenplakate aus derselben Reihe zeigen die Kinder in einer Gruppe aus Balletttänzern oder Clowns.

Auf einigen etwa gleichzeitig entworfenen schwarz-weißen City-Light-Plakaten sind die großen dreidimensionalen Elemente des Markenzeichens erneut zu sehen: Vor dem „C" posiert ein Mann im *Angelo Litrico*-Outfit, auf dem „&"-Zeichen sitzt ein quirliges kleines Mädchen in *Palomino*-Kleidung, und wiederum innerhalb eines „C", hier leicht in die Diagonale gekippt, zeigt sich eine Frau mit *Yessica*-Kleid im Ethno-Look. Die Markenlogos treten nicht extra in Erscheinung. Mit Preisangaben werden die Kollektionen zu den Kampagnen „C&A Natural Harmony" und „C&A Ethno Spirit" in den großen Städten beworben.

C&A SCHWEDT, LANDGRABENPARK 1
29.09.1994

C&A ERFURT, GRAFENGASSE 20
13.10.1994

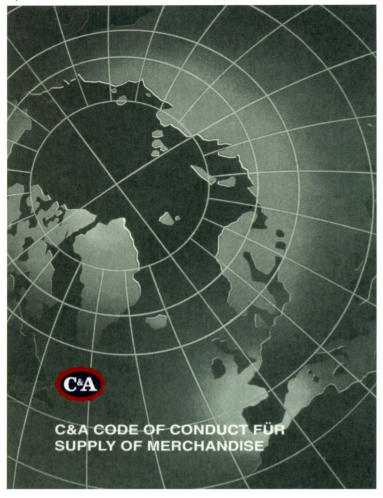

1 | DER C&A-VERHALTENSKODEX

Für alle etwa 900 C&A-Lieferanten gilt der „C&A Code of Conduct for the Supply of Merchandise". Der Verhaltenskodex ist integraler Bestandteil eines jeden Liefervertrags für Textilien. Er ächtet Kinderarbeit, verbietet die Diskriminierung oder die Behinderung von Arbeitervertretungen und Gewerkschaften und schreibt Mindestlöhne fest. Auch gewisse Umweltstandards müssen von den Herstellern garantiert werden. Mit dem Verhaltenskodex verpflichtet C&A alle seine Zulieferer auf die Einhaltung grundlegender Menschen- und Arbeitsrechte.

Die von C&A gegründete, aber unabhängig agierende SOCAM (Service Organisation for Compliance Audit Management) kontrolliert regelmäßig die Umsetzung des Verhaltenskodex in über 50 Herstellungsländern. Sowohl die Lieferanten als auch deren etwa 2.000 Sublieferanten müssen jederzeit mit einem unangemeldeten Besuch von Mitarbeitern der SOCAM rechnen. Werden substanzielle Verstöße gegen den C&A-Verhaltenskodex festgestellt und zeigt der Lieferant keine Bereitschaft zur Verbesserung, wird die Geschäftsbeziehung abgebrochen.

Darüber hinaus engagiert sich C&A bei Kinderhilfsprojekten – so unter anderem seit 1999 gemeinsam mit dem Kinderhilfswerk *terre des hommes* für die Rechte von Kindern in der Dritten Welt. C&A will insbesondere die Ausbeutung von Kindern in der Textilindustrie stoppen. Ziel ist es, Kindern in solchen Ländern die Chance auf Bildung und Ausbildung zu eröffnen. Ein konkretes Beispiel für dieses Engagement ist 1999 die Gründung einer Berufsschule für ehemalige Kinderarbeiter in der südindischen Textilstadt Tirupur.

2 | DAS MARCA-DISCOUNTKONZEPT

Das 1985 in den Niederlanden gegründete, zur C&A-Gruppe gehörende Unternehmen MARCA startet 1995 unter dem Firmennamen MARCA Mode & Co. auch in Deutschland und stößt damit in den Discountsektor vor. Im September des Jahres eröffnet im niederbayerischen Straubing ein erster Testladen. Auf rund 800 Quadratmetern Verkaufsfläche wird Damen-, Herren- und Kinderbekleidung angeboten – zum Discountpreis. Weitere Läden in kaufkraftschwachen Stadtrandlagen folgen schnell. Bald heißt es auch in Erding, Freising und Offenburg „Mode mit Pfiff – Preise im Griff". Bis 2003 entstehen in Bayern, Baden-Württemberg und Hessen 19 Filialen. Doch das Konzept geht nicht auf. 2003 werden zehn der Filialen von C&A übernommen und umgebaut. Aufgrund ihrer verhältnismäßig kleinen Verkaufsfläche wird dort nur ein begrenztes Sortiment mit Marken wie *clockhouse*, *Yessica* und *Angelo Litrico* angeboten, das sich an junge Familie richtet.

C&A NEUBRANDENBURG, TREPTOWER STRASSE 7
02.03.1995

C&A SUHL, AM STEINWEG
23.03.1995

C&A NORDHAUSEN, LANDGRABENSTRASSE 8
31.08.1995

C&A ZWICKAU, SCHWANENGASSE 3
14.09.1995

KID'S WORLD BEI C&A

1995 wird die Marke C&A *Kid's World* beim Deutschen Patentamt angemeldet und ein Jahr später auch international registriert. C&A *Kid's World* wird zur „Dachmarke" aller Kindermarken und Kollektionen wie *Pachinco*, *Honey*, *Palomino*, *Young Canda*, *Jinglers* und *Rodeo*. In 23 C&A-Filialen wird *Kid's World* bis Mai 1997 zu einer eigenen Abteilung ausgebaut. Kinder bis zwölf Jahre können auf einer Fläche von rund 230 Quadratmetern nicht nur einkaufen, sondern auch rutschen, spielen, malen und basteln.

Das Sortiment von *Baby Club* und *Kid's World* wird um Spielwaren von *Lego/Duplo* und *Playmobil* oder um Produkte von *Ravensburger* erweitert. „Edutainment" ist das Schlagwort für solche Artikel, bei denen Spaßfaktor und Lerneffekt miteinander verbunden werden. Im aktuellen Sommersortiment gibt es zur Jahreszeit passend auch Spielzeug für Sand und Strand. Und unter der Bezeichnung *Bodyguard* wird seit 1995 auch Funktionskleidung für Kinder bei C&A angeboten. Die reflektierenden Streifen an Mützen, Jacken und Hosen schützen die Kleinen im Straßenverkehr. Seit 1996 ist *Bodyguard* als Gemeinschaftsmarke der EU verzeichnet.

C&A BERGISCH GLADBACH, HAUPTSTRASSE 1
14.09.1995

1 |

2 |

1 | **VOM TEXTILKAUFHAUS ZUM WARENHAUS**

Trotz intensiver Bemühungen ist es C&A in den vorausgegangenen Jahren immer weniger gelungen, seine Marktstellung zu behaupten. Umsatzeinbußen sind die Folge. Eine Maßnahme, um den Trend aufzuhalten, ist eine Umstrukturierung und Erweiterung des Angebots. In der zweiten Hälfte der 1990er Jahre wandelt sich C&A daher kurzzeitig von einem Textilkaufhaus zu einem Warenhaus. Neben Bekleidung und Schuhen werden nun auch Kosmetik und Badartikel, Kinderspielzeug und Wohnaccessoires sowie unter dem Label *Pain Surprise* feine Sandwiches und Feinkost angeboten. Mancherorts werden Verkaufsflächen sogar an andere Unternehmen vermietet, so beispielsweise in Frankfurt am Main 1996 an *McDonald's*. 1998 ist klar, dass der Ausflug in Richtung Warenhaus nur ein Intermezzo in der Unternehmensgeschichte sein wird. Nach und nach werden fast alle textilfremden Waren wieder aus den C&A-Häusern verbannt.

2 | **„TRUE STORIES"**

Wie facettenreich die Modetrends im Young Collections-Sortiment sind, demonstriert C&A 1996 mit der Werbeserie „true stories" im Kino und auf großflächigen Werbeplakaten. Verschiedenste, aus dem „wahren Leben" der bunten Metropole New York gegriffene Charaktere zeigen ihrem jeweils individuellen Stil entsprechende Modevariationen. Die 24-jährige Quanita beispielsweise, die jeden freien Moment an ihrer Karriere als Modedesignerin arbeitet, liebt „ausgeflippte Klamotten". Sie trägt zur Hose mit Leopardenmuster eine Weste in Kroko-Optik und diverse ausgefallene Accessoires wie eine knallrote Bauchtasche, bunte Tücher und gleich mehrere Sonnenbrillen. Ein ganz anderer Typ hingegen ist der 28-jährige John – ein Romantiker, den die Großstadt nervt. Wirklich wohl fühlt er sich nur in der freien Natur oder beim gemütlichen Beisammensein mit seiner Frau und dem dreijährigen Sohn John junior. Lässig und bequem kombinieren Vater und Sohn zu hellen Hosen Karohemden im Holzfällerstil über Longsleeves.

EXPANSION NACH ARGENTINIEN

1996 zieht es C&A nach Südamerika: Am 6. September wird in einem Einkaufszentrum in Avellaneda, einem Vorort von Buenos Aires, das erste Geschäft eröffnet. Im Juni 2009 zieht sich C&A aus Argentinien zurück.

C&A BREMEN, HANS-BREDOW-STRASSE 19
12.03.1996

C&A SCHWERIN, MECKLENBURG-STRASSE 40
21.03.1996

C&A WILDAU, CHAUSSEE-STRASSE 1
05.09.1996

C&A OBERHAUSEN, CENTRO-ALLEE 152
12.09.1996

| | C&A ROSTOCK, KRÖPELINER-STRASSE 34–36
19.09.1996 | | C&A POTSDAM, STERNCENTER
24.10.1996 |

1 | RAUMWUNDER TRI-BOX

Speziell für den Transport von Kleiderbügeln entwickelt, sorgt 1997 eine wiederverwendbare stabile Verpackung in der Bekleidungsbranche für Aufsehen. Aufgrund ihrer dreieckigen Grundform kurz „TRI-Box" genannt, vereinfacht sie entscheidend das Recycling von Bügeln. Dadurch werden nicht nur Kosten gesenkt, sondern auch die Umwelt geschützt. Bereits 1990 hatte sich C&A dafür entschieden, die Kunststoffbügel, die seit den späten 1950er Jahren zunehmend den hölzernen Kleiderbügel ablösten, dem Kunden nur noch auf besonderen Wunsch beim Kauf der Ware mitzugeben. Seither sammeln sich große Mengen von Bügeln an der Kasse an, um anschließend in die Zentralauszeichnungen oder an den Lieferanten zurückgesandt zu werden. Die TRI-Box hat den Vorteil, dass sie aufgrund ihrer geringen Stellfläche im Kassenbereich Platz sparender als die bisher üblichen Pappkartons aufgestellt werden kann. Außerdem werden die Boxen liegend gestapelt, sodass pro Lkw-Ladung doppelt so viele Kleiderbügel transportiert werden können. Allein C&A spart damit in Deutschland 20 Millionen Kleiderbügel pro Jahr ein. Aber nicht nur darüber darf sich das Unternehmen freuen: Die einfache wie geniale Lösung wurde nämlich von einem C&A-Mitarbeiter erfunden. Wenig später zum Patent angemeldet, wird die TRI-Box heute international vielfach in der Logistik verwendet und leistet damit einen wichtigen Beitrag zum Umweltschutz.

C&A HALLE, LEIPZIGER STRASSE 10
06.03.1997

C&A GÖRLITZ, POSTPLATZ 2/3
20.03.1997

C&A NORDERSTEDT, MÜHLENWEG
03.04.1997

C&A HAMBURG, HAMBURGER STRASSE 19–47
28.04.1997

|2 „SCHON GEHÖRT" – DIE C&A-MITARBEITERZEITSCHRIFT

Die Mitarbeiterzeitschrift dient der internen Kommunikation, soll wichtige Informationen für die Mitarbeiter bereitstellen sowie Bindeglied zwischen Belegschaft und Geschäftsleitung sein. Die etwa 20 Seiten umfassende Mitarbeiterzeitschrift *Schon gehört* löst bei C&A ab Herbst 1997 die Aushänge am „Schwarzen Brett" ab. Vierteljährlich erhalten die Mitarbeiter nun aktuelle Informationen zur Entwicklung bei C&A, zu Hintergründen und Zusammenhängen sowie praktische und aktuelle Tipps zu Umwelt- und Rechtsfragen. Das Gemeinschaftsgefühl und der Teamgeist innerhalb der Belegschaft werden gestärkt, indem regelmäßig über einzelne C&A-Mitarbeiter und deren Arbeit berichtet wird. *Schon gehört* wird Anfang 2000 eingestellt und durch das Intranet ersetzt.

C&A ANSBACH, RESIDENZSTRASSE 2–6
04.09.1997

C&A BERLIN, BAHNHOFSTRASSE 33–38
23.10.1997

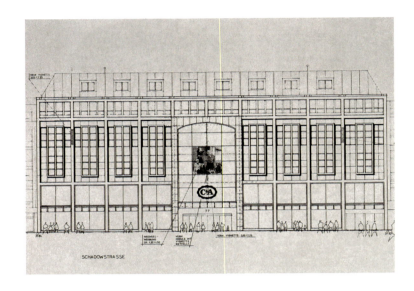

1 | UMWELTSCHUTZ BEI C&A

Am 14. August 1998 meldet C&A ein neues Umweltlogo als Gemeinschaftsmarke an: *more care* mit der Abbildung einer bunten Weltkarte in einer grünen C&A-Vignette. Bereits im April 1998 wird der erste C&A-Umweltbericht veröffentlicht. Eine Zeittafel bietet den Kunden einen umfassenden Überblick über bislang erreichte Etappenziele seit Gründung der „Arbeitsgruppe Umwelt" im Jahre 1989. Auf umweltgerechte Verfahren in der Textilproduktion, umweltfreundliche Verpackungen, umweltbewusste Logistik und ein nachhaltiges Einrichtungskonzept legt C&A besonderen Wert. Gesundheit, Sicherheit und Schutz vor Ausbeutung der Menschen, die für die C&A-Lieferanten arbeiten, werden durch die unabhängige Autorität SOCAM überwacht. Heute verfügt C&A für seine Umweltschutzaktivitäten über ein Umweltmanagement-Handbuch und fest installierte Umweltprogramme.

2 | C&A ÖFFNET SICH

Als Antwort auf die deutlichen Umsatzeinbußen in den vorausgegangenen Jahren verändert C&A sein architektonisches Erscheinungsbild. Die erste Filiale, die sich Ende Mai 1998 im neuen Gewand präsentiert, ist das Düsseldorfer C&A-Haus an der Schadowstraße. In der neuen Fassadengestalt treffen 110 Quadratmeter Sandstein auf 380 Quadratmeter Glas. Die Schaufensterzone erstreckt sich jetzt über zwei Geschosse, während die Fassade im Eingangsbereich sogar über vier Stockwerke aufgebrochen wird. Die moderne Kaufhausgestaltung setzt sich im Innenraum fort. Hier überrascht das Unternehmen mit einem neuen Farbkonzept, das die Abteilungen für Damen-, Herren- und Kinderbekleidung deutlich voneinander abgrenzt und dem Kunden so die Orientierung erleichtert. Die Attraktivität der Verkaufsfläche wird außerdem erhöht, indem die hohe Flächenausnutzung, die in den 1980er Jahren ihren Höhepunkt erreicht hatte, zugunsten einer ansprechenden Präsentation der Waren zurückgenommen wird. Als Prototyp für weitere Modernisierungen steht das Düsseldorfer Kaufhaus am Anfang eines neuen Architekturverständnisses bei C&A. Als wesentlicher Bestandteil des angestrebten Imagewandels sind die neuartige Transparenz der Fassadengestalt und die freundlichen, hellen Räume nicht zuletzt Spiegel der zunehmenden Offenheit der Unternehmensführung.

3 | „MODE & MEHR" MIT MONDRIAN

Der neue Slogan „Mode & Mehr" unter dem C&A-Logo ist Teil des insgesamt veränderten Erscheinungsbildes, mit dem C&A sich schon ab Herbst 1997 und verstärkt mit einer breit angelegten Werbeoffensive 1998 präsentiert. „C&A kehrt zurück in die Werbe-Top 5", titelt dazu die *TextilWirtschaft* am 20. August 1998. Im Vergleich zum Vorgängerslogan „Wo Mode so wenig kostet" findet eine Akzentverschiebung statt: von einer Betonung vor allem der Preispolitik hin zu einer stärkeren Fokussierung auf die Leistung – Stichwort Mode und Marken bei C&A.

Damit verbunden sind gleich mehrere große Kampagnen, die über ein gemeinsames, neues Design, den „Mondrian-Look", definiert werden, welcher sich als roter Faden durch Plakate, Anzeigen- und TV-Werbung sowie Innen- und Außendekoration zieht. In Kombination mit dem Slogan wird vor allem hierüber, also visuell,

 C&A BAD OEYNHAUSEN, MINDENER STRASSE 22–24 01.04.1998

 C&A MAGDEBURG, ULRICHPLATZ 2 03.05.1998

 C&A HALBERSTADT, KÜHLINGER STRASSE 37 A 03.09.1998

 C&A JENA, NONNENPLAN 1 10.09.1998

ein neues, einheitliches Image generiert. Das zeitgemäß-modern anmutende klare und geradlinige Design, das sich formal aus der abstrakten Malerei des niederländischen Künstlers Piet Mondrian ableitet, wirkt attraktiv und bietet durch Variation des Grundthemas der Rechteckfelderung mit jeweils Farb-, Bild- und Textflächen enorme Gestaltungsfreiräume bei gleichzeitiger Wahrung des Wiedererkennungseffektes.

Zu Neu- und Wiedereröffnungen wird der Kunde fortan nicht mehr ins „FashionLand" entführt; stattdessen tritt eine selbstbewusste junge Frau auf, die in die Rolle einer C&A-Sprecherin schlüpft und auf Fragen von „Radio CNA" nie um eine schlagfertige Antwort verlegen ist: „Man sagt, es wird wie im Paradies …? – Blödsinn, die hatten nichts anzuziehen!"

Auf „starke Sprüche und super Preise" – wie die *TextilWirtschaft* im August 1998 zitiert – mit oft zweideutigen, humorvollen Text-Bild-Bezügen bei ausdrucksstarken Schwarz-Weiß-Fotografien setzt auch die „Smart-Shopping-Kampagne" – dies in Ablösung des in den wohlverdienten Ruhestand geschickten Schnupperhundes. Die innovative Kraft und Qualität dieses Konzepts zeigt sich nicht zuletzt in der Anerkennung seitens der Fachwelt: Beim Kreativwettbewerb der Fachzeitschrift *Werben & Verkaufen* und der *Zeitungs Marketing GmbH* fällt die Wahl der Jury für die beste Tageszeitungsanzeige in der Kategorie „Handel" 1998 gleich zwei Mal auf Motive aus dieser C&A-Kampagne, so auch auf die „Neue[n] Perspektiven", die sich im April bieten.

EXPANSION NACH TSCHECHIEN UND MEXIKO

In der Tschechischen Republik ist C&A seit 1999 mit einer Filiale in der Hauptstadt Prag vertreten. Inzwischen können die Tschechen in 37 Filialen durch das gesamte C&A-Sortiment stöbern. Mit Mexiko betritt C&A 1999 ein weiteres lateinamerikanisches Land: Das erste C&A-Haus wird in der 1,5 Millionen Einwohner zählenden und damit fünftgrößten mexikanischen Stadt Heroica Puebla de Zaragoza, etwa 130 Kilometer südöstlich von Mexiko-Stadt, eröffnet. 2009 werben insgesamt 55 C&A-Filialen in 22 Städten um die Gunst der Mexikaner.

1 | „BRAND SHOPS" MIT RUNDUMSERVICE

Mit neuem Corporate Design und neu konzipierten Marken tritt C&A 1999 an die Öffentlichkeit. „Fashion for Living" lautet der einprägsame Werbeslogan für das gewandelte Gesicht von C&A. Neue Werbeanzeigen werden geschaltet, Plakate gedruckt, die Filialen modernisiert, Etagen und Fenster der C&A-Häuser umgestaltet. TV-Werbespots präsentieren die aktuellen Warenangebote, beispielsweise Strick und Hosen. Marken wie *Yessica*, *Your Sixth Sense* und *Angelo Litrico* stehen im Fokus. In den C&A-Häusern werden so genannte „Brand Shops" eingerichtet. Sie vermitteln eine Atmosphäre, in der Kunden sich wohlfühlen und gerne aufhalten. Hier kann man sich seine komplette Garderobe zusammenstellen. Die Marke *Westbury* steht mit dem neuen Logo nun für Herrenkleidung klassischen Stils. 1997 hat C&A den neuen Service der Maßkonfektion für seine *Westbury*-Kunden eingeführt. In diesem Jahr werden auch Qualitätsweine im Rahmen einer *Westbury*-Kampagne angeboten. Propagiert wird die Marke für hochwertige Mode auch durch beigeheftete Prospekte in Magazinen.

C&A MÜNCHEN, DIENERSTRASSE 16
22.04.1999

MARKEN FÜR KINDER

Die vier nach der Neukonzeption der Corporate Identity von C&A verbliebenen Marken für Kinder sind *Baby Club, Kid's World, Palomino* und *Here & There*. „Kinder, Kinder, was haben wir aufgeräumt!", heißt es daher 1999 mit Blick auf die kleinen Kunden und deren Eltern auf einem Plakat zu den aktuellen Angeboten der Kinderabteilung. Die Konzentration auf wenige Marken schafft neue Orientierung, bietet Anregungen für das Kombinieren der Kinder- und Teener-Mode und eine klar strukturierte, moderne Warenpräsentation. Das neue C&A-Logo erhält seine Prägung unter anderem durch die Ergänzung um eine weitere Farbe: Gelb. Es ist eine Farbe, die für Wärme und Freundlichkeit steht und damit die Werte der Marke C&A, Zuverlässigkeit und Vertrauenswürdigkeit sowie Preiswürdigkeit, hervorhebt.

BACK TO THE ROOTS – DER WEG AUS DER KRISE DER 1990ER JAHRE

Die deutsche Wiedervereinigung 1989/90 beschert dem Einzelhandel einen kurzen Boom. Doch schnell holen die Krisen der späten 1980er Jahre C&A ein. Der Zeitgeist verändert sich: Discounter und Modeboutiquen setzen dem Marktführer zu, das Image leidet. C&A meldet den ersten Verlust in der Nachkriegszeit – und schafft mit der Rückbesinnung auf alte Stärken die Grundlage für neues Wachstum und Profitabilität: die Fortsetzung einer beeindruckenden Erfolgsgeschichte.

1 | C&A-Haus Chemnitz, 10. Oktober 1991

2 | Eröffnung C&A-Haus Chemnitz, Eingang, 10. Oktober 1991

3 | Eröffnung C&A-Haus Chemnitz, Innenansicht, 10. Oktober 1991

Jahrzehntelang kennt das Familienunternehmen nur eine Richtung: aufwärts. Scheinbar ohne Mühe und mit untrüglichem Gespür für die Wünsche seiner Kundschaft aus der Mitte der Gesellschaft bleibt C&A lange Zeit die Nummer eins unter den deutschen Textilkaufhäusern. Die Marke bringt es zeitweise auf einen Bekanntheitsgrad von 99 Prozent.

In den 1980er Jahren drängen junge Modeketten mit hippen Kreationen und schnell wechselnden Kollektionen auf den deutschen Markt – und lassen die Traditionsmarke C&A plötzlich alt aussehen. Selbst die früher so populären Eigenmarken wie *Jinglers* und *clockhouse* verlieren beim jungen Publikum an Zugkraft. Auch die seit Beginn der 1980er Jahre initiierten Allianzen mit Modedesignern wie Karl Lagerfeld oder Yves Saint Laurent zielen mit ihrem Pariser Chic an der jungen Kundschaft vorbei. Zwischen 1987 und 1989 sinkt der Umsatz, obwohl die Verkaufsflächen wachsen.

Nach dem Fall der Berliner Mauer im November 1989 verheißen lange Menschenschlangen vor den C&A-Filialen in den grenznahen Städten zur DDR ein „goldenes Zeitalter". Schnelligkeit ist nun gefragt, um den neuen Markt zu erobern. Ab 1991 eröffnet C&A Häuser in den Städten jenseits der ehemaligen innerdeutschen Grenze ABB|1–3. Mit schlichter, zweckorientierter Architektur und großen Verkaufsflächen hat das Unternehmen die richtigen Mittel, das Verlangen der ehemaligen DDR-Bürger nach Westkleidung zu stillen. Der Boom im Osten ist ein Glücksfall und kommt zur rechten Zeit, kann aber die stagnierenden, oft sogar zurückgehenden Verkaufszahlen im Westen nur kurzzeitig vergessen machen. Nachdem der erste Bedarf gedeckt und die Euphorie der Einheit verflogen ist, gleicht sich das Kaufverhalten in den neuen Bundesländern dem im Westen an, sodass auch zwischen Ostsee und Erzgebirge die Probleme sichtbar werden. Der bislang unangefochtene Branchenprimus C&A rutscht innerhalb weniger Jahre von seinem Stammplatz Nummer eins auf Rang fünf in Deutschland ab. Die Erträge brechen ein. 1997 meldet das Unternehmen erstmals in seiner Nachkriegsgeschichte rote Zahlen. Ein Jahr später wird es zu ersten Entlassungen aus betrieblichen Gründen kommen – auch das eine Novität.

4 | Plakat „Daydream", 1991

5 | Plakat „FashionLand", 1992

6 | Plakat „Indian Spirits", 1994

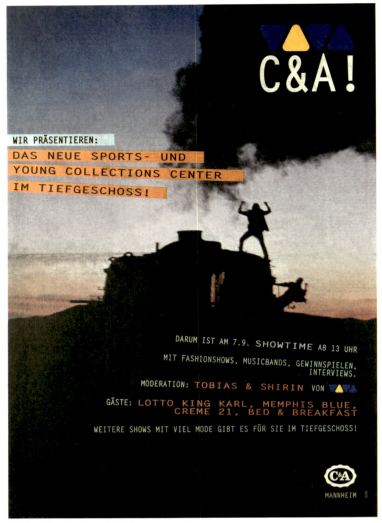

7 | Plakat Kooperation mit *VIVA*, 1992

Junge Zielgruppen, von C&A als wichtige Klientel ins Auge gefasst, bleiben zunehmend fern. Für sie ist Mode ein Mittel zur Selbstdarstellung und Selbstinszenierung. Doch angesagte Marken finden sie woanders. Bei ihr genießen aufstrebende Textilketten wie *Hennes&Mauritz (H&M)*, *Orsay* oder *Esprit* – und bald auch die vermeintlichen Designer-Tempel des spanischen Konkurrenten *Zara* – Kultstatus. Dagegen interpretieren modebewusste Teens und Twens die Initialen der C&A-Firmengründer Clemens und August Brenninkmeijer auf eigene Weise: „Cheap and awful".

C&A erkennt diesen Trend und steuert gegen. Bereits 1989/1990 läuft ein Young Collections-Spot mit der Musik von Gary Moore. Es folgen Werbefilme wie „Daydream" ABB|4, „Alice in FashionLand" ABB|5 oder „Indian Spirits" ABB|6. Die Songs aus Kinovorprogrammen und den Werbeblöcken der privaten TV-Musikkanäle schaffen es sogar in die Charts. Der Ohrwurm „Anytime And Anywhere" hält sich ein halbes Jahr in der deutschen Hitparade. Beim New Yorker Werbefilmfestival bekommt C&A 1991 die Goldmedaille. Zudem kooperiert das Unternehmen mit *MTV* und *VIVA* ABB|7 und fördert auf der Kölner Popkomm-Messe junge Musiker. Die Identifikation mit der Jugend wird groß und größer. Doch der „New

8 | Plakatandruck, 1996

9 | Plakatandruck, 1996

10 | Plakatandruck, 1996

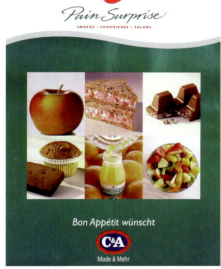
11 | Plakat *Pain Surprise*, um 1997

12 | Plakat *Expressivo*, um 1996

Look" endet schon häufig an den Eingangstüren. Die Innengestaltung der Kaufhäuser und eine überholte Warenpräsentation lösen das Versprechen nach einem „Fashionland" nicht ein. Umgekehrt zielt die Werbung an der Stammkundschaft, älteren Menschen und jungen Familien, vorbei. Sie fühlt sich nicht angesprochen.

Das Label steckt in einem Dilemma: Es will junge Kunden zurückgewinnen, aber auch keine der angestammten Zielgruppen aus den Augen verlieren. Ob klassische Geschäfts- oder bequeme Freizeitkleidung, zeitlose Basics oder trendige Mode – bei C&A soll jeder fündig werden. Bald weiß kaum noch jemand, wofür C&A wirklich steht.

Verstärkt wird dieser Eindruck durch das neue Shop-in-Shop-Konzept, das eigentlich die Wende bringen soll: 85 Jahre blieb C&A seinem Kerngeschäft treu. Jetzt wandelt es sich zu einem Warenhaus. 1996 vermietet C&A erstmals in der Geschichte eine Verkaufsfläche, und zwar an die Fast Food-Kette *McDonald's*. Zeitweise gehören Bücher, Zeitschriften und CDs zum Sortiment – und auch einen Haarschnitt gibt's ABB | 8–10. Bald werden unter dem eigenen Label *Care Garden* Kosmetik und Badaccessoires verkauft. In Düsseldorf, Bonn und Essen testet das Unternehmen ab 1997 die Bistrokette *Pain Surprise* mit Sandwiches und Feinkost ABB | 11. Trekkingmahlzeiten, Steigeisen und Seile, Rucksäcke sowie Wander- und Bergsportbekleidung gibt es bei *Eastern Mountain Sports*, einem der C&A-Gruppe angehörigen Label aus den USA. In der Kinderabteilung *Kid's World* finden Eltern neben Bekleidung unter dem Stichwort „Edutainment" *Lego, Playmobil* und *Ravensburger*. Mit *Expressivo* wird das Warenangebot um Wohnaccessoires erweitert ABB | 12.

Vieles ist neu – die alten Probleme bleiben. Junge Trend-Käufer, die attraktive Klientel der Besserverdienenden und selbst Stammkunden bleiben fern. 1998 vervierfacht sich der Verlust.

13 | Werbeanzeige, 19. September 2002

14 | Werbeanzeige, 22. November 2002

Der „Tanker" C&A kann schon allein wegen seiner Größe und komplexen Organisation nicht wie viele seiner zum Teil hochspezialisierten Konkurrenten mit der nötigen Wendigkeit auf Bewegungen in den verschiedenen Märkten reagieren. Insbesondere strukturelle Veränderungen, wie etwa die 1996 vorgenommene Zentralisierung des Einkaufs auf europäischer Ebene, die Optimierung des Warenwirtschaftssystems und die Reduzierung der Zentralauszeichnungen, wirken in einem global aufgestellten Unternehmen wie C&A erst nach mehreren Jahren. Erst dann zeigt sich, ob die einmal getroffene Entscheidung auch den aktuellen Markterfordernissen noch entspricht. Und so ist der Erfolg keineswegs ausgemacht, als im Herbst 1999 die fünfte Generation der Familie Brenninkmeijer die Leitung des Unternehmens übernimmt und eine Rückkehr zu den Wurzeln beschließt. Textilfremde Produkte verschwinden wieder aus den Regalen. „Mode", „Qualität" und ein unschlagbarer „Preis" rücken auch in der Werbung wieder in den Fokus ABB | 13 / 14.

Äußeres Merkmal ist das überarbeitete European Store Concept ABB | 15 / 16: Farbe und Licht kommen in die Läden, die Flächenausnutzung pro Quadratmeter wird verringert, die Ware hat mehr Platz zum Atmen. Klarheit, Offenheit und Leichtigkeit sollen Ambiente schaffen und die Mode in den Mittelpunkt rücken. Gezielte Präsentation, klare Gliederung der Abteilungen sowie großzügige Verweilzonen verschaffen dem Kunden Orientierung, bieten Wiedererkennung und stärken das Einkaufserlebnis. Der Reigen der Eigenmarken wird von über 20 auf ein gutes Dutzend reduziert, neu positioniert und ihr Profil geschärft.

Das Konzept funktioniert. Schon 2001 schreibt C&A wieder Gewinne. Als das Unternehmen zur Euro-Einführung 2002 mit einem 20 Prozent-Preisnachlass für EC-Kartenkäufe wirbt, stürmen die Kunden wieder in die Geschäfte. Bei der Konkurrenz sorgt diese Rabattaktion für Unmut. Einstweilige Verfügungen auf Unterlassung werden ignoriert. Den Kunden freut's. Aus „Cheap & Awful" wird „Couragiert & Angriffslustig" – C&A ist wieder wer. Am 24. Juni 2002 schreibt die *TextilWirtschaft* „C&A schafft den Turn-around".

Der bereits 2001 in Olpe gestartete Testlauf des Kids-Stores und die ab 2003 eröffneten Women-Stores sind äußerst ermutigend. Mit diesen übersichtlichen Spezialläden expandiert C&A in kleinere Städte und in das Umland von Ballungsgebieten. So kommen 2004 allein in Deutschland 50 neue Filialen hinzu.

Daneben schafft C&A den Einstieg in das Geld- und Versicherungsgeschäft. Auch der Internethandel mit Damen-, Herren- und Kinderbekleidung blüht. Das Marktforschungsinstitut Nielsen sieht C&A Online im April 2010 auf Platz eins in Deutschland – vor *Esprit* und *H&M*.

Im Jubiläumsjahr 2011 zeichnen die Leser von „Reader's Digest" C&A zum achten Mal in Folge als „Most Trusted Brand" aus. Neben

15 | *Rodeo*-Abteilung, Haus Neuss, 1997

16 | *signé incognito*-Abteilung, Haus Bochum-Harpen, 1996–1998

17 | Deutscher Handelspreis, 2009

zahlreichen weiteren Auszeichnungen wird der Marke 2009 auch mit der Verleihung des Deutschen Handelspreises Respekt gezollt, und zwar in der Kategorie „Managementleistung filialisierte Großbetriebe" ABB | 17. In der Laudatio heißt es: „Im Modeeinzelhandel ein überdurchschnittliches Wachstum auf dem deutschen Markt zu erzielen, ist eine enorme Leistung. Zugleich zu einer der stärksten Marken im deutschen Handel zu zählen, weil konsequent auf ein überlegenes Preis-Leistungsverhältnis gesetzt wird, ist mehr als überdurchschnittlich." Belohnt werde dies mit einem hohen Vertrauen der Kunden. „Der bundesweit filialisierte Betrieb hat in den vergangenen Jahren einen konsequenten und dynamischen Wandel vollzogen und setzt nun neue Maßstäbe. Gerade in wirtschaftlich schwierigen Zeiten verdient diese unternehmerische Leistung größten Respekt und Achtung. Sie kann nur erzielt werden, wenn hinter klaren Entscheidungen Menschen mit Entschlossenheit, Begeisterung und Führungsqualität stehen."

Das Lob ist Mahnung zugleich: Die Größe des Unternehmens und die Verschiedenheit der Märkte bleiben für C&A eine dauerhafte Herausforderung. Die Fähigkeit zum stetigen Wandel, die permanente Anpassung an einen hoch entwickelten und hart umkämpften Markt und nicht zuletzt die Leidenschaft für das Unternehmen selbst werden auch für die sechste Familiengeneration Voraussetzungen für den Erfolg von C&A bleiben.

Kai Bosecker & Maria Spitz

FACEBOOK PISA-STUDIE BAR
NFÜHRUNG NATASCHA KAM
CHE DOTCOM-BLASE 11. SEP
ÖRESUNDVERBINDUNG ROBE
GOOGLE INC. ANGELA MERK
DEN BALLERINAS ROGER FED
OSEXUALITÄT HARRY POTTE
NDORF RÖHRENJEANS A380
L SCHUMACHER MP3 JAHRH
DAM HUSSEIN BÖRSENCRAS
G DRAIFLESSEN FLASHMOB
EU-OSTERWEITERUNG SARS
FLEISCH HARTZ IV OSAMA B
RIEG LKW-MAUT PAPST BEN
HWEINEGRIPPE JOACHIM LO
GG-BOOTS SOMMERMÄRCHE
DER HERR DER RINGE KEILAB
THE CITY BIO-BOOM CASTING

CK OBAMA PILATES EURO-EI
USCH DRESDNER FRAUENKIR
EMBER KLIMAKATASTROPHE
T ENKE HURRIKAN KATRINA
LIVE-8 AMOKLAUF WINNEN
RER ABWRACKPRÄMIE METR
TSUNAMIWELLE JÖRG IMME
ELLO KITTY CROCS MICHAE
NDERTFLUT EXPO 2000 SAD
ÖKUMENISCHER KIRCHENTA
EORGE W. BUSH HITZEWELLE
ADTARCHIV KÖLN GAMMEL
-LADEN AGENDA 2010 IRAKK
IKT XVI. NEW HORIZONS SC
V WORLD TRADE CENTER U
BIG BROTHER BRANGELINA
ATZ ORKAN KYRILL SEX AND
SHOWS BANKENPLEITE I-PHO

1 | C&A MACHT „FAMILIENPOLITIK"

Bei C&A herrscht zum Jahreswechsel Aufbruchstimmung: Nach einem schwierigen Jahrzehnt bewegt sich das Unternehmen wieder „Back to the Roots". Vor fast 100 Jahren hat sich C&A mit seinen Produkten auf die arbeitende Bevölkerung ausgerichtet, die „mit der Straßenbahn fährt". Zuerst auf Damenmode spezialisiert, ist das Sortiment nach und nach auf die ganze Familie ausgedehnt worden. Mitte des Jahres 2000 wirbt das Familienunternehmen mit dem Slogan „Unsere Preise machen Familienpolitik" – Kernbotschaft einer Rückkehr zu alten Tugenden. Nach den gescheiterten Experimenten mit neuen Zielgruppen und einem harten Restrukturierungsprogramm legt C&A mit der neuen „alten" Ausrichtung wieder den Grundstein für Wachstum und Profitabilität.

2 | AUF NEUEM KURS IN DIE ZUKUNFT: DER JAHRTAUSENDWECHSEL

Der Jahreswechsel 1999/2000 wird von allen Seiten mit Spannung erwartet. Ein neues Jahrtausend steht vor der Tür! Doch prophezeit wird auch ein Problem, das schon im Vorfeld Katastrophenszenarien heraufbeschwört: Die in vielen Computersystemen eingesetzten zweistelligen Jahreszahlen können sowohl 1900 als auch 2000 bedeuten. Zudem entspricht die Kombination aus zwei Nullen auch der Ziffernverwendung für ungültige Datensätze, bezeichnet das „00" doch in der Computersprache „nichts". Fehlgeschaltete oder lahmgelegte Computersysteme werden befürchtet, besonders sicherheitsrelevante Bereiche werden daher genauestens unter die Lupe genommen und auf ihre „Jahrtausendfähigkeit" hin überprüft. Vielerorts wird sogar geplant, in der Silvesternacht einfach das gesamte System abzustellen, um Fehler zu vermeiden.

Auch C&A bereitet sich auf diese – vor allem für den Bereich Informationstechnik und Software – außergewöhnliche Herausforderung vor: Die bereits 1997 gegründete Projektgruppe „Jahr 2000" hat die Aufgabe, „alle Jahr-2000-relevanten Systeme, Programme und Vorgänge zu inventarisieren, mögliche Fehlerquellen zu analysieren, die Fehlerquellen zu beseitigen und die Jahr-2000-Fähigkeit zu testen". Der guten und sorgfältigen Vorbereitung ist es zu verdanken, dass der operationale Ablauf in den C&A-Betriebsstellen zum Jahreswechsel funktioniert. So bestätigen sich die Chaosprognosen nicht, und der befürchtete Zusammenbruch bleibt aus, auch weil vorsorglich am Neujahrstag alle Betriebsstellen geöffnet werden und die gesamte Haustechnik getestet wird.

3 | MODE FÜR DARUNTER

Im neuen europäischen Storekonzept von C&A, das ab 2000 nach und nach in allen Filialen umgesetzt wird, zählt die Wäscheabteilung weiterhin zu den Stammabteilungen. Mit viel Licht und neuer Farbe rückt die Mode in den Mittelpunkt. Die gezielte Präsentation und eine klare Gliederung schaffen Orientierung und Wiedererkennungswert. Die Flächenausnutzung pro Quadratmeter wird verringert, sodass die Ware mehr Platz „zum Atmen" hat.

Auch die Werbung für Unterwäsche gestaltet sich minimalistischer. Neben dem Model steht die Ware im Vordergrund, wie es auf dem Großflächenplakat zu sehen ist. Am unteren Rand findet der Kunde den Preis – übrigens sind hier neben den D-Mark-Preisen schon die neuen Euro-Preise angegeben.

Dass Unterwäsche körpermodellierend eingesetzt wird, ist keine neue Erfindung. Wie antike Statuen und Mosaiken zeigen, formten bereits vor ungefähr 4.000 Jahren miederähnliche Ober-

C&A
CHEMNITZ,
GALERIE
ROTER TURM
27.04.2000

2000

AUS UNSERER WERBUNG

Gillette for Women Sensor Excel
Exklusives Vorteils-Set:
Rasierer inkl. 6 Klingen und Rasiergel, 75 ml
nur
€ 8.64   DM 16,⁹⁰

CANDA
Bügel-BH
Größe 70-80A/70-85B/75-85C
€ 7.62   DM 14,⁹⁰

CANDA
SLIP
Größe S-L
€ 5.06   DM 9,⁹⁰

teile den menschlichen Körper. Ein Streifzug durch die Geschichte der Unterkleidung belegt, dass beispielsweise die Wespentaille immer mal wieder modern war: nicht nur im Rokoko und im Biedermeier, sondern auch in der Mode der 1950er Jahre. Dazu trug Frau spitze Brüste à la Marilyn Monroe. Eine Dekade später, im Zuge der Flower-Power-Bewegung, waren Korsetts und BHs zeitweise gar verpönt. Das ändert sich spätestens Anfang der 1990er Jahre, als der BH ein Revival erfährt. Zu Beginn des 21. Jahrhunderts fällt dem Push-up die Aufgabe zu, ein „reizvoll anziehendes Dekolleté" zu modellieren.

1 | DOWNLOAD

Sportliche Mode, wie Skater- oder Hip-Hop-Outfits, ist bei Kindern und Jugendlichen angesagt. Schon *Kid's World* hatte diesen Trend mit dem „Zic Zac-Song" in seinem Werbespot 1993 aufgegriffen. Zu der neuen Marke *Here & There* mit dem Untertitel „cool by C&A" gehören seit 2001 Kollektionen unter der Bezeichnung „download". Sneakers in Art von „Chucks" finden Jungen dort genauso wie Shorts, Bermudas, Langarmshirts oder Schultertaschen und Baseballcaps. Auch für Mädchen gibt es passende Outfits, etwa rote „download"-Sweatshirts mit Kapuze. Darauf ist das Motiv einer Graffitisprayerin zu sehen, außerdem Sternchen- und Glitteraufdrucke.

EXPANSION NACH POLEN

Die erste polnische C&A-Filiale eröffnet 2001 in Warschau, Hauptstadt und gleichzeitig größte Stadt Polens. 2010 gibt es bereits 43 C&A-Häuser, die alle über ein komplettes Familiensortiment verfügen.

C&A KIDS-STORE OLPE, BAHNHOFSTRASSE 12
02.11.2001

2 | SICHERHEIT IM STRASSENVERKEHR

Seit 1995 gibt es in der Abteilung C&A Kid's World Funktionskleidung für Kinder. Unter der C&A-Eigenmarke *Bodyguard* wird Kinderkleidung angeboten, zu deren Erkennungszeichen neben dem *Bodyguard*-Logo auch reflektierende Aufnäher zählen, die in der Dunkelheit leuchten. Auch gehört zu den Kleidungsstücken zumeist ein kleines Geschenk, das die Verkehrssicherheit erhöht, wie zum Beispiel Reflektoren mit dem C&A- und dem *Bodyguard*-Logo für das Fahrrad.

Aber nicht nur damit bringt C&A sein Engagement für die Sicherheit von Kindern im Straßenverkehr zum Ausdruck. Das Unternehmen organisiert darüber hinaus regelmäßig Verkehrssicherheitstage in den Filialen. So auch im Oktober 2001: An den „C&A-Bodyguard-Verkehrssicherheitstagen" treten neben C&A die Sponsoren *3M Scotchlite™ Reflective Material*, die *Deutsche Verkehrswacht e.V.* und der Verein *Hilfe für das verkehrsgeschädigte Kind e.V.* auf. Hier wird nicht nur auf einem Übungsparcours das sichere Fahrradfahren geübt, sondern auch deutlich gemacht, dass die Sichtbarkeit der Kinder das A und O für die Sicherheit im Straßenverkehr ist.

3 | C&A KIDS- UND WOMEN-STORES

Kinder- und Umstandsmode gibt es seit 2001 in speziellen „C&A Kids-Stores". Die erste Testfiliale öffnet in diesem Jahr in Olpe. Die neuen Läden in den Zentren und Fußgängerzonen kleinerer und mittelgroßer Städte sprechen vor allem junge Mütter an. „C&A Women", exklusive Läden mit etwa 400 bis 500 Quadratmetern Ver

kaufsfläche, stehen dagegen für jugendlich-sportliche Mode. Vertreten sind die Labels *Yessica, Canda Coordinates, clockhouse* und *Lingerie*. Den Anfang macht im Februar 2003 der C&A Women-Store in Lindau am Bodensee.

Die Konzepte sind von durchschlagendem Erfolg gekrönt. Schon im November 2003 eröffnet C&A im baden-württembergischen Mosbach seine 250. Filiale. Der Ansturm am Eröffnungstag ist so groß, dass die Kunden zum Teil nur durch den Hinterausgang aus dem Geschäft ins Freie gelangen können.

2001. Typisch C&A: hochwertige Produkte zu Superpreisen aus unserem Basissortiment. Sie sehen die DM-Preise und daneben die exakt umgerechneten Euro-Preise.

2002. Die gleichen Produkte zu den neuen C&A-Preisen in Euro: immer auf glatte Summen auf- oder abgerundet. So bleibt „unterm Strich" alles so preiswert wie bisher.

EXPANSION NACH UNGARN

In Ungarn ist C&A seit 2002 präsent. Die erste Filiale entsteht in der Hauptstadt Budapest. Bis 2010 eröffnen landesweit insgesamt 38 Filialen, die das gesamte C&A-Sortiment im Angebot führen.

DER EURO UND DAS DEUTSCHE RABATTGESETZ

Als gesetzliche Buchungswährung bereits am 1. Januar 1999 eingeführt, ist der Euro ab dem 1. Januar 2002 gemeinsame offizielle Währung innerhalb der so genannten Eurozone. Die Banken und der Handel werden ab September 2001 mit dem neuen Bargeld versorgt, wohingegen Privatpersonen eine erste Euromünzenmischung – das so genannte „Starterkit", bestehend aus 20 Münzen im Wert von 10,23 Euro zum Gegenwert von 20 DM – erst Ende Dezember erstehen können.

Besonders der Handel soll ab Jahresbeginn am Umtausch- und Einführungsprozess mitwirken. Durch die Annahme der alten und die Ausgabe der neuen Währung im Einzelhandel will man großen Andrang an den Bankschaltern vermeiden. Zudem soll den Kunden der Übergang so einfach wie möglich gemacht werden.

Obwohl schon vor der Euro-Einführung die Kassen neu programmiert und die Mitarbeiter hinreichend geschult werden, rechnet C&A zum Start der neuen Währung mit langen Warteschlangen an den Kassen – und sucht einen Weg, dem Bargeldchaos zu entkommen. Vom 2. bis zum 5. Januar wird Kunden daher auf alle EC- und Kreditkartenkäufe 20 Prozent Preisnachlass gewährt. Die Reaktion der Konkurrenz lässt nicht lange auf sich warten: Prompt handelt sich C&A eine Abmahnung ein. Die Aktion wird per Gerichtsbeschluss untersagt. Trotz Zahlung eines Ordnungsgeldes in Höhe von 200.000 Euro sowie nachfolgenden Klagen bis hin zum Bundesgerichtshof ignoriert C&A die Beschlüsse, setzt die Aktion – wie geplant – bundesweit durch und weitet den Rabatt schließlich auch auf Barzahler aus.

Der Bundesgerichtshof schätzt, dass C&A ein Umsatzplus von bis zu 50 Millionen Euro allein an den Verkaufstagen vom 2. bis 5. Januar 2002 erzielen konnte. Die Aktion, so der Erste Zivilsenat des Gerichtshofs weiter, habe außerdem einen erheblichen Imagegewinn bewirkt. Tatsächlich: Mit Überschriften wie „Clever & Angriffslustig" oder „Couragiert & Aggressiv" feiern Zeitungen den ungewöhnlichen Werbeauftritt des Unternehmens. Beim deutschen Einzelhandel löst er dagegen heftige Debatten um das Wettbewerbsrecht aus. Begründet auf §7 des Gesetzes gegen unlauteren Wettbewerb (UWG) – dem Verbot für Sonderverkäufe –, wertet der *Verein zur Wahrung des lauteren Wettbewerbs* die Initiative als unerlaubte Verkaufsveranstaltung. Befristete Preissenkungen gelten dort nämlich als Sonderveranstaltungen. Sie sind laut Gesetz nur bei Firmenjubiläen nach Ablauf von jeweils 25 Jahren, in Verbindung mit Räumungsverkäufen bei Geschäftsaufgaben oder zweimal im Jahr während des Schlussverkaufs erlaubt.

Nach dem Wegfall des seit 1933 unveränderten Rabattgesetzes Ende Juli 2001, das die Gewährung von Preisnachlässen gegenüber Endverbrauchern für Waren des täglichen Gebrauchs teilwei-

2 |

3 |

se untersagte, fordert die Politik nun lautstark die Liberalisierung des UWG. Im Juli 2004 erfolgt die Neuregelung. Das alte Gesetz wird aufgehoben – darunter auch die umstrittenen Vorschriften für Sonderveranstaltungen. Die Einhaltung der Sommer- und Winterschlussverkaufszeiten entfällt somit. So hat die C&A-Aktion anlässlich der Einführung des Euro indirekt zur Modernisierung des Rabattgesetzes beigetragen.

2 | WEITERHIN MIT DER D-MARK BEZAHLEN?

Offiziell ist es dem deutschen Einzelhandel gestattet, bis zum Ende der Übergangsfrist am 28. Februar 2002 parallel D-Mark und Euro anzunehmen. Danach sind es nur noch die Landeszentralbanken, die die alte in die neue Währung umtauschen dürfen. Aber was ist mit all denen, die den Stichtag verpasst haben? Wohin mit den Markstücken und Pfennigen in Spardosen oder Kaffeekassen? Während des Weihnachtsgeschäfts 2002 startet C&A eine zeitlich begrenzte D-Mark-Aktion, die einen beachtlichen Umsatz in Höhe von 21 Millionen DM in die Kassen spült. So ermutigt, unternimmt das Unternehmen ab Herbst 2004 einen zweiten Versuch, diesmal zeitlich unbegrenzt. Die Bezahlung in D-Mark sowie eine kombinierte Bezahlung mit D-Mark und Euro ist bis heute möglich – und für viele Kunden ein echtes Angebot, denn es befinden sich schätzungsweise noch immer mehr als 40 Prozent des alten Münzgeldes im Umlauf. So sind bei C&A von Herbst 2004 bis Ende 2010 über 50 Millionen DM eingegangen.

3 | DIE JEANS

Grundlage von Jeans ist in der Regel Denim – ein strapazierfähiges und haltbares Gewebe aus fester Baumwolle. Der Stoff wird klassisch in Dunkel-, Mittel- oder Hellblau angeboten. Populär wurde die ehemalige Arbeiterhose in Deutschland nach dem Krieg durch amerikanische GIs und die Stars damaliger Kultfilme wie Marlon Brando oder James Dean. Zunächst als vestimentäres Zeugnis von Jugendkulturen gebräuchlich, dauert es einige Jahrzehnte bis Jeans tatsächlich gesellschaftsfähig sind. Heute sind Designer- und Markenjeans nicht selten Luxusartikel, tragbar zu jeder Zeit und zu jedem Anlass. In der Kindermode sind Jeans nicht zuletzt aufgrund ihrer Strapazierfähigkeit und der guten Wascheigenschaften gefragt. Am 9. April 2002 wirbt C&A für kurze, strandtaugliche Jeans. Die beiden Mädchen auf dem Werbeplakat tragen knielange Hosen, die aussehen, als seien sie unter den Knien abgeschnitten und ausgefranst. Auch die Seitennähte sind dekorativ mit Fransen verziert. Später kommen Jeans im „used look" groß in Mode – Löcher werden gleich mitgeliefert. Was es jedoch nicht mehr gibt, sind die „klingenden *Jinglers*-Jeans" mit einem Glöckchen in Wadenhöhe an der äußeren Seitennaht des rechten Hosenbeins.

C&A-PRESSEMODE

Seit Herbst 2003 finden C&A-Pressemodenschauen vor einem internationalen Publikum an ausgewählten Orten in und um Düsseldorf statt. Vorgeführt werden die C&A-Kollektionen der kommenden Saison. Unter den Models befinden sich immer wieder Prominente, etwa die TV-Moderatorin und Fußballergattin Sylvie van der Vaart, die ehemalige Spitzenschwimmerin Franziska van Almsick, die auch eigene Kollektionen für C&A entwirft, und die „Tatort"-Kommissarin Andrea Sawatzki. Auch die Siegerinnen der bekannten Castingshow „Germany's next Topmodel" präsentieren C&A-Mode auf dem Laufsteg. Choreograf und Moderator der Presseschauen ist Bruce Darnell, das populäre Jurymitglied der Show von Heidi Klum.

C&A KIDS-STORE ITZEHOE 03.03.2003 | C&A KIDS-STORE JÜLICH 17.03.2003 | C&A NIENBURG 17.03.2003 | C&A JÜLICH 24.03.2003 | C&A KIDS-STORE BREMEN 27.03.2003 | C&A KIDS-STORE BERGHEIM 31.03.2003 | C&A KIDS-STORE BUXTEHUDE 31.03.2003 | C&A WAIBLINGEN 06.04.2003 | C&A PEINE 07.04.2003 | C&A WOMEN-STORE LINDAU 07.04.2003 | C&A KIDS-STORE AHLEN 10.04.2003 | C&A KIDS-STORE SCHORNDORF 10.04.2003 | C&A KIDS-STORE KIRCHHEIM 14.04.2003 | C&A KIDS-STORE IDAR OBERSTEIN 14.04.2003 | C&A KIDS-STORE CLOPPENBURG 28.04.2003 | C&A WOMEN-STORE BREMEN 28.04.2003 | C&A KIDS-STORE MÜHLDORF AM INN 02.06.2003 | C&A KIDS-STORE LINDAU 03.08.2003 | C&A KIDS-STORE RADOLFZELL 25.08.2003 | C&A KIDS-STORE HOLZMINDEN 01.09.2003 | C&A KIDS-STORE ACHERN 01.09.2003 | C&A KIDS-STORE NÜRNBERG 04.09.2003 | C&A OLPE 07.09.2003 | C&A GERA 15.09.2003 | C&A

2003

DIE LIBERALISIERUNG DER LADENÖFFNUNGSZEITEN

Der Streit um die Ladenschlusszeiten im deutschen Einzelhandel ist ein Dauerbrenner. Auch C&A kämpft an einzelnen Filialstandorten für längere Öffnungszeiten – und das erfolgreich, wie etwa 1950 in Bremen oder 1953 in München. Die Auseinandersetzungen der Nachkriegszeit enden 1956 mit dem „Gesetz über den Ladenschluss". Danach dürfen die Läden wochentags von 7 bis 18.30 Uhr und samstags bis 14 Uhr öffnen. Alle weiteren Liberalisierungsanstrengungen weist das Bundesverfassungsgericht regelmäßig zurück. Im Juli 1957 kommt ein wenig Entspannung in den Streit: Der „lange Samstag" erlaubt einmal im Monat Öffnungszeiten bis 18 Uhr. 1960 folgt der nächste Schritt: An den vier Adventssamstagen ist das Einkaufen bis 18 Uhr gestattet.

1989, fast dreißig Jahre später, gibt es mit dem „langen Donnerstag" ein weiteres Zugeständnis: shoppen bis 20.30 Uhr. Sieben Jahre danach ist es auch damit vorbei – grundsätzlich können die Geschäfte nun wochentags zwischen 6 und 20 Uhr und samstags bis 16 Uhr offen bleiben. Im Juni 2003 erfolgt schließlich der bislang größte Durchbruch in der Geschichte der gesetzlich geregelten Ladenschlusszeiten: Die Öffnung an allen Samstagen bis 20 Uhr ist nun erlaubt, und dazu werden vier verkaufsoffene Sonn- oder Feiertage pro Jahr gestattet.

MIT XXL-KOFFERN UNTERWEGS

Ein neues fortschrittliches Transportsystem verändert die Logistik: Die neue Generation von Lastwagen befördert die Ware in großen, genormten XXL-Wechselkoffern. Der Spediteur kann den Container einfach am Wareneingang abstellen und an der Laderampe unmittelbar einen vorgeladenen Wechselkoffer aufnehmen. Ineffiziente Standzeiten fallen weg, und die Ware gelangt schneller zum Kunden.

KIDS-STORE GREVENBROICH 15.09.2003 | C&A KIDS-STORE SCHWABACH 15.09.2003 | C&A SUHL 18.09.2003 | C&A SAARBRÜCKEN 25.09.2003 | C&A KIDS-STORE HOMBURG 29.09.2003 | C&A KIDS-STORE LEMGO 29.09.2003 | C&A KIDS-STORE WALDSHUT 06.10.2003 | C&A OFFENBURG 09.10.2003 | C&A BAMBERG 16.10.2003 | C&A DACHAU 16.10.2003 | C&A ERDING 16.10.2003 | C&A INGOLSTADT 16.10.2003 | C&A INGOLSTADT 16.10.2003 | C&A KITZINGEN 16.10.2003 | C&A MICHELFELD 16.10.2003 | C&A ULM 16.10.2003 | C&A KIDS-STORE REGENSBURG 20.10.2003 | C&A BERLIN 23.10.2003 | C&A KIDS-STORE BORKEN 23.10.2003 | C&A SCHWANDORF 26.10.2003 | C&A KIDS-STORE LICHTENFELS 30.10.2003 | C&A KIDS-STORE WUNSDORF 30.10.2003

C&A KIDS-STORE BRILON 01.03.2004 | C&A KIDS-STORE MENDEN 08.03.2004 | C&A KIDS-STORE VERDEN 08.03.2004 | C&A KIDS-STORE WIESLOCH 08.03.2004 | C&A MÜNCHEN 10.03.2004 | C&A KIDS-STORE ESCHWEILER 15.03.2004 | C&A KIDS-STORE OCHTRUP 18.03.2004 | C&A DORMAGEN 25.03.2004 | C&A FRANKENTHAL 25.03.2004 | C&A KIDS-STORE ANDERNACH 29.03.2004 | C&A KIDS-STORE BAD NEUSTADT 01.04.2004 | C&A KIDS-STORE CRAILSHEIM 08.04.2004 | C&A KIDS-STORE SIGMARINGEN 03.05.2004 | C&A MOSBACH 15.09.2004 | C&A KIDS-STORE OSTERHOLZ-SCHARMBECK 17.05.2004 | C&A GARMISCH-PARTENKIRCHEN 18.05.2004 | C&A KIDS-STORE BIETIGHEIM-BISSINGEN 19.05.2004 | C&A FÜRTH 19.05.2004 | C&A TUTTLINGEN 27.05.2004 | C&A KIDS-STORE UELZEN 27.05.2004 | C&A KIDS-STORE FRECHEN 30.08.2004 | C&A KIDS-STORE VECHTA 30.08.2004 | C&A ESSEN 02.09.2004 | C&A KIDS-STORE HERRENBERG

2004

1 | DER FORUM-PREIS DER TEXTILWIRTSCHAFT

In diesem Jahr erhält C&A Europe den begehrten Forum-Preis des Fachmagazins *TextilWirtschaft*. 1981 erstmals verliehen, gilt die Ehrung als höchste Auszeichnung im Modebereich in Deutschland. In ihrer Begründung schreibt die Jury: „Der in Deutschland einstmals unbestrittene Marktführer hat wieder auf seine alten Stärken gesetzt: Mode und Bekleidung für die ganze Familie zum günstigen Preis in guter Qualität". Dass der Großfilialist nicht nur von der Branche, sondern auch von Kundenseite besonders geschätzt wird, zeigt sich beispielsweise darin, dass das Unternehmen seit 2003 acht Mal – jüngst im Jahr 2011 – von den Lesern des *Reader's Digest* zur vertrauensvollsten Marke Deutschlands, zur „Most trusted Brand", gewählt worden ist.

2 | DAS FASHION CENTER DÜSSELDORF

2004 setzen die Planungen für einen neuen Verwaltungssitz von C&A Deutschland ein. Verkehrsgünstig in unmittelbarer Nähe zum Düsseldorfer Flughafen gelegen, ist das C&A Fashion Center 2006 fertiggestellt. Neben der Hauptverwaltung sind in dem modernen Neubau, der mehr als 30.000 Quadratmeter Büro- und Archivfläche umfasst, die Retail Service Company, verantwortlich für IT und Logistik, sowie die deutsche Niederlassung des europäischen Zentraleinkaufs C&A Buying untergebracht.

02.09.2004 | **C&A OBERHAUSEN** 02.09.2004 | **C&A KIDS-STORE VAIHINGEN** 02.09.2004 | **C&A BONN** 09.09.2004 | **C&A KIDS-STORE HERFORD** 13.09.2004 | **C&A KIDS-STORE BECKUM** 16.09.2004 | **C&A GIFHORN** 16.09.2004 | **C&A EGGENFELDEN** 22.09.2004 | **C&A HELMSTEDT** 22.09.2004 | **C&A MÜLHEIM** 23.09.2004 | **C&A NORDHORN** 23.09.2004 | **C&A KIDS-STORE ACHIM** 27.09.2004 | **C&A KIDS-/WOMEN-STORE KULMBACH** 27.09.2004 | **C&A KIDS-STORE TRAUNREUT** 27.09.2004 | **C&A AMBERG** 30.09.2004 | **C&A KORBACH** 30.09.2004 | **C&A BERLIN** 07.10.2004 | **C&A ROSTOCK** 14.10.2004 | **C&A KIDS-STORE ELLWANGEN** 18.10.2004 | **C&A UNNA** 21.10.2004 | **C&A KÖLN** 27.10.2004 | **C&A BAD HERSFELD** 28.10.2004 | **C&A KIDS-STORE BRAMSCHE** 28.10.2004 | **C&A KIDS-STORE PLATTLING** 02.11.2004 | **C&A COTTBUS** 03.11.2004 | **C&A KIDS-STORE HERTEN** 18.11.2004 | **C&A KIDS-STORE HEIDE** 29.11.2004

Preise gut, alles gut.

EXPANSION NACH RUSSLAND

Die erste russische C&A-Filiale eröffnet 2005 in der Hauptstadt Moskau. Fünf Jahre später, 2010, sind es bereits zehn Filialen mit dem gesamten Familiensortiment.

C&A KIDS-STORE BERLIN 21.02.2005 | C&A KIDS-STORE STADTHAGEN 28.02.2005 | C&A KÖLN 02.03.2005 | C&A NIENBURG 02.03.2005 | C&A NÜRNBERG 03.03.2005 | C&A HAMBURG 10.03.2005 | C&A KIDS-STORE LENGERICH 14.03.2005 | C&A KIDS-STORE NEUÖTTING 14.03.2005 | C&A DILLINGEN 17.03.2005 | C&A KIDS-STORE MELLE 17.03.2005 | C&A KIDS-STORE BOCHUM 21.03.2005 | C&A KIDS-STORE ARNSBERG 31.03.2005 | C&A VIERSEN 31.03.2005 | C&A KIDS-STORE WEITERSTADT 31.03.2005 | C&A KIDS-STORE ZWEIBRÜCKEN 31.03.2005 | C&A KIDS-/WOMEN-STORE NORTHEIM 04.04.2005 | C&A KIDS-/WOMEN-STORE SONTHOFEN 04.04.2005 | C&A BERLIN 07.04.2005 | C&A EISENACH 14.04.2005 | C&A NORDERSTEDT 14.04.2005 | C&A BACKNANG 21.04.2005 | C&A KIDS-STORE ALFELD 02.05.2005 | C&A STRAUBING 04.05.2005 | C&A BÜNDE 12.05.2005 | C&A NEUSTADT AN DER WEINSTRASSE 12.05.2005 | C&A BURG-

2005

XL SHOPS: MODE FÜR JEDERMANN

Bereits 1911 hat sich C&A auf die Fahnen geschrieben, Mode für Damen egal welcher Statur anzubieten. Ausgeweitet wird dieser Anspruch durch Modelle für „Vollschlanke" oder solche für den „Mann von Format", die das ganze Jahrhundert hindurch im Sortiment zu finden sind. Mitte der 1990er Jahre erobert die „XL-Kollektion" das Terrain. Der Test in ausgewählten Häusern verläuft so vielversprechend, dass diese Kollektion ab März 1996 deutschlandweit in 130 Häusern angeboten wird. Der große Verkaufserfolg und viele zufriedene Kunden veranlassen das Unternehmen, 2005 die ersten XL Shops einzuführen, in denen Damen und Herren mit Übergrößen aus einem breiten Angebot wählen können. Für dieses Sortiment wird der beliebte Schauspieler Rainer Hunold („Die Zwei") als Testimonial gewonnen: Im Clip „Let's dance" präsentiert der Berliner, auf Tom Jones' Hit „Sex Bomb" ausgelassen tanzend, seine neuen Outfits.

1 | „GERMANY'S NEXT TOPMODEL"

Die erste Staffel des von Heidi Klum moderierten Quotenhits „Germany's next Topmodel" des Senders *ProSieben* geht im Januar 2006 an den Start. Ab der zweiten Staffel winkt der Gewinnerin ein Vertrag mit C&A. Sie wird das Gesicht der jeweils neuesten C&A-Werbekampagne. „Germany's next Topmodel"-Kollektionen begleiten den Auftritt, darunter beispielsweise die „Must-Have-Kollektion". Selbst Bruce Darnell – Choreograf und Laufstegtrainer in der Sendung – wird zur C&A-Präsentationsfigur.

In der fünften Staffel, 2010, gewinnen noch während der Sendung fünf Kandidatinnen die Teilnahme an einem exklusiven Werbedreh für die Kampagne zur aktuellen C&A-Abendmode – der „GNTM-Partykollektion". In New York präsentieren sie in winterlich-kalter Nacht vor der Kulisse des Times Square glamouröse Cocktailkleider im Stil von „Sex and the City". Ergebnis der C&A-Klum-Liaison: Die spontane Markenbekanntheit von C&A steigt nach einer *forsa*-Umfrage schon 2008 in der Zielgruppe der 14- bis 29-Jährigen auf 69 Prozent. Auf Nachfrage kennen die Marke C&A sogar 99 Prozent der Befragten. Damit steht C&A zusammen mit *H&M* auf Platz eins aller Nennungen.

2 | EINSTIEG IN DAS VERSICHERUNGS- UND BANKENGESCHÄFT

Im Herbst 2006 fällt der Startschuss für die C&A-Bank GmbH. Die eigens gegründete Gesellschaft offeriert Geld- und Versicherungsgeschäfte unter dem Namen „C&A Money". Damit ist C&A das erste Modeunternehmen auf dem internationalen Versicherungsmarkt. Angeboten werden zunächst Autopolicen, später kommt das komplette Portfolio von Bank- und Versicherungsleistungen hinzu. Das gemeinsam mit der *DA Direkt Versicherung* entwickelte Konzept basiert auf exzellentem Service und niedrigen Kosten – Vorteile, die durch den schlanken Vertrieb im C&A-Filialnetz entstehen oder aus dem geringen Verwaltungs- und Werbeaufwand resultieren, werden direkt an die Kunden weitergegeben. Das Geschäft mit den Finanzdienstleistungen entwickelt sich positiv. Nach Erhalt der Banklizenz folgen im Frühjahr 2007 der C&A Ratenkredit und im Herbst der C&A Dispokredit.

C&A KIDS-STORE VILSHOFEN 20.02.2006 | C&A STUTTGART 23.02.2006 | C&A KIDS-/WOMEN-STORE MARSBERG 13.03.2006 | C&A KIDS-STORE ENNIGERLOH 16.03.2006 | C&A KIDS-STORE FREITAL 16.03.2006 | C&A PAPENBURG 29.03.2006 | C&A LEIPZIG 30.03.2006 | C&A MARKTREDWITZ 06.04.2006 | C&A SPEYER 06.04.2006 | C&A MERZIG 13.04.2006 | C&A KIDS-STORE SCHMALLENBERG 13.04.2006 | C&A BARSINGHAUSEN 20.04.2006 | C&A KIDS-/WOMEN-STORE WALSRODE 20.04.2006 | C&A KIDS-/WOMEN-STORE MIESBACH 24.04.2006 | C&A KIDS-/WOMEN-STORE SINDELFINGEN 24.04.2006 | C&A KIDS-STORE SONNEBERG 27.04.2006 | C&A KIDS-STORE DELBRÜCK 11.05.2006 | C&A BERLIN 24.05.2006 | C&A MÜLHEIM 24.05.2006 | C&A SINSHEIM 24.05.2006 | C&A KIDS-/WOMEN-STORE STEINFURT 22.06.2006 | C&A RENDSBURG 17.08.2006 | C&A DORSTEN 31.08.2006 | C&A BERLIN 07.09.2006 | C&A CLOPPEN-

ZWEI GROSSEREIGNISSE FÜR C&A

Das Jahr 2006 hat für das C&A-Aktionsmarketing zwei große Ereignisse im Gepäck: zum einen die Fußballweltmeisterschaft in Deutschland, zum anderen die Eröffnung der eintausendsten Filiale in Europa. Bereits am 15. Februar 2005 erwirbt C&A nicht-exklusive Lizenzen für Bekleidung, die zur FIFA Fußball WM 2006™ in den Filialen verkauft werden soll. Damit werden in einem noch nie dagewesenen Umfang offizielle Lizenzprodukte der FIFA vertrieben, und bei C&A kann man nun Kleidung in den Nationalfarben der teilnehmenden Fußballteams kaufen. Das Unternehmen profitiert während der WM zudem von einer Sonderregelung: In einigen Städten kann bis 22 Uhr eingekauft werden.

Die eintausendste Filiale wird von allen C&A-Geschäften gebührend begrüßt – mit zahlreichen Sonderangeboten. „Unser bester Preis" ist auf vielen Schildern in den Filialen zu lesen. Viele Produkte – vor allem Basics – sind zu einem Preis zwischen 2,50 und 10 Euro erhältlich.

ZURÜCK AM ALEXANDERPLATZ

Im Herbst 2006 ist es endlich soweit: Mit der Eröffnung der Filiale am Berliner Alexanderplatz kehrt C&A zum Ursprung seiner Unternehmensgeschichte in Deutschland zurück. Fußläufig keine fünf Minuten vom alten Standort an der Königstraße 33 entfernt, befinden sich die neuen Verkaufsräume im Berolinahaus. Dieses wurde zwischen 1930 und 1932 von Peter Behrends errichtet, einem der führenden Architekten der klassischen Moderne. Seit 1990, als C&A Expansionspläne für die neuen Bundesländer schmiedet, liebäugelt das Unternehmen mit diesem Traditionsstandort, doch es zögert zunächst. Die Ungewissheit über die künftige Entwicklung des einstigen Berliner Verkehrsknotenpunktes und Handelszentrums machen eine Entscheidung lange schwierig.

Die offizielle Hausnummer am Alexanderplatz lautet übrigens „1" – genauso wie die interne Filialnummer, die das neue Geschäftshaus in Erinnerung an das 1911 eröffnete Stammhaus trägt.

BURG 13.09.2006 | **C&A KIDS-STORE NORDEN** 14.09.2006 | **C&A EHINGEN** 21.09.2006 | **C&A HAMBURG** 27.09.2006 | **C&A EMDEN** 28.09.2006 | **C&A KIEL** 02.10.2006 | **C&A KERPEN** 12.10.2006 | **C&A DRESDEN** 19.10.2006 | **C&A TRAUNSTEIN** 19.10.2006 | **C&A KIDS-/WOMEN-STORE PORTA WESTFALICA** 09.11.2006 | **C&A STUTTGART** 09.11.2006 | **C&A BADEN-BADEN** 16.11.2006 | **C&A DACHAU** 16.11.2006 | **C&A BAD WILDUNGEN** 23.11.2006 | **C&A BRÜHL** 23.11.2006 | **C&A GLADBECK** 23.11.2006 | **C&A BAMBERG** 29.11.2006 | **C&A BERGKAMEN** 30.11.2006 | **C&A BERLIN** 05.12.2006

EXPANSION IN VIER LÄNDER: SLOWAKEI, SLOWENIEN, TÜRKEI UND CHINA

Zum ersten Mal in der C&A-Geschichte werden in vier Ländern gleichzeitig neue Standorte eröffnet: in Bratislava in der Slowakei, im slowenischen Maribor, in Istanbul in der Türkei sowie in Shanghai in China.

Bis 2010 bringt es die Slowakei auf vier Family-Stores, im selben Jahr ist die C&A-Präsenz in Slowenien bereits auf acht Niederlassungen angewachsen. 15 Family-Stores unterhält C&A 2010 in der Türkei, dazu drei Kids-Stores.

Neben den Expansionen ins europäische Ausland wagt C&A 2007 zum zweiten Mal den Schritt nach Asien. Bereits 2005 hat das Unternehmen in China eine Verkaufslizenz erworben und ist mit einem Hauptquartier nach Shanghai übergesiedelt. Zum Beginn der Frühjahr-/Sommer-Saison im März 2007 wirbt C&A für die Eröffnung der vier ersten Filialen in der boomenden Wirtschaftsmetropole Shanghai.

|DIE GRÜNE SEITE VON C&A

Der Daumenabdruck in Form des C&A-Logos setzt im Oktober 2007 buchstäblich ein Zeichen: Unter der Nachhaltigkeitsstrategie „WE C&ARE" stellt C&A seine vielfältigen Aktivitäten gegen den Klimawandel und für besseren Umweltschutz vor. „WE C&ARE with actions, not just words", lautet die Devise.

Neu ist auch ein anderes Logo: das speziell entwickelte *Bio Cotton-Label* in runder Stempelform mit der Frucht einer Baumwollpflanze. Passend dazu gibt der Textilfilialist eine Bio-Baumwolltragetasche heraus. Der Gewinn aus dem Verkauf dieser Tasche wird an Projekte zur Förderung des Bio-Baumwollanbaus in Indien gespendet. Mit diesem weiteren Schritt knüpft C&A an die langjährigen Aktivitäten an, die darauf zielen, für die sozialen und ökologischen Auswirkungen des Unternehmens auf seine Umwelt Verantwortung zu übernehmen.

C&A WESEL 01.03.2007 | C&A KIDS-STORE LEISSLING 08.03.2007 | C&A KIDS-STORE HÖXTER 15.03.2007 | C&A KIDS-/WOMEN-STORE BAD SEGEBERG 22.03.2007 | C&A KIDS-/WOMEN-STORE BERNAU 22.03.2007 | C&A WIESBADEN 22.03.2007 | C&A WISMAR 22.03.2007 | C&A BRAUNSCHWEIG 29.03.2007 | C&A BERLIN 26.04.2007 | C&A KIDS-/WOMEN-STORE AHAUS 01.08.2007 | C&A BAYREUTH 30.08.2007 | C&A LEONBERG 30.08.2007 | C&A GELSENKIRCHEN 04.09.2007 | C&A FULDA 12.09.2007 | C&A BRUCHSAL 13.09.2007 | C&A KIDS-/WOMEN-STORE DUDERSTADT 13.09.2007 | C&A HILDEN 27.09.2007 | C&A KELHEIM 27.09.2007 | C&A KÖLN 27.09.2007 | C&A NEUTRAUBLING 27.09.2007 | C&A LUDWIGSBURG 28.09.2007 | C&A BERLIN 04.10.2007 | C&A ESCHWEGE 15.10.2007 | C&A KIDS-/WOMEN-STORE EMMERICH 25.10.2007 | C&A EISENHÜTTENSTADT 22.11.2007 | C&A WITTENBERG 22.11.2007 | C&A WÖRTH A. R. 27.11.2007 | C&A

2 | KOLLEKTIONEN AUS BIO-BAUMWOLLE

Bio-Baumwolle ist für C&A kein schlichter Modetrend, sondern wesentlicher Bestandteil einer auf Nachhaltigkeit ausgerichteten Unternehmensführung. Im Herbst 2006 in wenigen Filialen eingeführt, weitet C&A ab September 2007 die *Bio Cotton*-Kollektion aus und bietet so seinen Kunden modische Kleidung aus Bio-Baumwolle zu bezahlbaren Preisen an.

3 | „CRAZY PRICES" BEI C&A

Im April 2007 lockt C&A erstmals mit der Aktion „Crazy Prices" für seine unschlagbar günstigen Angebote: Kinder-Fleece-Pullover sind für 5 Euro, Herrenpullover für 9 Euro oder Jacken für 29 Euro erhältlich. Unübersehbar sind aber nicht nur die modischen Angebote, sondern auch die auffällige Dekoration in allen Filialen. Deckenabhänger und Aufsteller werben in knalligem Orange und Gelb vor blauem Grund für die „verrückte" Verkaufsaktion. Genauso sorgt die begleitende TV-Werbung für Aufmerksamkeit: Ausgelassen bewegen sich Models zur Musik – einer eigens für diesen Spot produzierten Neuinterpretation der 1963 erschienenen Single „Surfin' Bird" von The Trashmen.

4 | LANDHAUSMODE BEI C&A

Dirndl, Blusen, Lederhosen, Janker, gestrickte Kniestrümpfe und Haferlschuhe – Ausdruck jahrhundertealter Trachtentradition in Bayern, ebenso Standard-Outfit unermüdlicher Wiesn-Gänger aus der ganzen Welt. Unter dem Label *Landhaus* bietet C&A Trachtenmode für Damen, Herren und Kinder an. Bis heute führen 30 ausgewählte C&A-Häuser das *Landhaus*-Modelabel ganzjährig.

DIETZENBACH 29.11.2007 | C&A FREIBURG 29.11.2007

1 | DIE BIKER-KOLLEKTION, HERBST/WINTER 2008/09

Designer und Einkäufer halten Augen und Ohren auf: Was trägt der modebewusste Kunde auf der Straße? Was sind die Trends auf den großen Modenschauen und Messen? Was sagen Trendforscher voraus?

Antworten mit Blick auf Mäntel und Jacken der Biker-Mode zur Herbst/Winter-Saison 2008/09 gibt der C&A-Designer Markus Willfahrt. Ideen hält er mit ersten Skizzen und Stoffproben in seinem Notizbuch fest. Daraus entwickelt er gemeinsam mit dem Einkaufsteam die entsprechende Kollektion: Moodboards werden angefertigt, die den Esprit der Kollektion zusammenfassen, erste Musterteile entstehen, die dann konkret für Modenschauen und Verkauf geordert werden. Bei der Biker-Mode handelt es sich um eine ausgesprochen erfolgreiche Kollektion, für die auch eigens Hangtags und Labels entwickelt werden.

2 | C&A GEHT ONLINE

Nachdem das Unternehmen bereits 1982 einen Verkaufsversuch über den Bildschirmtext – einen Vorläufer des heutigen Internets – gestartet hatte, kristallisiert sich im Laufe der 1990er und 2000er Jahre das World Wide Web als Kommunikationsmedium Nummer eins heraus. Im Oktober 1997 geht C&A mit dem interaktiven Fashion- und Lifestyle-Magazin *Staging Europe* erstmals online. Unter www.cunda.com können User Unternehmensinformationen abrufen. Zwei Jahre später initiiert C&A die Web-Aktion „Netz statt Tüte". Die erhofften Umsätze bleiben jedoch aus. In der zweiten Jahreshälfte 2008 wird der nächste Versuch unternommen: Die eigens gegründete C&A Online GmbH macht sich bereit für den Sturm auf das Netz – diesmal erfolgreich. Begleitet wird der Start der Homepage von „Germany's next Topmodel" Jenny Hof – und einem Eröffnungsrabatt von 20 Prozent. Auf der Internetplattform bietet C&A seinen Kunden eine große Auswahl an Kollektionen aus dem C&A-Einzelhandelsnetzwerk, die sich an die ganze Familie richten. Und so liest man auch auf den aktuellen Plakaten fortan: „Der neue Online-Shop von C&A: www.cunda.de".

3 | NACHHALTIGES BAUEN

Am 22. Oktober wird nach einjähriger Umbauphase die C&A-Filiale in Mainz wiedereröffnet. Umfangreiche Modernisierungsmaßnahmen haben das rund vierzig Jahre alte Gebäude in den ersten C&A Eco-Store verwandelt. Gegenüber dem Altbau sinken die Stromkosten um die Hälfte, geheizt wird nur noch mit einem knappen Drittel des ursprünglichen Energieaufwands. Der verbleibende Strombedarf wird zu 100 Prozent durch regenerative Energien gedeckt, eine fortschrittliche Fotovoltaikanlage kompensiert die CO_2-Emissionen, die durch die geringe Fernwärmenutzung entstehen. Einen wesentlichen Beitrag zur CO_2-Neutralität des Kaufhauses leistet die moderne Wärmedämmung der Außenhaut. Gleichzeitig besticht die Fassade durch ihre ansprechende Gestalt: Eine halbtransparente Vorhangfassade aus Metallgewebe verleiht dem Gebäude in Abhängigkeit von den Lichtverhältnissen eine

EXPANSION NACH ITALIEN

In Italien ist C&A seit 2008 vertreten. Die erste Filiale entsteht in Genua. Zwei Jahre später gibt es auf dem „Stiefel" eine weitere Filiale mit dem gesamten C&A-Sortiment sowie einen Kids-Store.

C&A STRAUSBERG 28.02.2008 | C&A ARNSBERG 13.03.2008 | C&A KIDS-/WOMEN-STORE DINGOLFING 13.03.2008 | C&A MÜNCHEN 13.03.2008 | C&A NAGOLD 13.03.2008 | C&A ST. INGBERT 13.03.2008 | C&A WAIBLINGEN 13.03.2008 | C&A AACHEN 18.03.2008 | C&A FRECHEN 27.04.2008 | C&A STADE 28.04.2008 | C&A SCHWERTE 28.04.2008 | C&A CHAM-ALTMARKT 04.09.2008 | C&A PASSAU 10.09.2008 | C&A MOERS 11.09.2008 | C&A BREMEN 12.09.2008 | C&A DUISBURG 18.09.2008 | C&A GEORGSMARIENHÜTTE 18.09.2008 | C&A WERDER 18.09.2008 | C&A DÜSSELDORF 23.09.2008 | C&A AHRENSFELDE 25.09.2008 | C&A BERLIN 25.09.2008 | C&A GERETSRIED 25.09.2008 | C&A COTTBUS 26.09.2008 | C&A BENSHEIM 02.10.2008 | C&A IBBENBÜREN 09.10.2008 | C&A OLDENBURG 09.10.2008 | C&A KIDS-/WOMEN-STORE ROTTWEIL 16.10.2008 | C&A KONSTANZ 23.10.2008 | C&A KÖLN 29.10.2008 | C&A JÜLICH 30.10.2008 | C&A KAMP-

immer wieder neue Wirkung. Die horizontalen Fensterbänder der eigentlichen Außenhaut treten dabei erst nach Einbruch der Dunkelheit deutlich hervor. Nicht nur das Unternehmen zieht eine positive Bilanz: 2008 wird der Eco-Store als zukunftsweisendes Beispiel für nachhaltige Kaufhausarchitektur nach der international anerkannten „Building Research Establishment Environmental Assessment Method", kurz BREEAM, mit der zweitbesten Bewertung ausgezeichnet. Beim Wettbewerb „PROM des Jahres 2009" erreicht die energieeffiziente Mainzer Filiale den dritten Platz – und das als sanierter Altbau in Konkurrenz zu zahlreichen Neubauten. Mit der Verleihung des „Good Practice Label" 2010 durch die *Deutsche Energie-Agentur GmbH* in Berlin wird das nachhaltige Architekturkonzept des Mainzer Eco-Stores offiziell zur Nachahmung empfohlen.

4 | DIE AVANTI FASHION GMBH

Am 5. März öffnet in Augsburg die erste Avanti-Filiale. Ihr Motto: „Aktuelle Mode, unverschämt günstige Preise, moderne Einkaufsatmosphäre". Der rund 3.000 Quadratmeter große Laden sowie die wenig später eröffneten, jeweils in Innenstädten gelegenen 13 weiteren Avanti-Filialen sind Teil der C&A-Gruppe, werden jedoch als eigenständiges Unternehmen unter dem Namen „Avanti Fashion GmbH" geführt. Der Name ist nicht neu: Das ursprünglich schwarzweiße Label der C&A-Eigenmarke, die es von 1982 bis 1998 bei C&A gab, stand Pate für das nun orangefarbene Design.

Ziel der Neugründung: C&A will – ohne die eigene Marke zu belasten – zu einem der wichtigsten Anbieter im besonders preisorientierten Segment des textilen Einzelhandels werden. Entsprechend ist der Ladenbau gestaltet: Schlicht, aber modern und optisch hochwertig wird die Ware auf Ständern, an Wänden und auf mehrstufigen Tischen verdichtet präsentiert.

Um das modische Sortiment sehr günstig anbieten zu können, nutzt Avanti bei Einkauf und Logistik Synergieeffekte mit dem Mutterunternehmen C&A. Der bewusste Verzicht auf eine eigene Marge sowie niedrige Verwaltungs- und Marketingkosten sollen die Preisführerschaft sichern – eine Fehlkalkulation, wie sich schnell herausstellt. Das Konzept kommt nicht an, die Avanti-Läden schließen nach nur eineinhalb Jahren.

|KOLLEKTIONS-START FÜR YESSICA PURE

Im August 2009 führt C&A eine neue Dameneigenmarke ein: *Yessica pure*. Dieses Label spricht Frauen zwischen 25 und 45 Jahren an, die Wert auf exquisite Stoffe, etwa Kaschmir oder Seide, sowie auf ein klassisch-modisches, jedoch zeitloses Styling legen. Mit dieser Marke erweitert C&A das qualitativ höherwertige Segment im Bereich „Woman's Wear", zu dem bereits *Your Sixth Sense* zählt wie auch seinerzeit schon *signé incognito*. Angeboten wird *Yessica pure* europaweit 85 Mal im Shop-in-Shop-Konzept – 28 Filialen davon sind in Deutschland angesiedelt. Die Herbstkollektion setzt auf neutrale Grundfarben, kombiniert mit trendigen Akzenten.

EXPANSION NACH RUMÄNIEN UND KROATIEN

Die erste rumänische C&A-Filiale eröffnet 2009 in der Hauptstadt Bukarest. Nur ein Jahr später gibt es bereits fünf C&A-Häuser, die alle ein komplettes Familiensortiment offerieren.
Auch in Kroatien ist C&A seit 2009 in der Innenstadt von Zagreb präsent. Drei weitere Standorte folgen bis 2010.

C&A SCHWEINFURT 26.02.2009 | C&A HEILBRONN 05.03.2009 | C&A ANDERNACH 12.03.2009 | C&A GARMISCH-PARTENKIRCHEN 19.03.2009 | C&A SCHWANDORF 19.03.2009 | C&A BERGISCH GLADBACH 26.03.2009 | C&A FRANKFURT 26.03.2009 | C&A SOLTAU 26.03.2009 | C&A WOMEN-STORE WARBURG 26.03.2009 | C&A HATTINGEN 02.04.2009 | C&A HOF 02.04.2009 | C&A PEINE 02.04.2009 | C&A PULHEIM 02.04.2009 | C&A KEHL AM RHEIN 07.04.2009 | C&A CRAILSHEIM 23.04.2009 | C&A SIMBACH AM INN 23.04.2009 | C&A BERLIN 29.04.2009 | C&A DESSAU 02.05.2009 | C&A BERLIN 14.05.2009 | C&A ESCHWEILER 14.05.2009 | C&A LIMBURG 14.05.2009 | C&A MÖRFELDEN-WALLDORF 14.05.2009 | C&A BAD NEUSTADT 06.08.2009 | C&A HAMBURG 20.08.2009 | C&A HAMBURG 20.08.2009 | C&A NEUSS 20.08.2009 | C&A AHRENSBURG 27.08.2009 | C&A BRANDENBURG 27.08.2009 | C&A CASTROP-RAUXEL 03.09.2009 | C&A ROTTENBURG

FRANZISKA VAN ALMSICK

„Ich beschäftige mich mit schönen Dingen des Lebens, und ich trage gerne tolle Klamotten", sagt Franziska von Almsick am 23. April in der *Westdeutschen Zeitung*. Unmittelbar zuvor stand sie für C&A auf dem Laufsteg – erstmals in ihrem Leben. Der einstige Schwimmstar ist mittlerweile Mutter, stellvertretende Vorstandsvorsitzende der *Stiftung Deutsche Sporthilfe* und entwirft als vielseitige Businessfrau für C&A Bademoden. Ihr Anliegen, dass möglichst alle Kinder schwimmen können, unterstützt C&A mit der Aktion „Kinder lernen Schwimmen", indem das Unternehmen bundesweit 1.000 Schwimmkurse finanziert.

Die beliebte Spitzensportlerin ist außerdem Star der seit Anfang des Jahres 2009 ausgestrahlten C&A-Werbefilme, die „Franzi" mit Familie im idyllischen Strandurlaub zeigen. Begleitet werden die TV-Spots vom Dance-Hit des Jahres 1979 „We Are Family" von Sister Sledge. Genau zu diesem Motto startet C&A am 27. April eine neue Werbeaktion: Zusammen mit *Bild.de* ruft das Modeunternehmen dazu auf, das beste und kreativste Musikvideo zu diesem Hit einzusenden. Menschen aller Altersklassen folgen dem Ruf. Kandidaten im Alter von zwei bis 72 Jahren wollen ihre Version von „We Are Family" im Studio aufnehmen lassen. Das Siegervideo wird anschließend professionell produziert und im Fernsehen ausgestrahlt. Zusätzlich winkt dem Sieger ein Gewinn von 15.000 Euro. Gewonnen hat die Pop-Rap-Interpretation einer Gruppe aus Berlin, deren Song nun die Werbevideos von C&A begleitet.

FÜR JEDEN ETWAS PASSENDES – DIE EIGEN-MARKEN VON C&A

Seit der Eröffnung des ersten Manufakturwarenladens im niederländischen Sneek im Jahre 1841 stehen die Anfangsbuchstaben der Gründerväter Clemens und August Brenninkmeijer symbolhaft für das Textilunternehmen. Mit den Initialen C und A auf ihrem Schaufenster werben die beiden Brüder schon damals erfolgreich um das Vertrauen der Kunden.

1 | *formtreu*-Logo, 1933

2 | *formtreu*-Logo, 1978

FORMTREU, 1933
Marke für Herren-Oberbekleidung und Funktionsbekleidung
„der Name sagt alles"; „hält, was der Name verspricht"; „belastbar wie ein guter Vater"; „die zuverlässige Herren-Marke mit ausgeprägtem Qualitätswissen" – Mit Slogans wie diesen wirbt C&A für Seine Marke *formtreu*.

3 | *Passat*-Logo, 1951

PASSAT, 1951
Funktions- und Überbekleidung

Zur Dachmarke wird C&A schließlich ein knappes Jahrhundert später, als ab 1933 Eigenmarken entwickelt werden, die sich an genau definierte Käufergruppen innerhalb der C&A-Kundschaft richten.

Die charakteristischen Logos der Eigenmarken informieren die Kunden fortan über das zugehörige Sortiment und erlauben eine Einordnung hinsichtlich modischer Stilrichtung, Preis und Qualität. Im stetigen Wechsel der Moden bieten sie beständig Orientierung. Damen, Herren und Kinder jeden Alters finden Passendes nach ihrem Geschmack. Aus vielen Gründen setzt C&A, wie andere Filialunternehmen auch, auf eigene Handelsmarken. Diese bilden eine geeignete Grundlage, um flexibel auf die Wünsche und Bedürfnisse der Kunden eingehen zu können, und sie garantieren neben gleichbleibender Qualität ein gutes Preis-Leistungs-Verhältnis.

Rund drei Jahrzehnte nachdem in Deutschland die erste C&A-Eigenmarke an den Start gegangen ist, führt das Textilunternehmen ab den 1960er Jahren diverse neue Handelsmarken ein, von denen heute noch viele erhältlich sind. Mitte der 1990er Jahre kann der Kunde aus einem breiten Spektrum von bis zu zwanzig Marken auswählen. Nach einer Neuausrichtung der Markenpolitik stehen heute elf Marken für die Vielfalt des Warenangebots von C&A.

Mit *formtreu* wirbt C&A seit 1932 für tadellos sitzende Sakkos, später auch für Mäntel. Die Besonderheit von *formtreu*-Kleidung sind spezielle Einlagen aus Tierhaar zwischen Oberstoff und Futter, die den Kleidungsstücken Formstabilität verleihen und dem Verknittern vorbeugen. Die eigens entwickelte Doppelvignette weist *formtreu* als Ableger der C&A-Dachmarke aus ABB|1. Der Kunde soll wissen, dass er *formtreu* nur bei C&A bekommen kann. Nach dem Krieg orientiert sich die Herrenmode an den 1930er Jahren. Auch *formtreu* steht wieder im Zentrum der C&A-Reklamen für Anzüge und Sakkos. Mit der vertrauten Marke erneuert das Unternehmen sein Qualitätsversprechen. Der eigene Anspruch ist hoch: Langfristig soll *formtreu* eine so renommierte Marke werden wie das Mundwasser „Odol" oder das Eau de Cologne „4711", wie in einem Protokoll der C&A-Betriebsleiter aus dem Jahr 1951 vermerkt wird – ein Ziel, das zugegebenermaßen nicht ganz erreicht wird. Innerhalb der C&A-Eigenmarken bleibt *formtreu* aber noch lange – so verspricht es die Werbung – „ein Gütezeichen für Herrenbekleidung, die über dem Durchschnitt liegt" ABB|2.

formtreu ist zunächst die einzige Eigenmarke. C&A entwickelt aber schon früh andere Kennzeichnungen, die der Kundschaft die Orientierung im Sortiment erleichtern: *Käthe*, *Rita* und *Renate* weisen etwa den Damen unterschiedlicher Statur den Weg zum richtigen Garderobenständer. Die kleine vollschlanke Frau findet unter

4 | *Club Azur*-Logo, 1971

CLUB AZUR, 1971
Bademoden-Kollektionen

5 | *Eurobella*-Logo, 1974

EUROBELLA, 1974
Sortimentsmarke für Wäsche, Strumpfwaren, Hauskleidung
„hautnahe Mode"

6 | *Westbury*-Logo, 1995   7 | *Westbury*-Logo, 2010

WESTBURY, SEIT 1966
klassisch orientierte (Business-)Mode für Männer
„die besser organisierte Qualitätskleidung für den mobilen Mann von heute"; „Taschendiebe hassen Westbury"; „der klassische Schritt vom Mann zum Herrn"

8 | *Your Sixth Sense*-Logo, 1968   9 | *Your Sixth Sense*-Logo, 2010

YOUR SIXTH SENSE, SEIT 1968
klassisch orientierte Mode für Frauen
„Couture für die elegante Europäerin"; „Qualität in klassischer Eleganz"

10 | *Palomino*-Logo, 1981   11 | *Palomino*-Logo, 2010

PALOMINO, SEIT 1971
Kindermarke
„die Marke für strapazierfähige Kinderkleidung"; „wear a Palomino and be a pal of mine"; „die pferdestarke Kindermode bei C&A"

12 | *Jinglers*-Logo, 1981   13 | *Jinglers*-Logo, 1998

JINGLERS, 1971
Marke für Jeans/Jeanswear, modisch bis klassisch für Damen, Herren und Kinder
„die einzigen Jeans, die sich auch hören lassen"; „die Jeans, die von Natur aus ungewöhnlich unempfindlich sind"

der Bezeichnung *Käthe* das Passende, die große vollschlanke Dame wendet sich an *Renate*, und die Kundinnen mit zierlicher Figur sind bei *Rita* in guten Händen. Auch für Herren liegen Sondergrößen bereit, wie ein Werbetrickfilm von 1959 zeigt. Naturfreunde wie Abenteurer finden ihre vor jedem Wind und Wetter schützende Bekleidung in einem weiteren Spezialsortiment. Seit Anfang der 1950er Jahre wird imprägnierte, luftdurchlässige Oberbekleidung von C&A mit dem Etikett *Passat* ausgewiesen ABB|3. Später werden weitere Sortimentsbezeichnungen wie *Club Azur* (1970) für Bademode oder *Eurobella* (1974) für Lingerie entwickelt ABB|4/5.

In den 1960er Jahren differenziert sich die Mode zunehmend aus, mit Konventionen wird gebrochen, individuelle Bekleidungsstile sind gefragt. Und C&A reagiert darauf. Für genau festgelegte Zielgruppen werden spezielle Marken eingeführt: Geschäftsmänner, ihre eleganten Ehefrauen und deren Kinder werden ebenso gezielt angesprochen wie Jugendliche, Sportler und trendbewusste Großstädter. Doch auch die „Modevorsichtigen", wie C&A seine Kunden mit konventionellem Geschmack liebevoll nennt, verliert das Unternehmen nie aus dem Blick.

Mit *Westbury*, *Your Sixth Sense* und *Palomino* antwortet C&A auf einen Trend der Verbraucher, die qualitativ höherwertiger und funktionsgerechter Bekleidung den Vorzug geben. Für *Westbury* wird bereits ab 1966 ein umfassendes internationales Konzept erarbeitet, eine „Markenphilosophie", die ganz auf die Bedürfnisse des modernen, viel reisenden Geschäftsmannes ausgerichtet ist ABB|6/7. *Your Sixth Sense* ist sozusagen das weibliche Markenpendant zu *Westbury*. Vor allem die Ehegattinnen der *Westbury*-Kunden sind es, die mit *Your Sixth Sense* angesprochen werden. ABB|8/9. Die strapazierfähige, bunte Kinderkleidung von *Palomino* soll in Design, Preis und Qualität die Erwartungen der ganzen Familie erfüllen. Und die können bekanntlich sehr unterschiedlich sein. Das schwarze Pferdchen mit den drei symbolischen Flecken in Rot („ist was Besonderes – gefällt den Kindern"), Grün („nicht zu teuer – erfreut den Vater") und Blau („hält was aus – beruhigt die Mutter") vermittelt den Kunden die vielschichtige und zugleich so einfache Werbebotschaft ABB|10/11. Die in großer Stückzahl produzierten *Palomino*-Pferdchen, als Zugaben an die Bekleidung geheftet oder als Give-aways verschenkt, werden schnell zu beliebten Sammelobjekten.

Die Protestbewegungen der 1960er/70er Jahre bringen eine selbstbewusste Konsumentenschicht von Jugendlichen und jungen Erwachsenen hervor, die mit ihrer Kleidung auch ihren gesellschaftspolitischen Anschauungen Ausdruck verleihen wollen. Minirock, Hippie-Look und Schlaghosen stehen bis heute für Jugendlichkeit, Freiheit und Emanzipation. Die C&A-Jeansmarke *Jinglers* und die Marken für die Young-Fashion-Kollektionen, wie beispielsweise *avanti*, *free&easy* und *clockhouse*, wenden sich seit den 1970er Jahren an dieses junge Publikum ABB|12-17. Kombinierbare und preisgünstige Mode für individuelle Stilrichtungen wird bei C&A in den Young Fashion-Abteilungen angeboten – auch in kompletten Sets. Unter dem Label *Young Collections* wird dieses Angebot von 1986 bis 1998 zusammengeführt ABB|18. Durch Kinowerbung im Stil von Musikclips, die durch die Fernsehsender *MTV* und *VIVA* bei Jugendlichen populär geworden sind, erreicht *Young Collections* in den 1990er Jahren einen enormen Bekanntheitswert von annähernd fünfzig Prozent. Heute werden die „authentischen Styles mit garantierter Street Credibility" unter der Marke *clockhouse* gebündelt.

Sportler sind eine weitere wichtige Zielgruppe. Seit der Fitnesswelle, die mit der „Trimm-Dich-Bewegung" Ende der 1970er Jahre in Deutschland einsetzt, bietet C&A für die unterschiedlichsten Sportarten die jeweils passende Bekleidung. Die Marke *Rodeo* soll als „Sportabzeichen der Aktiven" gelten, hält aber auch modische Freizeitkleidung bereit ABB|19/20.

Canda ist die preisgünstige Qualitätsmarke für breite Bevölkerungsschichten, die weniger auf Modetrends reagieren denn auf Beständigkeit im Sortiment setzen und funktionsgerechte, traditionelle Kleidung bevorzugen. Namentlich abgeleitet von der Dachmarke C&A, bietet *Canda* ein Vollsortiment für „Sie" und „Ihn" an, das größtenteils in den ebenfalls unter „Canda" firmierenden Eigenfabrikationsstätten hergestellt wird. Unter dieser Marke können Kunden zu jeder Zeit, weil stets verfügbar, ihre modische „Grundausstattung" – dazu zählt etwa das schwarze Paar Herrensocken – erstehen. Beworben als „immergrüne Zuverlässigkeit in Größe, Schnitt, Verarbeitung", wird *Canda* bisweilen als die „Hausmarke" von C&A bezeichnet. Im Jahr 1986 wird sie mit *Young Canda* um Kollektionen für Kinder erweitert ABB|21-23. Die ganz Kleinen, von den Neugeborenen bis ins Kleinkindalter, werden bereits seit 1974 mit der Marke *Baby Club* besonders umsorgt ABB|24/25.

Für den modebewussten Großstädter werden die Einkäufer von C&A Anfang der 1970er Jahre bei den Modenschauen in Italien fündig. Sie sind von den Entwürfen des Designers Angelo Litrico beeindruckt, der sich als Schneider internationaler Prominenter, wie etwa des sowjetischen Staatschefs Nikita Chruschtschow oder des südafrikanischen Herzchirurgen Christiaan Barnard, bereits einen Namen gemacht hat. C&A gelingt es, den Couturier für eine Kooperation zu gewinnen: Litrico entwirft daraufhin modische Bekleidungsstücke für C&A, die als Muster für die Produktion dienen und zuvor für die C&A-Kunden in Konfektionsgrößen „übersetzt" werden. Die Marke *Angelo Litrico* wird seit 1979 bis heute als Eigenmarke bei C&A geführt ABB|26/27. Der Look der Marke für modebewusste Herren bildet inhaltlich gleichsam den Gegenpol zum eher klassisch-elegant ausgerichteten *Westbury*-Sortiment.

Für die Zielgruppe der berufstätigen Kundin bietet C&A mit der Modemarke *Yessica* seit 1983 ein umfassendes Bekleidungssortiment an, das „die sympathische Kollegin", wie es in Werbeinseraten heißt, auch in ihrer Freizeit tragen kann ABB|28/29. Die Marke war offenbar bereits 1977 als modisches Pendant für Frauen zur Marke *Angelo Litrico* vorbereitet worden.

14 | *avanti*-Logo, 1978

AVANTI, 1969
Young Fashion-Kollektionen für Männer
„ ... mal so, mal so – für das andere Ich in Ihnen"

15 | *free & easy*-Logo, 1974

FREE & EASY, 1974
Young Fashion-Kollektionen

16 | *clockhouse*-Logo, 1990   17 | *clockhouse*-Logo, 2010

CLOCKHOUSE, SEIT 1975
Young Fashion-Marke für weibliche Teens und Twens, Dachmarke für Young Fashion-Marken
„tickt anders"; „genau Dein Style"

18 | *Young Collections*-Logo, 1986

YOUNG COLLECTIONS, 1986
Young Fashion-Marke, ehemalige Dachmarke für Young Fashion-Marken
„ anderen voraus sein ..."

19 | *Rodeo*-Logo, 1978   20 | *Rodeo*-Logo, 2010

RODEO, SEIT 1978
Marke für Sport- und Freizeitmode
„das sympathische Sportabzeichen von C&A"; „das Sportabzeichen der Aktiven"; „so macht jeder beim Sport eine gute Figur"

21 | *Canda*-Logo, 1979   22 | *Canda*-Logo, 2010

CANDA, SEIT 1979
Marke im traditionellen Bereich, besondere Preiswürdigkeit, Vollsortiment
„3-fach geprüft"; „die immergrüne Zuverlässigkeit"; „praktische und preiswerte Mode für jeden Tag und jedes Alter"; „Zuverlässigkeit hat einen modischen Namen"; „Die Marke ihres Vertrauens. Und seines"

23 | *Young Canda*-Logo, 1986

YOUNG CANDA, 1986
Kindermarke

24 | *Baby Club*-Logo, 1984   25 | *Baby Club*-Logo, 2010

BABY CLUB, SEIT 1974
Marke für Babys und Kleinkinder
„Babypreise"; „Mode, die Babys noch süßer macht"

26 | *Angelo Litrico*-Logo, 1990   27 | *Angelo Litrico*-Logo, 2010

ANGELO LITRICO, SEIT 1979
Mode-Marke für Männer
„Bellissimo für Männer"; „Mode, die Mann einfach gerne trägt"

28 | *Yessica*-Logo, 1977   29 | *Yessica*-Logo, 2010

YESSICA, SEIT 1977
Mode-Marke für (Business-)Frauen
„die sympathische Kollegin"; „Lebensfreude steckt an"; „Mode für die Frau von heute"

In den 1980er und 1990er Jahren erwirbt C&A weitere Lizenzen zum Verkauf von Kollektionen namhafter Designer, deren Stil bei Markenliebhabern gefragt ist: Mit Karl Lagerfeld bringt C&A 1982 eine der ersten Designerjeans auf den Markt, Yves-Saint-Laurent-Kollektionen werden als Sondereditionen platziert.

Unter dem Label *signé incognito* wird zudem Designerware, deren Urheber namentlich nicht in Erscheinung treten, als exklusive, für C&A-Verhältnisse betont teure Bekleidung angeboten ABB|30/31. Trotz dieser „Ausflüge" in die Haute Couture bilden starke Eigenmarken auch in den folgenden Jahrzehnten das Fundament des Erfolgs. Fremdmarken bleiben die Ausnahme und werden allenfalls in den Young Collections-Bereichen ins Sortiment genommen.

Der Einführung einer Marke gehen stets weitreichende Überlegungen voraus. Neue Marken sollen idealerweise auf Dauer am Markt etabliert werden und langfristigen Erfolg garantieren. Dies wird Mitte der 1980er Jahre erstmals durch die *Gesellschaft für Konsumforschung (GfK)* überprüft. Schnell wird klar, dass einige Marken den spezifischen Kundenwünschen ihrer Zielgruppe entsprechend neu ausgerichtet werden müssen. Für *Jinglers* wird beispielsweise neben den Kindern die mittlere Altersgruppe zu einem neuen wichtigen Zielpublikum, da Jugendliche bevorzugt Markenjeans in Spezialgeschäften einkaufen. Die *Rodeo*-Sportbekleidung, der insgesamt ein hoher Bekanntheitsgrad attestiert wird, soll aber weiterhin bewusst nicht mit Prestige-Sportmarken anderer Hersteller konkurrieren.

Die regelmäßigen Untersuchungen zeigen, dass Marken einem Pflänzchen gleich gehegt und gepflegt und den stetig wechselnden Modetrends und den sich wandelnden Kundenwünschen angepasst werden müssen. Aus diesem Grund haben Mitarbeiter von C&A den sogenannten „Markenbaum" als internes Arbeitsmittel entwickelt und sich in unterschiedlicher Weise nutzbar gemacht. Das Bild des Baumes erlaubt es, sich sowohl das Sortiment der einzelnen Marken als auch deren Beziehungen zueinander anschaulich vor Augen zu führen. Der Markenbaum des 1971 eingeführten oder – um im Bild zu bleiben – „gepflanzten" Labels *Jinglers* zeigt in seiner Krone das komplette Repertoire der Marke und gibt an, in welchem Jahr etwa neben Jeanshosen auch Hemden und Blusen in das Sortiment aufgenommen worden sind ABB|32. In so genannten „Sortimentsbäumen" werden 1987 die Preisstufen aktueller C&A-Marken beispielsweise für Herrenmode auf einer Skala von eins bis fünf eingeordnet ABB|33.

Zu Beginn der 1990er Jahre werden die C&A-Marken europaweit einer vollständigen Revision unterzogen: Jede Eigenmarke wird neu definiert und alle C&A-Marken optimal aufeinander abgestimmt. Stilsichere Kollektionen sollen in allen C&A-Filialen präsentiert werden können. In so genannten „Brand Books" wird aus diesem Grund für jede Marke eine neue kundengerechte Identität entwickelt und eine übergeordnete Klassifizierung in Lifestyle-, Standard-, Mode- und Kindermarken vorgenommen.

32 | „Markenbaum" zu *Jinglers*, 1984

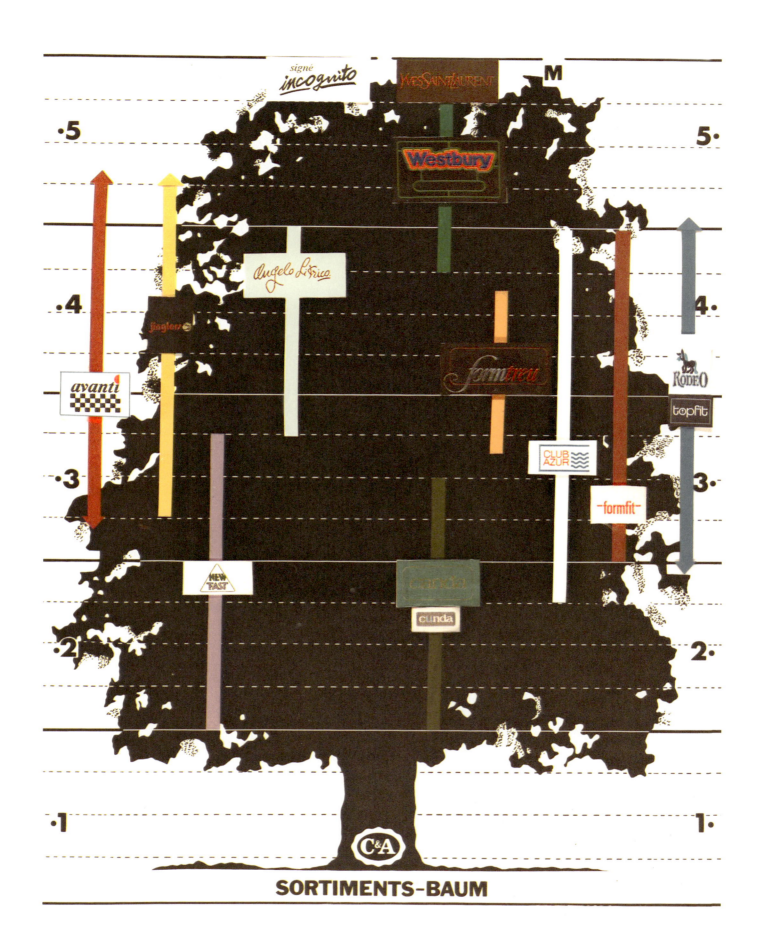

33 | „Sortimentsbaum" zu den Herrenmarken, 1987

30 | *signé incognito*-Logo, 1992   31 | *signé incognito*-Logo, 1998

SIGNÉ INCOGNITO, 1982
Designermode für Damen und Herren
„*gentle-Männer der Mode*"; „*Chère Madame, ... Ihre Erscheinung weckt den Kavalier im Manne. Mit freundlicher Empfehlung, Ihr Ihnen sehr ergebener signé incognito*"

34 | *Kid's World*-Logo, 1995   35 | *Kid's World*-Logo, 1998

KID'S WORLD, 1995
Kindermarke, ehemalige Dachmarke für Kindermarken
„*Kinder verändern die Welt*"

36 | *Here & There*-Logo, 1998   37 | *Here & There*-Logo, 2010

HERE & THERE, SEIT 1995
Mode-Marke für Kinder und Teenager
„*aktive Streetwear für Teens, modisch und bezahlbar*"; „*coole Mode für die großen Kleinen*"

38 | *Yessica pure*-Logo, 2008   39 | *Yessica pure*-Logo, 2010

YESSICA PURE, SEIT 2008
Marke für (Business-)Frauen
„*Trendbewusst und Lifestyle-orientiert*"; „*Zeitloser Stil im topaktuellen Design*"

Angesichts der unbefriedigenden Geschäftsentwicklung erprobt C&A Mitte der 1990er Jahre den Schritt vom Textilkaufhaus zum Warenhaus: „Mode & Mehr" lautet der passende Slogan. Mit *The Care Garden* wird das gewohnte Bekleidungssortiment beispielsweise um Kosmetikartikel erweitert und in besonderen Präsentationseinheiten hervorgehoben. Im Bereich *Eastern Mountain Sports*, kurz *EMS*, finden Kunden nun bei C&A außer Kleidung auch andere Produkte mit Outdoor-Bezug, etwa Taschenmesser, Taschenlampen und Wanderschuhe. *Pain Surprise* lockt mit einem kulinarischen Angebot an Sandwiches und kleinen Snacks und *Expressivo* mit Dekorationsartikeln und Wohnmobiliar. In der Kid's World-Abteilung finden sich bekannte Spielzeugmarken fremder Anbieter neben den vertrauten Baby- und Kinderkleidern von C&A ABB | 34 / 35. Das erweiterte Angebot stößt jedoch nicht auf die erhoffte Resonanz; Umsatzeinbußen können nicht aufgefangen werden. C&A besinnt sich deshalb Ende des Jahrzehnts zurück auf seine Kernkompetenz als Textilfilialist und verbannt die fremden Artikel wieder aus dem Sortiment.

Doch auch die Textilmarken werden nun auf den Prüfstand gestellt: Von den ehemals über zwanzig Eigenmarken bleiben dreizehn erhalten: *signé incognito, Your Sixth Sense, Yessica, Canda, Westbury, Angelo Litrico, clockhouse, Here & There, Palomino, Kid's World, Baby Club, Rodeo* und *Jinglers*. *Here & There* tritt als Marke für Teenager hinzu und wird bald darauf auf das gesamte Kindersortiment erweitert ABB | 36 / 37. Durch die Zusammenführung der besten Markeneigenschaften und ein neues zeitgemäßes Erscheinungsbild der Logos werden die Profile der verbliebenen Marken geschärft. Davon profitiert das Warenangebot von C&A als Ganzes. In so genannten „Lifestyle-Abteilungen", beispielsweise für *Rodeo* sowie für „Junge Mode" bei *clockhouse* und *Jinglers*, werden die Waren nach Themen präsentiert. „Brand Areas" gibt es seit 1999 in vielen deutschen und europäischen Filialen auch für *Angelo Litrico, Yessica* und *Your Sixth Sense*.

Mit dem Jahrtausendwechsel hält bei C&A ein neues Bewusstsein für seine Marken Einzug. Über *Yessica pure*, eine 2009 eingeführte Eigenmarke, heißt es: „Zielgruppe ist die trendbewusste und Lifestyle-orientierte Businessfrau mit modernem Look, die hochwertige Materialien schätzt" ABB | 38 / 39. Derzeit erhalten alle C&A-Marken ein neues „Outfit". „C&A hat viele Gesichter" und „Vielfalt, die wir meinen" lauten die Überschriften zu den Marken auf der C&A-Homepage der Jahre 2010 und 2011. Damit bringt das Unternehmen deutlich zum Ausdruck, dass die Eigenmarken mit ihrem abwechslungsreichen und bunten Warenangebot sowie in ihrem Zusammenklang auch in Zukunft der Dachmarke C&A inhaltlich Gestalt geben werden.

Die aktuellen Marken bei C&A heißen: *Yessica, Yessica pure, Your Sixth Sense, Angelo Litrico, Westbury, Canda, Baby Club, clockhouse, Palomino, Here & There* und *Rodeo*.

Meta Friese

EYJAFJALLAJÖKULL RUHR.20
HE LEITKULTUR PRINZ WILL
SPOLITIK HUSNI MUBARAK S
T KÖHLER DEEP WATER HOR
ADE DUISBURG STAATSBANK
WESTERWELLE AVATAR MUA
ABELLE CARO ERDBEBEN HA
VON CHILE 3D-FILME THILO
DBEBEN KARL THEODOR ZU
UNG QUEENSLAND LENA ME
I-PAD AKW FUKUSHIMA …

o BERND EICHINGER DEUTSC
m GORLEBEN INTEGRATION
uttgart 21 TWITTER HORS
on LOKI SCHMIDT LOVEPAR
ott GRIECHENLAND GUIDO
mmar AL-GADDAFI HD-TV IS
i KATE MIDDELTON WUNDER
arrazin CHRISTCHURCH-ER
uttenberg ÜBERSCHWEMM
er-LANDRUT ZYKLON YASNI

10

11

1 | DER DEUTSCHE NACHHALTIGKEITSPREIS

„C&A setzt sich mit ‚Bio Cotton' konsequent und in sehr substanziellem Umfang für den Anbau von Biobaumwolle ein. Dabei hat das Unternehmen neben den ökologischen Vorteilen insbesondere auch die sozialen Vorteile für zehntausende Familien in den Anbaugebieten im Auge", heißt es in der Begründung der Jury für die Nominierung von C&A für den Deutschen Nachhaltigkeitspreis in der Kategorie „Produkte/Dienstleistungen". Der Preis, der seit 2008 in sechs Kategorien vergeben wird, prämiert Unternehmen, Produkte und Marken, die wirtschaftlichen Erfolg, soziale Verantwortung und Schonung der Umwelt in vorbildlicher Weise miteinander verknüpfen.

Seit 2007 bietet C&A Kollektionen aus Bio-Baumwolle an, deren Anbau international zertifizierten Standards unterliegt. Damit unterstützt das Modeunternehmen nicht nur eine nachhaltige Landwirtschaft in den Anbaugebieten, sondern leistet auch einen Beitrag für Mensch und Umwelt. Im November 2010 – mittlerweile hat C&A 28 Millionen Artikel aus Bio-Baumwolle verkauft – nimmt daher eine zehnköpfige C&A-Delegation stellvertretend für das ganze Unternehmen den Preis für „Deutschlands nachhaltigste Produkte" in Empfang.

2 | MIT DEM ELEKTRO-LKW DURCH BERLIN

Voller Spannung wird im Dezember die erste Testfahrt eines kleinen LKW mit Elektroantrieb in Berlin erwartet. Die Spitzenreichweite der umweltfreundlichen Alternative zum Dieselmotor liegt bei 200 Kilometern. Dabei beträgt die Höchstgeschwindig-

---

C&A HAMBURG 24.02.2010 | C&A LEVERKUSEN 24.02.2010 | C&A HAMBURG 04.03.2010 | C&A ESSEN 11.03.2010 | C&A GELSENKIRCHEN 11.03.2010 | C&A HAMBURG 11.03.2010 | C&A KÖLN 11.03.2010 | C&A KIDS-STORE LEIPZIG 11.03.2010 | C&A LÜBECK 11.03.2010 | C&A LÜDENSCHEID 11.03.2010 | C&A LÜNEN 11.03.2010 | C&A HÜCKELHOVEN 18.03.2010 | C&A WEINHEIM 18.03.2010 | C&A WUNSTORF 18.03.2010 | C&A FLÖRSHEIM 25.03.2010 | C&A HAMBURG 25.03.2010 | C&A KIRCHHEIM 25.03.2010 | C&A LANDSHUT 25.03.2010 | C&A BREMEN 26.03.2010 | C&A BERLIN 08.04.2010 | C&A BIBERACH A.D.R. 15.04.2010 | C&A LEMGO 15.04.2010 | C&A MAGDEBURG 29.04.2010 | C&A STRALSUND 05.08.2010 | C&A FRANKFURT 11.08.2010 | C&A NORTHEIM 12.08.2010 | C&A ERKRATH 26.08.2010 | C&A DALLGOW-DÖBERITZ 02.09.2010 | C&A KIDS-/WOMEN-STORE WETTER 02.09.2010 | C&A NECKARSULM 09.09.2010 | C&A ZWEI-

keit 85 Kilometer pro Stunde. Ist die Batterie leer, sind mindestens sechs Stunden Ladezeit erforderlich, bis die volle Kapazität wieder erreicht ist. Die CO_2-Reduktion gegenüber einem vergleichbaren Dieselfahrzeug überzeugt mit annähernd 100 Prozent. „Getankt" wird nur Ökostrom. Ein anderer positiver Nebeneffekt ist eine deutlich geringere Lärmemission. Ab 1. April 2011 wird der Elektro-LKW regelmäßig die C&A-Filiale am Ku'damm-Eck beliefern. Ein zügiger Ausbau des Routennetzes zur Belieferung der Filialen in und um Berlin ist geplant. Das nächste Pilotprojekt: 2011 wird der Textilfilialist einen von weltweit 50 produzierten großen Hybrid-Lastwagen einsetzen – ein weiteres Beispiel für die Verknüpfung von ökonomischem und ökologischem Handeln im Logistikmanagement von C&A.

3 | „WIR LÄCHELN – SIE STRAHLEN"

In diesem Jahr testet C&A in Pilotprojekten sein neues Storekonzept. Haus Köln, mit 13.000 Quadratmetern Europas größte C&A-Filiale, gehört zu den Auserwählten. In nur drei Monaten wird das Gebäude – bei laufendem Betrieb – komplett umgebaut und umstrukturiert. Präsentiert wird die Ware jetzt in Stylewelten, die in „Formal" und „Casual" unterteilt sind. Die Wiedereröffnung startet mit einer außergewöhnlichen regionalen Kampagne: Unter dem Motto „Wir lächeln – Sie strahlen" werben Mitarbeiter von C&A für das Familienunternehmen.

| MATTHIAS BECKMANN ZEICHNET
BEI C&A IN BERLIN

Die Zeichnungsserie des Künstlers Matthias Beckmann ist in der C&A-Filiale am Berliner Alexanderplatz 1 entstanden, wo er vom 14. bis zum 23. Februar 2011 tätig war. Dass die Wahl auf dieses Geschäft gefallen ist, begründet sich aus seiner unmittelbaren Nähe zum ursprünglichen, 1911 in der Königstraße eröffneten Stammhaus von C&A Deutschland. Beckmanns Kunstprojekt ist eigens im Rahmen der Vorbereitungen zur Ausstellung „C&A zieht an! Impressionen einer 100-jährigen Unternehmensgeschichte" initiiert worden.

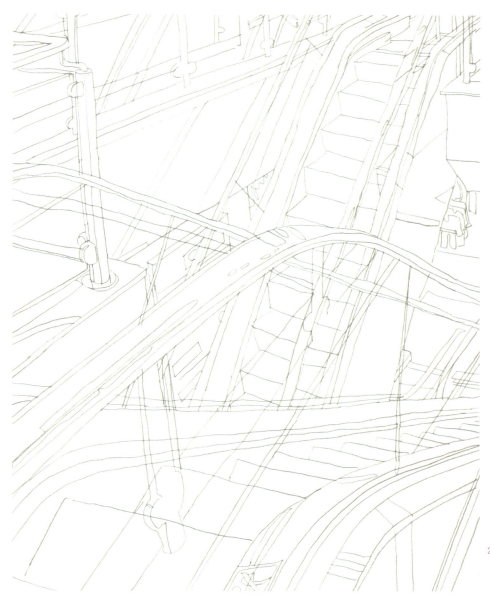

2 | Die Serie *C&A am Alexanderplatz* des Berliner Künstlers Matthias Beckmann umfasst insgesamt 46 Bleistiftzeichnungen im Format 29,7 × 21,0 cm

2 | MATTHIAS BECKMANN: DAS VERGNÜGEN DES ZEICHNERS

Die Zeichnung bildet den Schwerpunkt und das Hauptinteresse meiner künstlerischen Arbeit. Die einzelne Zeichnung ist zumeist Teil einer umfangreichen Serie, die sich mit einem ausgewählten Ort, einer Institution oder einem Themenkomplex beschäftigt. Das kann ein Museum wie das Kunstmuseum Bonn oder das S.M.A.K. in Gent sein, Kunst- und Wunderkammern in Deutschland und Österreich, der Deutsche Bundestag in Berlin, das Fraunhofer-Institut für Produktionstechnik und Automatisierung in Stuttgart, ein Automobilwerk, die romanischen Kirchen in Köln oder auch die klassische Situation des Aktzeichnens.

Die streng linearen Bleistiftzeichnungen und Radierungen spielen mit Gestaltungsmitteln, die wir aus Fotografie und Film zu kennen scheinen – wechselnde Perspektiven, zuweilen willkürlich erscheinende Realitätsausschnitte, das Zoomen zwischen Totale und Detail, das Umkreisen von Objekten in der Art einer Kamerafahrt. Die einzelnen Zeichnungen der Serie ergänzen sich gegenseitig und ergeben in ihrem Zusammenspiel ein Porträt des Ortes oder der Situation.

Ich interessiere mich für das Eindringen des Banalen in eine oftmals als weihevoll oder sozial herausgehoben empfundene Situation. Dabei kenne ich keine Bedeutungsunterschiede zwischen den abgebildeten Gegenständen. Da es für mich keine Hierarchie der Dinge gibt, ist in der Zeichnung alles gleichwertig. Die Museumstechnik stelle ich mit der gleichen Hingabe dar wie das Kunstwerk, und in der Serie zum Deutschen Bundestag ist mir die tief sitzende Hose des Reporters ebenso wichtig wie das Gesicht des interviewten Politikers. Ich habe Spaß am Zeichnen, wenn die Linie flüssig und scheinbar wie von selbst läuft und sich zuweilen aus der Beobachtung des Zusammentreffens von Aura und Alltag Komik entwickeln kann. Und ich freue mich, wenn sich zumindest ein Teil meines Vergnügens dem Betrachter mitteilt.

2011

2011

MARKENZEICHEN C&A – VOM FIRMENNAMEN ZUR CORPORATE IDENTITY

Die Unternehmerfamilie Brenninkmeijer bürgt von Anbeginn mit ihrem Namen und den Initialen ihrer Gründerväter Clemens und August für gute Qualität zum angemessenen Preis.

Das Markenzeichen C&A ist unverwechselbar, ein Wiedererkennungszeichen, das eine Botschaft übermittelt und Vertrauen schafft – kurz, eine visuelle Metapher.

1 | Werbeanzeige, 24. September 1911

2 | Werbeanzeige, 27. September 1911

An den Fassaden der Geschäftshäuser weist es den Kunden den Weg. Es findet sich in Werbeinseraten, Fernseh- und Kinospots, auf der C&A-Homepage sowie auf zahlreichen Werbeträgern als wesentlicher Bestandteil der Corporate Identity des Unternehmens. Auch die Produkte selbst sind durch ihre Etikettierungen mit dem Markenzeichen als Symbol des Vertrauens und der Qualitätsgarantie versehen.

Die äußere Erscheinung des Markenzeichens C&A erinnert an historische Wachssiegel oder Signets in runder oder ovaler Form. Derartige Siegel galten schon in der Antike als Ausweis für die Echtheit und Authentizität von Urkunden, Verträgen und amtlichen Schriftstücken. Symbolkräftige Bildzeichen werden auch von jeher von Unternehmen zur Kennzeichnung und zum Schutz ihrer Produkte und Dienstleistungen eingesetzt. Im Jahr 1927 als Warenzeichen beim Reichspatentamt in Berlin eingetragen, verleiht die ovale, von zwölf Bögen eingefasste C&A-Vignette der Damen-, Herren- und Kinderbekleidung aus dem Hause C&A bis heute ihr einzigartiges, unverwechselbares Gesicht. In Großbritannien ist die Marke bereits zwei Jahre zuvor, 1925, behördlich registriert worden. Seit 1957 ist sie durch internationale Registrierungen über die *Weltorganisation für geistiges Eigentum* in Genf in zahlreichen weiteren Ländern sowie seit 1996 durch das *Europäische Patentamt* und das *Harmonisierungsamt für den Binnenmarkt* in ganz Europa gesetzlich geschützt. Heute wird die Marke C&A in 19 europäischen Ländern und weit über den Kontinent hinaus im Einzelhandel verwendet. Bemerkenswert ist, dass das Bild der Marke seit ihrer Einführung bis heute nahezu unverändert geblieben ist.

Die Eröffnungen der ersten beiden deutschen C&A-Filialen in Berlin werden zu Beginn des 20. Jahrhunderts bereits von zahlreichen Reklameinseraten in den regionalen Zeitungen begleitet. Ein C&A-Markenzeichen ist hier anfangs noch nicht zu finden. Bis 1912 werden zunächst der Firmenname „C. & A. Brenninkmeyer" sowie die Adressen der beiden Geschäftshäuser in die Gestaltung der Zeitungsannoncen eingebunden. C&A stellt sich so, wie schon einige Jahre zuvor in den Niederlanden, der Öffentlichkeit vor, benennt die Orte des Verkaufs, um mit den präsentierten Produkten einen großen Bekanntheitsgrad zu erlangen ABB | 1 / 2.

In Wort und Bild überzeugen die damals bereits kreativen und aufwendig gestalteten Reklameanzeigen das Berliner Publikum.

3 | Nachweis des Reklamebüros von Kurt Lisser im Berliner Adressbuch, 1913

4 | Werbeanzeige, Leeuwarder Courant, 4. November 1907, Detail

5 | Werbeanzeige, 25. August 1912, Detail

6 | Firmenstempel, undatiert

7 | Werbeanzeige, November 1913, Detail

8 | Werbeanzeige, 1. Januar 1914, Detail

9 | Werbeanzeige, 4. Oktober 1917, Detail

10 | Werbeanzeige, 8. April 1925, Detail

Sie stammen aus der Feder des Reklamefachmanns Kurt Lisser († 18. Juli 1936), dessen aus den Großbuchstaben L und R – vermutlich stellvertretend für „Lisser" und „Reklame" – gebildetes Künstlermonogramm die Annoncen von C&A seit September 1911 kennzeichnet. Im Berliner Adressbuch ist das Büro des Grafikers seit 1912 in der Charlottenstraße 7–8 nachgewiesen. Interessant im Hinblick auf die Entwicklung einer geeigneten Formensprache für das C&A-Markenzeichen ist, dass auch das Firmenlogo von Kurt Lisser eine Vignette ziert, die an den Abdruck eines runden Wachssiegels erinnert und die daher vielleicht als ein Vorbild diente ABB | 3.

Eine Vorstufe des später ovalen C&A-Markenzeichens ist eine runde Variante, die im August 1912 in einem Inserat erscheint und die sich ähnlich bereits rund fünf Jahre zuvor in den niederländischen Werbeanzeigen abzeichnete ABB | 4. Der Firmen- und Familienname erscheint in beiden Ländern zweizeilig und ist als Teil des kreisförmigen Zeichens von der übrigen Gestaltung der Reklameanzeige losgelöst. Die Initialen der Gründerväter Clemens und August haben in Deutschland zudem ihre Punkte verloren, das „und" – entsprechend dem niederländischen „en" – ist einem kaufmännischen „&"-Zeichen gewichen. Das runde Zeichen mit heller Schrift auf dunklem Untergrund erinnert an ein Firmenschild, wie man es sich in dieser Zeit an einem Geschäftshaus in Emaille oder Blech gut vorstellen kann. Ein nicht datiertes Exemplar eines Firmenstempels mit ähnlicher Prägung lässt vermuten, dass auch Geschäftsbriefe damals mit einem solchen runden Firmenzeichen besiegelt werden ABB | 5 / 6.

Im Juni 1913, knapp zwei Jahre nachdem die Familie Brenninkmeijer mit zwei Filialen in der deutschen Hauptstadt Fuß gefasst hat, ähnelt das Firmenzeichen einer Anzeige in seiner ovalen Form bereits sehr der noch heute charakteristischen Gestalt. Im November desselben Jahres schließlich präsentiert sich die Marke zum ersten Mal so in einem Inserat, wie sie in ihrer äußeren Erscheinung bis heute tradiert ist. Doch ist der Gestaltungskanon des Markenzeichens damals offenbar noch nicht exakt und endgültig festgelegt. Teilweise noch als schlichtes Oval mit einfacher Rahmung und bisweilen in dunkler Schrift auf hellem Grund dargeboten, wird in den folgenden Jahren immer häufiger die weiße Schrift auf schwarzem Grund abgebildet. Auch der schraffierte äußere Rand der Vignette ist vor 1921 in seinem Verlauf noch unregelmäßig und zählt nicht immer eindeutig zwölf Bögen. Bis 1917 werden die Initialen durch die Firmenbezeichnung „Brenninkmeyer GmbH" ergänzt. Kurz vor der Umfirmierung in eine Personengesellschaft im Jahr 1918 verschwindet der Hinweis auf Familienname und Gesellschaftsform, und die Initialen von Clemens und August werden zunächst unterstrichen. Im Jahr 1925 wird der Name „Brenninkmeyer" wieder in das Markenzeichen aufgenommen ABB | 7–10.

Als wirksame Reklamemittel bei der Einführung von Marken erweisen sich bereits im frühen 20. Jahrhundert Transportver-

11 | Werbeanzeige, 17. Mai 1917

12 | Werbeanzeige, 9. Oktober 1924

13 | Warenzeichen 365196, angemeldet am 13. November 1926 und eingetragen am 9. März 1927 beim Reichspatentamt

14 | Warenzeichen 613999, angemeldet am 1. Dezember 1942 und eingetragen am 16. November 1951 beim Deutschen Patent- und Markenamt

packungen. Wie in einer Werbeanzeige im Mai 1917 zu sehen, wird die bei C&A gekaufte Ware in Pappschachteln und Einwickelpapier an die Kunden überreicht. Mit der C&A-Vignette bedruckt, wird so der Bekanntheitsgrad des Unternehmens gesteigert und auf den Wiedererkennungswert des Wort-Bild-Zeichens gesetzt ABB | 11 / 12. Es ist unklar, wann die C&A-Vignette erstmals an der Fassade einer Filiale angebracht wurde. Fotografisch dokumentiert sind die Leuchtschilder der Marke in den Jahren 1925 bis 1927 über den Haupteingängen der Geschäftshäuser in Hannover und Altona, in Düsseldorf sowie am Standort der ersten C&A-Filiale in Deutschland, der Berliner Königstraße. Eine Fotografie lässt erkennen, dass entlang der Geschosse am Stammhaus außerdem Stuckverzierungen mit C&A-Vignette appliziert waren.

Das Warenzeichen, wie es am 13. November 1926 beim Reichspatentamt angemeldet und am 9. März des Folgejahres eingetragen wird, besteht aus einer von zwölf diagonal schraffierten Bögen gerahmten ovalen Vignette mit der Beschriftung „C&A Brenninkmeyer" ABB | 13. Die dauerhaft werbende Wirkung der konsequent in den Inseraten abgebildeten C&A-Vignette wird nun in diesem Rechtsakt bekräftigt, die C&A-Vignette zur geschützten Marke erhoben. Unter dieser Marke darf die „Allgemeine Textil-, Fabrikations- u. Handels A.-G., C. & A. Brenninkmeyer, Berlin", wie das Unternehmen inzwischen offiziell heißt, die „Herstellung von Textil- und Bekleidungsstücken und verwandten Artikeln, sowie den Groß- und Kleinhandel mit solchen Waren" betreiben. In der Urkunde werden neben der konfektionierten Kleidung bemerkenswerterweise auch noch Textilien und Zubehör benannt, die einst das Kerngeschäft von Clemens und August ausmachten: „Strumpfwaren, Trikotagen [= Strick- oder Maschenwaren], Bekleidungsstücke, Leib-, Tisch- und Bettwäsche, Korsetts, Krawatten, Hosenträger, Handschuhe. Garne, Seilerwaren, Netze. Posamentierwaren [= auf Textilien applizierte Schmuckelemente wie Borten oder Fransen], Bänder, Besatzartikel, Knöpfe, Spitzen, Stickereien, Web- und Wirkstoffe, Filz."

Unter Einbeziehung des Markenzeichen-Schriftzuges lautet der im Imperativ formulierte Slogan dieser Zeit in den Werbeanzeigen: „Gehen Sie zu C&A BRENNINKMEYER."

An der geschützten Marke sind in den darauf folgenden Jahrzehnten nur geringfügige Veränderungen auszumachen: In der Eintragung des Reichspatentamtes 1939 bleibt das Bildzeichen von 1927 noch unverändert. Dagegen ist das 1942 in Deutschland und 1957 international zum Schutz angemeldete Warenzeichen der 1950er Jahre im Schriftbild leicht modifiziert. Die Buchstaben und das „&"-Zeichen sind nun deutlich kantiger ABB | 14. „Barkauf ist doch vorteilhafter" beziehungsweise „Barkauf ist Sparkauf" lauten seitlich neben der C&A-Vignette platzierte Slogans ab 1938 bis in die Mitte der 1960er Jahre hinein – eine Werbebotschaft, die den Käufern in dieser Zeit auch durch Aufdrucke auf Kleiderbügeln aus Holz übermittelt wird, die sie mit nach Hause nehmen

15 | Warenzeichen 815744, angemeldet am 21. Mai 1965 und eingetragen am 8. Februar 1966 beim *Deutschen Patent- und Markenamt*

16 | „Heute große Dampferfahrt", Werbe-Zeichentrickfilm, 1935, Detail

17 | Warenzeichen 911043, angemeldet am 18. Mai 1973 und eingetragen am 24. Oktober 1973 beim *Deutschen Patent- und Markenamt*

18 | Briefpapier, 1926

dürfen. Mit rotem Vignettenrand sticht die C&A-Marke ab 1947 aus der sonst schwarz-weiß gehaltenen Gestaltung der Printmedien hervor. Dass für den Schriftgrund innerhalb des Ovals immer noch Schwarz statt einer zusätzlichen Farbe verwendet wird, hängt offenbar mit den höheren Kosten für Mehrfarbendrucke zusammen; Rot ist zunächst die einzige Farbe in den Werbeinseraten von C&A. Im Jahr 1965, mit einer weiteren Eintragung der Marke beim *Deutschen Patent- und Markenamt* in München, wird festgehalten, dass die Marke „farbig" ist und es somit auf eine bestimmte Kombination von Farben ankommt – obwohl im dazugehörigen Markenblatt, aus den genannten Gründen, Rot auch die einzige Farbe ist ABB | 15. Das Markenzeichen ist nämlich bereits dreifarbig, wie es sich beispielsweise in einem der ersten farbigen C&A-Werbetrickfilme – „Heute große Dampferfahrt" aus dem Jahr 1935 – zeigt ABB | 16. Rot, Weiß und Blau sind die bis heute tradierten Farben der Marke C&A, an die sich die Kunden über Jahrzehnte gewöhnt haben. Sicherlich sind nicht zufällig die niederländischen Nationalfarben ausgewählt worden, war doch die Firmengründung 1841 in Sneek erfolgt. Lediglich auf C&A-Briefpapier der 1920er Jahre finden sich noch andere Farbkombinationen für die Darstellung der Vignette, beispielsweise Braun-Orange und Grün-Gold ABB | 18.

Als 1973 an den Hausfassaden und in der Werbung der Regenbogen zur C&A-Vignette hinzutritt und Teil der Corporate Identity des Unternehmens wird, verzichtet man auf den Familien- und Firmennamen „Brenninkmeyer" innerhalb des Markenzeichens. Das „&"-Zeichen wird, etwas verkleinert und in neuem Schrifttypus, zwischen den Buchstaben „C" und „A" leicht hochgestellt. Die Marke ist nun grundsätzlich rot-weiß-blau und kann sogar dreidimensional ausgeprägt sein ABB | 17. Parallel dazu werden bis Januar 1974 auf Basis einer Untersuchung des Designers Frédéric Henri K. Henrion Gestaltungsrichtlinien zum C&A-Markenzeichen in einem Handbuch festgehalten. Damit schafft das Unternehmen erstmals ein verbindliches Corporate Design für seine Marke und garantiert so eine einheitliche Anwendung. Alle bisherigen Proportionen, Formen und Farben werden, unter Beibehaltung der tradierten Wesensmerkmale, länderübergreifend „auf einen Nenner"

19 | „C&A Vignette und Regenbogen. Richtlinien für die Gestaltung",
herausgegeben im Januar 1974

20 | C&A-Vignette als Teil des Corporate Designs, 1999

21 | C&A-Vignette, 2010

gebracht ABB| 19. Die in ihrem Erscheinungsbild jetzt exakt definierte Marke und der C&A-Regenbogen werden als Wort- und Bildzeichen nun sowohl in Deutschland, den Beneluxländern als auch auf internationaler Ebene zum Schutz angemeldet und eingetragen.

Ein modernisiertes Gesicht erhält die Marke zum Ende des 20. Jahrhunderts: Das traditionelle Erscheinungsbild wird 1999 modifiziert. Proportionen, Farben und Typografie der Schrift werden überdacht und abgewandelt. Im neuen, europaweit gültigen Corporate Design wirkt die Marke mit ihren gemäßigten, weniger grellen Farben der Zeit angemessener. Ein sonniger Gelbfarbton als Fond verleiht dem Logo eine sympathische und freundliche Note, ob im „Sunbow" an den Häuserfassaden, als Untergrund für das Wegweisersystem oder auf C&A-Briefpapier. Der Nachdruck liegt nun nicht mehr allein auf der traditionellen Aussage der Marke – gute Qualität zu einem vertretbaren Preis –, sondern es sollen im Stil gleichzeitig auch Faktoren wie Emotionalität, Wärme und Freundlichkeit gegenüber den Kunden zum Ausdruck gebracht werden. „Fashion for Living" lautet der passende – in der Phase der Europäisierung von Einkauf und Vertrieb – englischsprachige Slogan und Untertitel zur neuen Marke C&A ABB| 20.

Heute, nach einer grafischen Überarbeitung im Jahr 2010, zeigt sich die Marke C&A in einer traditionellen und zugleich „frischen" Gestaltung: Die entscheidenden, über die Jahrzehnte gezielt herausgestellten Charakteristika der C&A-Vignette bleiben darin bewahrt. Größe, Proportionen und Typografie werden als einprägsame, den Betrachtern bereits vertraute Elemente beibehalten. Auch die Initialen von Clemens und August Brenninkmeijer stehen nach wie vor mit dem „&"-Zeichen verbunden innerhalb des mit zwölf Bögen gerahmten Ovals. Die drei Farben Rot, Weiß und Blau gehören weiter zum Grundkonzept, dafür werden zwei Farben umgekehrt beziehungsweise gegeneinander ausgetauscht. Die Beschriftung zeigt sich nun in Blau auf weißem Untergrund, wodurch der schmale weiße Innenrand, der erst vor zehn Jahren hinzugefügt worden ist, wieder wegfällt ABB| 21.

Beide C&A-Logos, die von der *Factor Design AG* in Hamburg entworfen wurden, sind bewusst sehr ähnlich gestaltet, weil sie auf einer gleichen Bedeutungsebene angesiedelt sind und weiterhin die traditionellen Werte des Familienunternehmens Brenninkmeijer symbolisieren sollen. Dennoch wirkt das neue Markenzeichen einfacher und schlichter als das alte, wodurch es in seiner Ausdruckskraft etwas stärker hervortritt und sich als erkennbare Veränderung, als ein „Zeichen der Zeit", zu verstehen gibt.

Meta Friese

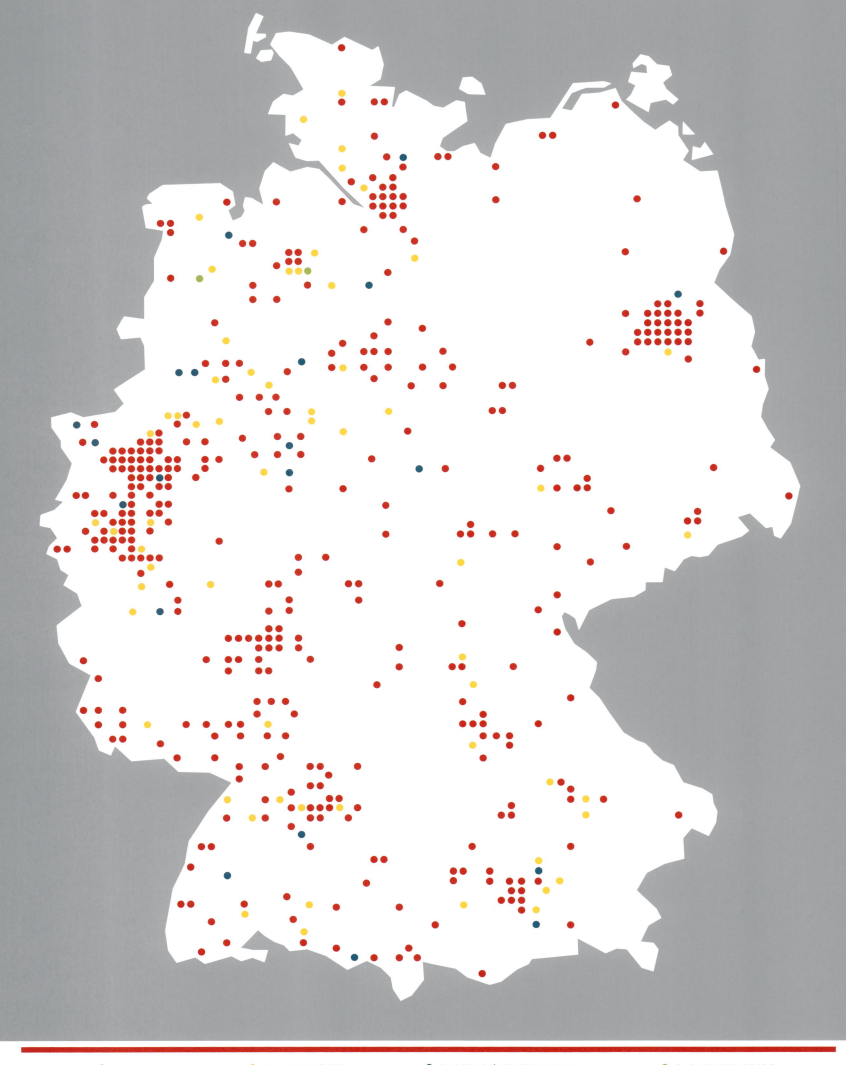

C&A IN DEUTSCHLAND – DAS BEKLEIDUNGSHAUS FÜR DIE GANZE FAMILIE

Zu Beginn des Jubiläumsjahres 2011 gibt es 482 Betriebsstellen in 374 Städten in ganz Deutschland

DATEN UND FAKTEN

Gegründet von den Brüdern Clemens und August Brenninkmeijer am 1. Januar 1841 in Sneek, Niederlande.

Das erste Geschäft eröffnete am 14. August 1860 am Oosterdijk in Sneek, Niederlande.

Die erste deutsche Filiale eröffnete am 18. März 1911 in der Berliner Königstraße 33.

C&A ist heute ein Unternehmen der COFRA Holding AG.

ANFANG 2011

· über eine Million Kundinnen und Kunden täglich

· 34.000 Mitarbeiterinnen und Mitarbeiter

· über 100 Stylisten arbeiten mit 300 Einkäufern

· 900 Lieferanten, die durch die SOCAM überwacht werden

· die operativen Zentralen befinden sich in Brüssel und Düsseldorf

IMPRESSUM

C&A ZIEHT AN!

Impressionen einer 100-jährigen Unternehmensgeschichte

Forum der DRAIFLESSEN Collection, Mettingen

14. Mai 2011 bis 8. Januar 2012

DRAIFLESSEN Collection
Georgstr. 18
D-49497 Mettingen
Telefon +49.(0)5452.9168-0
Fax +49.(0)5452.9168-6001
E-Mail info@draiflessen.com
Internet www.draiflessen.com

© 2011 DRAIFLESSEN Collection, Mettingen und die Autoren
Alle Rechte vorbehalten

Diese Publikation erscheint dreisprachig (D, GB, NL) anlässlich der Ausstellung.

ISBN 978-3-942359-03-0 (Deutsch)
ISBN 978-3-942359-04-7 (Englisch)
ISBN 978-3-942359-05-4 (Niederländisch)

Gedruckt und hergestellt in Deutschland

KATALOG

Herausgeber
DRAIFLESSEN Collection

Autoren
Kai Bosecker, Annegret Buller, Alexandra Dern, Meta Friese, Andrea Kambartel, Iris Mentrup, Maria Spitz, Sarah Zabel

Gesamtkoordination
Iris Mentrup, DRAIFLESSEN Collection, Mettingen
Louise Kunth, Factor Design AG, Hamburg

Lektorat
Monika Kordhanke, Iris Mentrup, Holger Steinemann

Schlussredaktion
Monika Kordhanke, Iris Mentrup, Sarah Zabel, Melanie Parnell

Übersetzung ins Englische
Paul Bowman, Berlin

Übersetzung ins Niederländische
Corine Konings, Mediamixx GmbH, Kleve

Kataloggestaltung und Satz
Markus Koll, Oliver Jungmann, Claudia Guretzki, Factor Design AG, Hamburg

Bildredaktion
Louise Kunth, Factor Design AG, Hamburg

Bildbearbeitung
Hanse Reprozentrum GmbH, Hamburg

Schrift
Archer by Foundry Hoefler & Frere-Jones

Gesamtherstellung
LV-Druck GmbH & Co. KG, Münster

Einbandgestaltung
Uwe Melichar, Factor Design AG, Hamburg

Umschlagabbildung
Eröffnung C&A Stuttgart, Königstraße 47–49, 25.09.1957, DRAIFLESSEN Collection

AUSSTELLUNG

Ausstellungskonzeption und -organisation
Maria Spitz mit Andrea Kambartel, Annegret Buller, Meta Friese

Registrar
Ruth Rasche

Ausstellungsarchitektur
Astrid Michaelis, Michaelis Szenografie, Münster

Ausstellungsgrafik
Factor Design AG, Hamburg

Ausstellungsmedien
zone 4 GmbH, Köln
235 Media – Gesellschaft für Medientechnologie und Kunst mbH, Köln

Beleuchtung
Nicole Kober, Light Design Engineering Büro Kober, Dortmund

Ausstellungsaufbau und technische Betreuung
Johannes Büscher, Michael Große Sundrup, Günter Otte

Restauratorische Betreuung
Sif Dagmar Dornheim, Ulrike Reichert

APP ZUR AUSSTELLUNG

Konzeption und Organisation
Edwin Bartnik, Monika Kordhanke, Uwe Melichar, Maria Spitz, Fabian Zavodnik

Text und Redaktion
Monika Kordhanke, Iris Mentrup, Tanja Dickes, Hanne Katharina Suthe

Übersetzung ins Englische
Paul Bowman, Berlin

Übersetzung ins Niederländische
Corine Konings, Mediamixx GmbH, Kleve

Grafik
Factor Design AG, Hamburg

Produktion
zone 4 GmbH, Köln

Programmierung
Conrad Friedrich, Alex Loizou, Fabian Zavodnik

MUSEUM

Präsident der Sammlung
Joseph Brenninkmeyer

Sammlungsleiterin
Alexandra Dern

Kuratorinnen
Alexandra Dern, Maria Spitz

Wissenschaftliche Mitarbeit
Kai Bosecker, Meta Friese, Andrea Kambartel, Monika Kordhanke, Iris Mentrup, Ruth Rasche, Sarah Zabel

Registrar
Ruth Rasche

Sammlungsmanagement
Meta Friese

Archiv
Annegret Buller

Archiv-Assistenz
Dorothea Sonnemann

Museumstechnik
Johannes Büscher, Michael Große Sundrup, Günter Otte

Öffentlichkeitsarbeit
Monika Kordhanke

ABBILDUNGSNACHWEIS

Bundesarchiv Berlin: S. 18 o., S. 105 Abb. 8/9

C&A Deutschland: S. 275 Abb. 17 (Foto: Henning Rogge), S. 290 l., S. 297 u. r., S. 308

C&A Europe: S. 281 u. r., S. 286, S. 287

Deutsche Nationalbibliothek Leipzig:
S. 15 Abb. 17, S. 19 o. r., S. 27 r., S. 28 o. r., S. 33, S. 56 u., S. 58 u. l., S. 60 l., S. 77

Deutsches Patent- und Markenamt:
S. 59, S. 321 Abb. 13

FC-Museum, Köln: S. 125 u. l.

Fotoarchiv Mathias Beckmann:
S. 310 (Foto: Uwe Jonas)

Landesarchiv Berlin:
S. 15 Abb. 18 (Foto: Waldemar Titzenthaler),
S. 23 u. l., S. 320 Abb. 3, S. 78 u. (Foto: Emil Leitner),
S. 119, S. 144 u. (Foto: Gert Schütz),
S. 180 u. r. (Foto: Günther Metzner), S. 320 Abb. 3

Privatbesitz: S. 12 Abb. 7

Sammlung Fischer, Düsseldorf
(Foto: Nachlass des Künstlers): S. 172 u. r.

Staatsarchiv Bremen: S. 102 Abb. 6, S. 103 Abb. 7

Staatsbibliothek Berlin: S. 18 u.

Stichting Digitaal Archief Leeuwarder Courant:
S. 12 Abb. 8, S. 320 Abb. 4

Abbildungen aus Publikationen

Kohlmann, Hermann (Hrsg.), Sepp Kaiser
Berlin. Diplom-Architekt, Köln 1932: S. 56 o. M.,
S. 56 o. r., S. 65 Abb. 1, S. 68 Abb. 10–12,
S. 69 Abb. 15–17, S. 70, S. 71

Alle im Bildnachweis nicht aufgeführten
Abbildungen stammen aus der
DRAIFLESSEN Collection
(Fotograf: Henning Rogge).

CLEMENS & AUGUST & ELS & BENNO & ALPHO
& BARBARA & JEAN-LOUIS & MATTHIAS & M
LIAM & BRUNO & EGMONT & JOSEPH & LEO
TIMOTHY & HERBERT & EGMOND & KONSTA
GUSTA & JOSEF & ERIK & CAROLINE & BERT &
& MARGOT & WOLFGANG & TIFFANY & TO
MAN & ETIENNE & MAXIMILIAN & FIONA &
MARK CONRAD & LISA & MARISE & SUSANN
& KEVIN & OSCAR & IAN & CHARLES & RENA
NEL & NICOLAS & CATHARINA & MIREIA &
NE-MARIE & MARIE-ALIXE & NARA & RAYMU
& ANA & ANNE & TOKE & ANGIE & MARION
& CARLA & PATRICK & GEORGE & ERNEST &
CLEMENTINE & INGRID & KEES & KURT & SI
LA & ALEXANDER & ELMAR & GEORG & EDU
PAUL & SACHA & MARIE-LOTTE & MARTIN &
EVA & EDWARD MARK & VÉRONIQUE & BERN
VERONIKA & CORINE & BRIGITTE & HANS &
RY & NADJA & LOUIS & CEES & ANTHONY &
& OLGA & JEAN-MICHEL & MIEKE & TOOS &
& ROLAND & MARIA & AENNE & DORIS & MA
PHONS-HEIN & RAPHAEL & MICHIEL & EWA
LEN & RICHARD & THOMAS & PHILIPPE & GR
& RUDOLF & DOMINIC & ELLY & TITUS & JEA
MARGRET & HEDDA & SIMONE & SARAH & A
MATTHEW & TRUDCHEN & LAURENT & GER